사회복지학개론

남일재 · 양정하 · 조윤득 · 윤성호 · 신현석
조은정 · 오 주 · 윤은경 · 김태준 · 임 혁

KNOWLEDGE COMMUNITY 공동체

머리말

오늘날 한국사회는 급속하게 진화해 가고 있다. 식민지와 전쟁을 겪으면서 경제적 최빈곤 국가이자 정치적 후진성을 지닌 분단국가로 출발했던 나라가 이제 세계 10위권의 경제대국이자 글로벌 환경의 세계질서에서 중심역할을 하는 나라로 변모한 것이다. 전근대적 농업기반사회에서 산업화 단계를 지나 최첨단 정보화 시대와 글로벌 환경의 중심국가로 진입하는 데 불과 50여 년밖에 걸리지 아니하였다. 세계 역사상 거의 유례가 없는 일로서 이미 '한국형 모델'이라는 국가 발전의 새로운 모델이 구성되고 이는 후발 개발도상국들의 가장 중요한 롤 모델이 되고 있다.

이렇게 경험해 보지 못한 새로운 시대가 열리면서 한국인들은 삶의 질에 대한 새로운 욕구를 느끼게 되었다. 지나치게 빠른 성장 일변도의 사회에서 상대적으로 소외된 계층들이 나타났고, 이는 사회적 양극화라는 또 다른 문제를 야기하는 현실에 직면하게 된 것이다. 신빈곤층의 대두, 장애인에 대한 사회적 차별, 청소년들의 학교 부적응과 일탈행위 등 전통적 사회문제와 더불어 새로운 사회문제도 속속 나타나기 시작하였다. 저출산·고령화 현상으로 인한 노인문제는 더욱 부각되었고, 다문화사회 이후 이주민 사회적응과 인권문제가 주요 정책적 아젠다가 되고 있으며, 엄청난 변화의 속도 앞에서 평균적 인간이 느끼는 사회적·심리적 불안현상 등도 급속하게 증가하고 있다. 인구 및 가족 구조의 변화, 고용구조의 변화, 경제규모의 변화, 정부의 역할 및 능력의 변화, 정치체제의 변화 등과 함께 새로운 사회적 위험이 나타나고 있다. 이는 종래 전통적 사회정책의 기본 전제가 필연적으로 변화할 수밖에 없음을 보여주고 있다.

이러한 변화의 물결에 따라 사회복지에 대한 국민적 욕구가 급증하고, 국가의 정책적 대안 마련도 빠르게 진행되고 있다. 아직 복지선진국의 수준에는 미치지 못하지만, 현재 우리나라가 경험하는 복지체감의 온도는 이전과는 다른 것이 분명하다.

이러한 환경의 변화는 대학의 사회복지학 강의도 바뀌어야 함을 시사하고 있다. 전통적 대학의 역할이 연구와 이론을 중심으로 했다면, 최근에는 실용적이며 현장 접근적인 지식을 공유하는 교육이 강조되고 있으며, 21세기 사회의 급속한 전개로 인한 새로운 사회적 위험을 다루기 시작하였다. 이러한 현실에 부응하여 현대 사회복지에 대한 새롭고 풍부한 지식, 현장중심적 내용을 담기 위한 교재들이 많이 간행되고 있으며, 이 책 역시 그중 하나이다.

연구지향적 서적의 역할과 교육지향적 서적의 역할은 서로 다르다고 할 수 있다. 이 책은 연구보다는 교육지향적 개론서로 집필되었기 때문에, 새롭고 독창적인 학문적 업적을 현학적으로 기술하기보다는 사회복지학 전반에 걸친 이론과 현황을 쉽게 서술하여 소개하고자 하였다. 이는 대학 교재로서 역할과 사회복지 일선 현장의 지침서 그리고 시험준비 및 사회복지에 관심을 가지는 일반인들이 폭넓게 활용할 수 있게 하기 위함이다.

그러나 여러 차례에 걸쳐 진행한 편집회의에도 불구하고, 세부 전공이 다른 다수의 저자들이 분담하여 집필한 까닭에 여전히 체계적으로 다소 문제가 있을 수 있음을 인정하며, 이는 앞으로 계속 수정, 보완해 나갈 것이다.

이 책이 다소나마 사회복지현장과 사회복지를 공부하려는 학생들에게 도움이 되기를 바라며, 바쁜 일정에도 기꺼이 출판을 허락하신 공동체 김동훈 사장님과 직원들에게 진심으로 감사를 드린다.

2016년 3월

엄광산 자락 아름다운 캠퍼스에서

저자 일동

차 례

CHAPTER 01

사회복지의 개념과 기능

1. 사회복지의 개념과 기능
2. 사회복지의 모형과 구성
3. 사회복지의 주요 용어

CHAPTER 01

사회복지의 개념과 기능

1. 사회복지의 개념과 기능

1) 사회복지의 의미

(1) 사회복지의 사회적 의미

오늘날 사회복지라는 용어는 아주 자연스럽게 사용되고 있다. 이미 보편화된 이 용어는 '사회적 부적응 계층에 대한 국가적 배려'라는 1차적 뜻과 함께 '인류사회의 보편적 삶의 질 향상'이라는 뜻이 강하게 내포되어 있다. 그러나 이 용어가 이처럼 사용되기까지는 여러 차원의 사회적·역사적 배경이 있었다.

산업혁명과 대량생산으로 자본주의 사회의 비약적 발전 이후 인류는 물질적 풍요를 이루었고, 괄목할 만큼 물질적 삶의 질이 향상되었지만, 그 풍요의 과실이 모든 이들에게 골고루 그리고 공평하게 나누어지는 것은 아니었다.

19세기에 이르러 초기 자본주의 체제의 소외층, 즉 물질적 풍요의 과실을 제대로 분배받지 못한 사람들과 여러 가지 이유로 삶의 질 향상의 반열에서 벗어나 '삶 그 자체를 지탱하기 어려워진 사람들'이 급속하게 증가하기 시작하였다. 그러나 자유방임주의와 자유경제 체제의 기반 위에서 사회적 주류인 자본가층은 개인적 능력과 노력으로 얻을 수 있었던 과실을 마음껏 누리면서도 초기 자본주의 사회의 이 소외층에 대하여는 아무런 관심도, 대책도 가지지 않고 있었다.

그러나 이 소외된 층이야말로 바로 자본주의 체제와 대량생산 체제를 존재하게 하고 지탱시켜 주는 노동자층이었으며, 동시에 대량생산된 상품의 주요 소비원이었기 때문에 이들의 지속적인 삶의 질 저하는 바로 자본주의 경제의 근본을 변화시킬 수 있는 위험요소이기도 한 것이었다. 따라서 자본주의 경제의 이 불합리한 모순을 타파하기 위한 새로운 사상과 운동이 필연적으로 전개되었고, 마르크스주의를 필두로 한 다양한 형태의 사회주의 운동이 봇물처럼 일어나게 되었다.

이 사회주의 운동은 곧 노동자를 중심으로 하여 강력한 정치적 투쟁으로 전개되었으며, 이러한 정치적 도전 앞에서 자본가층은 이 사회주의 운동을 더 이상 외면할 수 없게 되었다. 그들은 자본주의 체제의 유지와 발전을 지속시키기 위해서는 자본주의의 풍요로운 과실의 일부를 노동자 및 소외층에게 나누어 줄 수밖에 없음을 비로소 알게 되었고, 이를 국가의 정책과 법적·제도적인 장치로서 보장해 주려는 시도의 결과가 바로 사회복지제도로 나타나게 되었던 것이다.

이는 근대 자본주의의 법적 지주였던 시민법 체계를 새로운 개념의 사회법 체계로 수정하는 계기였으며,[1] 시민혁명 이후 국가 기능의 최소화를 통해 무한에 가까운 경제적 자유를 누리던 자본가 중심의 기득권층의 자유를 상당 부분 제어할 수 있도록 국가의 역할을 대폭 확대시키는 것을 의미하였다.

(2) 사회복지의 어의적 의미

'사회복지'라는 용어는 '사회적(social)'이란 형용사와 '복지(welfare)'라는 명사의 두 단어가 합쳐진 것이다. 웹스터사전에 의하면 'welfare'는 안락하고 만족스러운 생활상태 또는 건강과 번영, 안녕(well-being)의 상태를 의미하고 있다. 또한 'well'과 'fare'의 복합어로서 '만족스럽게 잘 지내는 상태'를 의미한다. 여기에 'social'이라는 형용사를 붙이면 '사회적으로 만족스러운 상태'를 뜻하게 된다. 즉, 개인의 만족을 넘어서서 사회구성원 모두의 만족이라는 의미가 된다.

1) 사회복지 원리의 정착과 함께 자본주의의 법적 지주로서 존중받던 사유재산권 존중의 원칙(소유권 절대의 원칙), 사적 자치의 원칙(계약자유의 원칙), 과실 책임의 원칙이라는 시민법 체계의 한계를 인정하고 이를 소유권 공공의 원칙, 계약 공정의 원칙, 그리고 무과실책임의 원칙이라는 사회법 체계로 수정하였다.

이 말 속에는 인간이 어떠한 상태에 놓여 있다 하더라도 가치 있는 존재이며, 행복한 삶을 살아가도록 해야 한다는 사상이 내포되어 있다. 그리고 그 인간은 사람과 사람 사이의 관계를 바탕으로 상호작용 및 서로 양보를 함으로써 쾌적한 질서가 확보되는 공동체를 만들어 가야 한다는 의미가 강하게 표현되는 것이다.

이러한 점에서 '사회적'이라는 단어는 사회복지를 위한 수단방법과 연관성을 지니면서 다음과 같은 두 가지의 뜻을 지니게 된다. 첫 번째는 복지를 누리지 못하고 있는 사람들을 복지상태로 전환시키기 위한 노력을 사회구성원들이 공동으로 해야 한다는, 즉 개인적 차원이 아닌 집합적 차원의 활동이란 뜻을 가지고 있다. 두 번째 사회적 의미는 경제적(economic) 의미와 대비된다. 즉, 복지활동의 동기가 이윤추구와 같은 경제적 동기가 아니라 상부상조 또는 이타주의와 같은 사회적 동기라는 의미이다(김상균, 1987).

이번에는 '복지(福祉)'라는 한자어의 뜻을 살펴보면 '복(福)'자와 '지(祉)'자 모두가 복이라는 뜻으로 해석되고 있다. 그러니까 복지는 복이 둘이나 겹쳐 있을 정도로 굉장히 복이 많다는 의미이다. 우리말로 복(福)이란 넓은 의미에서 '잘 산다'는 것인데 이는 "물질적 풍요"와 아울러 "정신적인 행복"을 함께 일컫는 것이다. 우리의 옛말에 '오복(五福)'이란 단어가 있듯이 '복'의 개념은 상당히 포괄적인 것이다. 부(富), 번영, 안녕과 같이 "물질적이고 육체적인 차원에서 풍족하거나 불편함이 없는 상태"를 뜻하는가 하면, 쾌락, 만족, 행복과 같은 "심리적 · 정신적 그리고 심지어 영적인 차원의 상태"를 의미하기도 한다(한국사회복지관협회 편집부, 1995, 박경일 외, 2001 : 17 재인용).

2) 사회복지의 개념

(1) 한정적 개념으로서 사회복지

사회복지를 소극적이고 한정된 협의의 개념으로 받아들이는 견해로서 가족이나 시장기구로부터 탈락된 자들에게 정상적인 사회생활을 유지할 수 있도록 보호 · 치료 · 예방하는 정책이나 방법을 제공하는 경우를 말한다. 즉, 개인과 그 가족의 삶에 대한 일차적 책임은 먼저 그 개인에게 있다는 자유주의적 사상과 더불어 삶을 위한 모든 재화는 시장에서 얻어야 한다는 시장경제의 원칙을 바탕으로 하며, 국가와 사회의 공동체적 책임과 노력은 그 다음의 문제로 인식한다.

이 한정적 의미의 사회복지는 최소한의 복지를 지향한다. 즉, 개인적 삶에 대한 국가의 개입은 지금 당장 현저하게 삶의 질이 떨어져서 개인이나 그 가족의 노력으로는 정상적인 사회생활을 영위할 수도, 회복할 수도 없는 상태에 이르러 삶 자체가 파괴될 정도에 이른 경우에만 한정되어야 한다는 입장이다. 따라서 사회복지는 실업자, 극빈자, 장애인, 노인, 부모의 보호를 받지 못하는 아동 등 명백한 사회적 약자나 요보호자에 대한 보호, 치료, 재활, 지도 등을 위한 서비스 및 공공부조에 의한 사업 등의 형태로 나타나게 된다.

이 한정적 개념은 사회복지를 자신이나 그 부양자에게 스스로의 노력으로써는 도저히 물질적 자원이나 건강유지가 곤란하거나 불가능한 개인 또는 가족들에게만 일정한 서비스를 실시 · 제공하는 일이라고 정의한다. 즉, 사회복지를 일시적 · 대체적 · 보충적인 것으로 이해하고 비상대책적인 기능으로 인식함으로써 요보호자가 사회적 기능을 회복하여 시장으로부터 삶을 위한 재화와 용역을 공급받을 수 있게 되면 그 개입을 중단하여야 한다는 의미가 된다. 따라서 이 개념에 의하여 사회복지의 혜택을 받는 사람은 비정상적이며 병리적인 사람으로 간주되면서 사회적 낙인(stigma)을 찍히게 할 위험이 따르게 된다.

윌렌스키와 르보(Wilensky & Lebeaux)의 보충적 또는 잔여적(residual) 모형은 바로 이러한 한정적 사회복지의 개념을 의미한다고 할 수 있다.

(2) 광의적 개념으로서 사회복지

사회복지를 보다 넓은 의미로 받아들이는 광의적 개념은 국민 또는 사회구성원 일반을 대상으로 하여 그 생활의 각 측면에 나타나는 다양한 형태의 비복지(diswelfare)를 모두 다루거나 적극 개입하여 해결하고자 하는 것이다.

이 개념은 현대사회의 모든 사람은 자신의 능력과 자아를 최대한 계발하여 가능한 한 삶의 질을 더 높여가려는 노력을 하기 마련이며, 이러한 노력을 극대화시키기 위하여 국가와 사회가 법적 · 제도적 장치로서 뒷받침하고 적극 개입해야 한다는 이념을 바탕으로 하고 있다. 사회를 지탱하는 기본적 제도로서 가족(사회화), 경제(생산, 소비), 정치(질서, 통제), 종교(사회통합) 등이 기능하고 있지만, 자본주의 사회가 발전해 감에 따라 자본주의의 근본적 문제인 불평등을 해결하는 데는 한계가 있다. 이러한 한계를 극복하려는 새로운 제도로서 상부상조의 기능을 국가와 사회가 보다 적극적으로 수행하는 사회복지가 나타나게 되었다고 보는 것이다.

따라서 사회복지는 특수한 처지에 놓인 요보호자만을 대상으로 하는 일시적 · 선별적 · 보충적 개념이 아니라 모든 사회구성원을 대상으로 하는 항구적 · 보편적 · 제도적 개념으로서 모든 인류가 생애의 전 과정을 통해서 언제, 어디서나 제공받게 되는 개념으로 받아들여지게 되었다.

사회복지를 적극적인 면에서 위에서와 같은 광의의 개념으로 이해할 수 있겠지만, 소극적인 면에서도 광의의 개념을 도출할 수 있다. 즉, 사회의 성원들이 비복지에 떨어지지 않게 하기 위한 최저의 기초적인 요건을 확보 · 충족해야 한다는 생각이다. 여기에서 의미하는 사회복지는 최저수준의 확보(minimum standard)로서 예방적이며 사전적 조치를 의미하게 된다. 즉, 한정적 개념의 복지를 포함하여 사회보험, 공중보건, 환경정비, 주택보급, 교육기회 확대 등을 통한 건강하고 문화적인 생활을 추구하게 되는 것으로서 윌렌스키와 르보(Wilensky & Lebeaux)가 말하는 제도적인(institutional) 개념이 바로 이 광의의 사회복지 개념에 속한다고 볼 수 있다.

(3) 통합적 개념으로서 사회복지

로마니쉰(Romanyshyn)의 정의에 의하면 사회복지란 용어는 광의적인 의미와 한정적인 의미를 공히 내포하고 있다. 즉, 한정적 의미로는 사회적 약자에 대한 재정적 원조나 서비스를 의미하며, 다른 한편 광의적 의미로는 국민의 보편적 욕구에 대한 국가의 공동적 책임을 의미하는 것이다. 즉, 사회복지는 사회문제에 대한 조치와 예방, 인적자원의 개발, 생활의 질적 향상 등에 직접적으로 관심을 갖는 서비스나 그 과정을 포함하며, 사회제도의 강화 및 수정에 대한 노력 및 개인이나 가족에 대한 서비스까지 포괄한다고 보는 것이다(장인협, 1993 : 4-5 참조).

이것은 사회복지에 대한 개념을 한정적 개념과 광의적 개념의 두 가지로 개별화하여 그 의의를 찾기보다는 두 개념을 하나의 연속선상에서 이해하려는 통합적 개념으로 보는 견해이다.

3) 사회복지의 목적

(1) 인간다운 생활보장

사회복지의 목적은 무엇보다도 모든 국민의 인간다운 생활을 보장하는 것이다. 이는 곧 생존권적 기본권을 의미하며 이 생존권은 1919년 독일 바이마르 헌법을 통해 처음으로 등장하였다. 즉, 종래 자유권에만 머물러 있던 기본적인 인권을 확대하여 인간이 인간답게 살아갈 권리이자, 국가에 대하여 생존을 유지할 수 있는 최소한의 요구를 할 수 있는 권리를 법적으로 확립한 것이다.

초기 자본주의 사회에서는 모든 인간은 서로 인권을 향유하는 자유로운 개인으로 간주되어 개인의 생활은 전적으로 개인 자신만의 책임이라는 의식이 지배하고 있었다. 그러나 자본주의가 발전해 감에 따라 빈부의 격차가 심해지고, 상당수 사람들의 생활이 생존을 위협받을 정도의 위기에 처해지면서 이러한 사람들의 생존과 생활보장이라는 과제를 해결하기 위한 방안으로 생존권의 개념이 나타나게 되었다.

오늘날 대부분의 국가에는 생존권을 보장하기 위한 입법적 장치가 되어 있으며 체계적인 제도로 확립되어 있다. 생존권 보장이란 개별 국가의 상황에 따라 국민의 삶의 질이 최저한도의 수준에 미달하는 경우 소득보장, 의료보장 등을 통하여 인간다운 생활이 가능한 수준으로 끌어올리는 것을 말한다. 따라서 모든 국민은 인종, 신앙, 성별, 사회적 신분에 관계없이 건강하고 문화적인 생활을 영위할 수 없는 상태에 놓이는 경우, 즉시 국가의 보호를 청구할 수 있는 청구권을 가진다는 것이다.

우리나라는 국민의 생존권을 보장하기 위해 헌법 제34조 제1항에 '모든 국민은 인간다운 생활을 할 권리를 갖는다'라고 규정하고 있다. 사회복지는 바로 이러한 인간의 생존권을 규정한 헌법 제34조를 구체적으로 구현해 가는 제도인 것이다.

(2) 자립적 생활 추구

사회복지의 주요한 목적은 개인이 의존에서 벗어나 자기 스스로 삶을 영위하도록 하는 데 있다. 사회복지제도나 정책 차원에서 사회복지의 궁극적인 목표는 공공부조제도나 사회보험제도를 통한 각 개인의 경제적 자립이라고 할 수 있다.

동시에 사회복지는 각종 제도적 보장과 함께 요보호자가 스스로 판단하고 결정하며 스스로 책임지는 능력을 기를 수 있도록 요보호자에게 내재되어 있는 잠재적 능력을 최대한 발휘되도록 도와주는 것을 포함한다.

따라서 사회복지는 모든 인간은 무한히 발달하고 성장할 수 있는 잠재력이 있다는 전제를 수용하면서 시작된다. 성장할 수 있는 잠재력은 각자 고유하며 환경과의 상호작용 속에서 만들어진다. 그러므로 사회복지의 목적은 모든 사람들이 각각의 능력에 따라 성장하고 발달할 수 있는 가능성을 개발하도록 돕는 데에 있다.

또한 사회사업실천 차원에서 사회사업가의 개입목표는 문제를 가진 클라이언트가 자신의 문제의 원인과 의미를 스스로 인식하여 해결할 수 있도록 도와주는 데 있다.

결국 사회복지의 궁극적 목적은 개인이 지니고 있는 성장의 가능성을 최대한으로 실현하는 것을 강조하는 것이다. 따라서 사회복지는 사회의 복지이기 이전에 개인의 사회적 복지라고 할 수 있는 것이다.

(3) 사회통합

사회통합이란 사회구성원 간 또는 인간사회 내의 여러 집단, 단체, 기관들 간에 서로 결속력을 갖도록 해주는 것을 말한다. 즉, 모든 사람들이 사회생활에 적극적으로 참여하고 살아가는 것을 의미하는 것이다. 사회복지의 발달과정을 살펴보면 초기의 경우 빈민이나 장애인, 혹은 노인이나 아동과 같이 생산에 직접 기여하지 못하는 계층들을 도와줄 가치가 없는 인간으로 낙인찍고 사회에서 제거하려는 경향이 있었다.

그러나 현대사회에서의 사회복지는 요보호자를 사회에서 제거시키려는 것이 아니라 그들을 경제적으로 자립시키거나 신체적으로 재활시켜 생산적인 인간으로 만들어 모두가 함께 더불어 살아가는 사회통합을 이루려는 데 목적을 두고 있다.

4) 사회복지의 구성

(1) 사회복지의 주체

① 정책주체, 운영주체, 실천주체

전통적으로 사회복지의 주체를 언급할 때 공적 사회복지와 민간 사회복지로 나누어 설명한다. 그러나 오늘날 사회복지를 공적 사회복지와 민간 사회복지로 단순하게 나누기는 어렵다. 대부분 상호복합적으로 연관되어 있는 경우가 많기 때문이다.

사회복지가 발달하면서 사회복지에 대한 일차적 책임은 국가에 있지만, 사회복지의 구체적 실시의 측면에서 보면 정책주체, 운영주체, 실천주체로 나눌 수 있다.

정책주체는 사회복지의 정책을 계획하고 책정하여 실행하는 주체를 말하는데, 일반적으로 국가 또는 지방자치단체를 정책주체라고 할 수 있다.

운영주체는 사회복지사업을 실제 운영하고 경영하는 주체로서 사회복지법인과 그 산하 시설, 단체, 기관들로 공영기관과 민영기관으로 구분할 수 있다. 국가나 지방자치단체가 직접 사회복지시설을 설치하여 운영하는 경우도 있으며, 사회복지법인, 재단법인, 종교단체, 의료단체 등이 시설을 설치하여 운영하는 경우도 있다. 이 외에 우리나라의 경우 많이 볼 수 있는 형태로 국가나 지방자치단체의 위탁을 받아 민영단체들이 운영하는 경우도 있다.

실천주체는 사회복지서비스를 직접 요보호자에게 실시하는 주체로서 사회복지사나 사회복지시설의 종사자 등이다. 최근에는 자원봉사의 확대로 인하여 많은 자원봉사자들도 사회복지의 실천주체로서 역할이 확대되고 있는 추세이다.

② 사회복지서비스의 공급주체

일반적으로 사회복지의 공급주체를 분류해 온 방식으로서 비공식적 부분, 공적 부분, 민간 비영리 부분, 민간 영리 부분의 유형으로 구분하는 방식이 있다.

먼저 비공식적 주체는 가족을 중심으로 하는 것으로 전통적인 사회에서 찾아볼 수 있다. 전통적인 사회에서 인간의 대부분의 욕구는 가족, 친척과 같은 일차적 집단 안에서 충족되었다. 그러나 산업화 과정에서 가족의 기능이 분화되면서 가족의 많은 기능이 사회화되어 비공식적 주체에 의한 복지영역은 축소되었으나, 아동양육이나 노인수발 등 아직도 많은 부분에서 가족이 그 역할을 담당하고 있다.

다음은 국가와 지방자체단체를 중심으로 하는 공적 부분의 공급체계이다. 가족중심의 비공식적 부분만으로는 충분히 대응할 수 없을 정도로 심화된 복지욕구에 대한 공급을 공적 부분에서 담당하게 되었고 이는 근대 이후 사회복지의 발달에 중요한 역할을 담당하였다.

그리고 민간 비영리 부분과 민간 영리 부분을 들 수 있다. 민간 비영리 부분은 복지수요에 대한 공급을 민간이 담당하고 운영하지만 상업적인 이윤을 추구하지 않는다는 점에서 공적 부분과 비슷한 기능을 수행한다. 우리나라의 사회복지사업의 발전과정에 있어 많은 역할을 담당하였다고 할 수 있다.

민간 영리 부분이란 복지적 공급이 시장기구를 통해 공급되는 것으로, 전통적인 사회복지의 개념에서는 배제되었던 부분이나 오늘날 사회복지 대상의 확대, 국가재정의 부족 등을 배경으로 민간 영리 부분의 사회복지 참여가 증가하고 있다. 특히 수익자부담원칙의 다양한 서비스 공급은 노인복지 영역에서 점차 자리를 잡아가고 있다. 최근 활성화되고 있는 노인장기요양보험에 의한 다양한 노인요양시설 등도 이 영역에 속한다고 볼 수 있으며, 순수 영리적 영역으로는 실버타운 운영과 같은 것을 들 수 있다.

(2) 사회복지의 대상

① 사회복지의 대상으로서 국민

사회복지의 대상은 사회복지의 혜택을 필요로 하는 사람, 즉 요보호자 또는 클라이언트(client)를 의미하는데 이는 역사적으로 많은 변화를 거쳐왔다. 초기 단계에 있어서 사회복지는 아주 특수한 상황에 처한 개별적 약자만을 대상으로 하여 매우 제한적이며 선별적으로 서비스가 제공되었다.

사회복지가 한정적 개념으로 받아들여졌던 시기에는 그 대상자 역시 극빈자, 장애인, 낙오자, 노인 등으로 제한되었고, 선별주의를 적용하여 대상자에 대한 욕구조사, 자산조사 등을 실시함으로써 결과적으로 사회적 낙인을 찍기도 하였다.

그러나 현대사회에 들어와서 사회복지가 광의적 개념으로 받아들여지면서 그 대상 역시 제한적 요보호자만이 아니라 국민 전체로 확대되고 있다. 종래의 요보호자가 능력이 없어서 누군가의 도움을 받아야 하는 사람으로 인식된 반면, 최근의 클라이언트는 욕구(need)를 가진 사람, 복지의 고객(customer)으로 간주되고 있는 것이다. 즉, 사회복지의 대상은 별도의 자산조사 없이 일정한 범주에 해당하는 모든 사람들이 당연히 향유할 권리라는 의미에서 국민 전체가 된다고 할 수 있다.

② 사회복지의 대상으로서 사회적 위험

현대사회에 있어서 사회복지는 대상자에게 일차적 관심을 보여주지만, 다른 한편으로는 사회복지의 대상으로서 사회적 욕구나 사회문제에 관심이 많다. 베버리지(Beveridge)는 1942년 '사회보험과 관련 서비스'라는 보고서에서 영국이 처한 5대 사회악으로서 ① 결핍, ② 무지, ③ 질병, ④ 나태, ⑤ 불결을 들고 있다. 이것을 우리는 당시 영국이 처한 사회복지의 대상으로 간주할 수도 있을 것이다.

또한 일반적으로 사회복지의 대상으로서 Destitution(빈곤), Disease(질병), Delinquency(비행), Dependency(의존)이라는 4D를 들기도 한다. 나아가 사회복지의 대상을 사회문제의 영역에 따라 구분해 보면 빈곤, 비행, 범죄, 장애, 보건, 교육, 영양, 교용 등으로 나눌 수도 있다.

한편 사회복지의 대상으로서 사회보장에서 언급되고 있는 사회적 위험을 들 수도 있다. 왜냐하면 사회보장은 사회복지의 하위 개념이기 때문이다. 사회적 위험(social risk)이란 다수의 사람들에게 동질의 사고가 발생할 수 있는 위험을 말한다. 이러한 사회적 위험을 포괄하여 잘 규정해 놓은 것이 1952년 국제노동기구의 사회보장의 최저기준에 관한 조약, 즉 제102호 조약(ILO Convention No. 102)이다. 이 조약은 사회보장의 범위로서 의료, 질병, 실업, 노령, 산업재해, 자녀양육, 직업능력의 상실, 임신과 분만, 부양자의 사망 아홉 가지를 사회적 위험으로 규정하고 있다. 이것에 기초하여 의료급여, 상병급여, 실업급여, 노령급여, 산재급여, 가족급여, 폐질급여, 모성급여, 유족급여를 사회보장급여로 인식하게 되었다.

우리나라에서는 오랫동안 질병, 장애, 노령, 실업, 사망의 다섯 가지만을 사회적 위험으로 규정하고 있었으나, 2012년 사회보장기본법의 전부 개정을 통해 출산과 양육도 사회적 위험으로 포함 보호하게 되었다. 현재 사회보장기본법 제3조에서는 출산, 양육, 실업, 노령, 장애, 질병, 빈곤 및 사망의 여덟 가지를 사회적 위험으로 규정하고 있다.

2. 사회복지의 모형과 구성

1) 사회복지의 모형

(1) 윌렌스키와 르보의 복지모형

윌렌스키와 르보(Wilensky & Lebeaux)는 사회복지를 잔여적(보충적) 모형과 제도적 모형의 두 가지로 크게 나누고 있다.

잔여적 모형은 개인적 욕구는 기본적으로 시장과 가족을 통해서 충족된다는 점을 전제로 한다. 그러나 개인적 질병이나 노령, 가족의 붕괴나 해체, 사회적 경제공황의 발생 등과 같은 비정상적인 상황 아래에서는 가족이나 시장으로부터 욕구충족을 위한 재화와 용역을 충분히 공급받지 못하게 된다. 이러한 경우에 제3의 메커니즘으로서 사회복지조직이 작용해야 한다는 입장이 잔여적 모형이다. 결국 사회복지조직은 사후 치료 및 응급구호의 성격을 지니며, 이를 통해 각 개인이 가족과 시장으로부터 정상적인 욕구충족의 상태로 회복되면 활동을 중지해야 한다는 입장에 서게 된다.

이에 비해 제도적 모형은 사회복지를 현대 산업사회, 특히 자본주의 경제체제에서 불가피하게 기능하는 정상적인 욕구충족의 한 경로로 받아들이는 입장이다. 즉, 복잡 다양한 성격을 가진 현대 자본주의 체제에서 각 개인은 자신의 노력과 가족의 도움만으로 시장을 통해 기본적 욕구를 충족하기는 어려우며, 국가의 법적·제도적 장치의 보호를 받을 수밖에 없다는 입장이다. 따라서 사회복지는 비정상적 상황에 대처하기 위한 응급구호나 보충적 성격이 아니라 통상적이며 정상적인 제도적 지위를 가지게 된다는 것이다.

오늘날 대부분의 국가에서는 사회복지를 제도적 모형으로 받아들이는 경향이 우세한 실정이다.

(2) 티트머스의 복지모형

티트머스(R. M. Titmuss)는 사회복지 모형을 잔여적 모형, 제도적 모형과 더불어 산업적 성취 모형으로 3분하여 설명한다.

여기서 잔여적 모형과 제도적 모형은 윌렌스키와 르보의 입장과 동일하게 받아들인다. 그러나 산업적 성취 모형은 사회복지를 기능주의의 입장에서 해석하여 시장경제 메커니즘에 있어서 생산성 및 업적의 결과를 감안하여 경제성장의 한 수단으로 활용하고자 하는 입장이다. 즉, 사회복지 대상자의 선정과정 및 급여의 분배를 가능한 산업적 성취도와 연계하며, 사회복지에 투입되는 물적·인적·사회적 자원들도 단순 소비를 넘어서서 다시 경제성장을 위한 동력이 되도록 하자는 것이다.

(3) 미쉬라의 복지모형

미쉬라(R. Mishra)는 사회복지를 기본적으로 제도적 모형으로 보면서도, 국민들의 삶과 관련하여 '최소한의 전국적 기준'을 위해 국가의 책임을 제도화해야 한다는 입장이다. 미쉬라는 이러한 최소한의 전국적 기준을 위해 완전고용의 실현, 국민적 기본 욕구를 위한 보편적 서비스의 제공, 빈곤의 해소와 예방에 초점을 두고, 기회의 평등을 넘어서서 결과의 평등도 상당한 정도로 증진되어야 하는 것으로 보고 있다(김태성·성경륭, 2000 : 44-47).

(4) 기든스의 사회투자국가 모형

1980년대 이후 신자유주의의 확산으로 일자리 불안, 노동시장 양극화, 핵가족 붕괴, 저출산 고령화 등의 새로운 사회현상이 나타나면서 전통적 복지국가의 지속 가능성에 대한 의문이 제기되기 시작했다. 급기야 1990년대 후반 영국 노동당은 기든스(Anthony Giddens)의 이론을 토대로 하여 복지국가를 소생시킬 수 있는 '제3의 길'로 사회투자국가론을 제기하기에 이른다. 이 사회투자국가 모형의 핵심은 ① 복지의 투자적 성격 및 생산주의적 성격을 강조하여 소비적 지출보다는 투자적 지출을 강조하며, ② 결과의 평등보다는 기회의 평등보장을 우선하고, ③ 시민의 권리보다 의무와의 균형을 강조한다는 점이다.

(5) 기타 사회복지 모형

파커(J. Parker)는 사회복지 모형을 이데올로기적으로 분류하여 자유방임형, 사회주의형, 자유주의형으로 3분하였고, 조지와 윌딩(V. George & P. Wilding)은 사회복지 모형을 반집합주의, 소극적 집합주의, 페이비언주의, 그리고 마르크스주의로 나누어서 소개하고 있다. 또 핑커(R. Pinker)는 사회복지 모형을 이데올로기적 가치선택에 초점을 두고, 규범적 선택을 전제로 한 사회질서, 사회변동, 사회복지 간의 관계에서 찾고자 하였으며, 타운센드(P. Townsend)는 사회복지를 보완적 복지정책으로 보고 소수의 절대적 빈곤계층에 대한 조건부 복지를 주장하면서 다수의 저소득 국민에 대한 권리로서 국민 최저선을 유지해야 한다고 보았다.

(6) 한국형 사회복지 모형의 모색

한국의 사회복지 모형을 모색함에 있어서 남기민은 "자유주의 속성을 다분히 내포한 초기 단계의 수정자본주의에 속한다"고 하였으며, 장인협은 "자유주의, 민주주의 및 복지주의를 복지이념의 준거 틀로 받아들이는 것이 바람직하다"고 하였다(장인협, 1986 : 53).

저자 역시 이러한 견해에 기본적으로 뜻을 같이하면서, 한국사회가 21세기 사회의 특징을 강하게 들어내며 신자유주의가 확산되어 가는 추세를 감안해 볼 때 기든스가 말하는 사회투자국가 모형을 점진적으로 접목해 갈 필요가 있다고 본다.

2) 사회복지의 기능

(1) 사회적 기능 : 사회통제와 사회통합

사회복지의 사회적 기능은 사회 공동체 정신을 바탕으로 하는 상호원조와 상호부조 활동의 극대화이다. 오늘날 체계화되고 전문화된 사회복지의 배경에도 사회 공동체적 협동주의와 이타주의 정신이 깃들어 있으며 전통적인 상호부조 활동이 내포되어 있음을 부인할 수 없다.

그러나 다른 시각에서 보면 사회적 소외층과 낙오자들로 인한 사회적 불안감과 대량실업으로 인해 발생할 경우 사회적 공동현상과 무질서에 대한 해결책으로서 사회복지가 기능하고 있음을 알 수 있다. 즉, 역사적으로 사회복지는 노동의 강제, 구제의 억제, 열등처우, 도덕적 감화, 시설수용 등 다양한 시책, 수단에 의해 사회적 질서의 안정, 사회적 불안과 불만의 완화, 노동력의 보전, 육성 또는 자본주의 체제의 유지 · 존속 등 시대와 사회의 요청에 대응하여 사회통제적 기능을 수행하여 왔다는 점이다. 이러한 측면에서 보면 사회복지는 분명히 사회를 일정한 방향으로 통제하는 도구적 수단으로써의 기능을 하였으며, 오늘날에도 사회복지의 일면은 이와 같은 기능이 있다고 할 수 있다.

이러한 시각을 일면 지배층에 의한 의도적 음모이론으로 보는 견해가 있지만 사회복지의 주요한 사회적 기능으로서 사회통제적 기능은 분명한 것 같다.

사회복지의 또 하나의 주요한 사회적 기능은 사회통합이다. 사회통합의 기능은 사회복지를 매개로 사회구성원 간의 결합관계를 강화하고 사회적 구심력을 높이는 기능이다. 이러한 사회통합적 기능은 제2차 세계대전 후의 복지국가 체제의 발전과 함께 중시되기 시작하였다. 즉, 자본주의 체제를 유지 · 발전시키면서 사회주의에 대하여 체제적 우위성을 확보하기 위해서도 국민의 사회적 욕구에 직접적·실제적으로 대처하고 그들을 체제의 수익자로서 일체감을 갖게 하여 사회적 구심력을 강화하는 방책이 기대되었던 것이다.

따라서 제2차 세계대전 후 복지국가 체제의 성립과 함께 사회통합의 기능은 전면으로 대두되게 되었다. 복지국가 정책의 골격인 사회보장과 사회복지는 공동체 사회에 기초한 상호부조 활동이 더욱 조직화되고 제도화된 형태라고 할 수 있다.

(2) 복지적 기능

사회복지의 복지적 기능은 여러 가지 이유로 자립적 생활을 할 수 없게 된 사람들을 대상으로 경제적·심리적 지원과 동시에 그들의 사회적응을 촉진시켜 주는 것이라고 할 수 있다.

첫째, 자립을 촉진하기 위한 지원활동이다. 아동, 장애인 등 요보호자에 대하여 자립생활의 기반이 되는 신체적·정신적·사회적 그리고 경제적인 제 능력을 스스로의 주체적인 노력으로 획득·회복시키거나 향상시키는 과정을 측면적으로 원조하는 것이다. 아동에 대한 보육이나 병중에 있는 자에 대한 의료서비스, 장애인에 대한 재활훈련 및 직업훈련 등과 같은 지원이다.

둘째, 자립생활을 유지하기 위한 지원활동이다. 일부의 장애인이나 노인과 같이 독립적인 자립생활이 불가능하고 장래에도 자립을 기대하기 어려운 사람들에게 있어서의 자립이란 공공부조의 소득보장 프로그램에 의한 구매력의 제공, 사회복지복지서비스의 이용을 전제로 하여 유지되는 의존적 자립일 수밖에 없다.

사회복지의 또 다른 복지적 기능은 사회복지 이용자의 사회에 대한 참가와 통합을 지원하고, 이를 위하여 환경정비에 노력하는 것이다. 즉, 사회복지의 원조를 필요로 하는 사람들의 정상화와 통합화를 실현하는 것이다. 흔히 사회복지를 이용하는 사람들은 사회에서 고립되거나 격리되고 차별받기가 쉬우며, 복지시설에서 생활하는 사람들의 경우 특히 그러하다. 정상화는 아동과 장애인, 고령자를 이와 같은 특수한 사회에서 해방하고 연령, 성별, 능력, 용모, 신념 등 다양한 차이를 갖는 인간이 함께 생활하는 보통의 평범한 사회생활에 통합하는 것이며, 통합화는 이를 위한 행동과 과정을 의미한다. 여기에서 사회복지 이용자에 대한 직접적인 자립생활의 지원과 함께 도시의 물리적 환경의 개선, 주택개조, 사회적 편견의 제거 등의 생활환경 조건을 개선하는 노력이 포함된다(전국대학사회복지교육협의회, 1999 : 29-32).

3. 사회복지의 주요 용어

1) 사회복지와 사회사업

사회복지와 사회사업은 가끔씩 혼동하거나 같은 의미로 사용되는 경우도 있다. 그러나 이 두 용어는 구별되어 사용되는 것이 바람직하다. 프리들랜더(Friedlander)는 사회복지와 사회사업을 구별하여 정의하고 있다. 사회복지란 개인의 안녕과 사회질서 유지를 위해 기본적으로 필요하다고 인식된 욕구를 충족시키기 위한 규정들을 강화하거나 보장하는 법률, 프로그램, 급여 및 서비스들의 조직화된 체계라고 정의하고 있다. 반면 사회사업은 개인, 집단, 지역사회가 사회적 혹은 개인적 만족을 얻고 독립할 수 있도록 돕는 인간관계에 있어서의 과학적 지식과 기술에 기초한 전문적 서비스라고 정의내림으로써 이 두 용어를 구별하고 있다.

장인협은 사회복지와 사회사업의 성격을 어의적·목적적 실천 대상과 기능의 측면에서 비교·검토하고 있다.

① 어의적 측면 : 사회복지는 제도나 정책의 목적적 개념을 중시하며 이상적인 면을 강조한다. 이에 비해 사회사업은 사회복지 운영의 실질적·전문적 활동면을 포함하며 이상보다는 구체적인 실천이 강조되는 용어이다.

② 목적적 측면 : 사회복지는 바람직한 사회건설에 목표를 두는 데 비해 사회사업의 목표는 인간을 중심으로 하는 활동으로서 개인의 사회적 기능 향상을 통한 바람직한 인간화에 있다.

③ 대상적 측면 : 사회복지는 인간생활의 기본적 욕구 해결을 그 대상 영역으로 하고 있어 매우 광범위하고 일반적인 개념이다. 이에 비해 사회사업은 인간관계에 관한 과학적 지식과 기술에 기반을 둔 전문적이며 개별적인 서비스이다.

④ 기능적 측면 : 사회복지의 기능은 사회제도, 정책, 사회계획을 통해 인간의 삶의 수준을 향상시키는 데에 있으며, 사회사업의 기본 기능은 인간의 사회적 적응력을 향상시키는 필요한 지식과 기술을 역동적으로 활용하고자 하는 데에 있다.

⑤ 방법적(실천적) 측면 : 사회복지는 주로 제도와 정책을 통해 전 국민을 대상으로 포괄적인 접근을 함으로써 상대적으로 고정적인 성격을 지니게 되지만, 사회사업은 구체적인 지식과 기술을 통해 특수한 상황에 접근함으로써 보다 역동적인 성격을 보이게 된다.

이와 같은 차이에도 불구하고 사회복지와 사회사업은 깊은 상관성을 지니고 있다. 따라서 사회복지와 사회사업은 상호보완적 의미에서 활용할 필요가 있다.

사회복지를 논하면서 사회사업을 전혀 인식하지 못하거나, 사회사업을 논하면서 사회복지의 의미를 망각한다면 진정한 의미의 사회복지의 발달을 기대하기는 어렵다고 할 것이다. 사회복지가 궁극적으로 모든 인간의 행복을 확보하며 증진시키고자 하는 것이라면 그것이 개인과의 사이에 어떠한 거리를 갖는 고정적인 제도나 시책이 되어서는 아니되며, 개개의 인간에게 초점을 두어서 개인의 사회적 기능을 향상시킬 수 있는 사회사업의 실천이 불가결함을 인식해야 할 것이다.

2) 사회보장과 사회적 서비스

사회보장(social security)이란 전 국민의 연대책임과 사회적 권리에 기초하여 전 국민의 소득재분배에 의하여 일정 한도 이상으로 보장하고, 최저한도의 생활과 기본적 생활을 할 수 있도록 하기 위한 제도상의 모든 체제를 말한다. 협의적 개념으로는 실업이나 질병 또는 부상으로 인해 소득이 중단되었을 때 그에 대처하고 노령으로 인한 퇴직이나 타인의 사망으로 인한 부양상실에 대비하며 나아가 출생, 사망 및 결혼 등에 관련된 특수한 지출을 보완하기 위한 소득보장을 말한다. 베버리지(Beveridge)의

사회보장이 이에 해당된다. 광의적 개념으로는 사회구성원들에게 노출되기 쉬운 사회적 위험들에 대해서 적절한 조직을 통해서 국가가 보장하는 제도를 말한다. 이는 1942년 국제노동기구(ILO)에서 피고용인(근로자) 대상을 일반인으로 확대한 것으로 사회주의적 성격이 강하다.

사회보장이란 국민이 그의 생활을 영위해 나감에 있어 소득의 중단 또는 영구적 상실 및 질병과 부상 등 생활상의 제 곤란에 대하여 국가가 소득의 재분배를 통한 국민의 생존권의 실현과 최저생활 확보를 전제로 그의 소득보장을 도모하는 총체적인 국가정책을 말한다.

우리나라에 있어서 사회보장의 법적 성격으로는 출산, 양육, 실업, 노령, 장애, 질병, 빈곤 및 사망 등의 사회적 위험으로부터 모든 국민을 보호하고 국민 삶의 질을 향상시키는 데 필요한 소득 · 서비스를 보장하는 사회보험, 공공부조, 사회서비스를 말한다. 이는 과거 사회보장에 관한 법률(1963)의 사회보장이 협의적 개념에서 벗어나 사회보장기본법(1995년 제정, 2012년 전부개정)에 의해서 광의적 개념으로 전환된 것이다.

사회적 서비스(social services)는 주로 영국에서 사용하는 개념으로 '물질적 · 정신적 · 사회적 최저생활의 확보를 위한 공적 · 사적 · 사회적 제반 서비스의 총칭'으로 정의된다. 즉, 영국에서는 사회적 서비스가 보편적 서비스의 총칭으로 사용되며, 한정적 사회복지를 말할 때는 대인적 서비스(personal social services)란 용어를 사용한다.

사회적 서비스란 국민의 요구와 문제에 구체적으로 호응하기 위하여 다양한 공적 · 사적 기관들에 의해 제공되는 프로그램이나 서비스, 기타 활동을 말한다. 이러한 사회적 서비스들은 개인이나 가족에 대한 서비스, 집단에 대한 서비스, 일반 지역사회 서비스는 물론 사회적 약자를 위한 서비스를 포함하게 된다(장인협, 1991 : 29-36).

3) 사회복지정책과 사회복지실천

사회복지학은 사회복지정책과 사회복지실천으로 보통 분류된다.

사회복지의 양대 접근방법인 사회복지정책론과 사회복지실천론은 각각 이론적 특징과 문제점을 갖고 있는데 그것을 구체적으로 살펴보면 다음과 같다.

먼저 사회복지정책의 입장은 사회복지를 자본주의 제도의 사회적·경제적 법칙이 그 기저에 깔려 있는 것으로 보고, 그 구조적 필연으로서의 모순, 즉 빈곤과 불평등을 바탕으로 하는 여러 가지 사회문제를 주요 연구대상으로 삼고 있다. 그래서 사회문제의 주원인을 개인적인 성격의 왜곡이나 도덕성의 결여에서 찾기보다는 사회의 구조적인 모순의 결과라고 본다. 그리하여 사회문제를 해결하는 한 방법으로서 사회복지의 본질은 자본주의 국가가 체제를 유지하면서도 불평등 구조를 해소하는 분배정책을 가지는 것임을 명확히 하고 있다.

따라서 주요 관심은 법적·제도적 장치의 개선을 통하여 자본주의 사회 자체를 실질적으로 변화시키는 데에 있으며, 사회복지를 거시적 경제이론과 사회민주주의 이론을 바탕으로 보다 광의의 관점에서 이해하려고 한다. 또한 정책이나 법, 제도의 개선은 정치적 권력과 밀접한 관련이 있다는 전제에 따라 사회민주주의 정부를 수립하는 것을 목표로 한다. 스웨덴을 비롯한 북유럽의 복지국가들이 이 입장에 서 있다고 할 수 있다.

이 입장과 관련된 주요 교과목으로는 사회복지법제론, 사회복지정책론, 사회복지행정론, 복지국가론, 사회보장론 등을 들 수 있다.

이에 반해 사회복지실천의 이론적 특징은 자본주의에 대한 절대적인 확신을 배경으로 하여 자유민주주의적 개념에 내재하는 인간의 존엄성과 프로이트 학파에 의한 정신분석이론에 근거하는 인간행동의 이해를 강조한다.

또한 실용주의적 사실을 기반으로 하여 개별사회사업, 집단사회사업, 지역사회조직 등의 사회사업의 주요 전문기술의 종합체계로 확립되어 있는데, 이것은 사회복지 대상자에 관계되는 사회문제를 도덕의 문제, 대상자 개인의 성격의 결함이나 정서적 혹은 정신적 이상문제, 또는 가족이나 지역사회에서의 인간관계 부조정 및 부적응의 문제로 환원시키고 있다. 사회문제를 전문기술의 구사, 전개에 의해 인간관계를 조정하는 기술체계로 규정하는 소위 실천론은 사회복지의 본질을 바로 "기술"이라고 보고 있는데, 이러한 관점은 결국 사회복지의 본질 파악에서의 존립기반이라고 할 수 있는 자본주의 사회의 역사적·사회적 모순을 무시하고 단순히 그 사회의 원조과정의 체계로나 파악한다는 비판을 받기도 한다(남세진, 1992 : 1380). 미국을 중심으로 하는 자유주의 전통이 강한 나라들이 이 입장을 주도하고 있다.

관련 주요 교과목으로는 인간행동과 사회환경, 사회복지실천(기술)론, 케어복지론, 케이스워크, 그룹워크 등이 있다.

이상과 같이 사회복지정책과 사회복지실천은 서로 입장이 다르지만 실제 사회복지의 현장에서는 상호보완 관계에 있다. 즉, 법이나 제도 등의 정책은 전체 인간생활의 일정한 수준이나 범위를 다루는 것이고, 복지서비스로 나타나는 실천은 개별화된 원조활동을 통해 구체적으로 사회복지를 실현하고자 하는 것이다.

따라서 사회복지정책론과 사회복지실천론이 조화를 잘 이룰 때 비로소 참된 복지의 실현이 기대되며, 어떻게 이 둘을 잘 조화시켜 나가면서 개별화된 서비스를 제공하느냐 하는 데 복지시책의 근본적인 과제가 있다고 하겠다. 다시 말하여, 정책의 확충이 진행되면 될수록 기술, 즉 복지서비스와의 접촉면도 더욱 확대되어 나가게 되어 이 둘은 마치 동전의 양면관계에 있는 것으로 볼 수 있는 것이다(남세진, 1992 : 138-139). 그러므로 이 두 영역을 발전시켜 나가는 작업과 동시에 두 영역을 연결시켜 주며, 하나의 학문체계로 통합하는 작업이 시급하다고 할 수 있다(김기태 외, 1999 : 14-15).

연습문제

1. 다음 중 사회복지 개념의 변화방향에 대한 기술로 잘못된 것은?
   ① 보완적 개념에서 제도적 개념으로
   ② 자선적 개념에서 시민권적 개념으로
   ③ 최저의 조건에서 최적의 조건으로
   ④ 공공성에서 자발성으로
   ⑤ 특수한 서비스에서 보편적 서비스로

2. 사회복지의 주체를 가장 바르게 연결한 것은?
   ① 정책주체(국가), 경영주체(국가, 법인, 단체, 개인), 실천주체(단체, 개인)
   ② 정책주체(개인), 경영주체(개인), 실천주체(개인)
   ③ 정책주체(국가), 경영주체(법인, 단체, 개인), 실천주체(국가)
   ④ 정책주체(국가), 경영주체(국가), 실천주체(국가)
   ⑤ 정책주체(법인), 경영주체(단체), 실천주체(개인)

3. 티트머스(R. M. Titmuss)의 복지모형 중 사회 최저한의 경제선상에 있는 빈곤자나 요보호자들에게 급부를 주는 역할에 대해 설명한 것으로 옳은 것은?
   ① 마르크스주의형
   ② 제도적 재분배 모형
   ③ 보완적 복지 모형
   ④ 자유방임형
   ⑤ 산업적 성취수행 모형

4. 사회복지에 대한 설명으로 잘못된 것은?

① 사회복지는 이상적인 면을 강조하나, 사회사업은 실천적인 면을 강조한다.
② 사회복지의 목적은 바람직한 사회에 있고, 사회사업의 목적은 바람직한 인간에 있다.
③ 사회복지의 방법은 제도적이나, 사회사업의 방법은 지식적이다.
④ 실천적 측면에서 사회복지는 역동적이나, 사회사업은 고정적이다.
⑤ 사회복지의 성격은 적극적 · 예방적이나, 사회사업은 소극적 · 사후적이다.

5. 다음은 무엇에 대한 설명인가?

> ㉠ 후기 산업사회와 복지국가의 특징
> ㉡ 국가의 책임을 점차 확대시키는 보편주의

① 제도적 모형
② 심리적 모형
③ 선택적 모형
④ 잔여적 모형
⑤ 사회민주주의적 모형

6. 근대 사회복지의 출현과정을 자본주의의 특징과 함께 설명하라.

해답 1. ④ 2. ① 3. ③ 4. ④ 5. ①

CHAPTER 02

사회복지 윤리와 철학

CHAPTER 02

사회복지 윤리와 철학

1. 21세기 사회의 인간 욕구

1) 21세기 사회의 경향

(1) 새로운 인간형의 출현

21세기 사회에 들어서면서 새로운 인간 유형이 출현하기 시작하였다. 20세기에 출현하였던 이른바 신세대, X세대를 지나 이제 Y세대, N세대(NET GENERATION)라고 불리는 새로운 인간형이 나타나고 있는 것이다. 이들은 소위 베이비붐 세대의 자녀들로서 그들은 미래형 인간의 사고와 생활구조를 가지고 있고, 또 가지려고 애쓰고 있다.[1)]

그들은 기성세대와는 완전히 다른 문화의 소유자이며 스스로 차별화를 부르짖는 별세대이다. 디지털 기술과 인터넷을 자유롭게 사용하는 N세대들의 특징은 ① 간섭을 싫어하는 강한 독립심, ② 인터넷을 통한 폭넓은 소통, ③ 덜 배타적 · 포용적 성

1) 미국 사회를 기준으로 표현한 말이지만 일반적으로 통용되기도 한다. 2차 대전 이후 1946년에서 1964년에 출생한 세대를 흔히 베이비붐 세대라고 부르며 이 세대는 텔레비전에 영향을 많이 받은 세대이다. 그 다음이 X세대로서 1965년부터 1977년 사이에 태어난 교육을 가장 잘 받은 세대이다. 이 세대는 텔레비전이나 컴퓨터 등 모든 매체를 두루두루 섭렵하고 이용하는 세대이다. 이후 베이비붐 세대에 의해 탄생된 세대를 Y세대라 부르기도 하는데 인터넷을 통하여 모든 일을 처리하는 NET GENERATION으로 이해되고 있다. IT의 신화를 이룬 빌게이츠와 스티븐 잡스는 베이비붐 세대이며 소셜 네트워크 '페이스북(facebook)'의 창립자 마크 주커버그는 대표적 Y세대, N세대 인물이다.

향의 사회성, ④ 새로운 것에 대한 끊임없는 도전, ⑤ 기성세대들을 앞서가는 자신감 등을 나타낸다(Don Tapscott, 허운나 외 역, 1999 참조).

이러한 N세대의 모습은 바로 미래형 인간의 모습이며 그런 의미에서 오늘날 사회는 이미 미래형 인간이 살고 있는 것이다. 이 21세기형 인간이 보여줄 욕구와 그 증후군을 예측하고 준비하기 위하여 우리 사회나 국가는 이 새로운 인간형의 문화와 삶을 이해해야 하는 주요한 과제 하나를 더 가지게 되었다.

(2) 엄청난 가속화 현상

21세기 사회의 가장 뚜렷한 현상은 속도감의 변화이다. 오늘날 대다수 사람들은 사물의 발달속도가 엄청나게 빨라지고 있다는 사실을 이미 잘 알고 있다.[2)]

사회변화를 가져오는 가속화 현상의 주도적 역할은 교통수단의 발달이 담당한다. 한국사회 역시 초고속 철도 KTX로 인해 전국이 즉시 1일 생활권이 되었다. 현재 미국 공군은 음속보다 무려 25배나 빠른 항공기를 개발하고 있다. 서울에서 뉴욕까지 2시간에 도달할 수 있는 미래형 교통수단이다. 이 여객기가 수년 내로 생산이 가능하게 되면 전 세계는 문자 그대로 1일 생활권으로 변화할 것이다.

사회변화를 주도하는 또 다른 요인은 기술의 가속화 현상이다. 20세기 초반 포드시스템(ford system)으로 인한 자동차 생산에 조립라인(assembly line)이 도입된 이후 대부분의 생산현장이 가속화되었고 이는 사람들의 일상생활을 가속화시키기 시작하면서 사회변화를 주도하고 있다. 여기에 21세기형 디지털 기술과 디자인 기술이 접목됨으로써 이제 기계적 산업현장은 물론 농어촌의 생산환경과 개인적 생활까지도 끊임없이 변화하는 가속화 현상을 경험하는 새로운 시대가 열린 것이다.

문화영역에도 가속화 현상이 민감하게 반영되고 있다. 최근의 대중문화의 경향은 젊은 신세대들이 주도하고 있다. 얼마 전까지만 해도 대중가요는 대중들의 가요였으

2) 생물학자 헉슬리(Julian Huxley)는 “역사가 기록된 기간의 인간 진화속도는 인류 존재 이전의 진화보다 적어도 10만 배 이상 빨라졌다”고 하였다. 새로운 패러다임의 출현, 문명의 변화속도는 지난 300년 동안 급격한 변화를 일으킬 만큼 가속화하였고 금세기에 들어와서 변화된 사물의 양식은 인간의 상상력이 따라가지 못할 정도가 되었다.

나 근래에 와서 대중가요는 거의 신세대들의 가요가 되었고 그 순환속도 역시 매우 가속적이다. 종전에는 한 대중가요가 히트하면 적어도 1년 혹은 몇 달간은 그 노래가 불리워지고 대중매체를 통해서 들을 수 있었지만 지금은 아무리 크게 히트하는 노래라도 단 몇 주를 넘기 어렵다. 일반적으로 신세대에서 유행하는 최근의 대중가요는 5주 정도면 이미 대중매체에서도 외면하게 된다.

21세기 이 가속화 현상은 이제 인터넷의 일상화로 인해 더욱 심화되고, 그 변화의 방향과 파장은 이제 예측해 내기 조차 어렵게 되었다. 미국과 유럽의 증권시세가 당일 즉시 한국 시장에 반영되며, 아프리카의 정치혁명이 아시아의 다른 국가에 바로 영향을 미치게 되었다. 한국 드라마와 새로운 가요가 인터넷과 유튜브를 타고 실시간으로 전 세계로 퍼져 지구 반대편 남미의 젊은이들에게 한류열풍을 일으키는 시대가 되는 것이다.

(3) 지식정보화 사회의 심화

지식정보화 사회란 정보의 생산, 유통 및 활용이 급격히 증대되고, 정보기술이 고도화되는 동시에 정치, 경제, 사회, 문화 등 사회구조 전반에 걸쳐 정보와 지식의 가치가 높아지는 사회를 의미한다. 정보화 사회라는 용어는 1960년대 중반에 미국에서 처음 사용되기 시작하였고, 토플러(A. Toffler) 같은 학자의 저술을 통해 본격적으로 등장하게 되었다.

여기서 지식과 정보를 구별하여 사용할 필요가 있다. 지식이란 이미 다양한 연구와 실험 그리고 검증 과정을 통하여 보편화된 결론에 의해 얻어진 해답을 의미한다. 이 지식은 지난날 사회에서 아주 유용한 가치획득의 수단이었다. 남보다 먼저 지식을 얻고 그 지식을 활용함으로써 보다 많은 가치를 생산하거나 얻을 수 있었던 것이다. 따라서 사람들은 지식을 얻기 위해 다양한 책을 읽었고 오랜 시간 학교를 다녔으며 좋은 스승을 만나고자 하였다. 허나 지식은 과거의 결론을 토대로 하여 현재를 이해하고 미래를 예측하고자 하는 도구로서 지식 자체는 이미 과거의 산물이며 정적인 성격을 나타내고 있다.

그러나 정보는 좀 다르다. 이 정보는 아직 결론을 얻지 못한 문제의 해답을 위한 자료로서의 의미가 있다. 따라서 정보는 책이나 학교 안에만 있는 것이 아니라 사람이 활동하는 모든 현장에서 찾을 수 있으며 또 가공될 수 있는 것이다. 정보는 언제나 현재진행형이며 미래지향성을 지닌 것으로, 변화의 과정 속에 매우 동적으로 존재한다.

21세기는 정적인 성격의 과거형 지식만으로 문제를 풀기에는 너무나 변화가 빠른 가속의 시대이다. 정형화되고 확정되어 누구에게나 제공되는 지식보다도 '좀 더 빠른 무엇인가'를 통해 문제를 파악하고 이해하며 결론을 얻어야 하는 시대인 것이다. 여기에서 정보의 중요성이 대두된다. 가공되지 아니한 정보상태에서 남보다 빨리 문제의 해결책을 얻는 능력이 필요하게 되었다. 누구보다도 정보를 먼저 얻고 그것을 빠른 속도로 문제에 접목하는 능력만이 21세기 사회의 가속현상을 따라잡을 수 있게 된 것이다.

이러한 논의를 통해 우리는 과거형 모든 지식 역시 미래를 위한 정보로서의 가치로만 받아들여지는 사회를 지식정보화 사회로 이해할 수 있다. 이러한 배경에서 정보화 시대 또는 지식정보화 시대는 이미 21세기 사회의 핵심적 트렌드가 되어졌다.

지식정보화 사회의 특징으로는 경제활동의 중심이 산업사회의 물질적 생산 중심에서 정보 · 지식과 관련한 서비스 생산, 나아가 경험경제 중심으로 이동하게 되면서 산업사회의 상징이었던 육체노동자보다 정신노동자의 수가 월등히 많아진다는 점을 지적하였다. 이와 같은 맥락에서 토플러는 지식정보화 사회의 가장 기본적인 원료는 상상력을 포함한 정보라고 정의하고, 상상력과 정보를 통해 여러 가지 소모성 자원들의 대체물을 발견할 수 있다고 하였다.

또한 정보화는 정보교환을 손쉽게 하고 인간의 의사결정을 합리화하며, 이에 따른 조치를 신속히 함으로써 경제활동의 효율성을 높이는 것을 의미한다. 이것은 사회 전반에 걸쳐 정보의 가치가 증가한다는 것을 의미하며, 정보전달 매체로서 뉴미디어가 이용되어 산업뿐만 아니라 사회조직 및 개인생활에 큰 영향을 주는 것을 의미한다. 특히 정보화는 단순히 정보통신 기술을 활용하는 것만으로 한정지어서는 안 되며, 그 활용의 효과가 극대화되도록 사회조직, 법, 제도, 규범, 관행 등을 개선해 나가는 과정을 모두 포함하는 의미로 이해된다. 이러한 의미에서 지식정보화 사회란 물리적·제도적으로 네트워크 시스템을 기반으로 작동된다는 것이다.

지식정보화 사회의 또 다른 특징은 시간의 흐름과 변화의 가속도가 높다는 점이다. 이러한 빠른 시간의 흐름과 변화는 환경의 불확정성을 높이고 환경에 대한 전략적 접근의 당위성이 성립된다. 또한 지식정보화 사회는 개인의 가용시간 증대와 정보·통신의 기술발전으로 말미암아 사람, 물자, 정보, 자본, 미디어 등에서 이동이 증대되는 특징을 보인다. 이러한 흐름과 이동의 양적 증대와 속도의 가속화는 산업화 사회에서와 같은 수직적 계층조직에서부터 수평적 판(horizontal surface)의 구축을 통해 웹과 같이 다양한 채널을 통해 상호 교류되고, 끊임없이 진화해 가는 특징을 보이게 된다.

지식정보화 사회의 특징이 시간과 변화의 가속화라면 '형태(form)의 가치'는 '과정(process)의 가치'로 대체된다. 변화가 가속될 경우 더 이상 형태의 지속성이 보장되지 않기 때문이다. 따라서 과정의 가치가 증대되는 곳에서는 무엇을 담는 그릇보다 무엇을 담을 수 있는가의 이벤트와 프로그램이 더 중요한 위상을 차지한다. 이러한 이벤트와 프로그램은 사회의 변화에 따라 끊임없이 변할 수 있기 때문이다. 이와 같은 맥락에서 지식정보화 사회의 공간은 정체되어 있는 장소(place)가 아니라 흐름의 공간(space of flow)으로 정의될 수 있다.

마지막으로 지식정보화 사회의 또 다른 특징으로 혼성(hybrid)과 융합(convergence)의 사회라는 점이다. 주거와 공원, 상업과 공업, 주거와 공업 등 한 기능과 다른 기능 간의 분리가 아니라 혼성되어 또 다른 기능을 산출하는 특징을 보인다. 마치 생물과 기술이 융합하여 BT(bio-technology)가 생성되는 것과 같은 이치이다. 이러한 지식정보화 사회는 21세기 사회의 특징을 잘 나타내는 대표적 개념이 되고 있다.

2) 21세기 사회의 인간 욕구

(1) 기본적 욕구

심리학에서는 욕구를 '유기체가 건강한 상태를 유지하여야 하는 세포가 지닌 본질'로 규정하고 있으며, 일반적인 의미로는 '개인이 그의 복지에 유해한 것으로 느껴지는 어떠한 결핍 혹은 부족'으로 설명하고 있다. 따라서 욕구는 어떠한 목적을 위해 좋은 것, 필요한 것, 필수적인 것을 의미한다. 즉, 목적을 위해 필요하거나 필수적인 것이 결핍된 것을 말한다.

사회복지학에서 욕구의 의미는 "인간이 사회생활을 영위함에 있어서 충족시켜야 할 기본적인 욕구를 나타내는 말이며, 유기체의 행동을 일으키게 하는 생활체 내부의 원인, 즉 식물이나 물은 동물에게 절대적으로 필요하며 이것이 없을 때는 이를 얻으려고 하는 긴장상태가 생기는 것"이라고 설명하고 있다. 이상의 내용을 요약해 보면, '욕구는 유기체가 존재하기 위해 무엇인가 필요한 것을 구하는 본질적인 현상'을 의미한다고 볼 수 있다.

기본적 욕구는 다음의 세 가지로 설명된다.

첫째, 공통적인 욕구이다. 이는 특정한 개인이 갖는 인종, 종교, 성, 연령, 교육수준, 사회경제적 지위 등에 관계없이 모든 인간이 지니는 욕구를 말한다. 이 욕구 원리는 사회복지서비스를 제공함에 있어서 가끔 무차별적 평등의 원리로 표현되고 있다. 공통적인 욕구에는 의식주를 중심으로 직업, 건강, 가족 등이 표현될 수 있다.

둘째, 필수불가결한 욕구이다. 인간의 생활유지에 필수적으로 요구되는 욕구를 의미한다. 식욕, 성욕 등을 들 수 있는데 이러한 욕구가 충족되지 않는다면 인간다운 생활이 보장될 수 없을 것이다.

셋째, 최소한의 욕구이다. 위의 두 가지 내용이 기본 욕구의 '내용적' 측면이라면 최소한의 욕구의 특징은 욕구의 '정도', '수준적' 측면에 관한 것으로 해석할 수 있다. 각 개인이 인간으로서의 생활을 영위할 수 있는 정도로 충족되어야 하는 인간의 욕구를 의미한다. 이러한 최소한의 욕구개념은 '국민적 최저수준(national minimum)' 혹은

'사회적 최저수준(social minimum)'으로 표현되면서 한 국가의 사회정책에 대한 기본 원리가 되고 있다.

오늘날 국가 존립의 핵심적인 근거인 헌법에 '생존권 규정'을 설정한 것은 이와 같은 기본적 욕구의 이념을 부각시키고 지켜주고자 하는 데 있다.

(2) 인간적 욕구

사회복지는 주된 관심 부분을 인간이 지닌 욕구에 두고 있다. 인간적 욕구(human needs)는 인간이 그 존립을 위해 필수불가결하게 충족해야 하는 본질적인 현상을 말한다.

매슬로(A. Maslow)는 인간의 욕구를 다섯 가지로 분류하고 있다. 즉, ① 생리적 욕구(physiological need), ② 안전의 욕구(safety need), ③ 사랑의 욕구(love need), ④ 존경의 욕구(self-esteem need), ⑤ 자아실현의 욕구(self-actualization need) 등이다.

사회복지 분야에 있어서 매슬로(Maslow)의 인간욕구이론은 우리에게 세 가지 중요한 시사점을 제시하고 있다.

첫째, 인간의 욕구가 위계적인 특성을 지니고 있다는 점이다. 일반적으로 욕구충족을 위한 사회복지서비스는 낮은 수준의 욕구충족에서 높은 수준의 욕구충족을 지향하고 있다. 이것은 한정된 사회적 자원(social resource)으로서 가능한 한 사회복지 프로그램의 효율성을 제고시키기 위해 낮은 수준의 욕구 충족으로부터 높은 수준의 욕구 해결을 위해 노력해야 된다는 점을 암시하고 있는 것으로 해석할 수 있다.

둘째, 인간욕구 단계는 사회복지서비스의 프로그램을 비교할 수 있는 비교연구의 기준이 될 수 있다는 점이다. 각국의 사회복지서비스의 지향점이 어떤 욕구수준을 중심으로 실시하고 있는가를 분석함으로써 사회복지 프로그램의 발달수준을 파악할 수 있는 기준이 될 수 있다.

셋째, 인간의 욕구는 무한하기 때문에 현실사회에서 완전하게 충족될 수는 없다는 점이다. 인간생활은 끊임없이 보다 높은 수준의 욕구를 충족하기 위하여 각 개인이 일생 동안 노력하는 삶이라 할 수 있다(박용순, 2002 : 21-27).

(3) 사회적 욕구

사회적 욕구(social needs)는 인간이 지닌 기본적 욕구가 개인적 차원에서가 아니라 사회적 차원에서 발생 가능하다는 인식에서 존재하게 된다. 즉, 사회적 욕구는 기본적 욕구들 중에서 사회적 맥락을 지닌 욕구를 지칭한다. 그러므로 사회복지에서 관심을 갖게 되는 사회적 욕구는 기본적 욕구의 사회적 특징을 반영하고 있다.

브래드쇼(J. Bradshaw)는 사회적 욕구를 다음과 같이 네 가지 측면에서 제시하고 있다.

첫째, 규범적 욕구로서 이 욕구는 전문가들이 일정하게 주어진 상황에서 욕구라고 정의한 것이다. 즉, 욕구의 바람직한 수준을 규정한 다음 실질적으로 존재하는 욕구 수준을 이에 대비하여 개인이나 집단이 바람직한 수준에 미치지 못하면 그들은 욕구 상태에 있다고 본다.

둘째, 느낀 욕구로 이 욕구는 개인이나 집단의 욕망(want)과 동일시되는 욕구이다. 그것은 통상 관련된 사람들에게 특정 서비스가 필요하다고 느끼고 있는지 여부를 물음으로써 파악된다. 느낀 욕구의 주관적 지각에 초점을 맞추고 있다.

셋째, 표현된 욕구로서 이 욕구는 사람들이 어떤 서비스가 필요하다고 인지하면서, 욕구가 충족되길 요청하거나 요구하는 행동을 취하는 경우의 욕구를 말한다.

넷째, 비교적 욕구를 들 수 있다. 이 욕구는 서비스 대상자들을 연구함으로써 얻어지는 욕구이다. 즉, 비슷한 상황에서 어떤 사람들은 요구호자이고 다른 사람은 아닐 경우, 후자의 욕구상태에 있는 것을 의미하고 있다.

(4) 21세기 호모 노마드(Homo-nomad)적 욕구

오늘날 삶의 양식이 점차 다변화되면서 현대인들은 어느 한 곳(소속)에 얽매이지 않고 자유롭게 활동하려는 욕구를 보인다. 이러한 자유로운 생활태도가 과거 거처를 정하지 않고 떠돌아다니는 유목민의 삶과 흡사하다고 하여 '노마드(nomad)족'으로 불리기도 한다. 노마드족이란 몽고의 유목민이나 집시처럼 자유로운 생활을 즐기는 인간 유형을 통칭한다. 노마드란 '몫을 나눈다'와 '할당된 곳을 떠돈다'는 의미가 합성된 그리스어 'nomas'에서 유래된 것으로 내 몫으로 할당된 초원을 떠돈다는 의미, 즉 유목민이라는 뜻이다.

인류가 정착생활을 한 이후 유목민으로서의 생활은 거의 사라졌지만 21세기에 들어 현대인들이 일과 행복을 추구하기 위해 어느 한 곳에 정착하지 않고 어디든 떠도는 현상이 늘어나면서 유목민적 삶이 다시금 주목받게 된 것이다.[3)]

21세기 사회는 속도, 야성, 감성, 기술, 이동, 네트워킹 등을 추구하는 새로운 욕구가 생성되고 있다. 이로 인하여 인류는 특정한 삶의 방식에 매달리지 않고 끊임없이 자신을 바꾸어 가며 창조적인 행동을 추구하게 되었다. 이러한 현상을 지칭하는 말로 '호모 노마드'라는 개념이 활용되고 있다. '호모 노마드'는 현실에 안주하지 않고 파괴와 창조를 거듭하는 21세기형 새로운 인간을 의미하며, 이 호모 노마드적 삶의 유형이 21세기 사회에서 중요한 생존전략이 되고 있는 것이다.

프랑스 사회학자 자크 아탈리(Jacques Attali)는 저서 『호모 노마드－유목하는 인간』을 통해 "21세기는 디지털 장비로 무장하고 지구를 떠도는 디지털 노마드의 시대"라고 규정한 바 있으며, 삼성경제연구소에서도 "자유와 개방, 홀가분하고 쾌적한 삶을 추구하는 노마드족이 늘고 있으며, 이들의 유목성향이 21세기의 주도적 소비흐름이 되고 있다"고 우리나라의 소비시장을 분석하기도 하였다.

아탈리는 21세기를 '신 유목민'의 시대로 정의하면서 정보기술을 갖추고 지구를 유랑하는 인류의 모습을 그리면서 '유목', '가상현실', '미로', '네트워크'가 미래의 핵심어가 될 것이라고 예측하였다. 인터넷, 디지털 기술의 발달, 세계화 등의 진전으로 지리적 국경만 존재할 뿐 경제·문화적 국경이 사라지고 일자리를 찾아 또는 선호하는 문화를 찾아 유목하는 인간, 기업, 물건의 이동이 가속화될 것으로 전망하고 있는 것이다.[4)]

이와 같이 호모 노마드적 욕구가 등장하게 된 요인으로는, 먼저 현대사회가 빠르

3) 기존의 가치와 삶의 방식을 부정하고 불모지를 옮겨 다니며 새로운 것을 창조해 내는 일체의 방식을 의미하는 철학적 개념인 동시에 현대사회의 문화적·심리적 현상을 노마디즘(nomadism)이라고 한다.

4) 이러한 시대적 흐름에 따라 아탈리는 인간이 세 부류로 나뉜다고 말한다. 첫째, 어쩔 수 없이 노마드가 된 사람들로 주거지가 없는 사람, 이주 노동자, 정치 망명객, 트럭 운전수 같은 이동 근로자들이 여기에 속한다. 둘째, 정착민으로 농민, 공무원, 엔지니어, 교사, 한 곳에 소속된 기술자 등이 여기에 속한다. 셋째, '자발적 노마드'들인데 창의적인 직업을 가진 사람들, 연구원, 음악가, 통역사, 연극배우, 영화감독, 짐 없는 여행자, 운동선수, 게이머 등이 여기에 속한다고 한다.

게 글로벌화되고 있기 때문이다. 개방이 더욱 확산되면서 닫힌 세계에서 열린 세계로의 변화는 사람과 물자, 지식과 정보의 이동성이 높아진 데에 그 원인이 있다. 둘째, 교통통신의 발달도 중요한 요인이다. 교통과 통신의 발달은 시간과 공간을 압축하여 빠른 이동이 가능하도록 하는 물리적 조건을 형성하기 때문이다. 셋째, 정보화 사회로의 진행이 빠르게 일어나고 있다는 점도 지적할 수 있다. 정보화 사회는 지식의 빠른 순환을 요구하며 새로운 정보나 지식의 창출을 요구한다. 즉, 남보다 앞선 사고와 다양한 지식과 정보, 경험을 위해 이동성을 높여야 하는 것이다. 넷째, 무한경쟁체제가 갖추어지면서 개인, 집단과 조직, 사회에 끊임없는 혁신이 요구된다. 혁신을 위해서는 새로운 환경을 만들고 적응하는 유목민적 자세가 필요한 것이다.

이처럼 이동과 속도, 정보획득, 능동적인 변화에 적응하기 위해서는 보다 적극적인 유목민적 생활태도가 필요하며, 이를 현대적 생존법으로 받아들여야 한다는 사회적 합의가 증가하고 있다. 유목민들은 보다 나은 환경을 찾아 빠르게 이동한다. 따라서 불필요한 물건을 소지하지 않으며, 정보를 끊임없이 탐색하고, 어느 곳에서나 쉽게 적응할 수 있는 유연하고 창조적인 사고와 개방적이며 수평적인 사회조직을 가지고 있는 것으로 평가되고 있기 때문이다.

사회복지를 인간이 보다 행복한 삶을 살도록 결핍된 욕구를 충족시켜 주는 국가적·제도적 노력이다. 이러한 시각에서 21세기 사회의 새로운 인간 욕구인 호모 노마드적 욕구도 사회복지에서 다루어야 하는 주요한 영역이 될 수밖에 없다.

특히 최근 한국사회에는 인터넷을 통한 스마트 환경이 새로운 문화코드로 정착되고 있다. 이주노동자 또는 결혼이민자 등을 포괄하는 다문화사회도 확장되고 있으며, 이데올로기와 민족 분단의 산물인 새터민들의 급속한 증가 등 우리 사회 도처에는 호모 노마드적 환경이 속속 등장하고 있다. 사회복지가 이제 경제적 불평등의 완화라는 전통적 시각을 넘어 이 새로운 욕구에 대하여도 그 실천영역을 확대해 가야 할 때가 된 것이다.

2. 사회복지의 가치

1) 가치의 개념

일반적으로 가치(價値, value)란 어떤 사물, 현상, 행위 등이 인간에게 의미 있고 바람직한 것임을 나타내는 개념이다. 여기에서 '인간에게 의미 있고 바람직한 것'이 인간의 역사적 경험을 통해 축적된 결과를 토대로 해서 형성되는 것인지 아니면 인간의 경험이나 의지에 관계없이 이미 선험적으로 주어진 것인지에 따라 논의는 달라진다.

인간의 역사적 경험과 의지 그리고 필요에 따라 가치가 만들어진다는 논리는 상대주의적 가치관이며, 인간의 경험이나 필요와 무관하게 선험적으로 가치가 주어진 것이라는 논리는 절대주의적 가치관이 된다.

상대주의적 가치관은 고대 그리스의 자연철학자들로부터 시작되었다. 그들은 만물이 무엇으로 되어 있는가를 집중적으로 연구하였지만 모든 사람들을 동시에 만족시키는 해답을 찾지는 못하였다. 탈레스(Thales)는 물이 만물의 근원이라고 보았으나 엠페도클레스(Empedocles)는 흙, 물, 불, 공기의 4원소설을 주장하였고, 데모크리토스(Demokritos)는 더 이상 나눌 수 없는 입자로서 원자설을 주장하는 등 연구자마다 모두 다른 견해를 나타내었던 것이다.

이에 그들은 어떤 절대적 해답은 없다고 보았고 결국 프로타고라스(Protagoras)에 의해 제시된 '인간이 만물의 척도'라는 명제로 귀결되고 말았다. 여기서 인간이 만물의 척도란 만물의 근원이 무엇이든 인간이 정의하고 사용하는 데 따라 그 가치가 결정된다는 뜻으로서 인간의 역사적 경험과 의지, 필요에 따라 가치는 언제라도 변할 수 있는 가변적 성격의 것이 되었다.[5)]

그러나 이러한 상대적 가치관은 선과 악, 정의와 불의, 진리와 비진리 등의 문제가

5) 이 상대적 가치관을 토대로 고대 그리스 아테네에서는 민주주의가 나타나게 된다. 모든 시민들의 자유로운 토론에 의해 국가 정책을 결정하는 민회는 바로 인간의 필요와 의지 그리고 경험으로, 당 시대에 가장 유용한 국가 정책을 만들어 가는 상대주의 가치관의 현장이었다.

상황에 따라 다르게 나타날 수도 있음을 전제하는 것이어서 소크라테스(Socrates)와 같은 절대적 가치관을 가진 이들로서는 받아들이기 어려운 것이었다.

소크라테스는 이 우주에는 이미 결정된 어떤 진리가 있으며 그것은 어떠한 경우에도 변할 수 없는 불변적인 것이라는 절대적 가치관을 주장하였다. 인간의 필요에 따라 혹은 의지에 따라, 상황에 따라 진리가 변할 수 있다면 그것은 이미 진리가 아니라는 시각에서 소크라테스는 자연철학자들을 비판하였으며 그들을 소피스트, 즉 궤변론자라고 폄하하였다. 그는 소피스트들을 불변의 진리를 알려고 하지도 아니하면서 적당한 말로서 만물을 오도하고 젊은이들을 미혹하는 무리로 보았던 것이다. 그는 불변의 진리는 반드시 존재한다는 믿음 위에서 객관적이고 보편타당한 진리를 찾아 이상주의적·목적론적인 철학을 수립하려고 하였다.

그는 제논의 변증법을 활용하여 논변을 진행시키는 사이에 잘못된 판단의 모순을 깨우치고 다시금 옳은 판단으로 유도시키고자 하였는데, 이것이 유명한 산파술이다. 그는 합리주의자였으나, 때로는 초경험적인 내심의 소리, 즉 다이몬의 소리를 경청하면서 절대적이며 영원불변한 진리를 찾고자 한 것이었다. 소크라테스 이후 서양철학은 절대적 가치관에 바탕을 두고 전개되었다. 이와 함께 중세 기독교 사상은 만물과 진리가 절대자 하나님으로부터 시작된다는 더욱 확고한 절대적 가치관이 서양사회를 지배하게 하였다.

그러나 19세기에 이르러 찰스 다윈(Charles Darwin)이 진화론을 발표한 이후 서양세계는 엄청난 충격에 빠졌다. 고대 소피스트들에 의해 제시되었으나 소크라테스에 의해 부정된 상대주의적 가치관이 부활하기 시작하였던 것이다. 지구와 모든 생물, 특히 인간이 절대자 하나님에 의해, 이미 완성된 형태로 창조된 것이 아니라 상황과 환경에 따라 진화해 왔다는 다윈의 주장은 소크라테스와 기독교 사상에 대한 심각한 도전이었다. 이후 진화론은 인류가 살아가는 세상, 사회, 그리고 인간의 의식, 제도 등이 모두 절대적으로 주어진 불변가치가 아니라 환경요인에 따라 가변적인 것이라는 논의로 발전하였고 이러한 흐름은 상대주의적 가치관을 새롭게 조명하게 되었다.

중세 이후 르네상스로 인해 시작된 근대사회는 인간의 지혜로움과 아름다움을 찬미하는 휴머니즘이 사상적 바탕이었으며, 이를 토대로 신에 의하여 제약받는 세상을 극복하고 인간 이성의 산물로서 민주주의를 발전시켜 왔다. 진화론과 휴머니즘 그리고 민주주의의 발전은 상대주의적 가치관의 완전한 부활이었다.

이상과 같이 가치의 개념에는 상대적 가치관과 절대적 가치관이 양극단으로 양립하며 공존하고 있다. 이는 어느 쪽이 옳고 그름의 문제가 아니라 선택의 문제이다. 절대적 가치관에 의하여 살아가는 사람이나 사회는 분명한 기준에 의한 신념으로 살아가게 되지만 새로운 환경이나 변화에 둔감하며 융통성을 발휘하지 못하는 고지식함을 보일 것이다. 반면 상대적 가치관에 의하여 살아가는 사회나 사람은 새로운 환경에 적응하며 변화에 잘 적응할 수 있지만 수시로 삶의 기준이 바뀌며 이익만을 찾아 떠도는 기회주의자가 될 위험성이 내포되어 있다고 할 것이다.

2) 사회복지의 가치

사회복지의 모습이나 유형을 결정하는 데에는 그 사회나 시대를 살아가는 사람들의 가치관이 중요한 요소로 작용하게 된다. 한 국가의 사회복지 정책이나 제도 그리고 방향 및 내용, 실천방법 등은 모두 국가를 경영하는 정치가들이나 국민들의 가치관에서 영향을 받기 마련인 것이다. 그러나 오늘날 사회복지는 모두 서양 자본주의의 경제적 불평등으로부터 인류를 해방시키고자 한 노력의 산물로서 사회복지를 실현해 가는 대부분의 나라들이 모두 공통된 모습을 보이고 있다.

무엇보다도 중요한 사회복지의 가치는 첫째 인간의 존중이다. 이것은 인간이 가지고 태어난 가치 자체를 존중한다는 것으로서 인간이 실제로 무엇을 하고 있고, 무엇을 할 수 있는가 혹은 어떤 상태나 상황에 놓여 있는가 등과는 관계없이 무조건 존중되어야 한다는 의미이다. 즉, 인종, 성, 경제적·정치적·사회적 지위, 종교, 국적, 지능, 신체적 조건 등으로 인해 무시되거나 차별받아서는 안 된다는 것이다. 이러한 인간 존중의 가치는 우리나라의 경우 헌법 제10조 "모든 국민은 인간으로서 존엄과 가치를 가지며 행복을 추구할 권리를 가진다"를 통해 선언하고 있으며, 또한 인간으로서 존엄과 가치를 가지기 위해서는 인간다운 생활을 보장할 때 가능하기 때문에 헌법 제34조의 "모든 국민은 인간다운 생활을 할 권리를 가진다"고 규정하고 있다.

두 번째로 사회복지는 자유와 평등을 추구한다. 자유라는 개념은 개인이 억제나 구속에서 벗어나(소극적 자유) 무엇인가를 할 수 있는 것(적극적인 자유)이며, 동시에 선택할 수 있는 것(심리적 자유)이다(Spicker, 1988 : 44-45).

먼저 소극적 자유(negative freedom)는 강요와 강압의 부재를 의미한다. 즉, 국가나 집단 또는 다른 개인으로부터 신체, 표현, 거주, 직업선택 등에서 부당한 강요를 받거나 제한당하지 아니하여야 한다는 것으로서 전근대사회에서는 주로 정치적 권력에 의하여 침해당할 수 있는 경우가 많았다. 이와 같은 소극적 자유의 침해상황으로부터 인간을 자유롭게 해줄 의무는 주로 정치제도에서 다루며 사회복지에서는 상황에 따라 제한적으로 접근하고 있다. 예를 들어, 정신지체 장애인이 부당하게 감금당하거나 강제노역을 강요받을 경우 사회복지는 이 문제의 해결에 능동적으로 나서야 할 것이다.

다음으로 적극적 자유(positive freedom)로서 자신이 바라는 대로 행동하고 얻을 수 있는 능력을 의미한다. 즉, 강압의 부재가 아니라 행동할 수 있는 능력인 것이다. 한 가지 예로, 어떤 중증장애인이 장애인보호시설에서 사회복지사의 도움으로 정해진 시간에 식사를 하게 되고, 옷도 갈아입고 있다면 이 장애인은 자유로운가? 소극적 자유의 관점에서 본다면 이 장애인은 어떠한 강요를 당하지 않기 때문에 자유로운 것은 확실하다. 그러나 적극적 자유의 측면에서 본다면, 선택의 여지가 없기 때문에 자유롭지가 못하다고 보아야 할 것이다. 또 다른 예로서 직업이나 거주할 집이 없는 노숙자의 경우 마음껏 일하거나 좋은 여건에서 편하게 지낼 능력이 없으므로 노숙생활을 스스로 자유 선택했다 하더라도 그는 사회적 제약 속으로 들어와야 하는 한계를 지니게 된다. 이것이 바로 적극적 자유의 부재이며 사회복지는 모든 사회구성원들이 적극적 자유를 누릴 수 있는 데 기여해야 하는 것이다.

세 번째는 심리적 자유(psychological freedom)가 있다. 이것은 선택할 수 있는 능력을 의미한다. 앞의 장애인의 경우에는 이러한 의미에서 자유롭지가 못하다. 따라서 이 장애인은 지속적인 의사소통과 재활교육을 통해 상당한 정도의 자유를 획득할 수 있게 되고, 또한 아동에게 부여된 의무교육은 바로 행동할 수 있는 힘(적극적 자유)과 선택능력(심리적 자유)을 갖도록 하기 위해 있는 것이다. 어떤 클라이언트도 모두 스스로 자신의 환경과 처우를 선택할 권리가 있으며 사회복지는 이 선택의 자유를 지켜주는 데 기여해야 한다.

자유라는 가치에 못지않게 사회복지에서는 평등의 가치를 추구하고 있다. 일반적으로 평등에는 세 가지 유형이 있다. 즉, 기회의 균등, 조건의 평등, 결과의 평등이다(박호성, 1994 : 57-59).

먼저 기회의 균등(equality of opportunity)은 오늘날 자본주의 사회에서 가장 널리 퍼져 있는 평등의 범주이다. 이것은 각 개인은 자신의 소질과 능력을 자유롭게 계발할 평등한 권리와 기회를 가질 뿐 아니라 동일한 업적에 대해서는 동일한 보상이 주어진다는 입장에 서 있다. 또한 모든 사회적 제도에 대한 접근을 모든 사람에게 균등하게 열어놓는다는 입장을 밝히고 있다. 거기에는 혈통, 종교, 가문 등의 객관적 조건이 아니라 개인의 주관적 능력이 결정적인 규정요소로 등장한다. 즉, 모든 사람들이 동일한 조건에서라면 누구라도 평등하게 사회적 생활을 하며 새로운 영역에 도전 할 수 있는 기회를 똑같이 제공하는 것이다.

두 번째, 조건의 평등(equality of condition)은 첫 번째의 것과 연결되는 것으로 사회적 기회를 획득하려는 자유경쟁의 출발조건을 평등하게 정비하고자 노력한다. 따라서 순수하게 개인의 능력에 모든 것을 맡기는 것이 아니라 개인적 능력의 부족을 사회적으로 메워주는 작업이 필수적이라 인식한다. 예컨대 100m 달리기에서 신체장애인은 얼마쯤 앞에서 출발하도록 하는 것이다.

세 번째, 결과의 평등(equality of outcome)은 출발점이나 자연적 능력은 고려하지 않고 법적 조치나 정치적 수단을 이용하여 마지막 결과의 평등만을 얻고자 한다. 즉, 출발단계의 불평등을 마지막 단계의 사회적 평등을 뒤바꾸어 놓으려 한다. 따라서 이 경우 자유로운 경쟁이나 개인적 역량의 발휘는 억제되거나 무시된다. 100m 달리기에서 모든 사람을 똑같이 골인시키는 것과 같다.

인간 존중, 자유와 평등의 구현과 함께 사회연대성 역시 사회복지의 주요 가치이다. 연대(solidarity)는 '두 사람 이상이 함께 무슨 일을 하거나 함께 책임을 지는 일'이라는 사전적 의미를 가지는 용어이다. 따라서 연대는 인간의 사회성에 대한 신념을 내포하고 있으며, 서로에 대한 책임감을 강조한다.

인간은 개인으로서뿐만 아니라 사회구성원으로서의 관심사를 가지고 있다. 사람들은 공통의 위험에 빠지게 되면 이를 제거하기 위해 협력하는 것이 필요하고, 협력하게 된다. 오늘날 대표적인 사회적 위험이라고 할 수 있는 빈곤, 질병, 노령, 산업재해 등에 대해 국가적인 차원에서 마련되고 있는 사회보험제도들은 바로 이러한 사회적 위험에 대한 공동의 협력과 책임을 전제로 한 사회적 연대의 가치 실현이다. 사회보험을 위해 지불하는 비용은 각 개인이 경험하게 되는 위험과 반드시 일치하는 것은 아니다. 만일 위험을 덜 느끼는 개인들이 사회보험에 참여하지 않는다면 위험을 느끼는 사람들이 지불해야 하는 비용은 늘어나게 되고, 전체 사회가 구성원들을 보호할 수 있는 힘은 약화될 수밖에 없을 것이다.

또한 빈곤하다는 이유로, 혹은 장애를 가지고 있다는 이유로 그들에게 부여하는 오명(stigma)은 기본적으로 사회연대성을 약화시키는 것이다. 왜냐하면 오명을 부과한다는 것은 이들과 함께 하기보다는 격리시키고 차별시키는 것이기 때문이다(박경일 외, 2000 : 31-34).

이러한 사회복지의 기본적 가치를 프리들랜더(W. A. Friedlander)는 아래와 같이 정리하고 있다.

① 개인존중의 원리 : 모든 사람은 인간으로서의 가치, 품위, 존엄성을 가지고 있다.

② 자발성 존중의 원리 : 개인이 무엇을 요구하며 그것을 어떻게 충족할 것인가를 자기 스스로 결정할 권리를 가진다(자기결정의 원리).

③ 기회균등의 원리 : 사회는 모든 인간에 대한 균등한 기회를 차별없이 제공해 주어야 한다.

④ 사회연대의 원리 : 사람은 자기 자신, 가족 및 사회에 대한 책임을 진다(상부상조의 원리).

3. 사회복지 윤리와 철학

1) 윤리와 철학의 개념

일반적으로 윤리란 '어떻게 사는 것이 좋은 삶인가(good)' 혹은 '어떻게 사는 것이 올바른 삶인가(right)'를 말해주는 규범판단이다. 한마디로 윤리란 인간의 실천적 행위에 대해 좋다, 나쁘다, 옳다, 그르다 등의 가치판단을 기반으로 해서 '해야 한다', '하지 말아야 한다'라는 규범을 제시하는 당위적인 판단으로 나타난다.

철학은 본질이 무엇인지를 묻는 일이다. 즉, 특정 사회 혹은 특정인의 당위적 윤리가 아니라, 특정 사회 또는 특정인의 윤리적 배경이 되고 있는 인간관과 세계관이 무엇인가를 밝히고자 하는 것이다. 또 특정 사회 또는 특정인의 윤리가 어떤 가치관을 바탕으로 하고 있으며, 왜(why) 설득력이 있는지를 비판적으로 캐물어 간다. 그렇게 함으로써 철학은 특정 내용이 아니라 그 내용을 정당화해 주는 근거가 과연 타당한지, 논리적인 비약은 없는지 등을 고찰한다. 철학이 비판이라는 말은 철학이라는 학문이 '왜(why)?'라는 질문을 통해 정당화를 위한 논거를 끊임없이 캐물어 가는 작업이기 때문이다.

우리나라의 사회복지사 윤리강령은 '윤리'에 속한다. 사회복지사 윤리강령 제5조는 '사회복지사는 복지대상자가 자기결정권을 최대한 행사할 수 있도록 돕는다'라고 명령하는 행위규범이다. 이 윤리규범은, 사회복지사의 임무는 복지대상자가 스스로 결정하도록 도울 뿐이지 사회복지사가 복지대상자를 대신해서 대상자의 일을 결정해서는 안 된다는 지침(당위)을 명하고 있다.

이와 비교해 '철학'은 이러한 윤리에 대해서 '왜 그렇게 행동해야 하는가?' 하는 이유를 묻는다. 즉, 사회복지사는 왜 복지대상자를 대신해서 결정하고 판단하면 안 되는가? 복지대상자보다 사회복지사의 판단력이 더 합리적이고 더 올바를 수 있는 경우에도, 혹은 사회복지사가 판단하기에 복지대상자의 결정이 명백히 불합리해 보이는 경우라 하더라도, 사회복지사는 대상자를 대신해서 결정하면 왜 안 되는가? 도대체 그 이유는 무엇인가?

철학은 이처럼 해당 윤리규범의 근거를 묻고 따진다. 사회복지와 관련된 '윤리'와 그러한 윤리의 근거와 정당화를 묻는 '철학'이 이처럼 서로 다른 역할을 하고 있는 까닭에 우리는 사회복지윤리와 사회복지철학이 갖는 의의를 정확히 인지할 필요가 있다.

2) 사회복지윤리

사회복지윤리는 광의와 협의 두 가지 측면에서 생각해 볼 수 있다.

사회복지윤리의 협의의 의미는 사회복지윤리를 사회복지 분야에 종사하는 전문인을 위한 행위규범으로 간주하는 것이다. 이런 관점은 사회복지윤리를 일종의 전문적 직업윤리로 간주하는 것인 바, 현실적으로는 '사회복지사 윤리강령'으로 나타나고 있다. 복지국가 이전 시대인 과거, 즉 제한적인 사회사업실천이 주류였던 시대에는 이처럼 좁은 의미의 윤리개념이 적절한 개념이었을 것이다.

그러나 과거의 사회사업 개념이 현대의 사회복지 개념으로 확대됨에 따라 사회복지윤리의 의미도 보다 확장된 의미를 요구하게 되었다. 사회사업 개념이 사회복지 개념으로 확대되게 된 배경에는 현대의 복지국가의 탄생과 발전과정이 자리 잡고 있다.

과거의 사회사업이 민간이 주체가 되어 자발적 · 자선적 사회봉사를 근간으로 하는 운동이라면, 현대의 사회복지란 1930년대 이후에 시작된 복지국가 체제에서 비롯된 시스템이다. 복지국가 체제에서 사회복지란 국가가 주체가 되어 사회구성원의 복지를 책임진다는 이념에 기초한 것으로, 국가의 의무와 책임을 근간으로 하는 활동이라 할 수 있다.

따라서 사회복지윤리의 의미도 이제는 보다 확대될 수밖에 없다. 이제 사회복지윤리는 단순히 사회복지 관련 종사자들의 전문직업적 윤리에 국한될 수만은 없게 되었다. 민간주체의 사회사업 시대를 넘어서서 이제는 국가주체의 복지국가 시대이며 더 나아가 앞으로 당분간은 하나의 주류를 이루어 갈 것처럼 보이는 복지다원주의 추세를 미루어 볼 때, 사회복지윤리의 의미는 보다 넓게 규정될 수밖에 없으리라 생각한다.

즉, 사회복지라는 말이 국가가 주체가 되어 행하는 복지를 의미하거나 혹은 국가·사회·민간 등의 다원적 주체가 행하는 복지를 의미한다면, 사회복지윤리는 그러한 주체들이 행위할 때 지켜야 할 행위규범을 의미해야 할 것이다. 이러한 의미의 사회복지윤리는 전문직업윤리로서의 사회복지윤리보다는 훨씬 광의의 의미를 지니게 될 것이다.

따라서 광의의 사회복지윤리는 사회복지 관련 종사자들만의 전문직업윤리를 넘어서서 그 사회의 구성원들이라면 누구나 사회복지에 대해 지녀야 할 윤리적 관점을 의미한다. 이것은 복지국가라는 국가복지 시대에 혹은 현재 추구되고 있는 복지다원주의 시대에 상응하여 사회구성원 모두에게 요구되는 윤리적 관점이다.

광의의 사회복지윤리는 사회구성원들에게 다음과 같은 것을 명령한다. '모든 사회구성원 개개인들은 각자 자신의 복지에 대해서만이 아니라 자신 이외의 다른 모든 사회구성원들의 복지를 위해서도 관심과 노력을 기울일 의무가 있다'. 즉, 모든 사회구성원은 사회원조와 사회연대의 의무를 져야 한다는 것이다.

3) 사회복지철학

사회복지철학은 사회복지의 근원적 본질이 어디에서 나온 것일까 하는 의문에서 출발한다. 사람의 삶, 특히 경제적 삶의 근본적 책임은 누구에게 있는 것일까? 어떠한 조건적 제약이 없는 완전한 자유상태의 인간은 그의 물질적·심리적 욕구에 대한 문제를 스스로 해결해야 한다. 그리고 결과 역시 스스로 책임져야 할 것이다.

만약 물질적 결핍의 상태에 이르렀다고 하더라도 그 것이 완전한 자유의 상태에서 스스로 추구한 결과라면 자기 자신 이외 그 누구도 그 결핍에 대하여 책임질 필요는 없다. 이러한 전제 아래에서는 사회복지라는 명제는 존재할 수가 없게 된다.

그러나 어떤 인간도 완벽한 자유를 누리지는 못하고 있으며, 동시에 선천적·후천적 제조건이 동일하다는 어떤 근거도 없다. 또 모든 인간은 근본적으로 불완전한 존재로서 애초에 어떤 형태의 결핍이든 다 가지고 태어나지만 그 결핍이 스스로의 선택에 의한 것은 전혀 아니다. 결국 인간이 가지는 결핍과 그에 따른 욕구는 스스로 홀로 책임질 일이 아니라 부족함 속에서 서로 의지하면서 공동의 삶을 살아가도록 운명지워진 사회적 존재 모두의 공동 책임이라는 결론을 얻을 수 있다. 이러한 전제가 철학적으로 받아들여질 때 사회복지는 출발하게 된다.

철학은 결국 모든 윤리적 명제의 기본이 된다. 철학적 기반에 따라 윤리적 행위도 결정되기 때문이다. "왜 이 일을 해야 하는 것일까"에 대한 자기 물음 그리고 스스로 내린 해답에 따라 인간은 행위하기 때문이다. 모든 인간이 언제 어디서나 동일하게 판단하는 절대적 가치에 기반한 철학적 명제는 현실적으로 거의 없다. 문제의 출발도, 그에 대한 의문도, 그리고 나름의 해답도 현실에서는 상대적으로 나타나고 있다.

앞에서 논의한 사회복지윤리도 이런 철학적 기반 위에서 성립하게 된다. 불완전한 인간이 가지는 욕구에 대한 충족을 사회가 공동으로 책임져야 하는 것이라는 철학적 판단을 우리 모두가 받아들인다는 전제 아래 사회복지는 성립하며 또 사회복지윤리도 존재할 수 있는 것이다.

협의의 사회복지윤리가 전문직업윤리로서 사회복지 관련 업무를 선택한 사람들에게 요구되는 특수한 행위규범(직업윤리)이라면, 광의의 사회복지윤리는 사회구성원 모두에게 요구되는 보편적 행위규범(사회윤리)이라 할 수 있다. 그런데 이러한 직업윤리나 사회윤리는 한 개인이 가지고 있는 철학적 판단과 일치할 수도 있고 충돌할 수도 있다. 한 개인에게 있어 그의 철학적 판단에 다른 '개인윤리'와 그의 '직업이 요구하는 윤리'와 사회구성원으로서 그에게 요구되는 '사회윤리'가 일치한다면, 그에게는 아무런 갈등도 발생하지 않고 따라서 윤리와 관련한 철학적 문제의식이 발생하지 않을 것이다. 이에 반해 개인적인 양심의 명령(개인윤리)과 사회적으로 요구받는 의무적 사회윤리(예를 들어, 군복무 등)가 일치하지 아니하는 사람들은 윤리적 충돌상황에 처하게 된다.

전문직업으로 사회복지 관련 업무에 종사하는 사람들은 자발적으로 그 직업을 선택했기 때문에 당연히 그 직업의 특성상 요구하는 사회복지사 윤리강령과 같은 윤리규범을 따라야 한다. 그러나 사회복지사의 개인윤리가 직업윤리(사회복지사 윤리강령)와 일치하지 않는 경우도 생각해 볼 수 있다. 이럴 경우 사회복지사는 갈등상황에 처하게 되며 다음과 같은 철학적 물음에 직면하게 된다.

우리는 자신의 양심에 따라 옳다고 생각하는 바를 행해야 하는가 아니면 내가 동의할 수 없는 직업윤리에 따라 행동해야 하는가? 이 문제는 '법과 도덕의 불일치'라는 상황에서 개인의 '불복종의 문제'를 주제로 하는 법철학의 주요 논제가 된다.

예를 들어, 자녀들이 부모에 대한 부양책임을 이행하지 않아 공공부조를 받아야 할 처지에 놓인 노인부부를 만났다고 하자. 사회복지사는 공공부조를 먼저 행하고 추후에 부양의무자에게 부양비를 징수해야 할 것이다. 그런데 만약에 부모가 지금까지 자식에게 해준 것도 없는 처지에서 더 이상 자식의 입장을 난처하게 하고 싶지 않아 공공부조의 권리를 포기하기로 선택한다면, 사회복지사는 어떻게 해야 하는가?

사회복지사 윤리강령 제4조는 '사회복지사는 복지대상자의 권익을 최우선으로 삼는다'이고, 제5조는 '사회복지사는 복지대상자가 자기결정권을 최대한 행사할 수 있도록 돕는다'이다. 현재 상황에서 사회복지사는 제4조와 제5조의 명령 사이에서 어느 것을 따라야 하는가? 이런 상황은 서로 다른 사람들에게서 반복적으로 나타날 수도 있지만, 각 케이스마다 구체적인 상황이 다르고 조건도 제각각 상이하게 나타날 것이다. 부모가 공공부조의 권리를 포기하는 구체적 이유나 그 포기의 강도, 자녀들이 처해 있는 상황 등은 어느 경우에도 동일하게 나타나지 않을 것이기 때문이다.

현장에서 나타나는 다양한 케이스들에 대해 그 모든 문제들을 명쾌하게 해결해 줄 윤리적 지침이란 있을 수 없다. 사회복지사가 현장에서 겪는 윤리적 갈등은 일종의 상황윤리로서, 서로 다른 상황들에서 무엇이 최선의 올바른 행위인지는 그 상황을 가장 잘 알고 있는 사회복지사 자신의 철학적 명제와 고민 그리고 갈등의 결과로 판단할 수밖에 없다.

윤리적 갈등의 이런 어려움은 전문적 지식과 기술이 풍부하다고 해서 해결되는 것이 아니라, 사회복지사 자신의 직접적 경험과 그 경험에 대한 철학적 반성 및 성찰을 통해 해결할 수밖에 없다. 이와 같이 사회복지의 실천과정에서 사회복지사가 직면하게 되는 윤리적 갈등상황은 상황윤리적 성격이 지배적이므로 사회복지사 개개인의 철학적 성찰과 반성이 중요하다.

앞에서 광의의 사회복지윤리는 사회복지 관련 종사자들만의 전문직업윤리를 넘어서서 그 사회의 구성원들이라면 누구나 사회복지에 대해 지녀야 할 보편적인 윤리적 관점을 의미한다고 하였다. 그러나 현대와 같은 가치다원주의 시대에 모든 구성원들이 동시에 수용할 수 있을 만한 보편적인 윤리관이 과연 가능한가에 대해서는 회의적일 수밖에 없다. 이것은 모든 사람들이 동일한 철학적 명제를 수용하지 아니한다면 결코 있을 수 없는 일이다.

특히 복지국가 전성시대와 복지국가 위기시대를 거치면서 사회구성원들의 복지권에 대한 정당화 논쟁, 즉 보편적 복지인가, 선별적 복지인가에 대한 철학적 논쟁은 점점 첨예하게 대립되어 가고 있다.

4. 사회복지의 사상적 배경

1) 종교적 배경

모든 종교는 인간의 현세적 축복과 내세의 영원성을 추구한다. 이러한 종교의 경향은 인간의 행복한 삶을 추구하려는 사회복지의 이념과 기본적으로 통한다고 할 수 있다.

기독교의 중심적 가치는 사랑인데 이 사랑은 기본적으로 이웃에 대한 박애와 책임성을 전제로 하고 있다. 예수는 어떤 부자 청년에게 천국에 들어갈 수 있는 조건으로 "네 소유를 다 팔아 이웃에게 나누어 주고 나를 따르라"고 하였다. 또 작은 소자(小子) 한 사람에게 베푼 것이 곧 하나님께 베푼 것이라는 메시지와 함께 주린 자에게 먹을 것을 주고, 목마른 자에게 마실 것을, 나그네 된 자에게 거처할 곳을, 헐벗은 자에게 입을 것을 주며, 나아가 병든 자를 문안하고 옥에 갇힌 자를 찾아보는 이웃사랑을 실천하기를 강하게 주문하였다.

불교는 현실세계의 괴로움을 소멸시키고 해탈하기 위하여 자비의 마음으로 보시(布施)에 힘쓸 것을 중생들에게 주문한다. 부처는 제자들에게 모든 중생을 어머니의 사랑으로 대하라고 하였으며, 온 세상을 향하여 무궁한 자비의 실천을 행하여 현실세계에 적선(積善)함으로써 깨달음에 이르고 궁극적으로는 해탈하여 극락왕생한다고 가르친다.

유교는 사회적 가치에 보다 적극적으로 접근한다. 인간을 기본적으로 사회적 존재로 인식함으로써 내세보다는 현실세계의 인간관계를 중요하게 생각하여 삼강오륜을 통한 조화로운 삶을 추구하는 것이다. 이는 역시 홀로 사는 삶을 넘어서서 더불어 살아가는 지혜를 가르치는 것으로 이해할 수 있다.

이러한 종교적 가치는 사회복지가 추구하고 있는 기본적 인권의 보장을 통한 행복한 삶의 추구, 더불어 살아가는 사회적 지혜 그리고 상대적으로 열악한 상태에 빠진 소외된 자들에 대한 사회적 배려의 정신 등의 사상사적·철학적 배경이 되는 것이다.

2) 서양철학적 배경

플라톤(Platon)은 지혜, 용기, 절제, 조화의 4주덕을 통하여 정의로운 이상국가를 꿈꾸었다. 그가 추구하는 이상국가는 엄격한 분업의 원칙으로 사회적 역할이 다른 계층간의 조화이며, 동시에 국가 내부에 있어서 사유재산을 인정하지 아니하는 일종의 공산사회의 모습이었다. 특히 플라톤은 사회지도층인 수호자계층에게 남녀평등의 원칙과 사유재산제도의 폐지, 심지어는 가족제도의 폐지까지 요구함으로써 이상국가를 위하여 사회적 기득권층의 양보와 책임 그리고 의무를 강조하는 것이었다.

아리스토텔레스(Aristoteles)는 플라톤의 사상을 계승하면서도 보다 현실적인 입장을 유지하였다. 그는 민주제나 귀족제 그리고 군주제 등 어떠한 국가체제에서도 인민이 행복을 누리게 되면 모두 이상국가라고 보았으며, 그 행복의 기준을 중용으로 설정하였다. 아리스토텔레스에 있어서 중용이란 과도하게 부유하지도, 그렇다고 극단적으로 빈곤하지도 아니한 중간적인 다수의 중산층을 의미하는 것이었고, 이 중산층의 기반 위에서 기능하는 이상국가를 추구하였다.

로마 철학의 양대 산맥인 스토아학파와 에피쿠루스학파의 입장 역시 이성과 자연에 따르는 선이 추구를 철학의 목적으로 보았다. 스토아학파는 인위적 가치나 집착으로부터 벗어나서 아파테이아(apatheia)의 상태에 이를 때 진정한 자유와 선이 실현된다는 것으로 보았다. 이에 비해 에피쿠루스학파는 선악의 가치기준을 감각과 지각에 두어 감각적 쾌락을 선으로 보아 그 최고 경지를 아타락시아(ataraxia)라고 하였다. 이 두 학파의 관심은 모두 인간의 행복에 대한 것이었다.

공리주의는 19세기의 벤담(J. Bentham)과 밀(J. S. Mill) 등 영국 학자들에 의해 제창된 것으로서 '최대다수의 최대행복'을 인간행위의 규범으로 채택한다는 윤리학설에서 그 원천을 찾을 수 있다. 모든 인간을 종교적 및 도덕적 선입관을 배제하고 객관적인 입장에서 본다면, 인간은 가능한 한 자신의 고통을 제거하거나 회피하고 최대한의 본성적 향락을 희구하고자 한다.

따라서 공리주의적 동기(utilitarian motives)의 본래적 의도는 영국의 산업혁명과 더불어 일어난 개인주의적 사상의 대두로 말미암아 사회복지로서 '최대다수의 최대행복'의 실현을 윤리의 과제로 삼는 데 있다. 그러므로 사회복지의 궁극적 목적은 모든 국민과 사회가 동시에 만족하고 바람직한 사회를 실현하고자 한다는 측면에서 공리주의적 동기에 그 기초를 두고 있다.

3) 동양철학적 배경

공자는 현실적인 사상가였다. 그는 인(仁)의 실현을 통하여 대동(大同)세계가 이루어질 것을 꿈꾸었으며, 그 대동은 모든 것이 화평하며 행복이 가득 찬 이상세계였다. 공자는 인간 본질로서의 어짐(仁)을 다른 사람을 사랑하는 마음으로 정의하였고, 이 사랑의 기본이 되는 것을 효(孝)라 하여 인을 행하는 근본으로 삼았다. 인의예지(仁義禮智)가 온 누리의 인민들에게 구현될 때 세상은 질서가 유지되며 동시에 모든 백성들이 편안하고 행복하게 살 수 있다는 것이었다.

맹자는 보다 정치적인 사상가였다. 그는 공자가 말하는 인의 실현을 통한 대동세계란 바로 왕도정치(王道政治)의 실현으로 이해하였고, 왕도정치는 군주를 비롯한 정치지도자들의 의(義)의 실천으로 보았다. 맹자는 당시 굶주리며 전쟁에 내몰리던 백성들을 불쌍하게 여기는 마음(不忍人之心)을 지닌 정치지도자를 요구하였고, 백성을 살기 편하게 해주는 정치(不忍人之政)를 펼치는 사회를 꿈꾸면서 정치지도자들을 가르치려 하였다.

공자가 모든 인간의 기본적 품성을 고쳐서 세상을 편안하게 하고자 했다면, 맹자는 우선 정치지도자들의 마음과 자세부터 고쳐서 바른 정치를 통한 백성의 행복을 꿈꾸었다. 그들은 모두 인본주의자였으며 동시에 사회개량주의자였다. 가진 자와 기득권층으로부터 소외된 채로 헐벗고 굶주리며 불행한 삶을 살아가는 백성들을 구제하고자 하였고, 그러한 일을 위해 교육과 계몽을 쉬지 아니하였다. 또한 그들은 백성들은 먼저 경제적 안정이 있어야 마음이 안정될 수 있다(有恒産者有恒心)는 것을 설파하여 오늘날 국가 경영의 원칙과도 부합되는 원리를 전하였다.

한국사상의 측면에서도 단군신화에서 보이는 홍익인간(弘益人間), 제세이화(濟世理化), 경천애인(敬天愛人) 이념이나, 고려의 훈요십조(訓要十條)의 정신, 그리고 조선시대 이황, 이이의 사단칠정론(四端七情論)으로부터 정약용, 이익 등 실학자의 실사구시(實事求是)에 이르는 대부분의 사상적 입장은 백성의 구휼과 평화로운 삶의 실현에 관련되는 것이었다.

사회복지가 근본적으로 전 국민의 경제적 평등을 꿈꾸면서 사회적 제도를 정비해 가고, 동시에 현재 소외되고 답답한 요보호층에 대한 국가와 사회의 우선적 배려라는 점을 생각할 때 공자와 맹자를 비롯한 동양사상, 그리고 한국사상의 정신과도 통할 수 있는 것이다.

연습문제

1. 브래드쇼(Bradshaw)의 사회적 욕구로 보기에 어려운 것은?
   ① 느낀 욕구 ② 규범적 욕구
   ③ 비교적 욕구 ④ 필수불가결한 욕구
   ⑤ 표현된 요구

2. 프리들랜더(W. A. Friedlander)의 사회복지 가치에 대한 설명으로 보기 어려운 것은?
   ① 개인존중의 원리 ② 자발성 존중의 원리
   ③ 사회통제의 원리 ④ 기회균등의 원리
   ⑤ 사회연대의 원리

3. 다음 보기 중 옳은 것은?
   ① 플라톤은 이상보다 현실에 바탕을 두고 행복을 논했다.
   ② 아리스토텔레스는 지혜, 용기, 절제, 조화의 4주덕을 말했다
   ③ 소피스트들은 절대적 가치에 바탕을 둔 논리를 피력했다.
   ④ 맹자는 정치지도자들을 교화하여 백성의 행복을 추구하고자 하였다.
   ⑤ 기독교는 자비의 마음으로 중생에게 보시할 것을 가르치고 있다.

4. 다음 중 옳은 것은?

① 심리적 자유(psychological freedom)는 선택할 수 있는 능력을 의미한다.

② 소극적 자유(negative freedom)는 바라는대로 행동하고 얻을 수 있는 능력을 의미한다.

③ 적극적 자유(positive freedom)는 강요와 강압의 부재를 의미한다.

④ 조건의 평등(equality of condition)은 모든 사회적 제도에 대한 접근을 모든 사람에게 균등하게 열어놓는다는 입장이다.

⑤ 기회의 균등(equality of opportunity)은 사회적 기회를 획득하려는 자유경쟁의 출발조건을 평등하게 정비하고자 노력한다.

5. 매슬로(A. Maslow)의 인간의 욕구 다섯 가지를 써보시오.

6. 사회복지의 철학적 가치를 공리주의적 동기로서 설명하시오.

해답 1. ④ 2. ③ 3. ④ 4. ①

CHAPTER 03

사회복지발달사

CHAPTER 03

사회복지발달사

1. 사회복지사 연구의 개관

1) 사회복지사 연구의 의의

사회복지사 연구의 의의를 다음과 같이 정리해 볼 수 있다.

첫째, 사회복지제도의 역사성을 규명하는 데 있다. 사회복지제도는 사회적 존재이자 실천체로 파악될 수 있다. 여기서 언급하고 있는 사회적 존재이자 실천체라는 것은 사회복지제도가 역사적 존재라는 동시에 실천체를 의미한다. 사회복지는 사회문제의 해결이라는 실천적 임무를 가지는데, 그 임무는 특정한 시간과 공간 속에서 부여받은 것이다. 따라서 오늘날의 사회복지제도를 이해하기 위해서는 과거와의 연결고리를 찾아야 한다. 이러한 맥락에서 "역사란 과거와 현재와의 대화"라는 의미에서 역사연구의 의의를 찾을 수가 있다. 과학은 우리에게 지식을 제공해 주지만 역사는 지혜를 제공해 준다 하겠다. 사회복지 분야에서 제기되고 있는 난제[1)]들을 과학적 지식과 더불어 역사적 지혜로서 원만하게 해결할 수 있다(김동국 편, 1986 : 9).

둘째, 사회복지제도의 변천과정을 설명하고 어떤 법칙성을 발견하고 나아가 이를 예측할 수 있는 이론을 개발하고자 하는 것이다. 사회복지사는 사회복지제도의 생성과 발전 과정을 설명해 줄 수 있다. 사회복지학의 기존 이론들은 주로 서구 산업사

1) 사회복지 분야에서 제기되고 있는 난제로서는 사회복지에 대한 개념의 정립, 정체성의 확립, 접근방법의 강조 및 가치와 철학 등이 있다.

회라는 공간적 배경과 20세기 이후의 복지국가 등장이라는 시간적 배경을 갖고 있다(하상락 편, 1989 : 7). 따라서 사회복지학의 이론은 여러 가지 형태의 국가나 사회의 특수성을 초월하여 일반이론을 발전하기 위해서도 역사연구가 필요하다. 다시 말해서, 자본주의 사회의 발전과정에서 발생한 '사회문제'에 대한 개인 · 집단이 행한 운동 · 정책의 역사가 사회복지의 역사인 것이다(한국사회복지연구회, 1988 : 19).

셋째, 사회복지학이 하나의 독립학문이므로 역사연구가 기초적인 작업이라고 할 수 있다. 이 점에 대해 지윤(1964 : 1-2)은 "사회사업을 하나의 학문으로 연구하기 위해서 한편으로 사실적인 연구를 수행함과 동시에 다른 한편으로 끊임없이 과학적 구성에 반성과 비판을 가하고, 이것을 보다 더 효과적으로 그 연구목적을 달성할 수 있게 하는 노력도 필요로 하는 것이다"라고 하여 사회복지의 학문적 연구의 필요성을 강조하였다. 한국의 사회복지학의 일천한 역사로 인해 역사 연구가 미흡한 실정에 놓여 있기 때문에 사회복지사 연구의 의의는 클 수밖에 없다.

넷째, 우리나라에 있어 종래의 역사연구가 왕조중심의 역사였는 데 반해, 민중의 일상 사회생활의 역사를 연구하는 사회복지사 연구는 새로운 사회관으로 한국사 연구에도 크게 기여할 수 있을 것이다(하상락 편, 7). 일반적으로 사회복지제도는 근대자본주의 발전에 따른 사회문제를 해결하기 위해서 모색되었다. 그러한 사회문제의 대표적인 것이 빈곤문제라는 민중의 일생생활 문제인 것이다.

마지막으로 사회복지학이 실천적 학문이므로 과거의 사회복지제도를 연구함으로써 작금의 상황에 적합한 사회복지의 실천모델을 모색해 낼 수 있다. 이것은 사적 연구를 통해 얻어진 결과를 현실에 적용시키는가 하는 문제인 것이다. 이러한 실천모델은 과거의 사회복지제도에 대한 비판적 검토를 통해 현실의 문제를 해결할 수 있는 다양한 지식을 축적하는 노력의 과정에서 비롯될 수 있을 것이다.

2) 사회복지사 연구의 문제점

사회복지사 연구에 있어 제기되는 문제점으로 다음 내용들을 지적해 볼 수 있다(양정하, 2004 : 19-21).

첫째, 사회복지사의 대상 영역에 관한 문제이다. 사회복지사의 대상이라는 것은 과거부터 현재에 이르기까지의 사회복지에 관한 제 이론들을 말한다. 그러나 사회복지사의 대상을 과거부터 현재까지의 사회복지에 관한 제 이론이라고 규정하는 것만으로는 그 구체적인 범위가 명백하게 설정되었다고 보기는 어렵다. 왜냐하면 현재의 제 이론이 사회복지사의 대상이 된다는 데에는 이론(異論)의 여지가 있을 수 없지만, 과거에 있었던 제 이론의 어느 범위까지가 사회복지사의 대상이 될 수 있을 것인지에 관해서는 사회복지의 기원을 어떠한 곳에서 구할 것인가에 따라 이론(異論)이 있을 수 있기 때문이다. 그러므로 사회복지사의 대상을 확정하기 위해서는 먼저 사회복지의 기원을 결정하는 것이 선결요건이라고 할 수 있다. 그런데 사회복지의 기원을 결정하는 것도 간단한 문제는 아니다. 왜냐하면 사회복지의 정의(定義)에 따라 또는 사회복지 이전과 비교한 현대 사회복지의 특징 등에 관한 각자의 견해에 따라 사회복지의 기원이 달라질 수 있기 때문이다. 일반적으로 사회복지의 대상에는 빈곤을 중심으로 한 인간의 일상생활상의 문제해결활동이 포함된다고 할 수 있다.

둘째, 사회복지사의 내용에 소위 사회복지 전사(前史), 즉 상호부조, 자선사업 및 박애사업 등의 역사를 포함시키느냐의 문제를 들 수 있다. 사실 사회복지와 사회복지 이전의 활동은 여러 가지 관점에서 구별되는 바, 사회복지사의 영역에 사회복지 이전의 활동을 포함시키지 않는 것이 일견 타당할 것같이 여겨지기도 한다. 그러나 역사적 관심에서 볼 때 이 양자는 개별적인 것이 아니다. 왜냐하면 사회복지 이전의 내용 중 다수가 그 자체의 역사적 변천과정을 경험하면서 현대 사회복지에 흡수되어 있기 때문이다. 그러므로 사회복지사의 내용에는 상호부조, 자선사업 및 박애사업 등을 포함시킴은 당연하다고 할 수 있다.

셋째, 사회복지의 제 사실을 역사적으로 어떻게 분류하느냐의 문제를 들 수 있다. 사회복지사의 목표는 사회복지에 관한 제 이론을 단순히 평면적인 관점에서 분석 또는 정렬하는 것이 아니고 역사적 관점에서 분석 또는 정렬하는 것을 말한다. 즉, 사회복지의 역사적 발전의 상황에 대응하여 제 사실의 역사적 특성을 규명함과 동시에 그 상호관련성을 탐구하여 그 결과 제 사실들을 역사적으로 구분하는 것이다.

2. 고대 및 중세 사회복지

1) 고대의 사회복지

사회복지 전사(前史)는 고대와 중세의 빈곤과 기타의 생활파괴 현상에 따른 사회문제가 발생하였고, 그에 따른 대응이 있었기 때문에 중요하다. 고대와 중세의 자선사상은 근대 자본주의 사회의 자선사업가나 사회개량운동가에 영향을 미쳤고, 그리고 중세 말 이후 사회문제에 대한 합리적이고 세속적인 대응방식을 그리스, 로마의 구제제도와 사상에서 찾으려 하였다.

고대 희랍의 종족들의 투쟁은 가축, 보물, 노예 등의 획득에 있었다고 하나, 그것은 어디까지나 씨족, 부족의 공동의 부에 속하였다. 그러나 그것이 사유재산의 새로운 형태로 변화하게 되어 그 증식은 일층 적극화되어 신성한 행위로 인정받게 되었다. 이와 같이 하여 소유하고 있는 자와 소유하지 못한 자로, 즉 지배계급과 피지배계급으로 분리하게 되었고, 또한 부권적 지위가 확립되어 재산의 상속이 자기들의 자손으로 고정하게 됨에 따라 가족 내에 있어서의 부의 축적을 하게 되어 가족의 강화는 씨족들 간에 대항하게 되어 세습적 귀족의 길은 부지중에 발생하게 되었다(지윤, 16).

원시시대에는 낮은 생산력으로 인해 공동체의 상호부조가 필요하였고, 그것으로 공동체가 존속할 수 있었다. 상호부조의 대상도 처음에는 씨족공동체에서 점차 외래자에게로 확대되었다. 그러한 상호부조는 성원 상호 간의 연대의식을 그 기저로 삼았지만, 고대 이후 계급적인 문명사회의 자선이나 구제와는 상이하였다. 고대 이후 하층계급의 사람들은 살아남기 위해 희사를 바라게 되었고, 이들을 구제하는 것에 의하여 우월감을 가지는 계층이 생기게 되어 여기에 자선이라는 것이 성립하게 되었다(지윤, 17). 고대 희랍사회에서는 자선이 관습화되었고, 사유재산으로 시작되게 되었다.

고대 로마도 종족에 의하여 발달한 도시국가로서 희랍인과 같이 다신교를 신봉하였다. 로마의 주요 산업은 당시 농업이었으며 여러 나라에 곡물을 수출하고 그 대가로 공업제품을 수입하고 있었으나, 계속된 전란으로 인하여 농민들은 농사를 짓지 못하고 농지를 버려두게 되었다. 그리하여 다수의 빈궁한 자유농민을 발생시키게 되어 결국 그들은 노예로 전락하게 되기도 했고, 한편으로는 귀족들은 부채를 갚지 못하는 자유농민들의 토지를 수탈하여 대토지를 병합·소유하는 결과로 전개되어 자유농민들은 점점 토지를 빼앗기고, 부채를 고민하는 빈민계급으로 전락되어 그 생활 유지가 불가능하게 되었다. 세월이 흐름에 따라 평민들이 점차 요구호 대상자, 걸인 및 노예로 전락하게 되었다(권오구, 1999 : 26-38). 그라쿠스(Gracchus) 형제의 개혁은 실패했지만, 그들이 시도한 토지법[2)]에 의한 빈민구제와 곡물의 염가(廉賣) 등은 로마 구빈사업의 효시로 되었다. 이러한 구빈사업은 제정 로마시대(1~5세기)에는 조직적으로 전개되었는데, 그 실시 초기에는 빈곤의 여부와 관계없이 분배되었지만 나중에는 등록된 빈민에게만 분배하였다. 그러다가 로마제국에 의한 기독교의 공인과 뒤이은 국교화로 인해 기독교의 구빈사업이 출현하게 되었다.

요컨대 최초의 문명사회는 고대 노예사회였는데, 그 사회는 노예인 인민을 착취함으로써 지탱되었다. 그러다가 상업의 발달로 가내노예에서 노동노예로 변화해 갔음에도 불구하고 노동노예의 인간성은 거의 부정당하였다. 그리스·로마의 도시국가에서는 인간에 의한 궁핍이 사회문제로 되어 공동체의 생활에서 독립한 사회적 구제제도가 등장하였다. 이러한 구제제도는 무산시민을 대상으로 삼아 행해졌고, 지배계급의 피지배계급에 대한 지배의 동기로 나타났다.

2) 중세의 사회복지

서양에서 중세라 함은 고대 그리스·로마시대와 근대 르네상스와의 중간시대, 즉 5세기 말부터 봉건사회가 해체되는 15세기까지의 기간인 것이다. 고대 그리스·로마시대는 노예제 사회를 형성하였으나, 노예제의 사회가 체제적 위기를 드러내면서 농노제 사회로 촉진된다. 계속적으로 발생하는 노예들의 봉기와 게르만족의 침입은 결국 노예제 사회를 완전히 해체시키고 이에 대신하여 봉건제 사회인 농노제 사회가

2) 티베리우스 그라쿠스(Tiberius gracchus)는 개인의 사유재산에 제한을 두어 그 누구도 500Morgan(약 130정보) 이상의 토지를 소유하지 못하게 하였고 그리고 일정 수 이상의 가축사육을 제한하였다.

정착되게 되었다. 이 시기의 사회복지를 장원과 길드에 의한 구빈사업과 교회와 수도원을 중심으로 한 자선사업 중심으로 살펴보고자 한다.

(1) 구빈사업

중세사회의 사회조직으로 장원을 들 수 있는데 그곳에서의 활동은 공동노동과 공동작업으로 이루어졌다. 이러한 사회조직하에서는 특정 개인의 빈곤문제는 전체 지역사회의 문제로 간주되었다. 그리고 장원 내의 주민은 영주 및 부락공동체의 규제에 복종하여야 하였다. 장원에서의 생활보장은 이중적으로 행해졌는데, 그 이유는 ① 장원에서는 경지의 확대에 비교하여 노동력의 부족현상이 상존하였고, ② 부락공동체의 규제 이면에는 강력한 연대의식과 상호부조가 존재하였기 때문인 것이다.

이러한 장원에서 행해진 생활보장의 구제대상으로는 전쟁, 천재, 유행병의 시기를 제외하면 심신장애자, 노인, 병자 및 고아와 같은 무능력한 빈민 등이 대부분이었다. 빈민구제에 있어서도 시여하는 측의 주관적 동기가 크게 작용하였다.

봉건사회로의 과도기인 중세 초기에 있어서의 사회문제로는 인구의 감소, 정신적 및 신체적 불구자의 증대 그리고 시민계층(급) 간의 빈부격차의 심화 등이 나타났다. 이러한 사회문제에 대해 도시는 걸식 및 유입민을 억제하는 구제대책을 사용하였다. 이 구제대책은 사회적인 요구에 대한 자각으로 세속적인 정부기관이 도입했다는 점에서 특징을 가진다.

중세에서는 상인길드와 직인길드라는 조합이 생겨나게 되었다. 먼저 11세기 중엽에서 생겨난 상인길드는 대외적인 경쟁을 막고 대내적인 상업행위를 회원 간에 균등히 안배하고자 하는 목적으로 설립되었고, 그 조합은 일종의 친목단체이기도 하였다. 상인길드에 있어서의 복지적 성격의 사업은 주로 길드 성원 중에 남편을 잃은 과부 및 고아를 보호하거나 또는 교육하는 것이었다.

그리고 12, 13세기에 생겨난 직인길드는 특수산업에 있어 노동조건을 보호하기 위해서 조직된 것으로 친목의 기능을 가지고 있었다. 직인길드는 불행한 성원을 구제하였는데 초기에는 그러한 구제는 자선이라기보다는 상호부조에 가까운 것이었다.

요컨대 중세를 대표하는 장원과 길드 제도는 공동체에 의한 강제와 상호부조라는 공통점을 가지고 있다.

(2) 자선사업

기독교의 자선사상의 구체적인 내용은 신약 및 구약 성서에 기술되어 있다. 기독교의 구제활동은 오늘날 상호부조와 자선사업으로 발전하게 되었다. 먼저 그러한 구제활동에 있어서 상호부조는 신도들 간의 동류의식과 공속의 감정 등이 관련되어 있다. 그리고 자선사업의 동기는 기독교의 4대 복음서에 나타난 신·망·애(信望愛) 등의 근본 정신과 죄장소멸사상에 근거하고 있다. 기독교도의 구성과 성격상의 변화가 나타났는데, 초기의 기독교인은 주로 도시하층민, 노예 그리고 속주민(屬州民)이었는데, 점차 중류시민, 군인 및 관리로 확대되었고, 종교의 성격도 무산자의 종교에서 지배계급의 종교로 변해갔다. 이러한 기독교의 변화에 따라 자선사업도 죄장소멸의 수단화으로 변질되게 되었다.

중세시대의 자선사업으로는 조제직 제도, 크세노도치움 그리고 수도원에 의한 자선사업 등이 있다.

① 조제직 제도

이 제도는 불행한 신도를 보호하는 최초의 공식적인 조제직 제도(助祭職制度)였다. 이 제도에서 조제는 교구 내의 빈민을 찾아내는 일을 담당하였다. 조제는 자신에게 해당된 지역의 구빈활동을 담당하였다. 그리고 조제가 작성하는 마트리큘라(matricula)라는 빈민명부는 구빈활동에 따른 빈민의 이름과 분배된 물품을 기재함으로써 회계부 및 남구 방지 등의 기능을 수행하였다. 또한 이 명부에 의해서 나태한 걸인을 구제에서 제외시켰고, 구제를 필요로 하는 새 빈민은 소개장의 지참이 요구되었다. 그리고 조제는 원조를 위해서는 사제에게 통지하였고 구빈활동에 따른 인가를 필요로 하였다. 이러한 상황에서 조제는 자신의 담당구역 내의 구빈활동, 사제는 각 교구의 보고에 의해 금품의 공평한 분배 등의 역할을 수행했다.

② 크세노도치움

콘스탄티누스 황제에 의한 기독교의 공인 뒤이어 데오도시우스 황제에 의한 기독교의 국교화 등으로 기독교는 로마제국의 박해를 벗어나게 됨에 따라 교회는 자선사업을 보다 적극적으로 시행할 수 있게 되었고, 그 결과 많은 구호기관이 설립되었다. 그중 특히 중요한 것은 콘스탄티누스 황제의 시대에 설립된 크세노도치움(xenodochium)을 들 수 있다. 본래 이 시설은 여행자를 위한 숙박소였으나 구호를 필요로 하는 빈민을 보호하는 시설로 되었다.

이것은 고대 그리스 제나도카이아(xenodochia : guest house) 전통의 연장으로 집 없는 사람들의 쉼터로서 기능을 했다(함세남 외, 2001). 교회의 영향력이 증대하고 기독교가 국교가 됨에 따라 가난한 사람들을 위한 시설이 수도원 안에 설치되었다. 즉, 고아원, 노인, 병자 또는 장애인들을 위한 집, 집이 없는 사람들을 위한 피난처와 같은 시설들이 수도원 안에 설치되었다. 이 시설은 나중에 구빈원의 전신이 되었고, 여기서 많은 시설로 분화되었다. 즉, 그것은 유아원(brephotrophium), 양호시설(orphonotrophium),[3] 양로원(gerontoconium) 그리고 병자시설(nosocomium) 등인 것이다.

③ 수도원

수도원은 교회가 발전하여 신앙적 순수성을 잃어가는 경향 속에서 세속을 피하여 청빈, 순종, 정결 등의 계율을 지켜서 신앙에 힘쓰는 조직으로서, 6세기 베네틱투스(Benedictus) 경에 의해 이태리의 몬테 카지노에 설립된 것을 시발로 서구의 전 지역에 걸쳐 설립되기 시작하였다(김동국 편, 32).

그리고 수도원은 전체 수입 중 1/10을 항상 빈민에게 사용하였다. 시여자인 수도사가 정기적으로 금전, 의류, 식량을 분배하고 축제일 전야에는 대량 분배하였다. 그리고 수도원은 병자들을 치료하였고, 그들에게 약품을 무료로 배포하였다. 특히 자선계인 승려[4]는 병자의 가정을 방문하여 원조를 행하기도 하였다. 이러한 구빈활동

3) 이 시설은 부모를 잃은 아동 중 유아기를 지난 아동을 수용 · 보호하는 시설이다.

4) 베네딕투스(Benedictus) 교단의 각 사원에서는 규칙적으로 금전, 의류 및 식료품 등을 분배하였다. 당시 자선가

이외에 수도원은 여행자나 순례자에게 숙박을 제공하였다.

주민 속에서 생활하면서 그들을 충분히 파악하고 있었던 교구의 사제들이 행한 자선에 비하여 수도원의 시여는 보다 주관적·비조직적 특징을 띠고 있었다. 그러나 수도원이 신앙생활과 그 신망에 의하여 많은 재산을 기증받아 부유하게 되자 타락을 면치 못하게 되었다. 특히 중세 말에 접어들자 수도승은 나태와 사치에 빠져 빈민을 사랑하는 마음이 식어가고 문전에서 무차별한 시여를 베푸는 것에 불과하였다. 그렇지만 수도원의 자선 중 특기할 만한 것으로서는 탁발수도회의 활동을 지적할 수 있는데 그중 프란시스코(Francisco) 경에 의해 창시된 수도회가 탁월한 업적을 남겼다. 탁발수도회는 수도원의 타락의 원인이 오히려 세속에서 떨어져 있기 때문에 야기된다고 보고 재산을 버리고 일반사회 속에 들어가 탁발에 의한 생활을 하면서 이웃에 대한 사랑과 봉사를 통하여 신앙생활과 전도에 종사하였다(김동국 편, 33).

④ 구치원, 구빈원

중세교회에 의한 자선사업에는 각종 개인에 대한 무차별 구제와 집단적 수용시설 등이 있다. 그중에서 집단적 수용시설에 해당하는 것으로 구치원(hospital)과 구빈원(almshouse)을 들 수 있다.

구치원은 현재의 병원과는 달리 종교적 시설로서 의학적 치료보다는 보호를, 신체적 구제보다는 영혼의 휴양을 목표로 삼았기 때문에 본질적인 측면에서 구빈원과의 구별이 어렵다고 할 수 있다(김동국 편, 33).

집단적 시설형태의 구빈원은 최초에는 수도원 부설의 사원숙박소에 그 기원을 두고 있으나, 차츰 노쇠자, 병자, 과부, 고아 및 원조를 필요로 하는 사람들의 주거시설로 이용되었다(지윤, 54). 이러한 시설은 크세노도치움에서 발달하여 나타난 종교적 시설로서 영혼의 휴양을 목표로 하여 노인, 병자 및 아동 등을 원조하였다. 그리고 이러한 시설은 죄장소멸사상에 입각하여 대부분 국왕이나 귀족들이 창설·운영되었다. 중세 구빈원은 그 설립목적에는 충실하였을지라도 그 원외에서 보호를 필요로

라고 불리는 사제가 있어 자신의 의무로서 빈민을 보호하였다.

하는 사람들의 구제는 충분히 행하지 못하였고, 이 제도의 운영에 따른 폐해[5]를 발생시켰다.

3. 빈민법의 성립과 변천

1) 1601년 엘리자베드 빈민법

엘리자베드 빈민법이라 함은 엘리자베드(Elizabeth) 1세의 재임기간(1558~1603) 동안에 제정된 모든 빈민법을 지칭하는데, 그중에서도 1598년부터 검토되어 1601년에 제정된 법을 지칭한다. 따라서 1601년 법은 엘리자베드 빈민법 중 대표적인 입법인 것이다. 따라서 이 법은 당시까지의 빈민구제를 위한 제 법령의 집대성으로 각종 규정을 일괄한 기본법인 것이다.

엘리자베드 빈민법은 비버(Juan Luis Vives)의 영향을 받아 노동능력의 유무에 따라 구제대상자, 즉 빈민을 구분하였다. 엘리자베드 여왕은 부랑자의 문제가 억압과 교구의 구빈만으로 해결되지 않는다는 것을 인정하고 보다 합리적 조치를 마련하였는데 그것이 분류화인 것이다. 이렇게 빈민을 분류하는 것은 빈민에 대한 억압책의 부분적인 포기를 의미하였다(원석조, 2001 : 23).

① 노동능력 있는 빈민 : 건장한 걸인으로서 불렸던 이들은 교정원이나 강제노역장(작업장)에 수용되었다. 교정원에서 노역하기를 거부하는 걸인이나 부랑자는 감옥에 투옥되었다. 그리고 1601년의 법은 시민들이 이들에게 자선을 베푸는 것을 금지했으며, 타 교구에서 이주해 온 빈민은 1년 이상 거주했던 교구로 복귀시켰다.

5) 구빈원이 빈민의 곤궁을 구제하기 위해 설립되었지만, 걸식행위를 장려하는 결과를 낳게 되었다. 구빈원은 부랑인과 구제자 간의 구별을 시도하였지만, 실제 그것이 거의 불가능하게 됨으로써 부랑인에게 쉽게 원조를 제공하게 되는 폐해를 발생시켰다.

② 노동능력이 없는 빈민 : 병자, 노인, 맹인, 농자(聾者), 불구자, 광인 및 아동을 부양해야 하는 모 등이 이 유형에 속하였다. 그들은 법정자격의 범위 내에서 원조를 받을 수 있는 구빈원에 수용되었다. 만약 노동능력이 없는 빈민들이 거주할 집을 가지게 되거나 그들의 집에서 그들을 원조하는 것이 더욱 싼 비용일 것이라고 생각될 때, 빈민감독관은 현물로써 식량, 의복과 연료를 공급하면서 원외구조를 실시하였다.

③ 요보호아동 : 고아, 기아 또는 부모로부터 버림받았거나 부모가 너무 빈곤하여 적절한 보호를 받지 못하는 아동을 말한다. 이러한 아동들은 보호하기를 원하는 시민에게 위탁되었다. 만일 적절한 무료위탁가정(free home)이 없을 경우 아동은 최저입찰자에게 맡겨졌다. 어느 정도 노동을 할 수 있는 8세 이상의 아동은 도시민에게 맡겨져 도제생활을 하게 하였다. 소년들은 24세가 될 때까지 주인의 상거래활동을 배웠으며, 소녀들은 가정부로 맡겨지거나 21세 혹은 결혼할 때까지 도제로서 생활하였다.

이러한 분류는 빈민을 좀 더 체계적으로 분류했다고 할 수 있다. 그러나 노동력을 기준으로 빈민을 이렇게 분류한 그 저의에는 그들의 생활을 향상시키려는 순수한 인도주의적 동기보다 빈민을 좀 더 체계적으로 분류함으로써 떠돌아다니기 때문에 사장될 수 있는 노동력을 조직화하여 사회의 생산력을 제고시키고, 그들을 보다 쉽게 관리하려고 하는 지배계급의 자기보호적인 전근대적인 발상이 내재되어 있었다. 그리고 이러한 분류는 노동력을 분류의 유일한 기준으로 선정하는 반면 빈민의 경제적, 사회적 그리고 심리적 제 특성을 무시함으로써 클라이언트의 독립적인 생활과 재활을 목표로 하는 사회복지사업의 기본적 성격에도 부합되지 못하는 문제점을 내포하고 있다.

이상과 같은 1601년 빈민법의 문제점과 전근대적인 빈민관에도 불구하고 이 법은 300년 동안 대영제국 정부의 책임하에서 이루어진 공적 구제의 형태를 정착시키게 되는 의의를 가진다(Picad, 1975 : 46-47). 그뿐만 아니라 근대 사회복지에 대해서도 다음과 같은 세 가지 점에서 크게 기여했다고 볼 수 있다(김동국 편, 63-64).

첫째, 빈민법의 조직과 관리, 빈민의 처우방법 및 구제원조기술의 발달에 기여하였다. 물론 오늘의 기술이 영국 빈민법으로부터 그 전부가 발달된 것은 아니며, 또 영국 구빈관리들이 경험했던 구빈행정상의 모든 방법들이 일종의 전범(典範)으로 지칭되는 것도 아니다. 그러나 영국 빈민법의 실시 경험으로부터 런던자선조직협회가 안출되었고, 그것으로부터 케이스워크와 지역사회조직이라는 사회복지의 기본적 기술이 발달하였다.

둘째, 구빈문제에 대한 공공적·국가적 책임의식의 발달을 촉진하였다는 의미의 공헌이다. 그것은 빈민을 교구에 배속시켜 걸식을 금지시키려는 정부의 노력에서 비롯되었다. 그러한 노력에서 출발해서 그 후 전국적인 규모에서 통일된 구제제도를 확립한 다음 빈곤의 발생원인 및 그로 인한 불행을 경감시키기 위해 국가활동이 노령연금, 건강보험 및 실업보험 등의 제도를 제정하게 되었다.

셋째, 결국 영국 빈민법은 그 오랜 역사적 경험에도 불구하고, 구빈목적을 달성하기 위해서는 사후대책만으로는 무익하다는 것을 이해시켰다. 즉, 모든 구빈활동은 빈곤의 원인을 추구하고, 그것에 대한 예방적·건설적 수단 및 정책에 해당되는 고용량의 증대나 공중위생의 향상, 의무교육의 보급 등의 보편적 시책이 필요함을 인식시켰던 것이다.

2) 18세기 작업장

사회복지서비스를 클라이언트에게 제공해 주는 방법에는 시설 외 구제와 시설 내 구제가 있다. 오늘날에 있어서는 전자의 활용이 일반적인 경향이지만, 빈민들의 인권에 대한 인식이 낮았던 시대에는 전체 사회의 구빈비용을 감소시키려는 동기하에서 후자의 방법이 주로 선호되어 왔다(김동국, 1996 : 93).

현대적 의미에서 작업장이 언제 확립되었는가를 추적하는 것은 쉽지 않다. 원래 작업장은 '일하는 집'이라는 말에서 출발하였지만, 17세기 후반에는 수용자가 규제하에서 부양되는 집으로 활용되었다. 그 결과 거주의 의미도 갖게 되어 구빈원이라고 하는 명칭과 작업장이라는 명칭은 18세기 말까지 교대로 사용되었다(Martin, 1972 :

61). 작업장이라는 용어가 최초로 승인된 법은 1597년 법으로 거기에서는 빈민을 위한 구치원 혹은 거주 및 노동의 집을 건설하는 것을 규정하였다. 그러나 작업장 제도는 17세기 후반 이전까지는 발달되지 못하다가, 이윤추구적인 빈민고용론이 대두되면서 전기를 맞게 되었다. 그리고 1722년에는 교구가 보다 효과적인 자금조달과 구제를 위해 서로 연합하는 것을 인정한 일반 작업장법이 성립되었다.

작업장은 영국 빈민법사에 있어 중요한 의의를 가지고 있지만, 그 성격은 매우 다양하다. 빈민법은 부랑인의 태만을 처벌하는 반면, 노동능력 없는 자에게는 구제를 제공하였다. 전자를 위한 시설로는 징치감(the house of correction), 후자를 위한 시설로서는 구빈원(the poorhouse)이 있는데, 이 구빈원에서 빈민들을 노역시켰기 때문에 작업장이 발생하였다. 이 작업장이 일반화되어 오늘날에는 빈민에 대한 수용시설 전체를 지칭하는 용어로 이해되고 있다.

작업장 제도의 원래 목적은 이윤과 인도주의의 결합을 추구하는 것이었다. 그러나 이와 같은 목적은 작업장 설치 후 몇 년간은 효과가 있는 것처럼 보였으나, 경제적인 목적도 실패를 가져왔고 또한 빈민의 억압으로 인도주의 이념 역시 성공을 하지 못했다. 작업장 제도는 초기에는 걸식과 주민에게 부과한 구빈세가 감소되는 효과가 있었다. 그러나 작업장에서 빈민을 임금으로 고용하는 것이 시설 외 구제비용보다 더 많은 경비가 들었으며, 생산성이 높지 못함에도 불구하고 작업장 안에서의 비인도적인 처우는 빈민들이 가장 싫어하는 보호형태로 되었다.

1722년 나치블법(an Act for Amending the Laws relating to the Settlement, Employment and Relief of the Poor)은 일반적으로 작업장선서법이라고 알려져 있으며, 작업장에 관한 획기적인 입법으로 지적되고 있다. 이 법률에서는 작업장이란 구원을 억제하면서, 노동의욕을 선서하게 하는 곳이라고 규정하였다.

이 법은 빈민에 대한 종전의 태도와는 다른 철학에 입각하였다. 그것은 빈민과 실업자도 기회가 주어지면 국부의 원천이 될 수 있다는 점이다. 그러나 실제 이 법률이 전제로 삼은 빈곤관은 비관적 · 형벌적이었다. 그리고 이 법에서는 작업장에로의 수용을 구제의 조건으로 삼았기 때문에 작업장은 빈민고용을 위한 시설이 아니고, 그들의 자유를 속박하고 또 혐오와 공포를 줌으로써 구제의 신청을 억제하는 시설이 되었다. 따라서 이 법의 목적은 구원의 억제와 빈민통제에 두고 있었다. 그리하여 이 구원억제라는 목적은 초기에 성공적이었기 때문에 1722년 이후 2~3년간 150개소 이상의 작업장이 건설되어 구빈세가 현저히 감소하였다.

나치블법은 작업장선서제를 도입함으로써 급여의 남용과 빈민의 나태심 조장 등을 방지하고 구빈세의 감소를 목적으로 하고 있었다. 1722년 나치블법을 계기로 작업장은 공포의 기관이 되었다. 그리고 18세기 후반 이후의 작업장은 종합작업장으로 변질하여 성, 연령 혹은 노동능력의 유무에 관계없이 노인, 아동, 건강한 빈민, 병자 및 장애인 등을 모두 똑같은 작업장에 수용하였다.

3) 스핀햄랜드 제도

나치블법을 법적 근거로 한 작업장 제도로 인해 또 다시 암흑의 시대로 전락하였던 구빈행정은 대외전쟁에서 승리하기 위해서는 모든 국민들의 결집된 역량이 필요하다는 현실적인 인식전환 등을 근거로 새로운 방향으로 전개되기 시작하였다. 그것이 바로 18세기 말에서 19세기 초에 걸쳐 진행되었던 빈민법의 인도주의화였다. 이러한 인도주의화는 '기근과 혁명으로 인한 양면적 공포(double panic of famine and revolution)'에 대한 일시적인 응급책으로서 출발하였다. 또한 이러한 인도주의화는 빈민에 대한 관대한 시설 외 구제의 지급을 의미하며, 그것은 태만한 빈민을 양성하고 산업의 부담이 된다고 하는 반대에도 불구하고, 1834년 신빈민법이 성립될 때까지 계속되어 갔다(김동국, 1994 : 117).

1782년법(An Act for Better Relief and Employment of the Poor)은 일반적으로 길버트법이라고 알려져 있다. 그것은 수년에 걸쳐, 빈민법의 수정과 빈민들의 여건 개선을 위해 헌신해 왔던 길버트(Gilbert)의 노력에 의해 입법화되었기 때문이다. 이 법은 17세기 후반부터 주장되어 왔던 개혁안 중의 하나였고, 구빈세 부담의 경감을 위한 개혁의 필요성 차원에서 논의되면서 모색되었다. 길버트법은 빈민법의 인도주의화를 법률적으로 확인하고, 스핀햄랜드 제도로 연결되었다.

스핀햄랜드 제도는 빈민에게 주는 구제액을 빵의 가격과 가족의 크기에 비례해서 결정했다고 하는 사실에서 빈민대책의 과학성을 모색했다고 평가되고 있다. 프레저(Fraser, 1984 : 34)는 스핀햄랜드 제도의 의의를 다음과 같이 평가하고 있다.

첫째, 그 경제적 귀결이야 어떠하든 새로운 형태의 구제방법은 인도주의적이었다.

둘째, 사회정책이란 사회철학의 표현이라고 할 수 있다. 임금을 보조해 주기 위해 수당을 지급했다는 것은 빈곤이나 빈민구제를 도덕적 타락으로 간주하지 않았던 것을 의미한다.

스핀햄랜드 제도는 스스로 삶을 영위할 수 있는 자와 도움이 필요한 자를 적절히 구분하는 데 있어 최초로 대가족을 고려했다는 점에서 의의를 지니고 있다(Bruce, 1961 : 42). 또한 경제적 불황기에 노동자의 피보호권리를 인정했다는 점에서 중요성을 갖는다(Rimlinger, 1971 : 23).

4) 신빈민법

1834년의 개정빈민법(An Act for the Amendment and Better Administraion of the Laws Relating to the Poor in England and Wales)은 일반적으로 신빈민법으로 불리워지고 있다. 그 법은 엘리자베드 빈민법에 사실상 종지부를 찍고 산업사회에 부응하기 위해 새롭지만 가혹한 구빈정책과 행정조직을 확립하기 만들어진 법률이다. 이 법에 의해 확립된 1834년의 원칙은 20세기의 사회보장제도의 확립에 이르기까지 영국 공적부조의 기본 원리로 간주되었다.

신빈민법이 목표로 삼은 것은 무엇보다도 빈민에 대한 구제의 극단적인 제한이었다. 스핀햄랜드 제도에서 정점에 달했던 빈민법의 인도주의화에 대해 신빈민법은 엘리자베드 빈민법의 원점에 돌아가서 극단적인 억제정책을 채용하였다. 즉, 엘리자베드 빈민법은 노동능력이 있는 빈민에게는 취업을 강제하고, 노동의욕을 가지지 않은 태만한 빈민은 엄벌로 다스렸다. 신빈민법에서 노동능력이 있는 자에 대한 구제의 극단적인 제한은 어떤 의미에 있어서는 엘리자베드 빈민법으로의 복귀라고 평가하고 있다. 그러나 그 복귀도 종래의 빈민법이 전제군주와 특권적 지주계급을 위한 것인 데 비해 신빈민법은 자본가계급을 위한 것이라는 점에서 다르다. 따라서 신빈민법의 성립은 경제자유주의의 승리인 것이다.

신빈민법의 주요 내용은 다음 세 가지로 정리해 볼 수 있다. ① 스핀햄랜드법에 의하여 마련되었던 임금보조와 아동수당, 가족수당을 폐지하고, 노동불능자를 제외하고는 원외구제를 폐지함으로써 구빈세를 감축시켰고, ② 모든 빈민구제는 열등처우를 적용하였으며, ③ 빈민구제 업무의 관리(중앙위원회)를 위해 전국적 통일을 기한다는 것이다.

오늘날 가장 많이 인용되고 신빈민법의 원칙으로 ① 열등처우의 원칙, ② 작업장제도의 원칙, ③ 구빈행정의 전국적 통일의 원칙 등이 있다.

5) 민간활동

사회보험 시대가 도래하기 전이자 빈민법 시대가 퇴조하던 시기, 즉 19세기 후반 빅토리아 시대에 박애, 상호부조, 자조 등의 민간활동이 활발하게 전개되었다. 이러한 현상은 구빈행정의 관료화와 그로 인해 발생되는 구빈행정의 공동화(空洞化)에 기인하였다. 그러한 공백에 대신하여 사회복지의 민간부문이 활성되었다.

빅토리아 시대에는 대체로 자유방임과 비개입의 정책이 지배적인 사조였다(Jordon, 1978 : 111). 자유방임의 사회에서는 사회적 문제라고 불리우는 모든 것이 도덕적 문제로 인식되어 어떤 방식으로든 간에 그것은 인간의 성격이나 행실의 결과를 반영하는 것으로 이해되었다. 그래서 빈곤은 빈민들의 도덕성의 결여에서 오는 결과로 이해되었고, 도덕의 문제였다. 이러한 사고방식은 빈곤은 불가피한 현상이라는 관념과 연결되었다. 사회의 전체 부의 축적이 충분히 이루어지지 못한 단계에서는 이러한 생각은 매우 유용한 이데올로기적 역할을 담당하였다.

빅토리아 시대의 박애, 상호부조 및 자조는 서로 대비되고 때로는 상충되는데, 이후의 사회복지 발전에 나름대로 영향을 미쳤다. 이 시기의 민간활동은 우애조합과 자선조직협회와 인보관운동 등이 대표적인 것이다. 여기서는 자선조직협회와 인보관운동을 중심으로 민간활동을 살펴보고자 한다.

(1) 자선조직협회

1834년 빈민법의 개정에도 불구하고 노동계층의 빈곤은 해소되지 못했다. 이에 덧붙여 경제적인 위기와 실업은 자선조직들이 불규칙하게 난립되는 현상을 초래하였다. 1860년대는 런던에만 100개가 넘는 자선사업기관들이 구호를 남발하였다. 따라서 여론은 이러한 자선사업기관들의 구호활동이 대중들을 거지로 유인한다고 비판을 하였다. 1880년대에 민간활동이 가장 왕성했는데, 런던 민간협회들이 약 550～700만 파운드의 활동비를 사용하였다. 그러나 이러한 거액이 모두 효율적으로 사용된 것은 아니었다. 그러므로 무차별적이고 무원칙한 시여와 자선에 대해 일부 지도층이 느꼈던 분노가 자선조직협회를 태동하게 한 직접적인 배경 중의 하나였다(Woodroofe, 1974 : 27).

자선조직협회의 성립과 관련된 시대적 배경을 정리해 보면, ① 빈민법 당국과 민간자선사업 간의 협력관계의 결여, ② 다양한 자선기관 간의 종파적 성격의 차이로 인한 협력의 결여, ③ 개인의 자선활동에 관한 정보의 부족, ④ 그 결과 구제의 중복과 낭비만이 야기된 것이 아니고 효과적인 자선에 관한 동기도 약해져서 불충분하고 무책임한 자선활동이 성행하게 되었고, 또 곤궁한 자들을 자립시킬 수 있는 효과적인 재원이 탕진되고 있는 것 등을 들 수 있다.

자선조직협회의 원리는 원칙적으로 토머스 찰머스(Thomas Chalers) 목사의 이론을 따른 것이라고 볼 수 있다. 그에 의하면 개인은 궁극적으로 빈곤에 대해 책임이 있으며 구호를 받는다는 것은 자기존중을 파괴하는 것이라고 했다. 따라서 빈민은 그 자신의 생활유지를 위해 그의 모든 능력을 활용할 요청을 받아들여야 한다는 것이다. 자선조직협회의 목적은 첫째, 중복구호를 방지하기 위하여 여러 가지 자선활동을 조정하고, 둘째, 환경조사와 적절한 원조제공이었다.

자선조직협회는 사회사업의 역사에 있어서는 비중이 대단히 크다. 그 이유는 이 협회의 활동이 후에 전문사회사업의 효시가 되었기 때문이다. 중복구빈을 피하기 위하여 연락기관이 설치되었는데 그것이 오늘날의 지역사회사업을 발전하였고, 빈민에 대한 철저한 환경조사는 가족사회사업 또는 개별사회사업으로 발전하였다. 또한 빈민들에게 탈빈곤 동기를 부여하는 데 도움이 된 사회중산층의 우애방문(friendly visiting)과 인격적인 감화활동은 오늘날의 자원봉사활동을 발전시키는 밑거름이 되었다.

그렇지만 빈곤은 개인의 도덕적 책임이라고 하는 이들의 입장은 빈곤발생의 사회적 기반을 경시한 점이 자선조직협회의 한계인 것이다(小山路男, 1978 : 175-176).

(2) 인보관운동

자선조직협회와 함께 사회사업의 역사에 있어서 중요한 의미를 갖는 인보관운동(settlement movement)이 전개되었다. 인보관운동은 1854년 데니슨(Edward Denison) 목사가 주축이 되어 캠브리지 대학과 옥스포드 대학의 학생들과 슬럼가의 노동자들을 결합시킴으로써 빈곤문제를 해결하려는 일종의 사회이상주의 운동으로 시작되었다.

인보관운동은 바네트(Samuel Barnett) 목사가 계승하여 더욱 발전시켰는데, 그는 빈민가에서의 생활체험을 통해 빈곤은 경제적인 문제라기보다는 정신적인 문제이고 따라서 교육을 통해 빈민이 자신을 스스로 변화시켜야만 가난에서 궁극적으로 벗어날 수 있다는 확신을 얻게 되었다. 그리고 빈곤은 부자와 빈민 간의 계급대립의 표현이므로 인텔리 대학생들이 빈민과 결합함으로써 계급 간의 화해를 기할 수 있다고 생각하였다. 그리하여 대학생들이 빈민가에 거주하면서 가난한 노동자들과 그 가족들에게 문화와 교양을 깨우쳐 줌으로써 빈민의 인간적 성장을 돕도록 적극 권장하였다. 그들 중 하나가 옥스퍼드 대학 학생인 토인비(Arnold Toynbee, 1852~1883)였다. 그가 옥스퍼드 대학 경제학부 조교수로 재직할 때 결핵으로 요절하자 그의 열성적인 활동을 기려 동료들이 1884년 런던 동부 빈민지역에 토인비 홀을 설립하였는데, 이것이 세계 최초의 지역사회복지관(community welfare center)이다(Fraser, 121).

토인비 홀은 3대 목적을 가지고 있었다. 첫째, 빈곤한 사람들의 교육과 문화를 발전시키는 것, 둘째, 빈곤한 사람들의 생활환경에 관한 정보와 긴밀한 사회적 욕구의 파악, 셋째, 사회 및 건강 문제 그리고 사회입법에 대한 일반 국민들의 관심촉구이다. 인보관 사업의 기본적 목적은 빈민들과 교육받은 계층 간의 상호교류를 증진시키는 일이었고, 이러한 공동활동과 연구를 통해서 서로 문화를 공유하자는 것이었다. 인보관 사업은 단지 아동과 성인들을 위한 강좌 개설만을 목적으로 하는 것이 아니라 이 지역 사람들에게 폭넓은 교육기회를 제공하고 강좌와 집단토의에 참여함으로써 가르치는 사람과 배우는 사람 간의 협조와 배움을 나누는 환경을 증진시키는 것이었다.

4. 사회보장제도의 성립

흔히 1948년 7월 5일은 영국 복지국가의 탄생일로 일컬어지고 있다. 바로 이 날을 기해서 영국 복지국가의 2대 지주라고 할 수 있는 사회보장제도와 국민보건서비스에 관한 제반 법령들이 그 효력을 발생하게 되었다. 즉, 가족수당법(Family Allowances Act, 1945), 산업재해국민보험법[National Insurance(Industrial Injuries) Act, 1946], 국민보험법(National Insurance Act, 1946) 및 국민부조법(National Assistance Act, 1948) 등 소득보장제도를 구성하는 여러 법령과 국민보건서비스법(National Health Service Act)이 이날부터 전면적으로 시행됨으로써 영국에서 복지국가가 출범하게 된 것이다.

그리하여 모든 국민은 생계를 위협하는 온갖 종류의 사회적 위험 내지 위기에 대비하여 최저생활수준의 소득을 보장받음으로써 궁핍으로부터의 자유를 누리게 되었으며, 포괄적인 의료서비스를 무료로 제공받음으로써 질병으로부터의 자유도 얻게 되었다. 영국민은 각종 사회적 위험으로부터 최소한의 보장을 받을 수 있게 되었으며 사회급여도 시혜가 아닌 하나의 권리로서 제공되었다.

사회보험과 관련 서비스에 관한 각 성위원회(各省委員會; an Interdepartment Committee on Social Insurance & Allied Services)가 의회의 만장일치로 구성되고 윌리엄 베버리지(William Beveridge) 경(卿)이 위원장으로 임명되었다. 이 위원회는 기존의 사회보험과 복지 프로그램을 전면적으로 재검토하였으며, 이를 바탕으로 획기적인 개혁내용이 담긴 보고서를 1942년 11월에 발표하였다. 동 보고서에서 베버리지는 기존의 복잡다단한 사회보험을 하나의 통일된 체계로 통합할 것을 권고하였으며, 자영업자를 포함한 포괄적인 사회보험을 제안하였다. 또한 보편주의 원칙하에 정액기여제(flat-rate contribution)와 최저수준의 정액급여제(flat-rate subsistence benefit)의 도입을 주장하였다. 동 보고서는 사회문제를 5대 악, 즉 무지(ignorance), 불결(squalor), 질병(disease), 나태(idleness), 결핍(want)으로 규정하고, 사회보험의 성공을 위한 전제로서 완전고용, 포괄적인 보건서비스 및 가족수당의 필요성을 강조하였다(Fraser, 199).

이 보고서에 입각하여 영국은 복지국가 체계의 골격이 되는 모든 법령들을 제정하기 위한 기본 계획들을 거국내각의 주도 아래 전시 중에 마련하였다. 베버리지 보고서에 대해 어정쩡한 태도를 취했던 보수당의 처칠(Churchill)은 세계 최고의 전쟁 영웅이었음에도 불구하고 전후 영국의 재건과 대대적인 사회보장의 확충을 내세운 노동당의 애틀리(Attlee)에게 1945년의 선거에서 패하고 말았다. 전후 노동당 정부는 완전고용정책을 중심으로 산업국유화정책과 사회보장제도의 구체화 작업에 착수하였다. 이러한 작업을 통해 베버리지 보고서의 권고사항들이 속속 입법화되었다. 그리하여 소위 "요람에서 무덤까지"라는 복지국가의 체제를 갖추게 되었다.

1952년 노동당을 누르고 보수당이 재집권한 이래 양대 정당 간의 정권교체가 수없이 일어났으나 어느 정권이 집권하더라도 사회복지만큼은 거의 전적으로 확충되었다. 1940년대부터 1970년대 중반까지 영국의 보수당과 노동당은 이른바 복지국가주의라는 전후합의를 바탕으로 복지국가를 향한 전진을 계속하여 왔다(양정하, 2004 : 183). 그렇지만 1970년대의 석유위기 이후 세계적인 경제불황의 계속으로 인한 영국 복지국가에 대한 전반적인 검토와 대대적인 변화를 경험하게 되었다.

5. 우리나라의 사회복지 역사

우리나라의 사회복지역사는 어느 시대부터 시작되었는지에 관해 확실한 증거는 없지만 대체로 사회가 성립되면서부터 시작되었다고 할 수 있다. 따라서 우리나라의 사회복지 역사에는 고대시대부터 근대시대에 이르기까지 시행되어 온 각종 민생구휼과 구제제도, 구빈사업 그리고 사회복지사업 등도 포함된다.

1944년 조선구호령을 중심으로 8・15 해방 이전과 이후로 나누어서 각 시기의 사회복지의 제도를 중심으로 사회복지의 역사를 살펴보고자 한다. 특히 해방 이후의 사회복지 역사는 우리나라 사회복지제도가 정치체제의 변동에 영향을 크게 받는다는 점을 감안하여 각 공화국별로 나누어 살펴보고자 한다.

1) 8・15 해방 이전

(1) 고대시대와 삼국시대

고조선 시대는 단군을 시조로 홍익인간, 제세이화 및 경천애인의 이념을 가지고 있었다. 이 시기는 씨족사회에서 부족사회로 발전하여 왔으며, 제정일치가 행해졌던 시기인 것이다. 부족사회라는 공동체 내에서 상부상조가 행해졌다.

특히 삼국시대로 대표되는 고대사회의 사회정책은 그 자체가 고대국가의 존립을 위한 목적에서 시행되었다. 그리고 이 시기의 사회문제로는 현존하는 백성의 궁핍, 각종 천연재해와 전쟁, 그리고 귀족들의 백성에 대한 사적 지배 등을 들 수 있다. 이 시기의 사회정책도 이러한 문제와 상호 밀접하게 관련되어 생겨났음은 물론이다.

이러한 맥락에서 고대의 사회정책, 특히 고대국가의 대민정책은 결국 단순히 국왕이 자비를 베푼다는 인정의 차원만이 아니라 고대국가의 존립을 위한 정치적 그리고 군사적 차원에서 시행되었던 것이다(최익한, 1947 : 48-49). 이러한 이유로 고대 삼국의 구휼사업은 고대국가의 존립, 삼국전쟁의 승리를 목적으로 한 농민의 안정책의 성격을 갖게 되었다. 그러나 당시의 구휼정책은 임시적이고 사후 대책적인 성격을 가지고 있었다. 그리고 일부 구휼사업이 법으로서 제정되기도 하였으나 지속적이지 못했고 제도화의 단계로 이어지지 못하였다(한국복지연구회, 30).

삼국 모두가 공통적으로 많이 시행한 방법으로는 사면, 제사, 위무, 발창구제, 의식하사, 진곡, 진휼, 농경정책 등이 있다(함세남 외, 483). 이 시기의 대표적 사회복지사업으로 다음과 같은 것이 있었다.

① 관곡의 배급 : 정부에서 비축하고 있는 관곡을 각종 재해로 인한 빈곤한 백성들에게 배급하여 구제하는 것으로 이는 삼국에 있어 자주 실시되었다.

② 사궁구휼 : 환과고독의 무의무탁한 빈민을 구제하는 것으로 삼국시대 이래로 여러 군주들이 친히 방문하고 의류, 곡물 및 관재 등을 급여하여 이들을 구제하였다. 그 결과 이들에 대한 보호가 일종의 관부의 의무처럼 되었던 것이 이후 조선에 이르러 다소 변경되었다.

③ 조세감면 : 재해로 인하여 심한 피해를 입은 지역의 주민들에게 그 재해의 정도에 따라 조세를 감면해 주는 것이다.

④ 대곡자모구면 : 춘궁기에 백성에게 대여한 관곡을 거두어들임에 있어 재해로 인한 흉작으로 상환이 곤란할 때에는 그 원본 및 이자를 감면해 주는 것이다.

⑤ 진대법 : 이 법은 흉년이나 춘궁기에 창곡을 백성들에게 대부하였다가 추수기와 풍작을 기다려 다시 갚게 하는 법으로 이것은 무상으로 백성에게 구휼을 행하는 것이 아니라 백성들이 삶에 여유가 있을 때 다시 갚는 제도이다.

(2) 고려시대

이 시기의 구빈제도는 정치도덕으로서의 유교의 등장과 책기, 사회의 안정과 왕권의 강화를 위해서 제도화되었다. 고려조부터는 중앙집권적 봉건국가가 형성됨에 따라 구호행정도 하나의 전문화된 독립기관으로 발전하였다. 고려시대의 문화는 일반적으로 불교적 색채를 농후하게 띠었으며, 이러한 불교의 바탕에서 시료(施療)와 행려자 보호사업 등이 실시되었다. 삼국시대의 국가사업으로서 발달한 민생과 구휼의 여러 제도는 이 시기에는 불교의 자비심에 입각한 선정으로 점차적으로 확대되어 갔다.

이 시기의 중요한 사회문제로서는 전쟁과 천재지변으로 인한 빈민의 발생인 것이다. 빈민은 상기의 원인 이외에 조세제도의 과중함과 불합리한 운용에서도 발생하였다. 궁민구제를 위해 창제를 채택하고 조직·제도화하여 운영하였다. 구제기관으로는 흑창, 의창, 상평창, 유비창, 연호미법, 동서대비원, 혜민국, 혜민전 약국, 제위보, 제위도감, 구제도감, 구급도감, 진제도감, 진제색, 해아도감 등이 있었다(함세남 외, 489).

이 시기의 구빈제도는 흉년과 여러 가지 재해에 대비한 각종 구제책과 평상시에 생계를 자력으로 유지할 수 없는 이른 바 궁민을 구휼하는 제도로 되어 있었다. 그것은 은면지제, 재면지제, 환과고독진대지제, 수한질여진대지제, 납속보관지제 등의 5영역으로 분류·실시되었다. 그리고 임기응변적인 이재민 구제사업을 위해서는 급창소와 보통원을 설립하여, 이러한 사업을 실시하였다(구자헌, 1972 : 155-156).

고려시대는 삼국시대에 비해 보다 발달된 토지와 조세제도를 기반으로 해서 귀족과 노비의 관계가 발달되었다. 혜민국처럼 일시적이 아닌 국가 차원에서 실시하는 의료기관이 설립되었다는 데 큰 의의를 찾아볼 수 있다.

이상과 같이 고려시대의 구빈제도는 삼국시대보다 구체화되고 다양화되었지만, 시행과정상 일관성이 결여되고, 항례화로 이어지지 못했다. 그렇지만 이 시기의 구빈제도는 국가책임하의 사회복지제도로서의 명맥을 유지해 감으로써 조선시대의 구빈제도의 모체로 되었다.

(3) 조선시대

조선시대는 전제의 개혁을 통해 국가의 재정적 기초를 튼튼히 하여, 중앙집권적 봉건국가를 확립한 시기였다. 그리고 고려의 불교중심 문화가 유교중심 문화로 변화함에 따라 조선의 지배층이 내세운 치국이념은 왕도정치였다. 그렇지만 유교는 삼국이후 왕조의 통치이념으로서 인(仁)의 윤리를 강조해 왔다.

경국대전을 비롯하여 자휼전칙(1783)과 휼전 등을 제정·공포함으로써 지금까지의 즉시적·일시적·자의적 구제로부터 탈피할 수 있었다. 이러한 법제화와 아울러 빈궁민의 구제를 전담하는 기구를 설치하였다. 조선시대의 구휼제도도 이러한 치국이념과 법제화를 통해 고려시대의 각종 진휼정책에 관한 제도를 확대·발전시켰다.

이러한 빈민구제에는 다음과 같은 특징들이 나타나 있다(함세남 외, 509). 첫째, 빈민구제는 왕의 책임으로 하고, 둘째, 구제의 신속을 중시하며, 셋째, 일차적인 구빈행정의 실시책임은 지방관이 지게하고, 넷째, 중앙정부는 구호관계 교서 및 법 제정을 하며, 또 지방구호행정에 대한 지도 및 감독을 하는 것으로 되어 있다.

이와 같이 조선시대의 구제사업은 기본적으로 유교사상을 입각하여 체계적으로 전개되었다. 이 시기의 대표적인 구제제도로는 다음과 같은 것이 있었다(남세진 외, 1999).

① 비황제도 : 비황제도의 구제기관으로 삼창(의창, 상평창, 사창)을 위시한 기타의 창제들이 있는데, 관창인 의창과 민창인 사창은 춘궁기에 곡식을 빌려 주었다가 추수기에 갚게 함으로써 빈민에게 도움을 주었던 것으로 이것이 환곡제도이다. 상평창은 주로 곡물과 포목으로 물가조절 기능을 수행했다.

② 구황제도 : 구황제도는 사궁(四窮)에 대한 보호, 시식(施食) 등을 들 수 있다. 특히 사궁 중 유아기의 보호 및 입양에 관한 법적인 체계성과 내용을 지닌 '자휼전칙(字恤典則)'이 그 대표적인 법령으로 평가되고 있다.

③ 구료제도 : 활인서, 혜민서 등의 의료구제기관을 통해서 구료사업을 시행하였다.

④ 기타 : 이 밖에 계, 향약 등의 제도가 있었다. 향약은 덕업상권, 과실상규, 예속상교, 환난상휼 등 4개 조항을 실천목적으로 삼고 있으며, 그중 물질적 방법인 환난상휼의 구체적 사업으로서 급난의 구제, 질병의 구제, 빈궁의 진휼 등을 규정하고 있으며 그 밖에도 융통성 있게 운영하였다.

요컨대 조선시대의 구제사업은 일제의 침략으로 인하여 체계적인 발전을 이루지 못하고 식민지라는 특수상황 속에서 식민지 구호정책으로 대신하게 되었다.

(4) 일제시대

일제시대에는 빈곤이 단순히 개인적인 차원에서 파악할 수 있는 성질의 것이 아니라 식민지 재편과정에 있어서 일본 제국주의가 취한 정책의 결과인 농민층 분해과정에서 그 형성 및 존재를 찾아야 한다. 따라서 이 시기의 빈민은 농업정책에 의해 토지로부터 농민이 분리됨으로써 생겨나게 되었다.

이 시기의 각종 정책은 식민통치의 합리화와 황민사상과 같은 식민지 이데올로기 강화라는 목적을 달성하기 위해 시행되었다. 이러한 맥락에서 이 시기의 빈곤정책도 식민통치에 따른 식민지 민중의 불만해소, 질서유지 그리고 식민통치의 합리화라는 목적을 달성하기 시행되었다.

이와 마찬가지로 조선구호령은 한국의 징병제를 실시하기 이전에 한국인의 반발을 완화하기 위해 1932년의 일본의 구호법을 원용하여 1944년 3월에 실시하였다. 조선구호령은 일본의 구호법을 기초로 하고 모자보호법과 의료보호법을 부분적으로 부가・종합시킨 것이다. 조선구호령은 근대적 의미의 공적부조의 출발이고 해방 이후 전개되는 생활보호법의 모태가 되었다. 그렇지만 조선구호령이 외형적으로 우리나라 공공부조제도의 체계를 확립시켰지만, 이것은 일제의 식민지 통치의 수단이었다는 점에서 비판의 소지를 안고 있다.

2) 해방 이후

(1) 미군정 시대

태평양 전쟁 이후 일제가 패망함에 따라 우리나라는 광복을 맞이하게 되었지만, 광복 이후 자주 정부를 수립하지 못함으로써 과도기적 미군정기를 맞이하게 되었다. 해방 이후 정부수립까지 약 3년 동안의 미군정기는 우리나라에 있어 극도의 사회적 혼란기로서 사회복지정책의 실현은 무리여서 대체로 일제하의 법령이 그대로 모방되었다. 이 시기에는 사회사업 및 구호에 관한 여러 가지 각서가 발표되어 조선구호령과 함께 사용되었다. 이러한 시기의 구호정책은 전재민에 대한 구호사업으로 한정되었다.

공공구호는 기아의 방지와 보건 및 의료보호, 최저 생계유지, 응급주택보급 등에 중점을 두고 즉흥적으로 대처해 나갔지만, 적극적이고 계획적인 사업이나 장기계획은 거의 전무하였다고 볼 수 있다.

(2) 대한민국 정부수립 이후

① 제1·2공화국 시대

미군정이 철수하고 한국정부가 수립하면서 다시 조선구호령에 의거하는 구호행정이 실시되었다. 그러나 뜻하지 않은 1950년의 6·25 한국전쟁으로 인하여 전쟁고아, 이북에서의 피난민 등 긴급을 요하는 구빈대상자의 증가는 조선구호령만으로 도저히 감당할 수 없는 지경에 이르게 되었다. 해방과 6·25 전쟁이라는 사회변동으로 인한 사회구호의 수요는 방대하였으나 물자와 자금의 부족으로 인해 전재민, 노인, 유아, 임산부 등을 대상으로 하는 일시적이고 단기적인 최소한의 응급구호가 실시되었다.

따라서 이 시기에는 국가와 민간 사회복지사업 간의 혼란과 각 외원기관에 의한 수용보호가 불가피하게 생겨났고, 사회복지 재원에서도 외원이 차지하는 비율이 더욱 높아졌다. 외원기관들의 구호활동으로 인해 사회사업은 구호물자를 원칙 없이 나누어 주는 자선사업과 동일시하게 되었다.

이 시기의 사회복지사업은 구호사업으로 기아의 방지, 최저생계 유지, 및 의료보호 등에 중점을 둔 응급적인 임시방편책이라고 볼 수 있다. 따라서 이 시기의 사회복지사업은 근대적 사회복지 개념에 입각한 것이라고 보기는 힘들다.

이 시기에 주목할 것은 교육 부분에 투자가 많이 이루어졌다는 점이다. 이것이 토대가 되어 경제도약을 이루는 데 큰 영향을 미쳤다. 그리고 제1공화국 중반부터 말엽까지 사회복지현장에서는 사회복지교육의 필요성은 강조되지 않았지만 몇 개 대학에서 그러한 교육을 위한 사회사업학과가 설치되었고, 1956년에는 사회복지 전문인력을 양성하기 위한 국립 중앙사회사업종사자 훈련소가 창설되었다(남일재 외, 2004 : 47).

이러한 사실을 감안한다면 제1·2공화국 시기의 사회복지 분야에 있어서도 전 시대에 비해 별다른 진전이 없었다고 볼 수 있다. 다만, 사회사업교육을 위한 기반이 조성되기 시작하였다고 볼 수 있다.

② 제3 · 4공화국 시대

5 · 16 군사정부는 쿠데타의 명분과 민심안정을 위하여 '시급한 민생고의 해결'이라는 정치적 공약을 내세우고 그것을 실천하기 위하여 국가종합개발정책으로 제1차 경제개발 5개년 계획을 수립 · 추진하였다. 이러한 경제개발정책의 추진은 전통적인 가치와 서구적 가치 간의 갈등을 초래하였다. 이러한 정책의 수립 · 추진에서 복지국가의 이념이라든지 권리로서의 사회보장에 대한 일반 국민의 이해나 주장은 거의 전무하였다.

군사정부는 생활보호법(1961. 12. 30., 법률 제913호)을 제정함으로써 저소득층 중심의 공공부조를 시행하였지만, 정부재정의 부족으로 인해 민간 외원단체가 시급한 사회복지 문제나 욕구를 해결하는 실정이었다. 그리고 동법 역시도 일제시대의 조선구호령을 크게 벗어나지 못했고, 그 법에 의한 사회복지사업마저도 질적으로 개선되지 못했다.

주무부서인 보건사회부도 전반적으로 생활보호 위주의 정책을 수행하였고, 123개의 외원기관의 대부분도 저소득층에 대한 원조를 시행하였다. 이러한 상황에서 공적 사회복지조직은 단순한 정책적 계획과 비전문적 활동에 그쳐 사회복지서비스의 효과성과 효율성을 고려할 수 없었다. 그리고 공공부조와 관련된 군사원호보상법과 재해구호법은 사회질서 유지의 차원에서 제정되었다. 그리고 이 시기에 제정된 고아입양특례법, 「아동복리법 및 고아의 후견직무에 관한 법률」 등은 아동복지에 관한 법적 근거로 되었지만, 그 법들에서도 사회사업이라는 용어가 포함되어 있지 않았다. 또한 이 시기에 일부 민간 외원기관이 미국적인 사회사업의 방법론을 적용하려고 시도하였지만, 그것이 사회복지의 발전으로 이어지지 못했다.

그리고 1970년에 사회복지사업법이 제정됨으로써 민간사회복지사업의 체계 · 확립뿐만 아니라 국가와 지방자치단체에 의한 사회복지법인에 대한 보조와 지도 · 감독이 가능하게 됨으로써 민간사회복지와 공공사회복지의 토대가 마련되었다.

한편 10개 대학이 사회사업학과를 설치하여 사회사업교육을 실시하였다. 전 시대에 비해 사회복지교육을 위한 기반이 확대되었다.

이상에서 군사정부 시대와 제3공화국에서는 공공부조제도의 수립으로 공공 사회복지사업의 토대가 마련되었다고 할 수 있다. 이러한 긍정적인 평가와 더불어 다음과 같은 부정적인 평가가 제기되었는데, 그것은 공공부조제도의 역할과 시설의 보호수준이 이전의 구호활동과 거의 차이가 없었다는 점이다.

③ 제5공화국 시대

제5공화국은 제4공화국 이래 계속되어 온 선경제개발 후분배주의 정책에 따른 소득분배상의 불균형 문제, 소득격차, 상대적 빈곤, 지역 간의 격차, 지속적인 산업화, 도시화에 따른 각종 새로운 사회문제, 가치관의 분열, 광주민주화운동에 따른 후유증, 학생과 재야세력의 반정부 민주화투쟁 및 정부의 불신 등 많은 부담을 안고 출범하였다.

그렇지만 제5공화국은 복지사회의 구현을 사회목표로 설정하였기 때문에 그 시기는 건국 이래 사회복지에 대한 논의가 가장 고조된 시기인 것이다. 즉, 복지사회의 건설은 민주주의의 토착화, 정의사회의 구현, 교육혁신 및 문화창달과 더불어 제5공화국의 국정지표로 되었던 것이다. 이를 구체화하기 위해 제5공화국 정부는 정치·사회의 안정과 사회복지 관련 문제의 해결을 위해 적절한 대책을 수립하였다.

제5공화국은 헌법에서 "국가는 사회보장·사회복지의 증진에 노력할 의무를 진다"고 하여 제3·4공화국에 비해 사회복지에 대한 국가의 책임을 분명히 했다. 이러한 국가책임의 원리에 입각하여 정부는 사회보장정책과 함께 당시 심각한 국민욕구로 표출되었던 아동, 노인 및 장애인 등에 대한 사회복지서비스 정책을 중시하고, 이를 위해 국가와 지방자치단체의 책임을 강화하는 조치를 시행함으로써 사회복지의 범위를 보다 확장시켰다. 또한 생활보호급여에 교육보호와 자활보호를 추가함으로써 공공부조의 범위도 종래의 생계보호뿐만 아니라 자활보호까지 확대되었다.

이와 같이 제5공화국에 의한 사회복지사업은 국민들의 인간다운 생활을 보장하고, 국민생활의 불안정과 계층 간의 갈등을 해소·융화하는 데 한계를 가지고 있었지만 사회복지사업의 범위를 사회복지서비스까지 확대시켰다는 점에서 긍정적으로 평가할 수 있다.

④ 제6공화국 시대

제6공화국의 각 정부는 나름대로의 사회복지정책의 이념과 비전을 제시하였다. 노태우 정부는 그동안 미루어 왔던 고도성장의 열매를 공정하게 분배하여 모든 국민이 질 높은 문화생활을 누릴 수 있도록 하며, 소외받고 있는 저소득층의 복지증진을 위해 저소득층 밀집지역 동사무소에 사회복지전담공무원을 배치할 것을 약속하고 실현하였다.

김영삼 정부는 신경제5개년계획과 21세기에 대비한 사회복지정책의 발전전략에 입각하여 보건사회부를 보건복지부로 개칭하고, 국민복지기획단을 구성함으로써 사회복지에 대한 노력을 계속하였다. 그러나 김영삼 정부의 사회복지정책에는 정부의 역할과 책임보다는 민간부문의 역할과 책임을 강조하는 선진국의 신보수주의적 경향이 깔려 있었다.

김대중 정부는 노인이나 장애인들도 일할 능력이 있는 사람에게는 일을 하게 하는 소위 생산적 복지를 강조하였다. 특히 IMF 시대 이후에는 심각한 실업자 대책을 위해 공공근로사업을 위시한 근로연계복지시책이 강력히 시행되었고, 민간부문을 활용하는 이른바 신보수주의 정책이 더욱 강화되었다. 아울러 근로능력이 없어 복지의 사각지대에 놓여 있는 사람들을 위한 사회안전망 구축에 역점을 두어 국민기초생활보장제도가 도입·시행되었다.

노무현 정부는 김대중 정부가 국정이념으로 내세운 생산적 복지를 계승한 사회복지정책과 저출산·고령사회에 대비한 복지정책과 소득양극화를 개선하기 위한 정책도 추진하였다.

이명박 정부는 능동적 복지의 4대 전략, 즉 ① 평생복지기반 마련, ② 예방·맞춤·통합형 복지, ③ 시장기능을 활용한 서민생활 안정, ④ 사회적 위험으로부터 안전한 사회에 입각하여 각종 사회복지정책을 추진하였다.

제6공화국 시대의 사회복지제도의 변화는 두 가지 흐름으로 나타나고 있다. 그 흐름은 생산적 복지국가와 근로연계복지(workfare)를 강조하고, 사회서비스를 확대하는 것으로 정리해 볼 수 있다. 전자는 전 세계적인 조류인 신자유주의를 반영하는 것인

데 반하여, 후자는 사회복지 대상자의 확대와 더불어 서비스 영역에서의 일자리 창출이라는 두 가지 목적을 달성하기 위해 모색된 것이다.

그리고 사회복지전문요원은 1987년부터 연차적으로 저소득층 밀집지역을 중심으로 일부 읍·면·동 단위에 배치하기 시작하여 제6공화국 초기에 전국에 걸쳐 배치되었다. 이로써 전문직에 의한 공공사회복지의 토대가 마련된 것이다.

사회복지 욕구와 문제에 대처하기 위하여 다양한 사회복지 정책 및 프로그램의 개발을 지원하기 위해서 공공부문에서의 조직이 확대·분화되었다. 정부의 지원을 받는 국내 사회복지법인들이 사회복지관을 위시한 많은 민간사회복지기관을 설립함으로써 민간 사회복지사업의 중요성이 강조되었다. 이러한 변화에 대응하기 위해서 사회복지조직들은 조직운영에 따른 책임성 이행을 위한 기술과 절차를 갖추어야 했다.

6공화국 시대의 사회복지 환경의 변화에 따라 중앙정부 차원에서의 직제개편이 이루어졌다. 그리고 '90년대 초반의 중요한 정치질서 변화로서 지방자치제의 전면 실시로 인해 공공과 민간 부문에 있어서의 사회복지 전달체계가 보다 체계적으로 정비되었다. 지방자치제의 실시는 중앙과 지방의 사회복지에 대한 역할분담에 대한 논의를 가속화하였다. 사회복지환경의 변화로 인해 사회복지행정의 중요성은 크게 확산되었다. 그리고 국민기초생활제도의 도입에 따른 수급자권자의 공정한 관리와 자활지원 계획과 연계한 적절한 서비스의 제공 등은 체계적인 사회복지의 발전이라는 과제를 제시하고 있다고 하겠다.

연습문제

1. 사회복지사 연구에 관한 설명 중 틀린 것?
   ① 사회복지제도의 역사성을 규명하는 것이다.
   ② 사회복지제도의 법칙성을 발견하기 위한 것이다.
   ③ 사회복지학의 정립을 위한 기초작업인 것이다.
   ④ 사회복지사는 한국사와는 무관하다.
   ⑤ 현실에 적합한 사회복지실천 모델을 모색하기 위한 것이다.

2. 우리나라 근대 이전의 사회복지제도에 관한 설명 중 맞는 것은?
   ① 책기론은 사회복지제도의 변화를 설명하지 못한다.
   ② 빈곤의 원인은 빈민 자신에게 두고 있다.
   ③ 사회복지제도가 체계적으로 발전하지 못했다.
   ④ 빈민구제는 백성의 압력에 의해 이루어졌다.
   ⑤ 조선시대의 구제사업은 불교에 기초하여 시행되었다.

3. 다음 중 성격이 다른 것은?
   ① 조제직 제도 ② 크세노도치움
   ③ 페두움 ④ 구치원
   ⑤ 구빈원

4. 스핌햄랜드법의 주된 내용으로 맞는 것은?
   ① 임금보조제도 ② 작업장 제공
   ③ 도제제도 ④ 단결금지
   ⑤ 청부제도

5. 영국의 사회보장 중 “요람에서 무덤까지”라는 말과 관계가 깊은 것은?
   ① 다수파 보고서　　② 베버리지 보고서
   ③ 커티스 보고서　　④ 시봄 보고서
   ⑤ 파울러 보고서

6. 사회복지사 연구의 의의와 문제점을 설명하시오.

7. 1601년의 빈민법에 있어 빈민의 분류와 그 법이 근대 사회복지에 기여한 내용을 설명하시오.

해답 1. ④　2. ③　3. ③　4. ①　5. ②

CHAPTER 04

사회복지실천과 기술

1. 사회복지실천의 이해
2. 사회복지실천의 발달과정
3. 사회복지실천방법
4. 사회복지실천기법

CHAPTER 04

사회복지실천과 기술

1. 사회복지실천의 이해

1) 사회복지와 사회복지실천

사회복지(social welfare)와 사회복지실천(social work)은 그 의미에서 혼용되어 쓰이는 경우를 간혹 볼 수 있다. 본론에 들어가기에 앞서 간략히 구분해 보기로 한다. 사회복지란 보다 넓은 의미로 모든 국민의 생활, 건강, 인적 및 사회적 관계 등에 있어 개인과 집단의 안정을 촉진하는 데 목적을 둔 사회적 서비스와 제도로 구성된 사회적 체계를 의미한다. 여기에는 사회복지실천을 포함하여 모든 국민의 삶의 질 향상과 사회적 조건의 개선에 목적을 둔 법률, 프로그램, 급여 및 서비스 체계가 모두 포함된다. 이에 반하여 사회복지실천(social work)은 현행되는 사회복지제도를 근거로 하여 제공되는 유형·무형의 서비스나 급부 등을 사회복지사가 클라이언트와의 관계를 통하여 체계적으로 실현하는 일련의 활동을 의미한다(Skidmore, 1999 : 3-4). 사회복지사는 클라이언트와의 관계를 통해 원조적 서비스를 제공하며, 이러한 실천과정은 인간과 사회에 대한 제반 지식과 실천기술, 그리고 전문적 윤리 등에 준거하여 전개된다.

2) 사회복지실천의 정의

사회복지실천의 정의를 보엠(W. Boehm, 1958 : 16)은 다음과 같이 정의한다

"사회복지실천(social work)은 개인과 그 사람을 둘러싼 환경과의 상호작용을 구성하는 사회관계에 초점을 둔 활동에 의해 단독 또는 집단 내의 개인의 사회적 기능을 강화하고자 하는 원조활동이다. 또한 실천의 목표는 다음의 세 가지 기능을 수행하는 것이다. 첫째, 개인의 손상된 능력의 회복, 둘째, 개별적이고 사회적인 자원의 확보, 셋째, 사회적 기능부전의 예방이다."

또한 미국사회복지사협회(NASW, 1973)에서는 다음과 같이 실천을 정의한다

"개인, 집단, 또는 지역사회로 하여금 사회적 기능에 관한 그들의 능력을 강화 또는 회복시키고, 그들의 목표에 바람직한 사회적 환경을 만들어 가는 것을 돕는 전문적인 원조활동이다."

위의 정의에서 보듯이 사회복지실천은 실천대상인 클라이언트의 사회적 기능을 강화하는 데 그 목적을 두고, 클라이언트와 사회환경과의 상호작용과 관련된 문제들을 완화 또는 경감시키고, 이에 대응할 수 있는 개인적 능력 및 자원체계를 강화시키는 것을 돕는 일련의 원조과정이라고 정의할 수 있다.

3) 사회복지실천의 목적

사회복지실천의 목적은 궁극적으로 개인이 사회생활을 하는 데 있어 자아실현을 이루며, 전인적인 견지에서 기본적 인권을 존중하고 개인의 성장과 발전을 도모하는 가치에 근거하고 있다. 이것은 버트림(Z. Butrym, 1976 : 65)이 제시한 실천의 가치전제인 '인간존중', '인간의 사회성', '변화의 가능성'에 부합되는 실천의 궁극적인 목적이기도 하다. 이에 따라 실천은 실천의 궁극적인 목적과 실현되어야 할 가치가 반영된 형태로 전개되어야 한다.

이에 전문직으로서의 사회복지사는 다양한 역할을 담당해야 한다. 이를 실현하기 위한 사회복지실천의 목적과 사회복지사의 역할을 좀 더 구체적으로 살펴보면 다음과 같다(Pincus & Minahan, 1973, 박봉길, 2001 : 43-44 재구성).

첫째, 개인의 문제해결 및 대처능력을 강화시키는 것이다

사회복지사는 개인이 스스로 자신의 문제를 해결할 수 없거나 욕구를 충족할 수 없을 때 조력자가 되어 지지적 서비스를 제공해 주거나 필요에 따라 상담자, 교육자, 클라이언트의 행동을 변화시키는 행동변화자 등의 역할을 수행한다.

둘째, 개인과 자원, 서비스, 기회를 제공하는 체계를 연결하는 것이다

클라이언트는 자신에게 도움을 줄 수 있는 자원체계가 있음에도 관심이 없거나, 정보부족 등으로 인하여 적절히 자원을 활용하지 못할 경우가 있다. 사회복지사는 개인과 자원체계 사이의 초기 연결관계를 확립하는 데 있어서 중개자의 역할을 한다.

셋째, 체계의 효과적이고 인도적 운영을 촉진시키는 것이다

사회복지사는 개인과 개인이 속하는 사회적 자원체계를 새롭게 확립하여 인간적 존엄성과 권리를 침해하지 않은 범위에서의 서비스 전달의 효과성과 효율성을 증가시키며, 프로그램을 개발하고 감독하고 자문하는 역할을 담당한다.

넷째, 사회정책의 개발과 향상에 기여하는 것이다

사회복지사는 지속적으로 생활의 문제를 다루고 있기 때문에 국가적인 수준에서 기본적 사회정책의 변화의 필요성을 느끼며 자신들의 직무 자체가 사회문제와 현존하는 사회적 자원체계의 결핍과 직접적으로 접촉하기 때문에 실질적이고 중요한 자료를 수집할 수 있다.

4) 실천의 원칙

사회복지실천은 사회복지사와 클라이언트와의 원조적이고 전문적인 관계를 통하여 이루어진다. 이러한 관계는 클라이언트와 사회복지사 간의 감정이나 태도의 역동

적인 상호작용에서 형성되며, 관계의 궁극적인 목적은 클라이언트가 자신과 사회환경 간의 보다 효율적인 적응을 하도록 도와주는 데 있다. 따라서 비에스틱(Biestek, 1957)은 기본적인 인간의 욕구에 근거하여 클라이언트와의 원조관계 형성을 위한 일곱 가지 원칙을 다음과 같이 제시하고 있다.

① 개별화

클라이언트 한 사람 한 사람을 각자 다른 가치, 문화, 생활경험을 가지고 있는 유일무이한 인간으로 보며, 개별성을 존중함과 동시에 개별적인 차이를 인정하여 그의 문제와 원조계획을 개별로 구별 실천하여야 한다.

② 의도된 감정표현

클라이언트가 자신의 감정을 표출할 수 있도록 도와주는 것은 원조관계 형성과 치유에 있어 중요한 역할을 차지한다. 하지만 이 과정에서 클라이언트와의 신뢰관계를 고려하지 않은 채 클라이언트의 감정표현만을 부추기는 것은 오히려 클라이언트로 하여금 죄책감 등의 부정적인 감정을 초래하게 되고 급기야 원조관계를 위협하게 되므로 신중히 접근해야 한다.

③ 통제된 정서적 관여

실천과정에서 클라이언트의 감정은 다양한 형태로 표출된다. 사회복지사는 클라이언트의 감정에 휘말리는 일없이 자기감정의 움직임을 객관적으로 바라보며, 클라이언트가 감정을 토로할 수 있도록 하면서 상황을 파악해 가야 한다.

④ 수용

클라이언트의 있는 그대로의 모습과 감정 등을 사회복지사가 그대로 받아들여야 하며 이것은 곧 클라이언트와 사회복지사 간의 신뢰관계(rapport)를 형성시키는 기반이 된다. 클라이언트는 이러한 수용의 경험을 통해 자신의 감정과 상황을 차분히 바라보는 것이 가능해진다.

⑤ 비심판적 태도

심판받지 않으려는 인간의 욕구에 기반을 두고 있으며, 문제의 원인이 클라이언트의 잘못 때문인지 아닌지, 혹은 클라이언트의 책임이 있는지 등을 심판하지 않고 클라이언트의 특성 및 가치관을 비난하지 않는다는 것이다. 그렇기 때문에 사회복지사는 사회적 가치나 규범에 의하여 이용자의 감정이나 언동을 비판하거나, 선악의 판단을 내리는 것이 아니라 사실로서의 상황을 직시하는 태도가 필요하다는 것이다.

⑥ 클라이언트의 자기결정

클라이언트는 실천과정의 다양한 국면에서 자기결정을 행사할 권리가 있으며, 사회복지사는 클라이언트가 스스로 결정할 수 있도록 격려하며 원조할 수 있어야 한다. 자기결정을 최대화하기 위해서는 인간의 잠재능력에 대한 믿음에 근거한 클라이언트의 장점과 능력을 강조하는 것이다. 이때 사회복지사는 클라이언트가 최선의 결정을 할 수 있도록 클라이언트에게 필요한 제반 자원을 발견하고 활용할 수 있도록 도와준다. 그러나 클라이언트의 자기결정권은 클라이언트의 능력, 법률, 도덕의 테두리, 사회복지기관의 기능 등에 의해 제한받을 수도 있다.

⑦ 비밀보장

클라이언트와의 전문적 관계에서 파악된 비밀스러운 정보를 사회복지사가 전문적인 치료목적 외에 타인에게 누설해서는 안 된다는 원칙이다. 클라이언트의 비밀을 누설하는 것은 신뢰관계 형성에 지장을 초래할 뿐만 아니라 사회복지사의 윤리적 의무에 어긋나는 일이기도 한다. 하지만 다른 전문직과 사례를 공유할 때나 슈퍼비전에서 사례보고를 하거나, 타인이나 클라이언트 자신의 생명을 위협하는 경우 등에서는 비밀보장이 어려워진다. 이런 경우에는 클라이언트에게 사전동의를 얻거나 비밀보장의 한계를 분명히 해두어야 한다.

2. 사회복지실천의 발달과정[1)]

1) 전통적 민간활동의 전개

영국에서 사회보험이 시작되기 이전 구빈법 시대가 퇴조하던 19세기 후반 빅토리아 시대에 박애사업, 상부상조, 자조 등 민간활동이 활발하게 전개되었다. 박애사업은 계급 간, 가진 자와 못 가진 자 간의 운동이었고, 상호부조는 일하는 사람들이 서로 돕는 활동이었으며, 자조 혹은 절약 운동은 스스로 자신의 문제를 해결하는 방법이었다. 이러한 활동은 서로 대비되고 상충되는 면도 있지만, 20세기 사회복지 발전에 밑거름이 되었다.

2) 자선조직협회의 설립

18세기 중엽 영국에서는 산업화·도시화가 진행되면서 발생한 도시 빈민문제의 해결을 위한 다양한 자선단체가 등장했다. 1900년 초반까지 이들 서비스들은 성직자들이나 부유한 선행자들에 의해 주로 음식, 주거시설 등과 같은 물리적 원조였으며 정서적 문제나 대인관계상의 문제들의 대해서는 종교적 훈계 차원으로 처우가 이루어져 왔다. 이들의 활동은 문제해결 및 완화에 도움이 되었으나 중복된 구제의 제공과 수혜대상자의 소외 등과 같은 다양한 문제도 야기되었다. 게다가 한정된 자원의 배분문제도 부수적으로 등장하게 되었다. 이에 따라 1869년 이들 민간기관의 활동을 조정하기 위한 자원조직협회(COS : Charity Organization Society)가 결성되었다. 자선조직협회는 중산층 부인들로 구성된 우애방문원(friendly visitors)을 활용하여 가정생활, 아동교육, 가계경제 등에 대한 조언을 제공하고 빈민층 교화를 위한 활동을 하였으며, 빈민조사 및 등록 등을 통한 조직 간 활동의 조정과 협력을 추구하였다. 최초로 사회복지실천 활동 유급종사자를 고용하기 시작한 것은 19세기 말로 이들의 활동은 점차

1) 엄명용 외(2000). 사회복지실천의 이해. 학지사, pp. 3-44 재구성.

전문화되면서 사회복지사의 효시가 되었다. 또한 자선조직협회의 활동은 개인의 변화에 관심을 두었기 때문에 후에 개별사회사업의 원류로 평가된다.

3) 인보관운동

인보관운동(Settlement House Movement)은 19세기말 영국에서 발생된 사회개혁 성향을 띤 활동으로, 지역사회 문제를 해결하기 위해 젊은 지식인층을 중심으로 빈곤지역에 파고 들어가 빈민과 함께 거주하면서 주변 환경 개선과 빈민의 도덕적 교화활동에 힘썼다. 1884년 영국에 최초의 인보관인 토인비 홀이 세워졌고, 1898년 가장 널리 알려진 헐하우스가 아담스미스에 의해 미국 시카고에 만들어졌다.

인보관운동 참여자들은 주택의 개선, 공중보건의 향상, 사용자에 의한 빈민착취의 방지 및 해결 등 제반 사회문제에 대한 해결을 강조하였다. 또한 다양한 직업기술훈련, 교육 및 환경 개선운동 등 주민들로 하여금 자립환경 구축을 위한 집단적 노력을 유도하였으며, 이들의 자생력 강화를 위한 성인교육도 실시하였다. 개인의 변화보다는 사회환경의 변화에 무게를 더 두었던 이러한 실천활동은 후에 사회복지실천자가 문제의 원인과 관련하여 사회환경에 관심을 갖게 되는 데 지대한 영향을 주었다. 이러한 인보관운동은 오늘날의 집단사회사업, 사회행동 및 지역사회복지실천에 원조로 평가되고 있다.

4) 전문교육기관 등장

자선조직협회의 활동이 점차 전문화 · 조직화되어 감에 따라 봉사자교육 및 조직, 관리과정에서 일정한 기준과 지침서가 요구되었고, 전문적 교육의 필요성이 대두되었다. 당시 볼티모어 자선조직협회에 근무하던 리치몬드(Richmond)의 활약으로 1898년 미국최초의 사회복지전문인력 양성과정이 설립되어 실무에서의 경험을 정형화된 교육으로 변환시키는 데 이바지하였다. 1919년에는 미국 내 사회복지대학이 17개로 늘었고, 1920년대에 들어서는 대학원의 석사과정이 생겨났다. 리치몬드는 1917년 『사회적 진단(Social Diagnosis)』과 『개별실천이란 무엇인가(What is Social Case Work?)』 등의 저서를 출판하여 개별사회사업(case work)을 발전시켰다. 또한 실천에 관한 이론과 방법을 과학적으로 체계화하는 한편 실천에 사회적 환경이라는 개념을 도입하여 현재 사회복지실천의 기본 개념 틀인 '환경 속의 인간'에 대한 이론적 기초를 마련하였다.

5) 정신분석의 영향

1920년대에 들어서 프로이트(Freud)의 정신역동학 이론이 유럽을 비롯한 서양의 학문세계로 전파되기 시작하였다. 인간의 성격발달과 문제행동에 관해 체계적으로 설명한 그의 이론은 특히 사회복지실천 활동에 큰 영향을 주었다. 따라서 사회복지실천의 초점도 '환경 속의 인간'이라는 틀 속에서 환경에 대한 이해와 환경변화를 통한 인간의 성장과 발달 및 변화와 적응을 강조했던 초기 사회복지실천의 중심은 개인의 내부문제에 대한 초점으로 점차 이행되어 갔다. 이후 30여 년간 사회복지실천의 다수가 개인의 내적인 문제와 변화에 초점이 맞추어져 전개되었다.

6) 진단주의와 기능주의의 갈등

1930년대 프로이트의 정신분석이론을 중심으로 한 '진단주의 학파(diagnosis school)'와 랭크(Rank)의 이론을 중심으로 한 '기능주의 학파(functional school)' 사이에 논쟁이 일어났다. 이 논쟁은 과거에 대한 분석을 통한 진단을 중심으로 하는 전통적 정신분석이론에 대한 비판에서 제기되었는데 1950년대에 이르러 펄만(Perlman)이 진단주의와 기능주의 이론을 통합한 절충주의 이론을 내놓기까지 양자의 논쟁은 지속되었다. 하지만 사회복지실천방법을 둘러싼 이들의 논쟁은 사회복지실천에 많은 영향을 주었다.

해밀튼(Hamilton), 홀리스(Hollis) 등을 필두로 하는 진단주의는 실천을 과거에서 현재에 이르는 생육력, 생활력의 분석을 통해 문제를 명확히 하여 현재의 생활상황을 기반으로 자아의 기능을 해명하고 자아의 강화를 꾀함으로써 사회환경에 대한 퍼스널리티의 적응력을 강화하는 것을 실천의 과제로 삼았다. 이에 반해 기능주의는 진단주의파의 과거 지향적인 것에 대해 비판하면서 개인의 '의지(will)'의 힘을 강조하며 개인의 과거보다는 현재의 경험과 사회복지사가 속한 기관의 기능을 자유롭게 활용함으로써 문제를 해결하도록 도와주는 것을 실천의 중심과제로 하였다. 주요 학자로는 타프트(Taft), 로빈슨(Robinson), 스몰리(Smally) 등이 있다.

7) 집단사회사업의 발달

집단사회사업이 개별사회사업과 함께 사회복지실천방법으로 인식되기 시작한 것은 1930년대 이후였다. 1953년 미국의 전국사회복지대회에 집단사회사업 부분이 등장하였고, 1936년 집단사회사업연구회가 발족하였으며, 1946년 미국 집단사회사업협회로 발전된다. 1945년 이후 참전용사들을 대상으로 정신의학적 집단사회사업이 시작되었고, 아동, 정신장애인 등과 같은 대상층을 돕기 위한 방법으로 활발히 도입되기 시작하여, 1960년대에 이르러서는 가족에 대한 개입에도 집단사회사업이 활용되기 시작하였다.

8) 다양한 실천모델 등장

1960년대에 이르러 대공황 등의 여파로 개인에 초점을 둔 사회복지실천이 빈곤에 허덕이는 클라이언트에 대한 근본적 문제해결을 이루기에는 부적절하다는 인식이 확산되었다. 그러면서 사회복지실천의 개입방향은 사회변화 및 사회적 개입으로 회귀하기 시작하였다.

1970년대부터는 사회복지실천 모델에 대한 탐구가 일어나면서 많은 실천모델들이 출현하기 시작했다. 생태체계이론의 등장과 함께 환경과 인간을 함께 이해하는 관점을 가진 다양한 실천모델이 등장하였다. 1980년대에는 미국사회복지사협회를 중심으로 공통적인 지식기반, 실천방법, 실천현장, 가치와 기술 등에 대한 합의를 도출하려는 노력을 통해 통합방법론과 일반사회사업실천이 등장하게 되었다. 현재의 사회복지실천은 사회개혁과 인간 개인의 변화 모두에 초점을 둔 접근을 하고 있다.

3. 사회복지실천방법

1) 실천방법의 공통기반

사회복지실천이 목적에 맞도록 실현되기 위해서는 실천에서 공통적으로 요구되는 실천의 기본적 요소에 대한 공통적인 이해가 필요하다. 여기서는 먼저 실천방법을 바람직한 방향을 이끌어 가는 실천의 공통기반인 가치, 지식, 기술에 대해 알아보기로 하자.

(1) 가치

가치(value)란 사회복지사와 실천에 참여하는 사람들의 신념에 기초를 둔 태도로 행위에 관련되어 있다. 전문직으로서 사회복지실천이 전개되기 위해서는 실천자의 가치의식을 간과해서는 안 된다. 사회복지의 목표나 사상을 반영한 인격의 존중, 성장, 자유, 평등 등과 같은 절대적 가치, 상호부조·이웃사랑과 같은 사회적 가치, 합리성·객관성을 대표하는 과학적·전문적 가치, 인도주의나 신념을 행동으로 구체화하는 도덕적·윤리적 가치 등과 같은 가치 등은 실천의 방향을 이끌어 간다.

로웬버그(Lowenberg, 1999 : 19)는 사회복지전문직의 가치를 다음과 같이 제시하고 있다. 첫째, 원조관계를 형성함에 있어 개인 존중과 인간 존중을 그 기초에 두어야 하며, 둘째, 클라이언트의 선택의 권리를 인정하고, 셋째 사회제도가 보다 인본주의적인 방향으로 나아가게끔 기여하며, 넷째, 인구집단의 다양한 특성을 인정하고, 다섯째, 전문적 지식과 기술을 연마하고 자신의 윤리적 행동에 책임을 진다. 실천은 가치의 실현이라는 인식에서 비롯된다. 사회복지사는 위에서 언급된 가치의식에 뿌리박은 실천방법을 갖추어가야만 클라이언트에 대한 바람직한 실천, 즉 문제해결, 인간의 성장과 자기실현, 나아가 사회를 변화, 발전시키는 것이 가능할 것이다.

(2) 지식

사회복지실천은 종종 예술(art)과 과학(science)이 통합된 응용실천 분야로 불리어진다. 이 말은 사회복지실천이 사회복지사와 클라이언트와의 관계를 중시하면서도 과학적 이론과 지식(knowledge)에 근거를 두어야 함을 의미한다. 실천에 필요한 전문적 지식으로 기초이론과 실천이론이 실천과정에서 적용된다. 기초이론은 인간의 성장과 발달 혹은 사회환경과의 기능과 역기능을 설명하는 심리학, 사회학, 경제학 등으로 인간의 심리, 행동, 사회에 관한 지식들이다. 실천이론은 사회복지사가 클라이언트와의 관계에서 문제를 해결하는 데 필요한 구체적인 기술이나 문제해결 방법에 관한 이론으로서 사회복지실천의 고유이론이라고 할 수 있다. 상담이나 면접이론은 물론 특정 문제를 해결하기 위한 기법이나 사회복지사의 개입활동에 관한 다양한 모델(model), 접근방법(approach) 등이 여기에 속한다. 이 외 사회복지사가 알아야 하는 지식들은 사회복지제도와 사회자원에 관한 지식 · 정보, 사회복지의 역사 및 관련 학문과의 이론적 차이 등이며, 이러한 지식들은 사회복지사가 전문직으로서의 정체성을 지켜나감에 있어 중요한 역할을 한다.

(3) 기술

기술(skill)은 사회복지사가 클라이언트의 문제해결을 위한 개입에 있어 적용할 수 있는 전문적 기술 혹은 기법을 말한다. 사회복지실천 기술은 클라이언트와 대면하는 관계양상에 따라 직접실천기술과 간접실천기술로 나뉜다. 대개 직접실천기술로는 개별실천기술(case work), 집단실천기술(group work)을, 간접실천기술로는 지역사회조직(community organization), 사회활동법(social action), 사회복지 계획법(social planning) 등과 같이 분류한다. 또한 하위기술로서 면접 및 의사소통 기술, 기록, 평가, 프로그램 진행 기술, 사례관리 기술 등과 같이 실천을 구체화하는 기본 기술이 있다. 이러한 실천기술들은 이론적인 지식이 바탕이 된 사회복지사의 수행능력(competence)의 정도에 따라 달리 나타날 수 있다. 이처럼 기술은 사회복지사의 수행능력이란 개인적인 역량이 많이 작용하는 영역이기도 하다. 그러므로 보다 전문적인 실천을 제공하기 위해서는 수행능력을 향상시켜야 하며, 이를 위해서는 사례연구, 롤 플레이, 시청각 교재 등을 활용함과 동시에 실습, 체험학습, 슈퍼비전 등 실천현장에서의 경험적 학습 등이 요구된다.

2) 실천방법의 종류[2)]

(1) 미시적 실천

사회복지사가 개인, 집단, 그리고 가족을 대상으로 클라이언트를 직접 대면하여 개입하는 가장 개별화된 전문적 실천방법이다. 실천현장에서 혹은 사례에 맞추어(case by case) 개입해 가는 직접적인 형태의 실천(direct practice)이다. 미시적 실천은 클라이언트의 사회적 기능 향상과 사회적 문제를 경감시키고 대처하기 위해 심리·사회적 서비스와 물질적 서비스 등을 제공한다. 심리·사회적 서비스란 클라이언트를 위한 상담, 치료, 주변 환경의 변화 등을 들 수 있고, 물질적 서비스는 현금, 현물, 숙식제공 등을 가리킨다.

(2) 중간적 실천

가족과 소집단을 일차적인 대상으로 하는 실천형태이다. 주요 실천으로는 집단 내, 가족 간의 의사소통, 중재, 협상 등을 증진시키며, 교육 등을 제공하는 활동이다. 이 실천은 미시적 실천과 거시적 수준의 중간 수준에서 이루어지며 개별적인 기능부전에서 발생하는 일보다는 약간 거리가 있으며 국가 정책문제나 조직 또는 기관의 문제 등과의 상호작용에 관한 문제보다는 개인적 의미에 있는 상호관계 양상에 관계한다. 자조집단 및 소집단 활동을 통한 사회복지실천이 여기에 속한다.

2) 사회복지실천의 방법은 역사적으로 대상, 방법 및 범위에 따라 개별사회사업, 집단사회사업, 지역사회조직 등 세 가지 방법으로 각각 교육, 발달되어 왔다. 하지만 1970년대 이후 이 세 가지 실천방법을 하나의 통일된 실천가치, 실천지식, 실천목적 및 기술체계로 묶는 통합작업이 진행되면서 통합방법론이 대두되어 오늘에 이르고 있다. 본서에서는 위의 실천방법을 통합적으로 적용하여 분류하도록 하겠다. 또한 아래의 분류는 다음을 참고하였다[Barker, R. L.(1995). *The Social Work Dictionary*(3rd). NASW Press].

(3) 거시적 실천

조직과 지역사회 및 사회에 계획된 변화를 가져올 수 있도록 설계된 거시적 수준의 개입방법으로 클라이언트 개인보다는 제도와 구조에 초점을 둔 실천방법이다. 특정 지역사회 주민과 활용 가능한 지역사회 자원을 동원하여 그 지역사회의 문제와 욕구를 해결하도록 사회복지사가 개입하여 서비스를 제공한다. 이처럼 거시적 실천은 클라이언트를 직접적으로 대면하기보다는 사회복지서비스 지원형태가 간접적으로 이루어지기 때문에 간접실천(indirect practice)인 경우가 많다. 거시적 수준에서의 사회복지사의 활동은 조직, 지역사회, 그리고 정책영역에 걸쳐서 이루어진다. 예를 들어, 한 지역사회의 청소년 비행을 예방하기 위해 사회복지사는 자원봉사자, 시민단체, 공공시설, 공공기관 등 지역사회의 유용한 자원을 활용하여 개입할 수 있다. 그 외에도 전문직 직원에 대한 지도감독, 위원회에서의 활동, 프로포절 작성, 프로그램의 개발 등이 이에 속한다.

3) 사회복지실천과정

여기서는 사회복지실천과정을 크게 세 단계로 구분하여 초기단계, 중간단계, 종결단계로 나누어 간단히 살펴보겠다.

(1) 초기단계

이 단계에는 초기면담(intake), 사정(assessment), 목표설정(goal selection), 계약(contract) 등이 포함된다.

초기면담은 클라이언트가 문제해결의 실마리를 찾아 사회복지기관에 찾아왔을 때 그의 욕구와 그 기관에서 문제해결이 가능한가를 결정하는 초기면접 과정을 말한다. 여기서 내방자에 대한 기본적인 정보수집이 이루어지며, 그들의 불안감과 기대감 등 복잡한 감정을 이해하여 정서적 안정을 도모한다. 내방자의 문제해결을 위한 욕구와 기관의 기능 및 자원 등이 일치하였을 때 비로소 그 기관의 클라이언트가 된다.

사정단계에서는 클라이언트에 문제에 대해 보다 구체적이고 다차원적인 조사가 행해지게 된다. 클라이언트의 욕구, 대처능력, 문제에 관한 분석, 이용 가능한 자원체계 등을 파악하여 클라이언트의 문제를 파악, 형성한다. 사정은 개입의 전 과정에 걸쳐 계속적으로 행해진다.

목표는 클라이언트의 능력을 충분히 고려하여 현실적이고 구체적이며 실현 가능한 것으로 책정되어야 하며 장기적인 것과 단기적인 것이 있다. 목표설정 후에는 클라이언트와 개입에 관한 계약서를 작성하게 되는데, 여기에는 문제의 정의, 목표, 사회복지사와 클라이언트의 역할, 개입의 시간, 장소, 횟수, 기간 등의 내용이 포함된다.

(2) 중간단계

중간단계는 사회복지사와 클라이언트가 앞서 설정한 목표를 달성하기 위한 활동을 수행하는 과정이다. 사회복지사는 클라이언트가 스스로의 힘으로 과업을 완수해 나갈 수 있도록 의존심을 갖지 않는 범위 내에서 도움을 제공해야 한다.

사회복지사는 개입과정을 통해 클라이언트를 지도, 자극, 지지하며, 문제해결을 위한 클라이언트의 노력에 대해 계속적으로 피드백을 제공한다. 또한 환경에 대한 개입을 통해 어떠한 사회자원이 필요한지를 검토하고, 소속 기관의 자원체계나 기능뿐 아니라 관련 기관의 이용 가능한 자원을 타진해 본다. 사회복지사는 지역에 존재하는 다양한 자원체계를 파악하여야 하며 클라이언트에게 제공되는 서비스나 기능에 대한 정보를 적절히 제공해야 한다. 과업수행 중에 앞 단계에서 설정했던 목표설정이나 방법 등이 적절하지 못하다고 판단될 경우에는 중간점검(monitoring)을 통하여 수정할 수 있다.

개입은 어느 측면을 변화시키고자 하는가에 따라 활용되는 사회복지실천의 이론적 기반과 기술유형이 달라지며, 사회복지사의 역할도 달라진다. 가령 환경과의 부조화로 인한 문제가 발생된 집단을 생각해 보자. 이 집단의 성원들이 환경 속에서 자신들의 욕구를 충족시키도록 돕기 위해서 사회복지사는 중개자(broker), 옹호자(advocator)의 역할을 지며, 환경수정 기법이 고려될 수 있다. 그러나 클라이언트의 문제행동을 변화시키기 위해서는 행동수정 기법들이 주로 사용되고, 사회복지사는 지도자, 교육자, 모델 등의 역할을 할 수 있다.

(3) 종결단계

사례가 장기간 계속되면 클라이언트의 사회복지사에 대한 의존심이 증가할 가능성이 커지므로 계약단계에서 종결기간을 설정하여 사례를 종료하여야 한다. 종결의 시기는 ① 개입대상이 되는 문제가 해결되었을 때, ② 문제해결에 대한 클라이언트와 사회복지사의 의견이 일치했을 때, ③ 앞으로도 비슷한 문제가 발생할 가능성은 있으나 클라이언트가 자립적으로 해결 가능하며, ④ 그것에 사회복지사와 클라이언트가 동의할 때 등이다.

사회복지사는 클라이언트가 종결을 준비할 수 있도록 개입의 후반에서부터 종결준비를 해가야 한다. 클라이언트는 안정적이고 우호적인 관계가 끝난다는 데에 기쁨과 서운함, 두려움, 불안 등 다양한 감정을 경험하게 된다. 사회복지사는 이러한 클라이언트의 정서적 반응을 이해해야 하며 잘 포착하여 적절히 케어(care)해 주어야 하다.

사회복지사의 종결단계에서의 과업은, 먼저 클라이언트와의 전문적인 관계의 유대를 청산하는 것으로 종결을 위한 클라이언트의 정서적 준비를 돕는다. 또한 사례는 시작과 끝이 일관적으로 전개되어야 하며, 사회복지사는 실천의 결과를 점검하며 다양한 측면에서 평가하여야 한다.

종결에는 실천과정 전반에 걸친 평가가 병행된다. 평가(evaluation)는 최근 사회복지분야에서 서비스 제공에 대한 개입의 효과성과 책임성(accountability)이 중요시되면서 실천과정에서 필수불가결한 작업으로 자리 잡고 있다.

4. 사회복지실천기법

사회복지사는 전문적인 대인관계를 통하여 클라이언트의 문제를 파악하고 해결하는 데 이용 가능한 지식과 기술을 적용하고 응용한다. 실천과정에서 클라이언트의 감정, 문제상황, 변화과정 등을 사실적이고 객관적으로 이해하는 것은 실천의 밑거름이 된다. 면접기술, 의사소통기술, 관찰기술 등은 클라이언트에 대한 이해와 문제상황을 파악하는 데 필요한 실천기술이라 할 수 있다. 본 절에서는 실천의 도움을 주는 세 가지 기본 실천기술에 대해 소개한다.

1) 면접기법

(1) 면접의 의의

사회복지 면접은 면접자와 피면접자 두 사람 사이의 대화로 이루어진다는 점에서는 다른 면접과 큰 차이가 없지만 특별한 주제를 가지고 사회복지사에 의해 전문적·의도적으로 이루어진다는 점이 특징이다(엄명용 외, 2000 : 189).

면접기술은 초기면접(intake)에서부터 실천의 전 과정에 걸쳐 요구된다. 면접을 통해 사회복지사는 실천에서 클라이언트와의 신뢰관계를 유지하고 정보를 획득한다. 클라이언트는 면접을 통해 수용과 지지적인 경험, 억제되고 엉클어진 감정의 표출과 정리가 가능해지므로 면접 그 자체가 클라이언트에게 치유의 효과를 가져다 준다. 또한 면접은 실천의 진행단계에 따라 면접의 초점을 달리하는데, 예를 들어 초기단계에서는 신뢰형성에, 사정단계에서는 정보수집에, 개입단계에서는 치료적 효과 등에 면접의 비중을 둔다.

면접의 목적은 ① 클라이언트에 대한 자료수집, ② 원조관계의 협조를 확립하고 유지하는 것, ③ 클라이언트에게 정보를 제공하는 것, ④ 원조과정에 대한 장애요소를 파악하여 밝히는 것, ⑤ 목표성취를 지향하는 활동을 규명하여 수행하는 것, ⑥ 원조과정을 촉진하는 것이다(Brown, 1992 : 102, 김기태 외, 2002 : 136 재인용).

(2) 면접의 주요 요소

면접에서의 주요 요소를 내적인 것과 외적인 것으로 정리하여 보면 다음과 같다.

① 신뢰관계 수립

신뢰관계란 '라포(rapport)'라고 불리는 것으로 친근감, 신뢰감, 안정감 등이 넘치는 정서적 유대에 의해 유지되는 깊은 의미의 대인원조 관계를 말한다. 이것은 실천상황에 기초를 이루는 것으로 신뢰관계의 수립 여부가 원조관계의 내실을 좌우하며 나아가 실천의 성패를 결정하는 요인이 되기도 한다.

신뢰관계를 높이기 위해서는 사회복지사의 사례개입에 대한 동기와 태도가 순수하고 명료하며 클라이언트의 욕구(needs)에 맞춘 것이어야 한다. 이때 사회복지사는 면접을 통하여 클라이언트에 대한 수용적 태도와 깊은 관심, 성의를 클라이언트가 인식할 수 있도록 표시하여야 한다. 또한 감정적으로 불안한 클라이언트에 대해 사회복지사는 신념에 찬 자신감 있는 모습으로 대해야 한다. 신뢰관계 수립은 이러한 사회복지사의 태도와 행동에 따라 좌우됨으로 면접에서의 내적인 구성요소라 할 수 있다.

② 면접의 세팅

면접의 중요한 외적 구성요소이다. 먼저 장소설정의 경우, 면접에 성격에 따라 이에 합당한 장소를 필요로 한다. 적당한 밝기, 가구, 공간과 외부로부터의 방해를 받지 않는 조용하고 편안한 장소가 효과적인 면접을 가능하게 한다. 특히 클라이언트의 상태를 반영한 장소의 분위기가 강조되어야 한다. 예를 들어, 복잡한 사무실보다는 별도로 면접을 볼 수 있는 상담실이 있으면 좋을 것이고 딱딱한 느낌을 최대한 피하고 안락하고 마음의 여유를 느낄 수 있게 가구를 배치하는 것이 좋다. 조명은 역시 간접조명이 좋고 사회복지사가 빛을 등지고 앉게 되면 표정이 보이지 않아 권위적으로 느껴질 수 있기 때문에 좋지 않다.

면접에 소요되는 시간은 목적에 따라 달라지겠지만, 정신과적 면접은 빈도가 잦고 시간도 길지만, 동사무소에서 생활보호 대상자의 자격을 확인하는 면접은 상대적으로 짧은 시간에 이루어진다. 대개 일회 면접에 40~50분이 보통이지만 이런 원칙도 클라이언트의 주의집중력, 의사소통능력에 따라 조정되어야 한다.

모든 전문직에서와 마찬가지로 사회복지 면접은 실천을 위한 정보수집의 도구이며 그 자체가 치료적 효과를 갖기도 한다. 따라서 면접에서 진행된 내용을 기록으로 남기는 것은 정보수집, 개입방법의 점검과 확인, 면접과정을 이용한 교육 등 다양한 목적을 위해 매우 중요하다.

2) 의사소통 기법

(1) 의사소통의 의의

의사소통(communication)이란 면접의 실질적인 내용을 구성하는 것으로 사회복지사와 클라이언트 간의 면담을 매개한다. 의사소통에는 언어적인 것과 비언어적인 것 두 가지로 대별된다.

(2) 의사소통의 기법

① 비언어적 의사소통

의사소통은 언어를 통해서 성립되는 것만 아니라 서로의 태도, 시선, 자세 등이 언어를 보완하기도 파괴하기도 한다. 원조관계의 기본은 클라이언트가 그것을 받아들여야만 시작되는 것이기 때문에 비언어적인 것에도 주의와 배려가 필요하다.

• 표정

따뜻하고 온유한 표정으로 공감적인 태도를 느낄 수 있도록 표현되어야 한다. 얼굴 표정은 일반적으로 그 나름대로의 의미를 가감 없이 전달하게 된다. 따라서 사회복지사는 언어적 표현과 표정이 전달하는 내용과 서로 상반되는 일이 없도록 주의해야 한다.

• 시선

특히 눈을 맞추는 일은 문화에 따라 차이는 있지만, 대개 시선을 맞추는 것은 적극적인 표현을, 시선을 피하는 것은 소극적인 자세를 나타내게 된다. 특히 두려워하거나 불안할 경우, 또는 솔직하지 못한 의사소통을 할 때에는 시선을 피하게 된다.

• 태도 및 자세

클라이언트에게 따뜻하고 수용적인 느낌을 가지게 하는 것이 기본이므로 딱딱하고, 권위적인 태도보다는 편안하고 자연스러운 태도와 자세로 대하는 것이 좋다. 클라이언트의 감정에 반응하며 열심히 들으려는 경청의 태도는 신뢰관계를 촉진시킨다. 하지만 미처 라포가 형성되지 않는 상태에서의 친밀한 태도와 스킨십, 우위와 오만이 비치는 자세, 사회복지사의 불안·긴장을 나타내는 자세는 클라이언트에게 불쾌감과 위화감, 불안 등을 조성하므로 주의해야 한다.

② 언어적 의사소통

여기서는 언어적 의사소통의 대표적인 기법을 몇 가지 소개한다.

• 촉진

클라이언트가 적극적으로 말할 수 있게 하는 기법으로 '끄덕임', '맞장구', '적절한 질문' 등이다. 촉진기법은 클라이언트로 하여금 자신의 말을 진지하게 잘 들어주고 있다는 기분을 갖게 하여 자유롭게 이야기할 수 있도록 한다. 하지만 필요 이상으로 많이 사용하면 클라이언트는 자신의 말이 가벼이 건성으로 넘겨버리는 것 같은 기분을 들게 하므로 내용에 주의해 가면서 사용해야 한다.

• 경청

의사소통의 기본은 경청하는 것으로 경청이란 단순한 듣기가 아니라 상대방의 사고와 감정을 이해하기 위한 적극적인 청취활동이다. 그러므로 경청이 되기 위해서는 클라이언트가 말한 내용과 감정을 사회복지사가 잘 듣고 이해했다는 것을 클라이언트에게 다시금 전달하고 증명하여 안심감을 주는 것이다. 클라이언트 역시 사회복지사가 자기 말을 얼마나 성의 있게 열심히 경청하는가를 평가하며 그 정도에 따라 마음을 열게 된다. 경청의 방법에는 클라이언트가 한 말을 일부분 또는 전부를 다시 말해주는 '되풀이 기법', 말하고 싶은 것을 명확하게 언어로서 되받아 말해주는 '명료화 기법', 말한 내용의 인과관계를 생각하여 해석하여 되받아 주는 '요약기법' 등이 있다.

• 침묵

클라이언트가 말을 하지 않을 때, 어떤 이유에 의해 말을 멈추었을 때, 다시 시작할 때까지 조용히 기다리는 것이 침묵이다. 침묵을 이어줌으로써 클라이언트로 하여금 자신의 생각이나 감정을 정리할 수 있도록 하며, 쉬게 하거나 적절한 표현을 끌어낼 수 있도록 한다. 클라이언트는 곤란한 상황이나 일찍이 경험하지 못한 감정에 직면했을 때 쉽사리 그것을 말로 표현하기 힘들 것이다. 이때 사회복지사는 침착히 의도적으로 침묵을 지키며 기다리는 것이 보다 심도 있는 의사소통을 촉진하기에 효과적임을 잘 이해해야 한다.

• 질문방법

질문은 클라이언트를 돕기 위해, 필요한 정보를 얻기 위해, 또는 어긋나고 있는 대화의 초점을 바로잡는 데 필요하며, 이러한 질문들은 시의 적절하게 이루어져야 한다. 질문의 유형은 대개 '개방적 질문'과 '폐쇄적 질문'으로 나눈다. 개방적 질문은 포괄적으로 질문하여 클라이언트의 사고, 생각, 관심을 자유롭게 끌어낼 수 있게 하는 질문이다. 반면 '예', '아니오'로 응답되는 것이 폐쇄적 질문이다. 클라이언트가 간단히 대답할 수 없는 질문이나 적극적으로 자유롭게 대답했음 할 때에는 개방적인 질문을 사용하는 것이 좋다. 한편 의사소통이 곤란하며, 별로 말하고 싶어 하지 않는 클라이언트일 경우는 폐쇄적 질문을 사용하여 중요한 정보를 얻어낼 수 있도록 한다. 사회복지사는 클라이언트의 상황과 질문사항 등을 고려해 가며 이 두 가지 형태의 질문을 적절히 잘 구별하여 사용한다. 그 외 질문유형으로 되도록 피해야 하는 질문들로 한꺼번에 여러 가지 질문을 복합적으로 묻는 '중첩적인 질문', 클라이언트의 대답을 사회복지사가 의도한 방향으로 몰아가려는 '유도형 질문', '왜'로 시작되는 질문 등이 있다. 특히 왜로 시작되는 질문은 간단한 정보를 얻기 위해서 사용하는 것은 어쩔 수 없으나 일반적으로 힐난하는 것 같은 뉘앙스를 주기 때문에 클라이언트로 하여금 자기방어적인 입장을 취하게 하여 적절한 의사소통에 방해가 된다.

3) 관찰기법

면접과 의사소통에서 기본적으로 선행되어야 하는 기술이 관찰일 것이다. 특히 비언어적 의사소통에 있어 표정, 시선, 태도 및 자세 등을 포착하는 것은 관찰의 결과이므로 기본적인 실천기술이라 할 수 있다.

(1) 클라이언트의 신체적 상황

먼저 클라이언트의 신체적 상황에 대한 관찰은 신체기능의 이상이나 불편함 정도를 염두에 두고, 언어기능, 시각, 청각, 운동능력 등에 주시한다. 예를 들어, 클라이언트가 고령자인 경우, 청각장애, 시각장애 등을 고려하여 의사소통의 정도를 확인한다. 또한 체형을 관찰할 필요가 있는데, 과도한 체중 초과나 미달일 경우, 심리적인 문제나 스트레스 유무, 섭취장애 등을 파악하는 단서가 될 수 있다. 그 외 얼굴상태, 복장, 헤어스타일, 치장상태 등은 본인의 성격, 사회적 지위, 생활배경에 대한 정보를 제공해 준다.

(2) 클라이언트의 타인과의 관계양상

클라이언트의 대인관계 양상을 관찰할 경우 클라이언트의 다른 사람에 대한 말씨, 태도, 매너, 예의, 표정 등을 관찰하여 클라이언트가 대인관계에서 어떻게 행동하고 있는가를 관찰한다. 또한 클라이언트가 특정 인물들과 가지는 관계의 깊이, 넓이, 친밀감, 거리감 등이 현실에서 어떻게 나타나고 있는지 관찰할 필요가 있다.

(3) 클라이언트의 생활 · 문제상황

문제상황의 정확한 파악은 원조활동에 있어 중요하다. 클라이언트가 면접에서 이야기하는 문제나 상황의 설명이 반드시 객관적이고 정확하다고만은 할 수 없기 때문이다. 그러므로 때때로 사회복지사는 문제나 상황 속에 들어가 관찰하여 사실 여부를 파악해야 한다. 관찰할 때는 문제발생이 생활에 미친 영향, 어려움 정도, 문제를 둘러싼 주변 사람들의 협력관계 등에 중점을 둔다.

(4) 클라이언트의 생활환경

클라이언트의 생활장소와 문제가 발생하고 있는 거주공간에 관심을 두고 관찰을 한다. 클라이언트가 미처 생각지도 못한 곳의 생활환경 조건이 스트레스나 피로를 악화시킬 수도 있다. 관찰결과 알게 된 불량한 주거환경이 문제의 발생에 직접적으로 영향을 미치고 있지 않다 하더라도 문제가 환경 속에서 어떤 형태로 발생하게 되었는가에 대한 주거환경에 대한 방문과 관찰은 케이스에 대해 사실적이고 객관적인 이해를 추구한다는 점에서 중요하다고 할 것이다.

연습문제

1. 사회복지실천에서 실천형태가 다른 것은?

① 개별원조기술 ② 지역사회원조기술
③ 사회활동법 ④ 사회계획법
⑤ 슈퍼비전

2. 다음은 사회복지실천의 공통적 요소에 대한 것이다. 해당되지 않는 것은?

① 자기 스스로 해결하기 어려운 문제를 지닌 개인과 가족을 대상으로 한다.
② 문제를 지닌 개인들의 문제해결을 돕는 데 관심을 둔다.
③ 문제에 대한 과학적 지식과 전문적 기술을 가진 전문가에 의해 실시된다.
④ 사회복지실천의 궁극적인 목적은 인간 성장에 있다.
⑤ 실천의 가치는 사회적으로 우선시되는 가치가 절대기준이 된다.

3. 다음 중 인보관운동의 특징이 아닌 것은?

① 주로 중류층 부녀자들이 중심적 역할을 하였다.
② 최초의 인보관은 영국의 토인비 홀이다.
③ 사회환경의 중요성을 강조하였다.
④ 빈민의 생활개선을 목적으로 한 활동하였다.
⑤ 집단사회사업의 원류이다.

4. 사회복지실천의 정의와 거리가 먼 것은?
   ① 사회적 결함을 보완하는 사회적 노력의 총체이다.
   ② 사회복지실천은 민간에 의한 사회사업만을 한다.
   ③ 개인과 집단 및 지역사회가 그들의 욕구를 충족할 수 있도록 돕는 과정이다.
   ④ 인간을 돕는 방법으로 전문적으로 이루어진다.
   ⑤ 개인의 부적응을 돕는 것과 동시의 사회정책의 개선에도 관심을 둔다.

5. 면접의 방법 중 적절하지 않은 것은?
   ① 클라이언트에게 말을 잘 듣고 자신이 이해한 것을 다시 클라이언트에게 피드백해 준다.
   ② 클라이언트의 언행을 사실로 그대로 받아들이기보다는 그 이면에 진실을 이해하려는 노력이 필요하다.
   ③ 면담 도중 침묵이 발생하지 않도록 계속적으로 화제를 제공한다.
   ④ 면담 도중 클라이언트의 말이 주제에서 벗어날 경우 질문을 함으로써 초점을 바로 잡는다.
   ⑤ 클라이언트의 비언어적인 행위를 잘 포착하여야 한다.

6. 현실상황에서 클라이언트의 자기결정권이 제한되어 경우의 예를 생각하여 토의하고 그 대안이 될 수 있는 방안을 제시해 보도록 하자.

7. 사회복지실천의 공통기반이 되는 가치, 지식, 기술 중 한 가지를 선택하여 실천에서의 역할과 중요성에 대해 설명해 보도록 하자.

해답 1. ① 2. ⑤ 3. ① 4. ② 5. ③

CHAPTER 05

사회복지정책 및 사회보장

1. 사회복지정책의 개념과 영역
2. 사회복지정책의 형성과정
3. 사회복지정책의 분석틀
4. 사회보장의 개관
5. 사회보장제도

CHAPTER 05

사회복지정책 및 사회보장

1. 사회복지정책의 개념과 영역

1) 사회복지정책의 개념

사회복지정책(사회정책)의 개념규정 또는 정의는 각기 시대와 국가에 따라 그리고 개념규정자 입장의 상이에 따라 다양하게 나타난다. 그리고 사회복지정책은 공공정책, 사회정책 등과 혼용해서 사용되는 포착하기 어려운 개념이다. 사회복지정책은 공공재정의 지출을 수반하기 때문에 공공정책과 혼용하여 사용할 수 있다. 그러나 공공정책은 사회복지의 활동 이상의 것을 포함하기 때문에 사회복지정책보다 더 포괄적이다.

그러면 사회복지정책이란 무엇인가? 사회복지정책은 '사회복지'와 '정책'이라는 두 용어의 합성어이다. 사회복지의 개념에 관한 논의는 언급되었기 때문에 여기서는 정책에 관한 논의를 하고자 한다. 정책이란 권위 있는 공공기관이 정책목표(공익 및 사회적 형평의 실현, 사회문제의 해결)를 달성하기 위하여 정치적・행정적 과정을 거치거나 당위성에 입각하여 공식적・의도적으로 선택한 미래의 행동지침이다.

사회복지정책의 개념은 영・미계와 독일계 등으로 나누어 볼 수 있다. 독일의 사회정책의 개념은 두 가지의 유형으로 크게 나눌 수 있다. 하나는 자본주의 경제를 수정하려는 계급협조론 또는 노사협조론이고, 다른 하나는 자본주의를 부정・극복하려는 계급투쟁론 또는 노사대립론이다. 독일의 사회정책은 사회문제를 다루는 것이

전통이었기 때문에 주로 산업사회의 주요한 사회문제인 노동문제를 다루는 것이다. 영국의 사회정책은 사회복지제도라는 의미가 강하다. 영국의 사회정책은 사회입법과 사회행정의 개념과 동일시하는 경향이 있다. 사회정책의 현대적 개념이 상호 밀착되어 가는 경향을 보이고 있고 영·미계 사회정책의 개념으로 접근하고 있다.

여기서는 영·미계 사회정책의 개념을 대표하는 마샬(Marshall)의 정의를 제시하고자 한다. 그는 "사회정책이란 서비스 혹은 소득을 제공함으로써 사람들의 복지에 직접적인 영향을 미치는 정부의 정책"이라고 정의내리고 여기에 해당하는 핵심 프로그램으로 사회보험, 공적부조, 건강 및 복지서비스 그리고 주택을 들고 있다(Marshall, 1970 : 11-15). 그리고 티트머스(Titmuss)는 "사회정책이란 일정의 물질적 및 사회적 욕구 특히 요구호 욕구에 관하여 시장이 충족(만족)하지 못하거나 충족시킬 수 없는 특정의 사람(사회적 약자)에게 부여하는 정부의 행위"라고 정의하였다.

따라서 사회복지정책의 정의는 영·미계 사회정책의 개념으로 서비스나 소득을 제공함으로써 시민들의 복지에 영향을 미치는 정부의 정책이며 여기에 해당되는 핵심 프로그램으로는 사회보험, 공적부조, 사회복지서비스 등이 있다.

2) 사회복지정책의 영역

타운센드(Townsend, 1970)는 소득보장, 건강, 교육, 주택 그리고 대인적 사회서비스 등 다섯 가지를 사회복지정책의 영역으로 보고 있다. 또한 디니토(DiNitto, 1995 : 3)는 미국의 사회복지정책의 영역을 소득보장, 영양, 건강, 사회서비스 등 네 가지 영역으로 나누어 설명하고 있다. 그러나 티트머스(1969)는 사회복지정책의 개념을 포괄적으로 해석하여 조세정책을 사회복지정책의 영역에 넣기도 하며 칸(Khan, 1979)과 힐(Hill, 1980)은 노동시장정책(고용정책)을 사회복지정책의 영역에 넣기도 한다.

사회정책의 고유영역을 설정하는 작업은 궁극적으로 공공행정상의 편의를 고려할 때 가능한 것으로서 절대적인 구분은 사실상 불가능하다. 그렇지만 사회정책의 영역에 사회보장 또는 소득보장, 대인적 사회서비스 및 보건 또는 건강을 포함시키는 데에 아무런 이의를 제기하지 않는다. 그러므로 사회복지정책은 좁게 해석하면 소득보장, 건강, 주택, 대인적 사회서비스 등 네 가지 영역으로, 넓게 해석하면 소득보장, 건강, 주택, 교육, 대인적 사회서비스, 조세정책, 노동시장정책 등 7대 영역으로 구성되어 있다고 할 수 있다.

2. 사회복지정책의 형성과정

디니토와 다이(DiNitto & Dye)는 정책형성의 제 과정이 정책형성의 복잡한 세계에 있어 언제나 명쾌하게 구분되는 것이 아니라고 전제하면서, 분석의 목적에 따라 정책형성의 과정을 ① 정책문제의 입증, ② 정책대안의 형성, ③ 공공정책의 합법화, ④ 공공정책의 시행, ⑤ 정책평가 등으로 구분하고 있다(DiNitto & Dye, 1983 : 13). 이러한 구분은 공공정책 학도에게 많이 활용되고 있다. 따라서 사회복지정책의 형성과정은 일련의 순환과정으로 이해하여 ① 정책의제의 형성, ② 정책의 결정, ③ 정책의 집행, ④ 정책평가 등으로 구성되어 있다.

1) 사회복지정책 정책의제의 형성

사회복지문제는 사회복지정책을 형성하게끔 하는 가장 중요한 동인이자 사회복지정책의 주 원료이다. 사회복지문제는 인간으로서의 기본적인 생활을 누리지 못하여 고통을 받고 있는 사람들이 그러한 상황이나 조건을 해결해야 할 문제로 인식할 때 비로소 문제로 성립한다. 이때 이러한 사회복지문제의 해결을 정부에 대하여 요청하는 구체적인 행동을 정치학적인 의미에서 요구(demand)라 한다. 정치체제에 어떤 사회복지문제의 해결에 관한 요구가 성공적으로 투입되면 그것은 정책꾼(policy actor)들의 관심을 받으면서 그 해결방법들이 논의된다. 이때 정책꾼들의 논의가 이루어지는 문제나 요구를 의제라 하며, 의제들의 모음을 아젠다(agenda)라 한다. 아젠다란 일련의 정치적 논쟁거리로서 특정한 시기에 대중의 관심을 끌만하다고 인식되는 문제 또는 기존 정부기구의 합법적 관할권에 속하는 문제이며 정치체계의 구성원들에 의해 간주되는 문제인 것이다(Cobb & Elder, 1984 : 14). 사회복지 문제나 요구가 정책아젠다 위에 오르도록 하기 위해서는 정치적 논점으로 부각시킬 필요가 있다. 이때 정치적 논점으로 부각된 문제나 요구를 이슈(issue)라 부른다.

사회복지정책 문제가 이슈화되기 위해서는 첫째, 공공의 관심을 끌어야 하고, 둘째, 공공정책상의 논점으로 제시되어야 한다. 그렇게 되기 위해서는 클라이언트, 사회복지전문가, 언론, 정치인들의 노력이 필요하다.

2) 사회복지정책 아젠다의 형성

사회복지정책 아젠다의 형성과정이란 한마디로 말해서 사회복지 문제나 요구의 이슈화 과정이라고 할 수 있다. 그리고 아젠다 형성이란 정부가 정책적 해결을 위하여 사회문제를 정책문제로 채택하는 과정 또는 행위, 즉 사회문제가 정책문제로 전환되는 과정이나 행위를 의미한다. 사회복지정책 아젠다 형성은 학자들의 관점에 따라 다양하게 분류되고 있다. 그런데 아젠다 형성과정은 다음과 같이 볼 수 있다(정정길, 1989 : 216-219).

사회문제 (social problem) → 사회적 이슈 (social issue) → 공중아젠다 (public agenda) → 정부아젠다 (governmental agenda)

3) 사회복지정책 대안형성

문제나 요구가 일단 정책의제로 성립하면 정책꾼들에 의하여 그 해결이 논의되고 여러 가지 해결방안 가운데 하나를 선택하게 되는데 이때의 해결방안들이 정책대안이다. 정책대안의 형성과정이란 정책문제가 무엇인지를 파악하고 문제를 둘러싼 상황을 파악하여 정책목표를 세우고, 그 목표를 달성할 수 있는 정책수단으로서의 정책대안을 개발하며 어떠한 정책대안이 가장 바람직한 것인가를 분석하는 과정을 말한다. 이러한 정책결정을 통해 공공기관(정부)이 문제해결을 위하여 여러 개의 대안 중에서 하나를 의식적으로 선택하게 된다. 정책대안의 형성과정은 문제의 해결방안에 관한 모색과정이자 정책결정자를 위하여 정보를 제공하는 과정이다. 또한 문제를 해결하는 가장 효과적인 정책대안들을 개발하여 비교·검토하는 과정이므로 비교적 비정치적 성격을 띠며 합리적·기술적 성격을 띤다.

4) 사회복지정책의 결정

정책결정의 과정은 학자들의 관점에 따라 다양하게 설정되고 있다. 이러한 정책결정 과정에 대한 구분은 학자들의 관점에 따라 정책결정 과정, 정책분석 과정, 정책개발 과정 등 다양하게 표현되고 있다(봉민근, 1997 : 86). 정책결정이란 권위 있는 정책결정자가 문제해결을 위해 제시된 여러 가지 대안들 가운데 하나를 선택하는 행위 또는 과정을 말한다. 일반적으로 이러한 과정에는 정책대안의 비교분석 행위나 과정이 포함된다. 이 과정은 정책결정자가 하나의 대안을 정책으로 채택하는 행위나 과정 자체가 될 수 있지만 대안 간의 비교분석 행위 및 과정이 포함되는 것이 보통이다. 따라서 정책결정 과정은 ① 문제의 인지와 목표설정, ② 정보의 수집 및 분석, ③ 대안의 탐색 및 평가, ④ 최선의 정책대안의 선택 등으로 이루어져 있다.

5) 사회복지정책의 집행

집행이란 프로그램이나 정책이 수행되는 과정인데 계획이 실제로 이행하는 것을 나타낸다(Shotland & Mark, 1985 : 97). 그리고 정책집행이란 의도된 정책목표를 달성하기 위하여 결정된 사항들을 실행하는 활동인 것이다. 따라서 사회복지정책의 집행은 공적 적용에 기인하는 모든 활동을 포함한다. 그러므로 사회복지정책의 집행에 있어 전문직의 중심적인 과업은 프로그램 운영에 있어 제 결점을 입증하며, 그와 같은 결함의 요인을 찾아내는 것이다.

6) 사회복지정책의 평가

정책의 평가란 국가의 프로그램이 그 목적을 충족함에 있어서의 전반적인 효과의 사정 또는 보편적인 목적의 충족에 있어 둘 혹은 그 이상의 프로그램의 상대적인 효과의 사정인 것이다(Wholey et al., 1972 : 15). 즉, 정책평가란 정책활동에 관한 평가로서 정책실행 결과에 대한 정보를 수집하고 분석하며 해석함으로써 그 가치를 판단하는 것이다. 요컨대 평가란 특별한 개입(평가)이 비용과 급여 그리고 목표달성이란 의미에 있어 갖는 성공의 의의와 정도를 결정하는 체계적인 과정인 것이다(Meenghan et al., 1982 : 55). 평가는 행정활동의 하나하나와 밀접하게 관련되어 있어 사회복지정책의 형성과정에 있어서의 마지막 단계로 간주될 수도 있으나 평가는 그 첫 번째 단계도 될 수 있는 것이다.

3. 사회복지정책의 분석틀

길버트와 테렐(Gilbert & Terrell, 1988 : 55)은 사회복지정책을 분석하는 틀로서 다음 네 가지를 제시하고 있다. ① 급여로서 무엇을 제공해야 하는가?, ② 누구에게 급여가 제공되어져야 하는가?, ③ 어떻게 급여가 제공되어져야 하는가?, ④ 어떻게 재정이 충당될 것인가? 그리고 길버트와 스펙트(Gilbert & Specht, 1986 : 37)는 사회복지정책 분석틀로서 ① 사회적 할당, ② 사회적 공여의 형태, ③ 전달의 전략, ④ 재원충당의 방법 등의 근거를 제시하였다. 길버트와 테렐(Gilbert & Terrell)의 분석틀에 따라 고찰하고자 한다.

(1) 급여로서 무엇을 제공해야 하는가

급여의 형태는 크게 현금, 현물, 증서, 기회가 있다. 사회복지급여의 형태로서 현금으로 제공되는 경우는 국민연금, 질병보험의 질병수당, 산재보험의 장애수당, 실업급여, 공공부조, 아동수당, 주택수당 등을 들 수 있다. 증서는 특정 재화나 서비스의 소비를 권장 혹은 억제하고자 하는 경우나 수혜자들을 최대한 통제하려고 할 때 사용된다. 다시 말해서, 일정한 용도 내에서 수급자로 하여금 원하는 재화나 서비스를 자유롭게 선택할 수 있는 방법이다. 증서로서는 상품권, 식품권에서 의료보험증이나 경로버스표 등에 이르기까지 다양하다. 기회는 무형의 급여로 어떤 개인이나 집단에 대해 이전에는 부정되었던 급여에 대해서 접근을 가능하게 만드는 것이다. 예를 들어, 장애인에 대한 운전면허 교부조항을 변경하는 것과 같은 것이다(김영종, 1998 : 182).

(2) 누구에게 급여가 제공되어져야 하는가

사회복지정책은 의도적인 재분배 문제를 주로 다루는데 그 전형적인 문제는 누가 무엇을 어떻게 갖게 되는 가인 것이다(Gates, 1980 : 23). 이와 관련하여 누구는 서비스 대상자를 결정하는 자격기준에 관한 것이다. 급여의 수급자격 요건으로는 거주 여부, 거주기간, 인구학적 조건, 기여의 여부, 근로조건, 소득수준 등이 있다.

(3) 어떻게 급여가 제공되어져야 하는가

사회복지정책을 통하여 제공되는 재화나 서비스는 그 종류나 영역이 다양하며, 다양한 재화나 서비스를 수급자에게 전달하는 방법 또한 다양하다. 중앙정부에서 급여의 자격, 급여형태, 재원 등에 관한 모든 결정을 하여 전 국민들을 대상으로 접근하는 경우가 있고, 어떤 경우에는 지방정부가 주체가 되어 제공되기도 하고, 때로는 중앙정부와 지방정부 혹은 정부와 민간부문 사이에 다양한 형태의 혼합체계로 제공되기도 한다.

이른바 사회복지서비스 전달체계란 '지역사회적 맥락에서 사회복지급여를 공급하는 자들 간의 조직적인 연계 및 공급자와 소비자들 간의 조직적 연결'에 대해서 다루는 것으로 정의된다(Gilbert & Specht, 1986 : 118). 이 정의에서의 초점은 사회복지서비스 전달은 다수의 조직들과 행위자들이 서로 맞물려 있다는 것에 있다. 단일한 조직에 의한 활동이 아니라 조직과 조직들 혹은 조직과 클라이언트들이 상호 연관되어서 서비스가 창출·공급되는 체계를 이루는 것이 사회복지서비스 전달체계의 속성이다.

(4) 어떻게 재정을 충당할 것인가

사회복지재정의 주체로서는 정부나 지방자치단체와 민간 사회복지단체를 들 수 있다. 따라서 사회복지재원은 정부나 지방자치단체가 지출하는 공비와 민간자금이 있다. 공공부문 재원에는 조세로 구성되는 정부의 일반예산, 목적세 형태의 사회보장성 조세 그리고 조세비용이 있다. 민간부문 재원으로는 사용자가 부담하는 경우의 재원, 자발적 기여에 해당되는 기여금, 기업이 출연하는 재원 등이 있다.

4. 사회보장의 개관

오늘날 대다수의 국가가 어떤 형태든 사회보장의 프로그램을 가지고 있다. 그러나 이른바 사회보장 프로그램의 범주에 드는 것으로 그와 같은 프로그램의 제 형태는 국가에 따라 각기 다양하다. 그러나 사회보장이란 용어는 비교적 새로운 것으로서 사회보장이란 용어가 최초로 사용된 것은 1929년의 세계공황을 극복하기 위한 개량주의의 일환으로서 제정된 1935년의 미국의 사회보장법으로부터 비롯되었다. 그런데 사회보장이란 용어가 오늘날 널리 각국에 사용되게 된 것은 제2차 세계대전 후의 일로서 이 용어가 일반화되게 된 계기를 이룬 것은 국제노동기구(ILO)의 「사회보장의 길(Approach to Social Security)」과 영국의 베버리지 보고서 및 프랑스의 라로끄(Laroque) 계획 등이라 볼 수 있다(小倉襄二 · 小松源助 · 高島 進 編, 1973 : 119).

사회보장에 대한 정의는 사회보장이란 용어 자체가 비교적 새로운 것이기도 하지만 그것이 경제적 불안의 문제에 대한 그 사회의 시대적 해답의 표현이기 때문에 사회보장에 관한 정설은 아직 없다. 그것은 첫째, 역사적 및 사회적 배경이 다른 각국의 사정에 따라 각국의 사회보장제도의 체계나 그 의미와 내용이 다르며, 따라서 각국의 사회보장제도의 체계를 통일적으로 설명한다는 것은 불가능하기 때문이다. 둘째, 제2차 세계대전 이후 각국에 있어서의 사회보장의 발전을 보더라도 사회경제적 사정의 변화에 대응하여 각국의 사회보장제도가 크게 변화하고 있기 때문이기도 하다(小倉襄二・小松源助・高島 進 編, 119). 또한 사회보장의 정의가 반드시 일정하지 않은 것은 어떠한 입장에서 사회보장을 정의하느냐에도 달려 있다(荒木誠之, 1974 : 5).

요컨대 사회보장이란 사회구성원이 직면하는 일정의 위험에 대하여 사회가 적절한 조직을 통하여 부여하는 보장이다. 거기에서는 사회부조와 사회보험이 점차 상호접근하여 장차 그 발전의 극점에 가서는 양자가 결합하게 될 것이며, 현대의 사회보장은 이와 같은 방향을 지향하고 있다. 신섭중은 우리나라의 경제사회적 발전단계를 감안하면서, 정책론적 입장에서 사회보장의 정의를 다음과 같이 규정하였다.

"사회보장이란 국민이 그의 생활을 영위해 나감에 있어 봉착하는바 소득의 중단 또는 영구적 상실 및 질병과 부상 등 생활상의 제 곤란에 대하여 국가가 국민의 생존권의 실현을 위해 소득의 재분배를 통하여 국민의 최저생활 확보를 전제로, 그의 소득보장을 도모하는 총체적인 국가정책이다(신섭중, 1989 : 22)".

사회보장의 개념이 다양한 것처럼 사회보장의 목적도 다양하게 제시되어 왔다. 사회보장을 모든 국민의 최저생활을 확보하며 국민생활의 안정을 도모하는 것이라고 볼 때 그것은 일종의 목적 개념이라 할 수 있다. 국제노동기구는 사회보장의 목적을 좁은 의미와 넓은 의미의 두 가지로 나누어서 보고 있다. 첫째, 좁은 의미의 목적은 빈곤방지 또는 빈곤구제이다. 둘째, 가장 넓은 의미의 목적은 안정욕구와 관련되어 있다. 학자와 기관에 따라서 사회보장의 목적으로 강조하는 점에서 차이가 난다. 그러나 사회적 사고에 대하여 미리 대비책을 마련함으로써 사회구성원의 최저생활을 확보하고 궁극적으로 국민생활의 안정을 꾀하는 것이 대부분 학자・기관이 공통적으로 제시하는 사회보장의 목적이다. 사회보장의 개념이 변하는 것과 마찬가지로 사회보장의 목적도 변해갈 것으로 예상되는데, 사회보장의 목적이 더 다차원적이 되는 방향으로 나갈 것으로 보인다.

사회보장의 목적을 달성함에 있어 그 준거로서의 사회보장의 원칙 및 기준에 있어서는 국가에 따라 또는 논자에 따라 각기 상이하다. 사회보장원칙은 요컨대 사회보장은 그 급여에 있어 질병이나 재해, 실업 및 노령 등으로 인하여 일할 수 없게 되었을 경우에 대비하여 무료의 의료제도를 확립하며 상병수당, 장해 및 노령의 연금 그리고 실업수당 등으로 충분한 생활을 할 수 있을 만큼의 현금이 지급되지 않으면 안 된다는 것이다.

사회보장의 기능은 크게 경제적 기능, 사회적 기능 및 정치적 기능으로 구분해 볼 수 있다. 물론 각 기능은 완전히 별개의 것이 아니라 중복되는 경우가 많다. 누진소득세를 중심으로 하는 과세를 통한 정부의 재정정책 또는 사회보장을 중심으로 하는 대체지출과의 양 측면으로부터의 정책에 의한 재분배를 소득의 수직적 재분배 그리고 사회보장정책에 의한 것을 소득의 수평적 재분배라고 부르며, 양자가 적절히 기능할 때 소득재분배의 효과를 거둘 수가 있는 것이다. 사회보장의 기능에서 소득의 재분배의 기능이 없다고 한다면 사회보장의 존재가치조차도 없다고 할 수 있다. 따라서 사회보장의 경제적 기능으로서 소득의 재분배의 기능이 가장 중요하다고 하겠다. 사회보장에는 현대 자본주의하에 있어서의 소득의 불평등이 확대되어 국가가 재정정책과 더불어 사회보장정책을 통하여 그 조정자로서의 정치적 역할을 다하지 않는 한 그 체제의 유지가 곤란하다는 관점에서 현대 자본주의 체제의 유지기능으로서의 정치적 기능이 있다. 그리하여 오늘날 복지국가의 사상은 사회보장과 연결되어 자본주의의 부정론에 대한 체제유지이론의 지주로 되어 있어 현대의 모든 자본주의 국가는 사회보장을 중요한 정책의 하나로 삼고 있는 것이다. 사회보장은 계급의식을 약화시키고 불만을 방지함으로써 체제를 유지시키는 기능이 있다. 사회보장은 사회구조와 정치체제의 판을 근본적으로 새로 짜는 급진적 혁명을 방지하고 대신에 개량주의적 접근(체제 내 개혁)을 달성하게 하는 기능이 있다. 사회보장은 사회안정을 가져오거나 사회안정을 유지하는 기능이 있다. 사회보장은 국민 최저생활을 확보해 줌으로써 사회안정을 가져온다. 돌고프와 펠트스테인(Dolgoff & Feldstein, 1984 : 3-4)은 복지가 사회의 유지욕구를 충족해 준다고 주장하는데 이런 주장은 사회보장의 사회안정 기능과 비슷한 맥락에서 이해될 수 있다. 이러한 사회적 기능을 통하여 국민생활에 대한 각종의 요구나 이해대립을 조정하게 된다. 그 밖에 사회보장의 형성발전이 생존권 보장의 법체계를 통일적인 법체계로 형성하는 법적 기능도 있다.

각 국에서 국민의 문화적인 최저생활의 보장의 실효를 거두기 위하여 사회보장의 급여수준의 인상을 사회보장정책의 정책목표로 한다면, 사회보장에서 급여라고 함은 지출에 대하여 이를 충당하기 위한 재원이라고 하는 수입의 확보, 즉 그 재원을 여하히 조달하느냐 하는 것이 사회보장정책상의 문제로 제기된다. 실제로 사회보장의 재원조달 방법은 국가마다 다르게 나타난다. 사회보장의 재원조달의 방법에 있어 가장 흔한 방법으로는 기여에 의존하거나 정부지원금에 의존하는 것이다(Pieter, 1993 : 91). 그러므로 사회보장의 재원조달의 방법으로는 세금 재정방식과 기여금 재정방식 등으로 크게 나눌 수 있다. 사회보장의 비용은 보험료나 세금에 의하여 조달되는 것이지만 사회보장의 제도에 따라 그 재원조달의 방법이 다르다. 즉, 사회보험이나 연금제도에 있어서는 보험료가 그 주된 재원이 되지만 공적부조나 사회복지사업 또는 그 밖에 제 사회복지서비스는 국고 또는 지방자치단체의 공비에 의하여 조달되며 결국 세금에 의존한다. 사회보장의 재원조달 수단의 선택기준은 재정, 수지 양면에 걸친 변화의 경제적 제 효과에 유의하며, 금융정책의 협력을 얻어 총수요의 밸런스를 확보하면서 자원의 최적배분과 경제의 최적성장을 실현하는 데 그 초점을 두고 재분배정책의 목표를 달성하는 데 두어야 한다(小倉襄二 · 小松源助 · 高島 進 編, 139).

사회보장의 범위의 규정에 있어서는 역사적 형성체로서의 사회보장제도를 사회보장이란 정책목표의 달성을 위하여 어떻게 통일적이면서 총합적으로 파악하느냐가 중요하다. 그것은 사회보장제도의 통일적이며 총합적 파악이 사회보장의 본질 또는 범위의 규정에 영향을 미치기 때문이다. 사회보장의 범위의 논의에 있어 사회보장은 소득보장 또는 경제보장이라는 설과 소득보장과 더불어 의료보장으로 구성된다는 설 등의 두 가지 설이 있다. 오늘날에 있어 사회보장은 국민의 생존권의 보장과 아울러 생활권의 보장을 그 목적으로 하고 있다고 본다면 빈곤에 대처하는 소득보장과 질병에 대처하는 의료보장은 사회보장의 주된 범위와 구성으로 볼 수 있다. 오늘날의 각국의 사회보장제도는 각기 그 나라의 독자적인 경제 · 사회적 조건을 바탕으로 성립 · 발달하고 있어 사회보장의 범위도 국가 간에 다소의 차이가 있지만 그 주된 부분을 정리하면 결국 사회보장은 소득보장과 의료보장을 양대 지주로 하여 구성되어 있다(小倉襄二 · 小松源助 · 高島 進 編, 141).

오늘날 각국의 사회보장제도의 구조는 일반적으로 사회보험, 사회부조 또는 공공부조, 공적서비스 또는 사회복지사업 그리고 그 밖에 관련 정책 또는 제도의 4개 부문으로 대별 분류할 수 있다. 따라서 사회보장의 구조는 연금제도, 산업재해보상보험제도, 고용보험제도, 의료보험제도 등 4대 사회보험과 아동수당(가족수당) 그리고 공적부조로 구성된다. 그중에서도 사회보험제도가 도입되는 순서는 대체로 산업재해보상보험, 연금제도, 의료보험제도, 고용보험제도 순이다(김기태 · 박병현 · 최송식, 1999 : 281). 우리나라에서는 산업재해보상보험제도, 건강보험제도, 연금제도, 고용보험제도 그리고 노인장기요양보험제도 순서로 시행되어 왔으며, 아동수당제도는 아직 시행되지 않고 있다. 본 서는 산업재해보상보험제도, 연금제도, 국민건강보험제도, 고용보험제도, 노인장기요양보험제도 및 공공부조제도의 순서로 소개한다.

5. 사회보장제도

1) 산업재해보상보험제도

산업화의 급속한 진전은 총 사업체의 증가와 근로자 수의 증가를 초래했고 이에 수반하여 산업재해의 발생이 증가하였다. 산업재해란 공장사업장에 있어 건조물 · 기계 · 장치나 원료 · 재료 · 가스증기 · 분진 등에 의하여 또는 근로자의 작업행동에 의하여 근로자가 부상당하거나 질병에 걸리거나 사망하거나 하는 것을 말한다. 초기의 산업재해는 건설현장과 위험한 기계기구를 설치 · 사용하는 사업장에서 주로 발생하였으나 산업사회의 현대화, 고도화, 정보화 등으로 재해 발생원인도 신종 직업병과 과로, 스트레스 등에 기인한 재해가 증가하는 추세이다.

산업재해보상보험은 생활보장제도의 일환으로 사업장에서 일하는 근로자들이 업무수행 또는 업무수행과 관련하여 부상, 질병 또는 사망한 경우에 근로자 본인의 치료나 본인의 부양가족의 생계를 보장하기 위한 제도이다. 산업재해보상보험은 피재 근로자에게 재해보상을 보장하기 위하여 국가가 책임을 지는 의무보험이다. 여기서 말하는 업무수행이란 ① 취업 중, ② 작업에 수반, 관련되는 행위 중, ③ 작업준비, 대기 중, ④ 사업장 시설 내에서의 휴게 중, ⑤ 출장 중 등이 해당된다. 외국에서는 통근상의 재해도 포함하고 있으나 우리나라는 아직 인정하지 않고 있다. 국가는 산재보험상 적용대상이 되는 사업주로부터 소정의 보험료를 징수하여 법령이 정하는 바에 따라 근로자에게 보상을 한다. 급여종류로는 요양급여, 휴업, 장해, 유족급여, 장의비 등이 있고 상병보상연금이 수반된다.

산업재해보상보험의 목적은 근로자는 생활안정, 사업주는 기업안정, 국가는 경제발전이다. 따라서 피보험자의 개념이 성립되지 않은 책임보험의 성격을 가진다. 이러한 무과실배상책임이론은 자본주의 경제 더 나아가 대기업의 발전에 따라 직장의 위험을 내재하면서 조업하여 막대한 이익을 올리는 기업에 대하여 고의·과실을 묻지 않고 근로자가 입은 재해에 대하여 배상책임을 지우는 것이 공평과 정의에 부합된다는 것이다(사회보장사전편찬위원회, 1979 : 230).

산업재해보상보험제도의 기본 이념은 피해근로자와 그 가족의 생존권을 보장할 뿐만 아니라 사회보장제도의 확립을 꾀하는 데 있다. 산재보험은 사용자의 무과실책임주의에 입각하여 개별 사용자의 위험부담을 다수 사용자의 공동부담으로 하는 보험방식으로 제도화한 것이다.

산재보험의 적용범위는 2000년 7월부터 5인 미만의 근로자를 사용하는 사업장으로 확대되어 사회안전망의 사각지대가 해소되게 되었다. 최근 고용형태가 다양해지면서 사업주나 고객에게 노무를 제공하는 직종이 증가하고 있어 이러한 종사자들에 대한 산재보험 적용 필요성이 제기되고 있다. 이들 종사자들을 특수형태근로종사자(예를 들면, 보험설계사, 콘크리트 믹서트럭 자차운전자, 학습지교사, 골프장캐디 등)로 분류하고, 이들을 위한 산재보험이 도입되었다. 특수형태근로종사자를 위한 산재보험의 경우, 사업주와 종사자가 보험료를 1/2씩 부담하게 하고, 이 법의 적용제외를 원하는 종사자에 대해서는 적용제외 신청을 할 수 있도록 하고 있다.

산재급여에서 지급하는 급여의 종류는 요양급여, 휴업급여, 상병보상급여, 장해급여, 유족급여 특별급여가 있다.

보험가입자와 사업주가 보험료를 전액 부담한다. 그러나 산재보험사업의 사무집행에 소요되는 비용은 국가가 부담한다.

산업재해와 관련된 보험업무의 관리운영은 근로복지공단이 관장한다. 산재보험사업은 노동부가 직접 관리·운영해 왔지만, 기존의 근로복지공사를 확대한 근로복지공단이 산재업무 및 근로자 관련 업무를 전담하게 되었다. 산재보험료의 징수업무는 2011년부터 건강보험공단이 통합·운영하게 된다. 그리고 산재보험의 자격관리, 보험료 부과 및 급여업무는 근로복지공단에서 처리된다.

2) 연금제도

연금보험제도는 연금수급자들의 생활안정과 복지증진을 위한 각종 서비스 제공 및 조정, 위탁 등의 서비스를 제공하는 사회보험제도이다. 연금이란 일반적으로 가장이 폐질, 노령, 퇴직 및 사망에 의하여 소득이 상실되는 경우를 대비하여 미리 갹출한 보험료를 기초로 하여 제공되는 현금급여를 말한다. 연금은 지급하는 주체 또는 연금제도를 운영하는 주체에 따라 공적연금(public pension)과 사적연금(private pension), 그리고 개인연금(personal pension)으로 나누어진다.

연금은 재원조달의 방법에 따라 갹출제연금과 비갹출제연금으로 나눌 수 있다. 갹출제도는 연금재원을 노사의 공동부담 혹은 노사정의 3자 부담에 의해 조달하는 것을 말하며, 비갹출제도는 수급자의 직접 기여 없이 전액 국가재정으로 재원을 조달하는 것을 말한다. 연금제도의 역사적 발전과정을 보면 비갹출연금제도는 갹출제연금이 완전히 정착되지 않은 단계에서 공적부조의 형태로 도입되어 실시되었다. 즉, 적립식 갹출제연금은 제도도입에서부터 급여지급이 개시될 때까지 장기간이 필요하므로 현재의 빈곤노령자를 보호할 수 없다는 문제가 있는데 이러한 문제를 해결하기 위해 비갹출제연금제도가 도입되었다. 우리나라의 연금제도는 갹출제연금제도이다.

오늘날 연금은 다양한 명칭으로 시행되고 있으나 사회보험으로서의 공적연금의 예에는 퇴직연금(retirement pension), 노령연금(old-age pension), 유족연금(survivors pension), 폐질연금(invalidity pension) 등을 들 수 있다. 그렇지만 국민의 최저생활수준(national minimum)을 보장해 주기 위한 소득재분배정책으로서 노령연금, 폐질연금, 유족연금으로 대별되고 있다.

연금재정의 운영은 기본적으로 적립방식(funded system)과 부과방식(pay-as-you-go)이 있다. 이러한 방식 중에서 어느 것을 선택하느냐에 따라 국가경제 전반에 주는 효과가 다를 수가 있다. 서구 여러 국가에서처럼 인구의 노령화가 급속하게 진전되어 연금의 수급자가 급격히 증가하게 되면 잉여금의 생길 여유가 고사하고 적립금 자체도 급속히 감소 내지는 소멸하게 되어 부과방식으로의 전환이 불가피하게 되는 경향을 보이고 있다. 연금제도의 시행 초기에는 대부분 적립방식을 채택하다가 제도가 성숙하는 20~30년 후에는 가중되는 인플레와 연금액의 실질가치 유지를 위한 슬라이딩 제도를 통해 수지균형을 유지할 수 있어 수정적립 방식인 부과방식으로 변경 운영하는 경향이 있다.

1988년 1월 1일부터 시행에 들어간 국민연금제도는 국민연금법 제6조의 규정에 의해 국내에 거주하는 18세 이상 60세 미만의 국민 모두를 그 적용대상으로 하고 있다. 그러나 공무원연금법, 군인연금법 및 사립학교 교직원연금법 등의 적용을 받고 있는 자는 제외한다. 가입자는 크게 사업장가입자, 지역가입자, 임의가입자로 나누어진다.

국민연금제도를 통하여 가입자들이 받을 수 있는 급여의 종류와 수준은 다양하다. 급여의 종류는 노령연금, 장애연금, 유족연금, 반환일시금, 사망일시금 등으로 되어 있으며, 일반적으로 60세에 도달했을 경우에 지급되는 노령연금의 경우는 연령 및 가입기간과 소득 있는 업무에 종사 여부에 따라 완전노령연금, 감액노령연금, 조기노령연금, 재직자노령연금, 특례노령연금 등으로 나누어진다.

국민연금제도에 소요되는 재정은 원칙적으로 가입자, 사용자, 정부가 부담하도록 되어 있으며, 지역가입자의 경우 사용자가 없으므로 가입자가 사용자 몫을 부담하여야 한다. 보험료율은 제도 시행 초기에 가입자 및 기업의 부담능력을 고려하여 3%에서 시작, 98년도부터는 9%로 상향조정하였다. 그러나 1999년 4월부터는 퇴직금전환금이 폐지되고 사용자, 근로자가 각각 4.5%씩 부담한다. 지역가입자는 소득월액의 9%를 부담하여야 하며, 농업구조조정자금에서 가입자 1인당 월 2,200원씩 보조하도록 되어 있다. 보험료율은 소득의 3%에서 시작하여 2000년 7월부터 매 1년마다 1%씩 상향조정되어 9%(2005년 7월)까지 이르고 있다.

2007년의 국민연금 개정안의 핵심은 '그대로 내고 덜 받는' 것이다. 그 개정안에 따라 보험료율은 현행대로 9%로 유지되는 대신 급여율은 현재의 60%에서 내년에는 50%로, 2009년부터는 매년 0.5% 포인트씩 줄어 2028년에는 40%로 낮아진다. 대신 2008년부터 도입되어 전체 노인의 60%에게 매달 국민연금 전체 가입자 월 평균소득의 5%를 지급하는 기초연금 지급액이 2028년까지 10%까지 인상된다.

기초연금이 2009년도에는 전체 노인의 70%로 확대될 예정이며 2028년부터 연금 급여율은 기초연금액 인상분을 포함해도 최소 10%에서 최대 20% 감소하게 된다. 기초연금수급자의 경우 노령연금급여율이 10% 높아지므로 전체 급여율은 현행 60%에서 50%가 되지만 노령연금수급 대상자가 아닌 경우에는 현행 60%에서 40%로 3분의 1이 줄어드는 것이다.

국민연금제도는 가입자 및 수급자에 대한 기록관리의 유지와 연금급여사무를 완벽하게 수행하기 위하여 공적 통제가 가능하면서도 관리의 전문성과 독립성을 확보할 수 있는 국가위탁관리 형태의 법인체인 국민연금관리공단을 설립하고 각 시도에 지부와 출장소를 두고 운영하고 있다. 국민연금의 보험료 징수업무는 건강보험공단에서 운영하게 된다. 국민연금 보험료 징수업무를 제외한 국민연금의 관리운영은 보건복지부, 국민연금관리공단, 각종 위원회로 운영된다. 즉, 보건복지부는 국민연금제도에 관한 장・단기적인 정책의 계획을 수립하고 제도의 전반적인 집행을 지도・감독하며, 국민연금관리공단은 보건복지부장관의 위탁을 받아 국민연금제도의 실질적인 사무를 집행한다.

3) 국민건강보험제도

질병은 인간의 육체적・정신적 기능을 침범한다. 이것을 사회적 관계에서 보면 노동력 감퇴, 즉 수입감소라는 경제적 문제를 야기시키게 된다. 이 경우 의료에 요하는 지출의 증가 등 많은 부담이 증가하게 된다. 또한 질병이 장기적으로 만성화된 경우에는 실업도 발생하여 수입의 중단에 의한 생활상의 곤란이 증가하게 된다. 치료비의 과중은 가족에게 희생을 강요하게 되고 나아가서는 가족 간의 불화의 원인이 되는 경우도 있다. 이것이 질병이 가져오는 가족문제이다. 질병문제에 대처하기 위한 의료보험제도는 생활상의 상병과 불만 또는 사망을 당하여 일반적인 가계지출 외에 일시에 많은 지출을 하게 됨에 따라 가계가 파탄되는 것을 방지하기 위하여 보험의 원리를 이용하여 의료비의 지출부담을 의료보험 가입자 모두에게 분산시켜 국민생활의 안정을 도모하기 위한 사회보험의 하나이다. 즉, 사회보험의 원리를 기초로 한 의료보험의 방법으로 모든 사람이 의료보험에 강제로 가입하도록 하여 피보험자에게 질병, 부상 등의 사고가 발생한 경우에 요양 또는 요양비를 제공하는 것이다.

국민의 의료보장을 위한 획기적인 조치로서 강제가입을 전제로 하여 1976년 12월 22일의 제2차 의료보험법 개정을 계기로 국민의 상병, 부상, 분만 또는 사망 등에 대하여 보험급여를 실시함으로써 국민보건을 향상시키고 사회보장의 증진을 도모함을 목적으로 1977년 7월 1일부터 의료보험제도가 본격적으로 실시되었다. 이러한 의료보험법에 의거하여 강제가입 규정이 적용되는 일반 사업장에 있어서도 보험료의 부담능력, 관리운영능력을 감안하여 의료보험의 수혜대상자를 확대하여 왔다. 그리하여 1989년 7월 1일부터는 도시 자영민에게까지 의료보험의 적용이 확대되어 전국민 의료보장의 시대에 들어서게 되었다. 1998년 12월 현행 조합주의 의료보험을 통합방식으로 전환하는 국민건강보험법의 제정에 의해 의료보험은 2000년 1월에 통합하되 직장과 지역 두 의료보험의 재정은 2002년 1월 1일 이전의 기간 내에서 대통령령이 정하는 날까지 분리 운영된다. 이에 따라 2001년 1월 1일에는 직장보험재정과 공무원 및 교직원 보험재정을 통합되었고, 2003년 7월 1일에는 지역의료보험을 포함한 보험재정이 완전 통합하였다.

건강보험에 소요되는 재원을 조달하는 방식과 재정운영 방식은 국가마다 다르다. 건강보험사업의 재원이 조세에 의하여 조달되는 국가도 있고 피보험자 및 사용자의 보험료에 의하여 조달되는 국가도 있다. 우리나라의 경우 건강보험사업에 소요되는 재원을 사회보험 방식에 의하여 조달함을 원칙으로 한다. 보험료 부과체계에 있어 직장의료보험은 소득비례정률제에 의해서, 1998년 10월 1일부터 종전의 공무원 및 사립학교교직원 의료보험과 지역 의료보험을 통합한 통합 지역의료보험의 경우에는 등급별로 정한 소득비례보험료와 재산비례보험료에 의하고 있다.

건강보험의 급여형태는 의료비의 상환제도인 현금급여와 의료 그 자체를 보장하는 현물급여 두 가지 형태가 있으며, 우리나라에서는 현물급여를 원칙으로 하고 있다.

보험급여의 종류는 법정급여와 부가급여가 있으며 법정급여는 피보험자 및 피부양자의 질병, 부상 등의 보험사고에 대하여 급여하는 요양급여, 요양비, 분만급여, 분만비가 있고, 부가급여는 장제비, 분만수당, 본인부담금 보상금으로서 보험자의 재정상태에 따라 탄력적으로 운영되고 있다. 피보험자 또는 피부양자가 요양급여나 분만급여를 받는 때에는 그 진료비용의 일부를 본인이 부담하여야 한다.

우리나라 건강보험의 관리운영 체계는 공법상의 기구인 국민건강보험공단과 건강보험심사평가원이 있다. 국민건강보험공단은 건강보험의 보험자로서 업무를 수행하고 있다. 그런데 2011년부터 3개의 사회보험공단(건강보험공단, 국민연금공단, 근로복지공단)에서 따로 수행하던 건강보험, 국민연금 및 고용·산재 보험 업무 중 유사 중복성이 높은 보험료 징수업무는 건강보험공단으로 통합되었다. 그리고 건강보험심사평가원은 요양기관으로부터 청구된 요양급여 비용을 심사하고 요양급여의 적정성을 평가하고 있다.

4) 고용보험제도

실업보험은 실업을 일종의 보험사고로 취급하고 보험원리에 의해 노동자가 실직으로 소득을 상실하였을 때 생활의 안정을 위해 일정 기간 동안 일정 수준의 급여를 지급하는 일종의 사회보험이다. 이는 구빈이 아니라 실직시의 생활위험을 미리 보험기술에 의해 방빈과 고용기회를 확대하려는 취지에서 실시하고 있다. 그러나 국가의 일반적인 강제에 의해 자본가의 경비부담을 수반한다는 점에서 자조적 상호부조인 공제활동과는 상이하다. 그렇지만 우리나라에서는 실업보험이라는 틀을 유지하고 있는 일본과 독일의 선행경험을 고려하면서 보다 적극적인 의미를 가진 고용보험의 명칭을 쓰고 있다.

1993년 12월 27일 법률 제4644호로 제정되고 1995년 7월 1일부터 시행된 우리나라의 고용보험은 제1조(목적)에서 "이 법은 고용보험의 시행을 통하여 실업의 예방, 고용의 촉진 및 근로자의 직업능력의 개발향상을 도모하고, 국가의 직업지도·직업소개 기능을 강화하며 근로자가 실업한 경우에 생활에 필요한 급여를 실시함으로써 근로자의 생활의 안정과 구직활동을 촉진하여 경제사회 발전에 이바지함을 목적으로 한다"라고 규정하고 있다. 즉, 고용보험은 실직근로자에게 실업급여를 지급하는 소극적이고 사후적인 실업보험의 역할을 넘어 근로자의 직업능력을 개발하고, 노동시장의 구조조정 과정에서 실업을 예방하기 위한 각종 지원사업을 복합적으로 실시하는 사전적이고 적극적인 고용정책적 사회보장제도라고 하겠다.

고용보험사업에는 실업급여, 고용안정사업, 직업능력개발사업이 있으며 이러한 보험사업은 당연적용사업은 그동안 사업규모에 따라 점차 확대되어 왔다. 실업급여는 1995년 7월 1일부터 30인 이상 사업장에 적용하였으며, 1998년 1월 1일부터는 10인 이상 사업장으로, 다시 1998년 3월 1일부터는 5인 이상 사업장으로 확대 적용되어 왔다. 고용안정사업과 직업능력개발사업은 1995년 7월 1일부터 70인 이상 사업장에 적용되었으며, 1998년 1월 1일부터는 50인 이상 사업장으로 다시, 1998년 7월 1일부터는 5인 이상 사업장으로 확대 적용되어 왔다. 그 후 1998년 10월 1일부터는 근로자를 고용하는 모든 사업장에 고용보험의 세 가지 사업이 확대 적용되고 있다. 2001년 1월 1일부터는 국가 및 지방자치단체에서 행하는 사업에 종사하는 근로자에 대해 고용보험을 적용하고 있다. 또한 2005년 고용보험법의 개정으로 고용안정사업과 직업능력개발사업이 통합·운영되게 되었다. 그렇지만 고용안정사업은 현장의 다양한 수요를 반영하기 위해 2011년과 2013년에 각각 개선되었다.

또한 우리나라의 경우 자영업자 비중이 높은 데 반해 생산성과 수익성이 낮은 생계형 자영업자가 많아 자영업자에 대한 사회안전망의 보호 필요성이 제기되었다. 이에 따라 2012년 1월 22일부터 자영업자도 실업급여에 임의가입할 수 있도록 자영업자 고용보험제도가 시행되었다.

일반적으로 실업문제를 해결하기 위한 사회정책은 공공기관에 의한 직업소개, 실업보험, 실업구조사업의 세 가지 지주를 삼고 있으나 그중에서도 실업보험이 실업중의 근로자 생활을 보장하는 제도로서 가장 핵심적인 역할을 담당하고 있다. 현재 고용보험의 사업내용은 크게 실업급여사업, 고용안정사업, 직업능력개발사업 등으로 나눌 수 있는데 전통적인 실업보험 방식의 실업급여 이외에 노동시장을 직접적으로 지원할 수 있는 적극적인 수단을 포함하고 있다.

5) 노인장기요양보험제도

우리나라는 평균수명의 연장, 출산율의 급격한 저하로 인해 매우 빠른 노령화를 경험하고 있으며, 노인인구의 증가와 더불어 여성인구의 노동참여 증가, 가족구조의 변화, 노인부양의 책임에 대한 인식변화 등에 의해 장기요양서비스에 대한 수요가 급격히 증가하고 있다. 특히 노인인구에게는 의료서비스와 장기요양서비스에 대한 수요가 매우 높다. 우리나라의 경우도 요양보호를 필요로 하는 노인의 수는 계속적으로 증가할 것으로 예상되고 있다.

OECD에서는 장기요양(long-term care)의 의미를 "노인 또는 이미 의존적인 상태에 빠져 있거나, 생활상의 장애를 지닌 노인에게(사전적으로 정해져 있는 종료시점이 없이) 장기간에 걸쳐서 일상생활수행능력을 도와주기 위하여 제공되는 모든 형태의 보호서비스"로 정의하고 있다. 이러한 장기요양에 대처하기 위해 고안된 노인장기요양보험제도는 그간 가족의 영역에 맡겨져 왔던 치매·중풍 등 노인에 대한 장기간에 걸친 간병, 장기요양문제를 사회연대의 원리에 따라 국가와 사회가 분담하기 위한 제도이다. 노인장기요양보험제도를 통해 노인뿐만 아니라 장기요양을 직접 담당하던 중장년층과 자녀 등 모든 세대가 혜택을 입게 된다. 따라서 노인장기요양보험제도는 다음과 같은 의의를 가진다. 첫째, 노인들은 더 이상 자식들에게 부담을 주지 않고 계획적이고 전문적인 장기요양서비스를 받을 수 있어 보다 품위 있게 노후를 보낼 수 있다. 둘째, 장기요양을 직접 담당하던 중장년층은 정신적·육체적·경제적 부담에서 벗어나 경제, 사회활동에 전념할 수 있다. 셋째, 자녀들도 장기요양 부담이 해소된 가정에서 더 나은 교육과 보살핌을 받을 수 있다(양정하 외, 2008 : 191-192).

노인장기요양보험제도의 대상은 우리나라 노인장기요양보험법에서는 장기요양인정을 신청할 수 있는 자를 노인 등으로서 장기요양보험가입자 또는 그 피부양자 그리고 의료급여법에 따른 수급자로 규정하고 있다. 이 제도에 의한 급여로서는 재가

급여(방문요양, 방문목욕, 방문간호, 주·야간 보호, 단기보호, 복지용구 대여 등), 시설급여(노인요양시설, 노인요양공동생활가정에서 전문요양서비스 이용), 특별현금급여(도서벽지지역 등 요양시설이 없어 불가피하게 가족 등으로부터 요양을 받은 경우 지원되는 현금급여) 등이 있다. 노인장기요양보험제도의 관리운영은 국민건강보험공단에 의해 관장된다. 그리고 노인장기요양보험제도의 재원은 장기요양보험료, 국가 및 지방자치단체의 부담, 본인자 부담으로 조성된다.

우리나라도 2007년 4월 "노인장기요양보험법"을 제정·공포하고, 2008년 7월부터 시행에 들어가 노인수발을 국가가 연대하여 책임지는 사회로 가게 되었다. 그렇지만 노인장기요양보험제도가 사회보험으로서 시행착오를 줄이고 진정한 노인을 위한 제도로 자리 잡기 위한 다음과 같은 과제를 해결하여야 할 것이다. 첫째, 노인장기요양보험제도의 성공적 운영을 위해서는 노인요양 시설 및 기관의 점진적 확충을 통한 서비스 제공 인프라를 구축해야 한다. 둘째, 서비스와 질의 전문화를 위한 노력이 필요하다. 셋째, 노인장기요양보험제도에 있어서 서비스 대상범위를 점진적으로 확대할 필요가 있다. 넷째, 효율적인 관리운영 체계를 수립하고 지방자치단체의 협력체계를 구축할 필요가 있다. 마지막으로 재정의 안정화가 필요하다(양정하 외, 2008 : 201-202).

6) 공공부조제도

공공부조는 그것의 개념이 통일되어 있지 않다. 따라서 공공부조의 개념은 실정법을 떠나서 이해할 때에는 전사적(前史的)인 국가구빈제도를 포함하게 되어 그것의 개념파악이 어려워진다. 공공부조의 개념파악이 어려울지라도 다음 두 가지 개념으로 나누어 설명할 수 있다. 즉, 광의의 공공부조 및 협의의 공공부조의 개념이 그것이다. 먼저 광의의 공공부조는 생활곤궁자에 대한 경제적 보호를 가리키며 공적구빈을 의미한다. 그리고 협의의 공공부조란 사회보장의 일환으로서 공공부조의 개념을 파악하는 것이다. 협의의 공공부조의 개념에 입각할 때 빈곤은 자본주의의 모순의 격화로 인해 발생되게 된다. 이러한 인식에 기초하여 공공부조란 국가가 그의 책임하의 법령에 입각하여 공비로서 경제적 요보호 상태에 있다고 하는, 다만 그것을 이유로 하여 개개의 보호필요의 정도에 응하여 최후적 보호수단으로 행하는바 건강하고 문화적인 최저한도의 생활보장을 말하는 것이며 사회보장의 일환으로서 이해되고 있다(小倉襄二, 1976 : 15). 일반적으로 공공부조는 협의의 개념으로 이해되고 있다.

각국의 공공부조제도는 법률규정상의 차이점을 가지고 있지만 생존권의 보장에 입각한 공공부조의 이념으로부터 다음의 원리를 도출시킬 수 있다. 즉, 생존권 보장, 국가책임, 최저생활 보장, 무차별평등, 보족성 및 자립조장 등의 원리인 것이다(신섭중b, 1998 : 338-343).

이러한 여섯 가지의 기본적인 원리에 입각하여 다시 공공부조제도의 실시에 있어 그 기본적인 준거가 되는 원칙으로서 신청보호의 원칙, 기준 및 정도의 원칙, 필요즉응의 원칙, 세대단위의 원칙, 금전부조의 원칙 그리고 거택보호의 원칙 등의 여섯 가지 원칙을 들 수 있다(신섭중b, 343-348).

우리나라 생활보호법은 제1조에서 "생활유지의 능력이 없거나 생활이 어려운 자에게 필요한 보호를 행하여 이들의 최저생활을 보장하고 자활을 조성함으로써 사회복지의 향상에 기여함을 목적으로 한다"고 명시함으로써 제도의 대상과 목표를 분명히 하였다. 즉, 대상은 생활무능력자와 생활곤궁자이며 목표는 최저생활의 보장과 자립의 조성이다. 그렇지만 국민기초생활보장법에서는 생활보호법상의 '생활유지능력이 없거나' 하는 규정을 삭제함으로써 근로능력 유무와 상관없이 생활이 어려운 모든 국민들의 기초생활을 보장할 수 있도록 하고 있다. 그리고 동법은 생활이 어려운 자에게 최저생계비 수준의 이상의 생활을 보장하고 자립자활을 조성하는 하는 것을 목적을 한다. 생활이 어려운 국민들이 기초생활을 보장받을 수 있는 기초생활보장권은 복지국가가 국민들의 기본권을 구체적으로 구현시키기 위한 법적 권리로서 응당 받아야 할 권리인 것이다(김기원, 2000 : 203).

생활보호법은 생활보호사업의 대상을 거택보호 대상자, 자활보호 대상자, 시설보호 대상자로 구분하였다. 그렇지만 국민기초생활보장법에서는 보호대상자의 구분이 거택보호 대상자와 시설보호 대상자로 구분되고, 근로 유무에 따른 기존의 거택보호 대상자와 자활보호 대상자의 구분이 폐지되었다. 그것은 국민기초생활보장법에서는 자활보호 대상자가 거택보호 대상자로 편입된 데에 기인한다.

생활보호법에서는 보호의 종류를 생계보호, 교육보호, 의료보호, 해산보호, 장제보호, 자활보호로 구분하였다. 생활보호법에서는 가부장적 국가의 의미를 주는 '보호'라는 용어를 사용했으나 국민기초생활보장법에서는 기초생활 보장에 대한 수급권자의 권리를 강조하는 '급여'라는 용어를 사용하고 있다. 그리고 수급권자의 소득인정액 등을 감안하여 차등지급을 행할 수 있다는 점을 명시하고 있다. 국민기초생활보장법에서는 주거급여가 신설되었다.

그간의 공공부조정책의 근간이 된 국민기초생활보장제도는 빈곤문제와 정책 간의 괴리가 제기되면서 변화가 불가피하게 되었다. 이에 따라 2014년 12월 국민기초생활보장법의 개정과 주거급여법의 제정으로 이어지게 되었다. 국민기초생활보장법의 개정안의 골자는 기초생활보장제도에 포함되었던 생계급여, 의료급여, 주거급여, 교육급여를 별도의 선정기준과 급여수준을 갖는 제도로 분리하는 것이다. 이는 욕구별 급여체계 또는 맞춤형 급여체계로의 전환을 의미한다.

2014년의 국민기초생활보장법은 선정기준과 급여수준을 상대기준선 방식에 따라 급여별로 다층화화 하고, 그리고 급여별로 적정 수준을 재설정하는 방식을 채택하고 있다. 이를 위해 보건복지부장관 또는 소관 중앙행정기관의 장은 급여의 종류별 수급자 선정기준 및 최저보장 수준을 결정하여야 한다. 가구규모별 소득수준 반영방법 등 기준 중위소득의 산정에 필요한 사항은 중앙생활보장위원회에서 정한다. 급여별 선정기준(2015년 기준)은 기준 중위소득 대비 비율을 적용하면 생계급여 29%(127만 원), 의료급여 40%(176만 원), 주거급여 43%(189만 원), 교육급여 50%(220만 원) 이하 등에 해당된다.

그리고 이재민, 의사・상자 및 귀순동포 보호를 위한 규정을 두어 이들에 대한 공공부조를 실시하고 있다. 생계곤란 등의 위기상황에 처하여 도움이 필요한 사람을 신속하게 지원함으로써 이들이 위기상황에서 벗어나 건강하고 인간다운 생활을 하게 함을 목적으로 하는 긴급복지지원법이 제정되었다. 그리고 2010년에는 장애로 인하여 생활이 어려운 중증장애인에게 장애인연금을 지급하기 위한 장애인연금법이 제정되었다. 2014년에는 기존의 노령기초연금을 확대・개편하여 노인에게 기초연금을 지급하기 위한 기초연금법이 제정되었다.

연습문제

1. 사회복지정책의 의미와 연관이 없는 것은?
   ① 사회복지정책은 사회복지와 관련된 가치선택의 과정으로 해석될 수 있다.
   ② 사회복지정책의 주체는 주로 국가 정부이다.
   ③ 사회복지정책의 객체는 사회적 약자를 위시하여 점차 전 국민으로 확대되는 경향이 있다.
   ④ 사회복지정책의 개념 속에는 생존권의 보장이 깃들어 있다고 볼 수 있다.
   ⑤ 사회복지정책은 경제발전과 비례하여 발전되는 특징을 가진다.

2. 사회복지정책의 발전과 가장 관계없는 요소는?
   ① 경제수준 ② 정치 발전
   ③ 문화 ④ 인구 구조
   ⑤ 국민의식의 성숙도

3. 길버트와 스펙트(Gilbert & Specht)가 말한 사회복지정책의 분석틀과 관련이 없는 것은?
   ① 사회복지의 가치는 무엇인가?
   ② 사회복지급여의 전달전략은 무엇인가?
   ③ 사회적 배분의 기초는 무엇인가?
   ④ 사회복지 급여의 공급을 위한 재정방법은 무엇인가?
   ⑤ 배분되어야 할 사회적 급여의 형태는 무엇인가?

4. 다음 중 사회보험의 원칙이 아닌 것은?
   ① 강제적용의 원칙
   ② 자산조사를 반영한 급여
   ③ 사회적 적절성에 대한 강조
   ④ 기여를 전제로 급여
   ⑤ 소득의 최저수준 이상의 보장

5. 공공부조에 관한 기술 중 틀린 것은?
   ① 요보호자의 건전한 성장을 위한 최저생활 보장의 공공부조제도이다.
   ② 주로 생활보호 · 영세민 자활보호 · 재해보호 · 의료보호를 칭하기도 한다.
   ③ 국민의 생존권을 보장하기 위해 국고에서 국가가 주체가 되어 빈곤한 국민의 최저생활을 보장하는 것이다.
   ④ 사회보험과 더불어 사회보장제도의 2대 지주에 속하며, 공적인 방빈사업이라고 할 수 있다.
   ⑤ 국가 책임하에 도움을 요하는 사람들에게 무기여적 급부를 제공하는 제도이다.

6. 영미 사회(복지)정책과 독일 사회(복지)정책의 개념을 비교 · 설명하시오.

7. 우리나라 사회보장 체계를 설명하시오.

해답 1. ⑤ 2. ③ 3. ① 4. ② 5. ④

CHAPTER 06

사회복지행정

CHAPTER 06

사회복지행정

1. 사회복지행정의 개념과 이론

1) 사회복지행정의 개념

사회복지행정은 사회복지실천의 한 방법으로 이해할 수 있다. 이 점으로 인해 일반행정과는 차별적 성격을 띤다. 사회복지정책을 특수한 조직의 틀 내에서 사회복지서비스로 변화시켜 나가는 일련의 행위를 사회복지행정이라고 볼 수 있다. 이때 특수한 조직이란 사회복지 관련 기관 및 시설을 말하고, 일련의 행위란 조직관리 및 프로그램 관리 등과 같은 관리행위를 말한다.

사회복지행정이 사회복지실천의 한 방법이라고 하는 이유는 사회복지행정을 원조기술로 이해하여야 하며, 사회복지조직의 관리자에 의해 수행되는 상호의존적인 과업과 기능 및 관련 활동으로 이해하여야 하기 때문이다(신복기 외, 2002 : 16-17).

또한 사회복지행정이 일반행정과 차이가 있다는 것은 행정이나 관리가 이루어지는 토대인 조직의 상이성에 있다고 할 수 있다. 사회복지조직은 일반행정조직과 달리 다음과 같은 특성이 있다(Hasenfeld, 1983 : 1-6).

① 사회복지조직의 주된 활동은 문제나 욕구를 지닌 사람, 즉 클라이언트와 관련한 활동이다.
② 사회복지조직의 활동은 사회로부터 공식적으로 위임을 받은 활동이다.

③ 사회복지조직의 목표는 애매모호하여 완벽하지 않다.
④ 사회복지조직에 투입되는 요소는 인간으로서 도덕적 가치를 지닌 존재이다.
⑤ 사회복지조직을 둘러싸고 있는 도덕적 판단의 모호성으로 인해 가치와 이해관계에 갈등이 일어나고 조직－환경 간의 관계에 어려움이 발생한다.
⑥ 사회복지조직에서 사용하는 지식과 기술은 불완전한 경우가 많다.
⑦ 사회복지조직의 활동은 조직구성원과 클라이언트와의 관계에 중심을 둔다.
⑧ 사회복지조직의 활동인 서비스의 효과를 타당하고 신뢰성 있게 측정할 수 있는 표준척도가 부실하다.

이상의 차이점은 일반행정조직에 비해 사회복지조직이 상대적으로 열악한 내용과 환경으로 활동할 수밖에 없는 것으로 비춰지기도 한다. 그렇지만 이의 원인이 도덕적 가치를 지닌 인간이 인간적 기술을 사용하여 인간의 문제나 욕구를 해결하고자 하는 노력의 성격에 있다고 볼 수 있다. 그러므로 사회복지의 가치실현을 위해 복잡성에 근거한 관리－행정 노력이 책임 있게 끊임없이 수행해 나간다면, 인간성에 대한 탐구와 변화노력이라는 사회과학적 지향점에 한 걸음 더 가까이 갈 수 있다고 볼 수 있다. 따라서 이러한 한계는 인간복지에 대한 새로운 가능성을 제시하는 토대라고 해석할 수 있다.

2) 사회복지행정의 이론

사회복지업무를 원활하게 관리해 나가기 위해 사회복지실무자들은 스스로의 판단기준들을 가지고 있다. 이러한 견해들은 경험이나 학습에 의해 형성된다고 볼 수 있다. 사회복지조직이 당면하는 문제들에 대해 조금 더 과학적인 방법을 사용하여 문제를 관찰하고 해결하는 법에 대해 익숙해진다면, 주먹구구식의 문제해결로 인한 낭비는 줄어들 수 있을 것이다. 따라서 이러한 사회복지조직과 관련한 여러 이론적 입장을 살펴보는 것은 중요하다. 현재 국내에서 여러 학자들이 사회복지행정과 관련한 기초적 이론들을 설명하는 것은 다음과 같다.

학 자	이론 구분	
성규탁(1985)	관료제 이론/ 과학적 관리론/ 인간관계론/ 의사결정이론/ 우연성이론/ 자연체계적 관점/ 신마르크스주의적 관점/ 정치경제적 시각	
최성재 · 남기민(2000)	고전모형	과학적 관리학파/ 공공행정학파/ 관료제 모형
	인간관계 모형	Mayo의 인간관계이론/ McGregor의 XY이론
	구조주의 모형	Simon의 의사결정론
	체계모형	체계이론
장인협 · 이정호(1999)	관료제이론/ 과학적 관리론/ 인간관계론/ 의사결정이론	
신복기 외(2002)	전통적 이론	과학적 관리론/ 관료제 이론/ 인간관계이론/ 체계이론
	현대적 이론	목표관리/ 애드호크라시이론/ 상황이론/ 우월성이론/ TQM/ 리엔지니어링/ 학습조직이론/ 임파워먼트론

위에서 소개된 것들 중 공통적이고 현실적인 이론인 관료제 이론, 과학적 관리론, 인간관계론, 체계이론 등만을 소개하도록 한다.

(1) 관료제 이론

관료제 이론은 막스 베버(Max Weber)에 의해 처음 주창되었다. 전통적 권력(혈통이나 신적 권위 등)의 폐해에 대해 비판하고, 자율적인 인간이 양심과 논리에 의해 수립할 수 있는 법적 권위를 중심으로 한 조직이 관료조직으로 보았다. 이러한 관료조직의 특징은 다음과 같다.

① 분업

② 계층제

③ 규칙

④ 비정의성(합리성)

⑤ 기술적 자격

관료제를 주장하는 사람들은 양심과 이성에 의한 법적 권력을 근간으로 합리적인 조직을 구성하게 되었을 때, 전문적 지식과 기술을 지니고 있는 관료들이 조직의 규칙과 지위에 의거해서 원활하게 활동할 수 있을 것으로 보았다. 이를 통해 맹목적 주관성에 의해 조직 전체가 좌지우지되지 않을 수 있을 것으로 여겼지만, 사회복지조직에 이를 그대로 받아들이게 되었을 경우에는 문제가 발생한다. 사회복지조직은 인간적 가치에 뿌리를 두고 있고, 인간관계를 중심으로 업무를 수행하는 특성을 지니고 있다. 관료제의 문제점인 규칙과 규제의 복잡성의 증가는 인간관계의 상황적 융통성을 상실하게 한다. 또한 이러한 규칙과 규제에 지나치게 의존하였을 경우 책임성 회피에 대한 합리화로 인해 생산성이 저하될 수 있다. 그리고 조직구성원의 자질을 평가하는 데 있어 비인간적이고 비정서적인 성과측정 방법에 의존하게 되어 핵심을 간과하는 경향이 존재한다(Hasenfeld, 1983 : 16).

(2) 과학적 관리론

과학적 경영의 아버지라고 불리는 테일러(F. Taylor)에 의해 구성된 과학적 관리론은 과학적 방법을 통해 노동자들을 관리할 수 있다는 신념에 근거한 이론이다. 조직의 능률과 생산성을 향상시키기 위해서는 노동자들의 작업에 대해 과학적으로 분석할 필요가 있다고 보고, 작업과 업무의 기본적 요소들을 분리하여 조직화한다. 이를 통해 테일러는 최초의 경영컨설턴트라고 불리게 되고, 스스로 감독관의 위치에서 분석을 시도하였다.

테일러가 말한 작업영역에서의 과학적 원리란 다음과 같다(박우순, 1996 : 42).

① 가장 능률적인 최선의 방법을 모색함

② 직원을 과학적으로 선발하고 훈련함

③ 생산성 향상에는 경제적 유인이 중요함

④ 기능적인 감독제도를 확립함

과학적 관리론은 과학적 분석에 의한 작업능률 향상과 생산성 향상을 추구한다. 사회복지조직에서 과학적 관리론은 직무분석과 업무보상 체계, 그리고 직제의 개편 등에 긍정적인 영향을 줄 수 있다. 하지만 과학적 관리론이 지니고 있는 핵심적인 문제인 노동자와 작업의 분리를 통한 노동자의 소외, 노동자의 생산부품화, 물질적 보상만으로 동기유발이 가능하다고 인식함으로써 발생하는 노동자의 비인간화 등으로 인해 인간중심의 사회복지조직의 관리원리로서 받아들이는 데는 힘이 든다.

(3) 인간관계론

관료제 이론과 과학적 관리론이 조직을 이해하는 데 있어 인간성 요소 중 감성적 요소를 철저하게 배제하고자 했기 때문에 이들을 기계적 조직이론으로 부르기도 한다. 이를 비판하여 등장한 이론이 인간관계론이다. 기계적 조직이론들에 대한 여러 비판들이 있었지만, 우연하게 발견하게 되는 호손효과(hawthorne effect)에 의해 이 논의는 탄력을 받게 된다. 이러한 인간관계 중심의 조직이론을 주장한 사람들은 메이요(Mayo), 맥그레거(McGregor) 등이 있다. 인간관계를 중시하는 접근들의 기본적 가정은 다음과 같다.

① 복잡한 사회적 체계로서의 조직
② 감성적 존재로서 인간성 부각
③ 조직을 위한 인간이 아닌, 인간을 위한 조직구성의 필요성
④ 조직 내 상호협력성의 중시
⑤ 조직의 비공식적 구조의 중시

기계론적 조직이론에 반대해서 등장한 인간관계론은 사회복지조직을 운영하는 데 있어 많은 시사점을 줄 수 있다. 하지만 이 이론 또한 한계가 있는데, 그것은 정서적 인간에 초점을 두는 편협한 인간관에 있다고 볼 수 있다. 또한 환경적 요인에 대한 부족한 설명으로 인해 환경의 변화에 쉽게 영향을 받을 수밖에 없는 사회복지조직에 그대로 적용하기는 힘이 든다.

(4) 체계이론

체계이론을 통해 조직을 파악하고자 하는 관점은 조직이 환경의 일부라는 사실에 주목한다. 톰슨(Thompson)에 의하면, 이 관점이 제기하는 개념은 조직 내 개체 간의 상

호의존성, 조직의 욕구, 그리고 조직의 환경 등이다(김형식 외, 2001 : 51). 하나의 체계로서 조직은 조직을 구성하는 요소들이 상호의존적으로 연관성을 맺고 있고, 또한 다른 조직체계들과 긴밀한 관계를 형성하고 있다고 설명한다. 따라서 이 관점은 조직관리라는 활동이 폐쇄적 조직체계 안에서 이루어지는 활동이 아니라, 개방적 체계 안에서 이루어지는 활동으로 이해해야 한다. 사회복지조직의 생존과 발달에 외부환경이 상당한 영향을 준다고 볼 때, 체계이론적 관점으로 사회복지조직의 관리를 이해하는 것은 중요하다.

체계이론에 근거하여 사회복지조직을 살펴보면, 다음의 다섯 가지의 하위체계로 구분할 수 있다(Neugeboren, 1985).

① 생산체계 : 클라이언트에게 서비스를 제공하는 것
② 유지체계 : 조직의 계속성을 확보하고 안정상태로 유지하는 것
③ 경계체계 : 외부환경의 변화에 대한 적절한 대응을 하는 것
④ 적응체계 : 외부환경의 욕구에 반응하여 조직을 변화시키는 것
⑤ 관리체계 : 위 네 가지 체계를 전체적으로 조정하고 통합시키는 것

체계이론은 조직의 내·외부를 총체적으로 이해할 수 있는 관점을 제시하는 점에서 상당히 유용한 이론이다. 하지만 이론에 사용되는 용어들이 난해하거나 모호한 경향이 있고, 실제적으로 어떤 관리기술이 필요한가에 대해서는 명쾌한 답을 내지 못한다. 각 하위체계에서 수행하는 활동들은 다른 이론들에서 생산된 것을 응용하는 수준이다. 따라서 체계이론은 사회복지조직을 포괄적으로 설명하는 데는 강점을 지니지만, 구체적 관리기술의 부재로 인해 한계가 있다고 볼 수 있다.

2. 사회복지행정의 체계

1) 사회복지행정의 기본적 구성

사회복지행정의 기본적 구성은 방법론적 구성체계와 전문분야별 구성체계로 나눌 수 있다. 먼저 방법론적 구성체계는 사회복지행정을 조직을 통해 이루어지는 활동으로 이해하고 조직, 관리, 프로그램 등 삼원적 체계로 구분하는 것을 말하며, 전문적 분야별 체계구성은 사회복지 대상의 전통적 구분에 의하여 노인복지, 장애인복지, 아동복지, 청소년복지 등과 관련성을 맺고 각 분야에 전문화된 행정체계를 구성하는 것을 말한다. 이를 형상화하면 아래의 |그림 6-1|과 같이 된다.

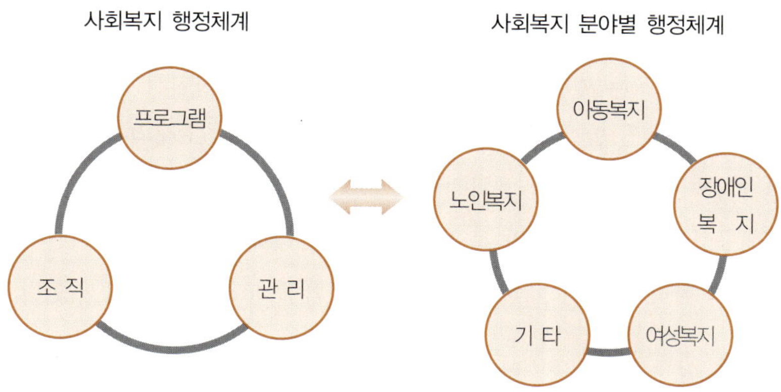

|그림 6-1| 전체 사회복지행정의 체계

출처 : 신복기 외(2002), p. 82 인용.

2) 과정적 구성체계

사회복지행정의 내용체계를 과정적으로 살펴볼 수 있다. 일반적으로 행정관리론에서 기획, 조직, 인사, 지시, 조정, 보고, 재정, 평가 등으로 이루어진다고 보고 있는데, 이를 이니셜을 따서 'POSDCoRBE'로 나타낸다. 각각의 내용을 간단히 살펴보면 다음과 같다(Gulick & Urwick, 1966).

(1) 기획

기획(planning)은 행정가에 의해 수행되는 첫 번째 과정으로서 목표의 설정, 목표달성을 위한 과업이나 활동, 과업수행을 위한 방법의 결정을 말한다. 사회복지기관의 목적은 기관이 설립될 때 일반적으로 기술된다. 공공기관의 경우 그 목적은 해당 법령에 기술되고, 민간기관의 경우 그것은 정관에 기술된다. 사회복지기관의 목표에 대한 일반적인 진술은 기관의 활동에 따라 보다 분명해진다. 과업을 수행하기 위한 필요한 방법은 변화하는 목표에 따라 달라질 수 있다. 따라서 행정가는 변화하는 목표에 따라 과업을 계획하고 목표달성을 위해 필요한 방법을 선정해야 한다.

(2) 조직

조직(organizing)은 작업의 할당이 규정되고 조정되는 공식적인 구조의 설정을 요한다. 사회복지기관의 구조는 일반적으로 정관의 규정이나 운영지침서에 기술되어 있다. 역할과 책임이 분명하지 않을 경우에는 구성원 간에 갈등이 초래되어 비효율적이고 비효과적인 기관이 된다. 따라서 효과적이고 생동력 있는 조직을 유지하기 위해서는 행정가가 그 구성원들에게 조직의 목표를 명백하게 이해시켜야 하며, 기관목표의 변화와 능력, 그에 따라 요구되는 과업과 방법의 변화에 보조를 맞추어야 한다.

(3) 인사

인사(staffing)는 ① 직원의 채용과 해고, ② 직원의 교육과 훈련, ③ 우호적인 활동조건의 유지 등의 세 가지 활동을 포함한다. 행정책임자는 공공사회복지기관의 경우에는 행정기관의 장이, 민간복지기관의 경우에는 이사장 또는 회장이 선정하여 채용한다. 행정책임자는 직원의 임면에 대해 책임을 질뿐만 아니라 그들의 교육 및 훈련과 우호적인 활동조건의 조성에 대해서도 책임을 진다. 이러한 일들은 보통 인사책임자에게 위임되기도 한다. 특히 행정책임자는 우호적인 활동조건을 조성하기 위하여 조직의 모든 구성원 간에 개방적인 의사소통의 망을 유지하고 대인 간의 갈등을 완화하거나 해소해야 한다.

(4) 지시

사회복지기관의 행정책임자는 기관을 효과적으로 지시(directing)하는 지도자로서 다음과 같은 자신의 능력을 발휘해야 한다.

① 가능한 모든 관련된 사실들을 검토한 후에 합리적인 결정을 내리는 능력
② 기관의 목적에 대한 능동적인 관심과 그것을 달성하려는 헌신적인 태도
③ 구성원의 공헌을 칭찬하고 그들의 지위향상을 도와주는 능력
④ 자신의 책임과 권한을 효과적으로 위임하는 능력
⑤ 개인과 집단의 창의성을 고취하는 능력

(5) 조정

조정(coordinating)은 기관활동의 다양한 부분들을 상호 연결시켜 주는 중요한 기능이다. 행정책임자는 기관 내 조정기능을 위해 여러 부서와 구성원들 간의 효과적인 의사소통의 통로를 마련해야 한다. 효과적인 의사소통의 통로를 만들고 유지하기 위하여 가장 광범위하게 사용되는 방법은 위원회의 활용이다. 행정책임자는 특정한 문제를 해결하거나 다양한 전문가의 투입이 요구되는 활동을 위하여 위원회를 종종 활용한다.

위원회는 상설위원회와 특별위원회로 나눌 수 있는데, 상설위원회는 프로그램, 인사, 재정 등과 같은 지속적인 성격의 활동에 관한 문제를 다루며, 특별위원회는 긴급한 과업이나 단기간에 수행될 수 있는 임시적인 활동을 다룬다.

(6) 보고

행정책임자는 보고(reporting)의 기능을 수행하기 위해 기관의 직원, 이사회, 지역사회, 재원을 제공하는 기관에 대하여 기관에서 일어나는 상황을 알려주어야 한다. 행정책임자는 이러한 기능 수행을 위하여 자신이 기관의 진행상황을 잘 알아야 한다. 이를 위한 세 가지 주요 활동은 ① 기록의 유지, ② 정기적인 감사, ③ 조사연구이다.

기록의 유지는 클라이언트의 케이스 기록, 인사기록, 위원회의 활동 등의 전반적인 기관활동의 보고이다. 이러한 기록은 클라이언트에 대한 서비스 전달에 있어 직원의

진전상황을 밝혀준다. 행정책임자에 의한 정기적인 감사는 기관이 어떻게 기능하고 있는가에 대한 전반적인 이해를 얻게 하며, 개선이 필요한 부분을 밝혀준다. 기관 내에서 수행되는 조사연구는 기관의 서비스 수행 여부, 현존 서비스의 필요성 여부, 새로 요구되는 서비스의 종류, 서비스 전달방법의 효과성 여부 등을 밝혀 준다.

(7) 재정

재정(budgeting)은 사회복지기관의 운용에 있어 핵심적인 요소이다. 재무행정은 세 가지 요소로 구성된다. ① 건전한 조직계획, ② 재정계획, ③ 재정운영의 통제이다.

첫째, 조직의 구조는 예산상의 관점에서 건전해야 한다.

둘째, 장기적인 목표와 현재 운영계획을 포함하는 재정계획은 예산정책에 기초하여 수립되어야 한다. 예산정책은 급여의 스케줄, 수입확보의 방법 및 지출통제의 방법에 대한 세 가지 요소를 포함한다.

셋째, 행정책임자 또는 재정책임자는 재정기록을 통하여 기관의 재정상의 운영을 통제하는 전반적인 책임을 진다.

(8) 평가

평가(evaluating)는 기관의 목표에 따라 전반적인 활동결과를 사정하는 과정이다. 기관의 목표달성을 평가하기 위해서는 다음의 두 가지 척도를 적용할 수 있다.

① 효과성 척도 : 서비스에 대한 욕구와 관련하여 기관의 서비스가 수행되어진 정도를 평가한다.

② 효율성 척도 : 가용한 자원과 관련하여 기관의 서비스가 수행되어진 정도를 평가한다.

평가의 기능을 효과적으로 수행하기 위해서는 기관의 구성원들이 평가활동을 자유롭게 수행하도록 하며, 기관의 기능과 프로그램에 대한 제안을 할 수 있도록 분위기를 조성하는 노력이 이루어져야 할 것이다.

3. 사회복지조직

1) 사회복지조직의 목표와 원리

(1) 사회복지조직의 목표

조직의 목표를 통해 조직의 정체성과 방향성, 그리고 업무의 내용 등을 이해할 수 있게 된다. 잘 운영되는 조직은 조직의 목표가 분명하며, 이를 통해 조직구성원들의 사명감과 사기를 불러일으킨다. 조직의 목표가 구체화되면 다음과 같은 여러 기능을 지니게 된다(신복기 외, 2002 : 106 정리).

① 조직의 지침 제공 : 조직의 목표는 조직의 바람직한 미래상태로 조직운영과 활동을 위한 방향과 지침을 제공한다.

② 정당성의 근거 : 조직은 처음부터 조직의 정당성을 인정받을 수 있는 목표를 설정해야 한다. 이는 조직이 그 사회에 적합하다는 사회적 승인을 낳게 하며 이 승인은 사회적 자본으로 역할한다.

③ 효과성 측정의 기준 : 사회복지조직의 업무에 대한 효과성 평가는 그 조직의 전문성과 직결된다. 조직의 목표는 조직의 성공도와 그 기여도를 평가하는 주요한 기준이 된다.

④ 계획기능 : 조직의 목표는 조직의 구조와 과정을 설계하는 준거 틀이 된다. 즉, 특정 목표의 성취에 필요한 자원이나 기술적 과정, 구성원의 활동 등은 조직의 분업과 권력구조, 의사전달구조의 양태 등 조직의 여러 국면에 영향을 미친다.

보통 개인의 목표와 조직의 목표가 다를 수도 있는데, 이 두 종류의 목표들은 대립되거나 상치되서는 안 되고 잘 혼화되어야 한다. 이렇게 개인의 목표와 조직의 목표들을 적절히 혼화시키는 것은 관리업무의 기본이라고 할 수 있다. 이러한 혼화에 대한 몇 가지 시각들이 있다.

① 교환모형 : 조직과 개인 사이의 거래협상의 관계를 활용한 방법이다. 조직은 유인을 제공하고, 개인은 그 대가로 시간과 능력을 조직에 전달한다. 교환관계는 기본적으로 양립을 전제로 하고 있어 혼화과정으로 보기는 어렵다.

② 교화모형 : 조직이 개인의 생각과 관점을 변화시켜, 조직의 목표가 우월한 것이며 이에 순응할 경우 가치있는 생산이 이루어질 것이라고 유도하는 방법이다. 이는 개인의 목표를 소거하는 입장을 취하게 되므로 강력한 지도력이 없으면 달성하기 힘들고, 비민주적 의사결정 구조를 불러일으켜 내재적 불만을 증가시키는 폐해가 발생되기도 한다.

③ 수용모형 : 조직이 목표를 설정할 때, 개인들의 목표를 충분히 고려하여 수용하는 방법이다. 목표관리법(MBO)이 수용모형에 부합한다고 볼 수 있다. 수용모형은 개인들의 목표에 의해 조직목표가 결정되는 경향이 있어 원활하게 관리가 될 수 있다면, 조직구성원들의 조직에 대한 몰입을 극대화시킬 수 있다.

2) 사회복지조직의 구조와 유형

(1) 사회복지조직의 구조

사회복지조직의 구조적 구성요소는 조직의 규모, 조직의 기술, 조직의 공식화, 조직의 권력성격 등으로 이루어진다. 먼저 조직의 규모는 조직구성원의 수, 클라이언트의 수, 재정적 규모 등으로 구분된다. 둘째, 조직의 기술은 조직이 업무를 수행하는데 사용되는 기술을 말한다. 이에는 지식과 도구, 기법과 활동 등이 있다. 셋째, 조직의 공식화는 조직 내의 직무를 분석하고 이에 대한 규칙을 설정하는 정도를 말한다. 마지막으로, 조직의 권력성격은 권력배분의 형태와 권력위임 수준으로 설명되는데, 보통 집권화와 분권화로 설명한다.

이러한 조직구조를 결정하는 요인은 세 가지로 구별된다. 역할, 지위, 그리고 권력이다.

(2) 조직구조의 유형

사회복지조직의 유형은 하센펠트(Hasenfeld, 1985 : 5-11)에 의해 분류되었다. 이 분류는 조직기술과 클라이언트의 상태에 따라 구분한 방식이다. 조직기술을 인간유별 기술, 인간유지 기술, 인간변화 기술 등으로 나누고, 클라이언트의 상태를 정상기능과 비정상기능으로 나누어 교차시켜 인간서비스 조직의 유형을 아래의 표와 같이 나누었다.

일반적인 조직구조의 유형 또한 사회복지조직에 적용할 수 있다. 이에는 관료조직, 일선조직, 기능조직, 사업부 제 조직, 프로젝트 조직, 매트릭스 조직, 팀조직, 네트워크 조직 등이 있다.

〈표 6-1〉 인간서비스 조직의 분류

구 분		조직기술 유형		
		인간유별 기술	인간유지 기술	인간변화 기술
클라이언트 유형	정상 기능	유형 1 (대학입시처) (신용카드회사)	유형 3 (사회보장청) (휴양시설)	유형 5 (공립학교) (사회단체)
	비정상 기능	유형 2 (소년법원, 분류심사소) (진료소)	유형 4 (공공부조사무소) (요양시설)	유형 6 (병원) (수용치료센터)

3) 사회복지서비스의 전달체계

(1) 전달체계의 개념과 원칙

사회복지서비스의 전달체계란 사회복지정책을 서비스화하기 위해 사용되는 조직의 구성을 말한다. 이 전달체계를 효율적이고 효과적으로 구성하여야 클라이언트에 대한 서비스의 질이 향상되며 자원의 낭비를 줄일 수 있다. 따라서 정책을 구성하는데 있어서 전달체계의 구성은 필수적인 요건이며, 이를 행정상에서 적절히 다루어 나가야 한다.

사회복지서비스를 전달하는 체계를 구성하는 데 있어서 효과성과 효율성을 극대화시키기 위한 원칙들이 다음과 같이 제시될 수 있다.

① 기능분담의 체계성
② 전문성에 따른 업무분담
③ 책임성
④ 접근용이성
⑤ 통합조정
⑥ 지역사회 참여
⑦ 조사 및 연구

그리고 사회복지서비스를 제공하는 데 있어 다음의 여섯 가지 원칙들을 고려할 수 있다.

① 평등성
② 재활 및 자립지향
③ 적절성
④ 포괄성
⑤ 지속성
⑥ 가족중심의 원칙

(2) 전달체계의 구조

사회복지 전달체계는 공적 전달체계와 민간 전달체계로 이루어진다. 이러한 전달체계는 현재 복지믹스(welfare mix)의 개념하에 상당한 변화과정을 겪을 수밖에 없을 것으로 예상된다.

현재 공적 전달체계는 정부부문을 말하는 것으로, 중앙정부에는 행정자치부와 보건복지부가 있다. 이에서 지방정부부문인 시·군·구 단위의 사회(복지)계, 가정복지계, 부녀복지계, 청소년복지계 등이 설치되어 읍·면·동 단위의 사회(복지)계나 사회복지전담공무원으로 이어진다.

그리고 사적 전달체계는 비영리부문의 주민조직과 사회복지법인, 재단법인 및 사단법인, 그리고 각종 사회단체 등이 사회복지사업을 목적으로 운영하는 시설과 기관을 말한다. 사적 전달체계는 행정당국의 지도·감독을 받아 서비스를 운영하는 사회복지법인과 지도·감독을 받지 않는 민간 사회단체 등으로 구성되어 있다.

4. 사회복지행정가

1) 사회복지행정가의 정체성

사회복지행정업무를 맡는 사람을 사회복지행정가라고 할 수 있다. 사회복지행정가는 행정 및 조직 관리에 관한 전문적 지식을 지니고 있어야 한다. 아울러 사회복지실천가로서 자질을 지니고 있어야 할 뿐 아니라, 정책과 법, 제도에 대한 심도 깊은 이해를 배경으로 하고 있어야 한다. 이렇게 사회복지의 전반적 영역에 대한 전문적 지식을 습득하고 있어야 사회복지서비스를 효과적이고 효율적으로 책임성 있게 전달할 수 있도록 원조할 수 있고, 이를 근거로 지역 및 전체 사회의 사회복지에 대한 정책의 방향과 내용을 올바로 수립하는 데 힘쓸 수 있게 된다.

사회복지조직의 생존과 발달, 그리고 목표문제의 해결을 통한 사회적 안정과 통합을 유지하게 하는 데 있어서 사회복지행정가의 역할은 중추적이라고 할 수 있다.

2) 사회복지행정가의 지식과 기술

사회복지행정가가 사회복지 영역에 대한 포괄적 지식을 지녀야 하는 이유는 조직과 조직구성원의 원만한 생활을 위한 것일 뿐 아니라, 더욱 중시해야 할 것은 클라이언트 삶의 질의 향상과 지역공동체의 유기적 통합에 있다. 이러한 사회복지행정가가 지녀야 할 중요한 지식을 구체적으로 설명하면 다음과 같다(Skidmore, 1990).

① 기관의 목표, 정책, 서비스에 대한 지식
② 인간행동의 역동성에 관한 지식
③ 지역사회 자원, 특히 기관과 관련되어 있는 자원에 대한 지식
④ 기관에서 활용하는 사회복지방법론에 대한 지식
⑤ 관리의 원칙, 과정, 기술에 관한 지식
⑥ 사회복지 관련 전문단체 및 협회들에 대한 지식
⑦ 조직이론에 대한 지식
⑧ 평가과정과 기법에 관한 지식

이상과 같은 지식을 근거로 실제로 행정업무를 담당하기 위해서는 갖추어야 할 기술이 있다. 미국사회사업협회(NASW)에서 제시하는 성공적인 사회복지행정가가 갖추어야 할 기술의 특성은 다음과 같다(신복기 외, 2002 : 92).

① 현실에 근거하여 계획하고, 그 실행가능성을 사정하는 기술
② 각종 대안을 개발하고 각 대안의 결정이 가져올 영향을 예견하고 평가하는 기술
③ 평가결과에 따라 우선순위를 정하고 최적 대안을 결정하는 기술
④ 개인적 균형을 유지하면서 다양한 역할과 과업을 처리하는 기술
⑤ 관료제와 조직 이론의 기능에 입각하여 기관목표를 달성하는 기술
⑥ 능률성 향상을 위해 조직 내 개인과 집단의 특수한 능력을 활용하는 기술
⑦ 적절한 권한의 위임과 의사소통 기술

이러한 지침을 더욱 구체화시켜 본다면, 경계-확장 기술(boundary-spanning skill), 인간관계 기술(human relations skill), 조정기술(coordinating skill), 지도기술(directing skill) 등으로 요약할 수 있다(Edwards & Yankey, 1991). 먼저 경계-확장 기술이란 중개자와 혁신자의 역할과 관련된 기술을 말한다. 둘째, 인간관계 기술이란 조언자 및 집단활동을 촉진시키는 자의 역할수행과 관련된 기술을 말한다. 셋째, 조정기술이란 모니터 및 조정자의 역할수행과 관련된 기술이다. 마지막으로 지도기술이란 생산자 및 지도자의 역할수행과 관련된 기술이다.

3) 사회복지행정가의 태도 및 역할

사회복지행정가는 사회복지사 중 한 일원이다. 따라서 행정에 대한 전문적인 지식을 갖추고 기술을 사용해야 하는 사람이기도 하고, 아울러 직원과 클라이언트에 대한 진지한 인간적 면모로 관계해야 하는 사람이다. 즉, 사회복지행정가는 행정전문가인 동시에 인간관계전문가이어야 한다. 따라서 사회복지행정가에게는 일반행정가가 수행하는 역할을 포함하여 다른 역할 및 태도를 요구하게 된다.

사회복지행정가의 태도를 구체적으로 설명하면 다음과 같다(Skidmore, 1995 : 37-39).

① 개별 직원을 진실로 존중하는 태도

② 인간의 불완전성을 용인하려는 태도

③ 최적의 업무환경과 분위기를 제공하려는 태도

④ 개인의 가치와 기관의 가치를 조화시키려는 태도

⑤ 변화에 대한 긍정적인 태도

⑥ 기관의 성장과 발전을 최우선시 하는 태도

사회복지행정가가 전문가로서 지녀야 할 활동의 기본적 요소는 다음과 같다(Skidmore, 1995 : 39-45).

① 수용과 관심

② 창의성과 민주성

③ 신뢰와 인정

④ 기획과 조직화

⑤ 우선순위 설정과 권한의 위임

⑥ 의사결정과 의사소통

⑦ 동기부여와 촉진

연습문제

1. 사회복지행정과 일반행정의 차이점을 설명한 것으로 맞지 않는 것은 무엇인가?
   ① 일반행정의 목표는 사회복지행정의 목표보다 애매모호하다.
   ② 사회복지조직에는 도덕적 가치를 지닌 인간을 투입요소로 한다.
   ③ 사회복지조직의 활용기술은 불완전한 경우가 많다.
   ④ 사회복지조직의 서비스 효과를 측정할 수 있는 표준척도가 부실하다.
   ⑤ 사회복지조직의 활동은 조직구성원과 클라이언트의 관계의 중심을 둔다.

2. 관료제 이론의 특징을 설명하는 주요 개념이 아닌 것은 무엇인가?
   ① 분업 ② 계층제
   ③ 규칙 ④ 합리성
   ⑤ 시간관리

3. 다음이 설명하는 관리론은 무엇인가?

   이 이론은 직원을 과학적으로 선발하고 훈련하는 원리를 사용하고, 생산성 향상을 위해 경제적 유인을 중요하다고 파악한다. 또한 기능적인 감독제도를 확립하고 있으며, 철저한 동작-시간 관리를 통해 작업의 방법을 모색한다.

   ① 관료제 이론 ② 과학적 관리론
   ③ 동기-위생이론 ④ 상황적합이론
   ⑤ 체계이론

4. 사회복지조직의 목표의 직접적 기능으로 올바르지 않은 것은 무엇인가?
   ① 조직의 지침 제공　② 활동의 정당성 근거 제시
   ③ 효과성 측정의 기준　④ 투입비용의 절감
   ⑤ 계획기능

5. 사회복지서비스를 제공하는 원칙으로 바르지 않은 것은 무엇인가?
   ① 평등성　② 적절성
   ③ 개인중심　④ 지속성
   ⑤ 재활

6. 인간서비스 조직으로서 사회복지조직의 특성을 설명하시오.

7. 사회복지행정의 과정적 구성체계인 'POSDCoRBE'를 설명하시오.

해 답　1. ①　2. ⑤　3. ②　4. ④　5. ③

CHAPTER 07

사회복지조사방법

CHAPTER 07

사회복지조사방법

1. 사회복지조사와 과학

사회복지조사란 사회복지와 관련된 문제와 방안을 조사·연구하는 활동을 말한다. 사회복지조사활동을 하기 위해 사용되는 과학적 방안을 사회복지조사방법이라고 한다. 사회복지조사는 사회복지활동을 전문화하고 책임성을 갖게 하기 위한 중요한 분야이다.

사회복지조사의 목적은 사회복지활동을 위한 과학적 방법의 개발과 아울러 사회복지활동에 대한 과학적 이해를 증진시키는 데 있다. 과학적이고 체계적인 조사연구활동을 통해 사회복지활동의 전문성과 책임성을 강화시킬 뿐 아니라 보장할 수 있기 때문이다. 그렇다면 이러한 지식을 추구하는 전문적 과정이자 방법으로 설명될 수 있는 과학이란 무엇인지 알아보도록 하자.

1) 과학의 개념

과학을 정의하는 것은 어렵다. 많은 과학철학자들이 과학을 설명하기 위해 분분한 의견을 내놓았다. 여기서 과학의 정의를 단순화시켜 "대상이나 현상에 대한 정보를 체계화하여 이론을 도출해 나가는 지식체계이며 인간의 지성적 활동과정 혹은 그 결과물의 집합"이라고 갈음하기로 한다. 이러한 과학적 방법의 시초는 자연을 대상으로 한 입장이었다. 오귀스트 꽁트(A. Comte) 이래로 과학적 방법을 통해 사회를 이해하고자 하는 시도가 일어난 이후로 사회과학이라는 영역이 구체화되었다고 할 수 있다. 사회복지학은 사회과학의 한 분야로 이해할 수 있으므로, 과학적 방법을 사회복지활동에 적용시키는 것은 필요한 것이기는 하지만 충분하지는 않다.

이제 과학의 특징에 대해 더욱 구체적으로 살펴봄으로써 '과학'의 개념을 잡아보자. 과학의 특성을 아래와 같이 정리할 수 있다(Babbie, 1973 : 12-19).

① 논리성(logical)
② 확률적 결정론(deterministic)
③ 일반성(general)
④ 간결성(parsimonious)
⑤ 구체성(specific)
⑥ 경험적 검증 가능성(empirically verifiable)
⑦ 간주관성(intersubjectivity)
⑧ 수정가능성(open to modification)

이러한 과학적 방법이 필요한 이유는 일반적 지식추구의 방법이 과학적 방법에 비해 부정확하고 부적절하기 때문이다. 일반적 지식추구의 방식은 보통 권위나 전통, 상식에 의거할 경우가 많은데, 이런 방식을 따를 경우 올바른 지식에 이르기 힘들거나 지식을 왜곡시킬 수 있다. 이러한 일반적 지식추구의 방식의 한계점을 구체적으로 정리해 보자(Rubin & Babbie, 2005 : 15-25).

① 부정확한 관찰
② 선별적 관찰
③ 꾸며낸 정보
④ 사후 발생적(소급) 가설
⑤ 비논리적 추론
⑥ 자아가 개입된 이해
⑦ 성급히 종료한 탐구
⑧ 신비화

2) 과학적 방법의 기본적 논리

과학적으로 지식을 추구하는 과정에는 관찰, 분석, 이해, 이론화 등의 지적 행위들이 연결되어 있다. 이러한 지적 행위들 간에는 일정한 논리적 순서가 있는데, 이 순서의 체계적 방법은 크게 두 가지로 구성되어 있다. 하나는 연역법이고 다른 하나는 귀납법이다. 현재는 이 두 가지 논리방법을 연결하여 과학적 접근을 시도하는 경우가 많다(Kerlinger, 1985 : 41-44; Polkinhorne, 2001).

(1) 연역법

연역법은 파악하고자 하는 현상에 대해 기존의 이론을 근거로 연구가설을 만들고, 이를 근거로 대상을 관찰하여 자료를 수집한 다음 검증하는 논리법을 말한다. 이 방법은 과학적 연구방법 중 전통적인 방법에 속하는 것으로 보편적 원리로부터 특수한 이론을 추론하는 방법이라고 할 수 있다.

(2) 귀납법

귀납법은 현상 속에 내재하고 있는 일반적 원리를 구현하기 위해, 개별적 사건들을 경험적으로 관찰하여 자료를 수집하고 이를 체계화시켜 일반적 원리에 이르는 논리법을 말한다. 따라서 귀납법은 연역법과 달리 특수한 경험으로부터 보편적 이론을 증명해 가는 방법이라고 할 수 있다.

(3) 연역-귀납법

연구자에 따라 연역법을 중시할 수도 있고, 귀납법을 중시할 수도 있다. 이러한 선택의 문제는 연구자의 과학철학에 대한 입장 차이로 인해 나타날 수 있다. 근대적 입장에서는 이러한 차이가 당연하였으나, 현대에 들어오면서 새로운 입장인 순환적 방법론을 선호하게 되었다. 이는 연역법과 귀납법이 다른 뿌리에서 형성된 과학적 논리법이지만, 이를 연결하여 사용할 수도 있다는 주장이다. 기존의 이론은 가설을 생산하고, 가설은 관찰로 연결되며, 관찰에 대한 분석은 일반화를 가능하게 하고, 일반화된 지식은 기존의 이론을 수정하게 한다는 것이다(Wallace, 1971). 즉, 한 연구에서는 연역적 논리와 귀납적 논리 모두를 사용하게 된다는 실용주의적 해석이다. 이러한 해석을 아래의 그림으로 정리할 수 있다.

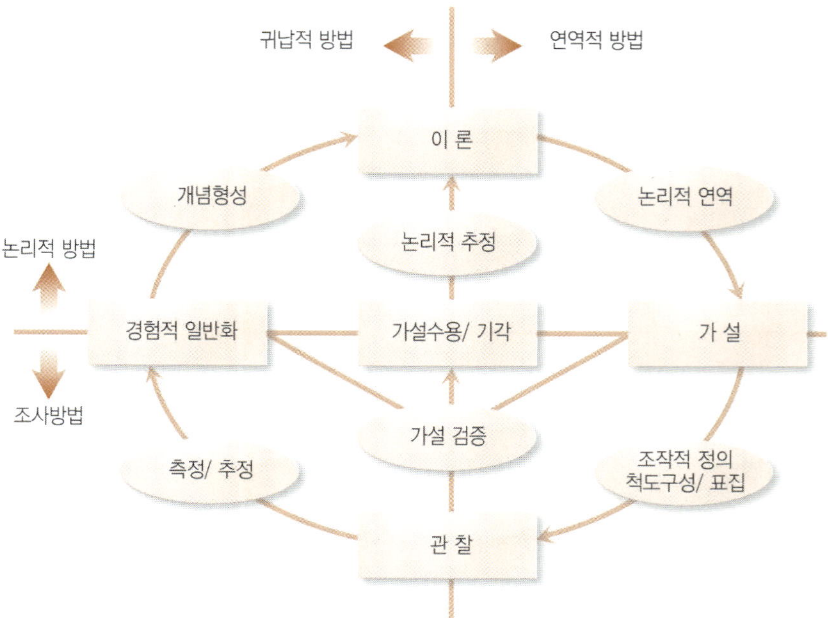

|그림 7-1| 연역-귀납법을 이용한 조사과정

출처 : 배규한 외(2000), p. 12 발췌.

3) 사회복지에서 과학의 필요성

사회복지활동을 하는 데 있어 조사 내지는 연구활동은 필수적이다. 왜냐하면 과학적이고 체계적인 조사(연구)활동을 통해, 사회복지활동의 전문성과 책임성을 강화시킬 뿐 아니라 보장할 수 있기 때문이다. 우리가 하는 현장실무나 정책-행정적 실천

활동이 적절한 효과를 보였는지, 그리고 앞으로 일어날 문제나 욕구에 미리 대처할 수 있는 효율적 방법을 개발했는지를 파악하기 위해서는 현상과 요인, 방법 등을 조사하고, 분석하며, 해석하여 예측적 지식을 생산하여야 한다. 즉, 우리의 실천목표 및 과제가 정밀하게 분석된 자료를 토대로 수립되었는지를 파악하고, 그 목표 및 과제를 수행하기 위해 계획하고 실시된 실천방법들이 어떤 효과를 나타내었는지 평가하여야 사회복지실천가의 활동이 전문적이고 책임 있다고 인정받을 수 있다는 것이다. 이러한 사회적 승인은 사회복지실천활동의 중요한 원동력이자 자산이 되어 더욱 적극적인 활동을 진행할 수 있도록 한다. 현재 이 사회적 승인을 얻기 위한 구체적 방법은 과학적 지식을 기반으로 한 설득활동이다. 아직까지 과학적 지식개발활동은 많은 사람들이 진정한 이해를 추구하는 데 사용하는 보편적 방법이자 과정이다. 그렇기 때문에 사회복지 관련 업무종사자 및 연구자들은 과학적 방법을 기반으로 실천하고, 실천과 관련된 지식을 생산-개발시켜 나가야 한다. 이상을 근거로 과학적 방법이 사회복지 영역에서 지니는 의의를 간단히 정리하면 다음과 같다.

① 개인과 사회의 현상과 요인에 대한 구체적이고 예측적인 이해의 증진
② 효과적인 사회복지활동의 개발 및 검증
③ 사회복지활동에 대한 사회적 승인도 향상

2. 사회복지조사의 개관

1) 사회복지조사의 성격

사회복지조사는 사회조사의 한 영역이다. 사회조사는 다음과 같은 요건으로 특징지을 수 있다(김응렬, 2001 : 12).

① 사회 또는 사회현상에 관한 조사에 한정한다.
② 현지조사에 의한 자료수집이어야 한다.

③ 사회조사의 전 과정은 객관적 방법이 채용되어야 한다.

사회복지조사는 이상과 같은 사회조사로서의 요건을 갖추고 있어야 한다. 나아가 사회조사의 특수한 영역으로서, 사회복지조사가 지니는 특징으로는 다음과 같다.

① 응용조사와 순수조사의 양면성을 가지고 있다.
② 사회개량 내지는 사회개혁을 위한 조사이다.
③ 사회문제와 욕구에 주로 초점을 두고 있다.
④ 실천활동을 형성적으로나 총괄적으로 평가하는 것을 중시한다.
⑤ 사회복지적 실천활동 중 하나로 이해되어야 한다.

2) 사회복지조사의 종류

(1) 목적 및 내용에 따른 분류

조사의 목적 및 내용에 따라 사회복지조사를 구분하면, ① 탐색적 조사(exploratory research), ② 기술적 조사(descriptive research), ③ 설명적 조사(explanatory research) 등이 있다. 먼저 탐색적 조사란 조사하고자 하는 문제에 대해 기존의 연구들이 충분하지 않아 필요한 지식수준이 낮을 때 행하는 조사이다. 다음으로 기술적 조사란 조사하고자 하는 대상에 대한 전체적 서술이나 묘사를 위한 조사이다. 마지막으로 설명적 조사란 요인 내지는 원인을 파악하여 인과관계를 설명하고, 미래를 예측하기 위한 조사를 말한다.

(2) 시간에 따른 분류

조사의 시간에 따라 ① 횡단적 조사(cross-sectional study), ② 종단적 조사(longitudinal study), ③ 유사종단적 조사(quasi-longitudinal study) 등으로 구분된다. 먼저 횡단적 조사란 한 시점에서 다양한 구획을 함께 조사하는 방식을 말한다. 일정 시점에서 여러 비교대상으로 구분될 수 있는 조사대상이 지니고 있는 특징을 파악하고자 하는 조사이다. 다음으로 종단적 조사란 연속적 시점에서 조사대상이 지니고 있는 특징을 파악하고, 역동적 흐름을 파악하고자 하는 조사를 말한다. 이에는 경향연구, 코호트연구, 패널연구 등이 있다. 마지막으로 유사종단적 조사란 횡단적 조사의 일종으로 한 시점에서 시간적 기준으로 비교집단을 형성하여 특징을 파악하고 비교함으로써 가상의 역동적 흐름을 파악하는 조사를 말한다. 예를 들어, 한 시점에서 조사대상을 10대, 20대, 30대, 40대 등의 연령층으로 구분하여 각각의 특징을 분석하고 난 뒤 각 비교집단을 동질적 집단으로 가정하여 10년 편차마다 변화하는 흐름을 살펴봄으로써 종단적 연구를 수행한 결과로 파악하는 것이다.

(3) 연구철학 및 분석방법에 따른 분류

연구철학 및 분석방법에 따라 양적 연구(quantitative research)와 질적 연구(qualitative research)로 구분할 수 있다. 먼저 양적 연구는 과학적 실증주의를 기반으로 한 조사방법이다. 조사에 있어서 객관적 시각과 자세를 중시하고, 연역적 논리방법을 선호하며, 단순하고 일반적인 지식을 생산하려는 목적을 지니고 있다. 다음으로 질적 연구는 현상학과 해석학을 기반으로 한 조사방법으로 조사자와 대상자 간의 관계를 중시하며, 조사자의 주관적 입장을 중시하는 경향이 있다. 귀납적 논리방법을 선호하며, 생산되는 지식은 창조적이고 풍부한 의미를 지니고 있는 것을 기대한다.

일반적으로 전통적인 과학적 연구방법은 양적 연구를 의미했고, 현재에도 많은 조사결과들이 양적 연구에 의해 생산된다. 하지만 최근에 들어와서 질적 연구에 대한 관심이 증가하고 있는데 현재는 질적 연구와 양적 연구를 실용적으로 혼용하는 방법이 많이 시도되고 있다.

(4) 프로그램 과정에 따른 분류

사회복지 프로그램의 과정에 따라 욕구사정조사와 평가조사 등으로 나눌 수 있다. 먼저 욕구사정조사는 프로그램을 만들기 전 혹은 진행하기 전에 수행하는 조사이다. 한정된 지역 내의 사람들이 지니고 있고 표현할 수 있는 욕구 내지는 요구를 확인하고 이를 계량화하는 조사를 말한다. 욕구사정조사를 위해 활용할 수 있는 기법은 기존의 보고자료를 이용하거나, 서비스를 제공하는 전문가집단에게 정보를 구하거나, 지역사회 서베이를 활용하거나, 지역사회공청회, 지역사회포럼, 델파이기법 등을 활용할 수 있다. 그리고 평가조사는 프로그램의 수행과정 중이나 완료 후에 프로그램이나 정책의 효과를 평가하는 조사를 말한다. 효과성 평가를 위해서는 실험법을 사용할 수 있고, 효율성을 평가하기 위해서는 비용－효과분석이나 비용－산출분석을 활용할 수 있다.

(5) 분석자료의 성격에 따른 분류

분석하는 자료의 성격에 따라 일차 조사(primary research)와 이차 조사(secondary research) 등으로 구분된다. 일차 조사란 분석하고자 하는 자료를 직접 구하는 방식이고, 이차 조사란 일차 조사로 분석된 자료들을 토대로 분석하는 조사방법을 말한다. 예를 들어, 지역사회복지 욕구를 조사하는 데 있어서, 지역사회 주민을 대상으로 직접 조사하여 자료를 생산하고 이를 분석하여 결과를 얻었을 때 이를 일차 조사라고 하고, 그 지역사회에 대해 이전에 조사하여 결과를 낸 보고서나 통계자료 등을 다시 조사하여 결과를 내는 방식을 이차 조사라고 한다.

3) 사회복지조사의 과정

사회복지조사는 일정한 단계를 밟아 나가면서 수행되는 활동이다. 이 활동은 단편적인 활동이 아니라 각 단계별로 반복하기도 하고, 전체적으로 순환되는 등 연속적인 성격을 지닌다. 사회복지조사의 단계는 다음 |그림 7－2|와 같다.

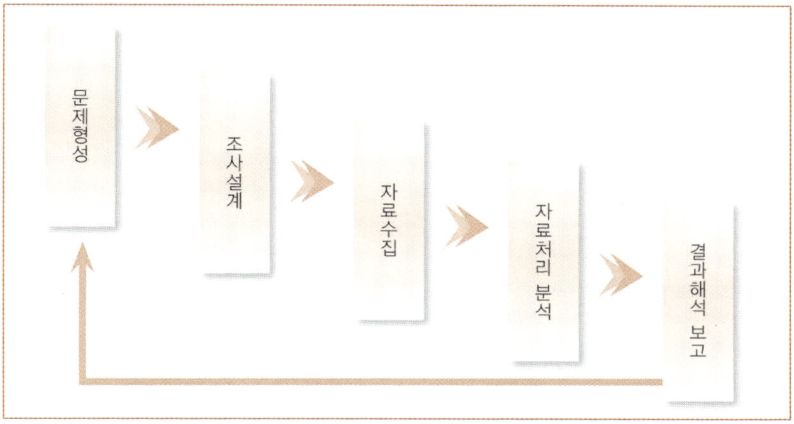

|그림 7-2| 사회복지조사의 과정

(1) 문제형성

조사의 문제를 선택하고, 구체화하여 제기하는 과정이다. 이 단계에서는 각종 문헌이나 현상에 대해 면밀하게 파악하고 창조적으로 사유해 나가는 능력이 필요하다. "올바른 답을 얻기 위해서는 올바른 질문을 해야 한다"라는 격언이 있다. 조사의 전체적 과정에서 가장 중요한 단계이며 현실적으로 가장 힘든 과정이라고 할 수 있다. 이 단계가 흔히 조사의 성패를 결정한다고 한다. 이 단계에서 필요한 작업은 조사의 배경 및 필요성, 목적 등을 파악하고 조사의 목적에 부합하는 주요 테마를 설정하여, 가설화시키는 것과 같은 구체화작업 등이다.

(2) 조사설계

조사문제를 해결하기 위한 최적의 방법이 무엇인가에 대한 답을 내리는 과정이다. 즉, 조사활동 프로그램을 짜는 과정이라고 볼 수 있다. 조사문제를 어떤 요소들로 구성해야 하는지, 조사의 대상은 누가 혹은 무엇이 적절하고, 이들을 선택하기 위한 방법은 어떤 것이 있는지, 자료수집과 분석을 위한 방법은 무엇이 좋은지, 조사활동에 드는 시간과 비용은 어떻게 구성되어야 하는지, 그리고 조사활동을 통해 얻은 결과를 어떤 방법으로 보고할 것인지 등에 관해 구체적으로 답하고 이를 짜임새 있게 만들어야 한다.

(3) 자료수집

설계된 조사활동 프로그램에 따라 실제적으로 자료를 수집하는 과정을 말한다. 자료수집 과정은 현실적 과정이므로, 언제든지 예기치 못한 상황이 벌어질 수 있음을 감안하여 이에 대한 대처방안을 만들어 놓아야 한다. 통상 자료수집 과정은 사전조사와 본조사로 이루어진다. 사전조사를 실시함으로써 조사설계 시 예측하지 못했던 사항을 점검하고, 이를 통해 본 조사를 수행하는 동안 나타날 수 있는 난점들에 대한 융통성 있는 전략을 구상한다.

(4) 자료처리 및 분석

수집된 자료는 의미 있는 지식체계로 바꾸어야 한다. 수집된 직후의 자료를 보통 원자료(raw data)라고 하는데 이를 분석 가능한 형태로 다듬어야 한다. 이 과정을 자료처리 과정이라고 할 수 있으며, 분석 가능한 자료를 통계적 또는 해석적 분석방법에 의해 정보화하는 과정을 분석과정이라고 볼 수 있다. 이렇게 분석된 자료는 더 이상 자료의 형태가 아닌 정보의 형태로 구성된다. 이를 근거로 이론을 만들어 낼 수 있는 지식을 파악하게 된다.

(5) 결과 해석 및 보고

자료를 분석한 결과를 조사문제와 유의한 형태의 지식으로 만들어 가는 과정을 해석이라고 한다. 해석은 주장하기 위한 이론을 구성하는 것으로 보고를 위해 필수적으로 이루어져야 하는 과정이다. 이러한 해석에 포함되는 것은 조사대상에 대한 적절한 기술(記述), 현상 및 문제의 원인 내지는 요인, 그리고 문제나 대안에 대한 예측적 결과 등이다. 이러한 결과해석을 윤리적이고 효율적인 방법에 의해 보고해야 한다. 보고되지 않는 지식은 무용지물이며, 보고하지 않는 조사자는 무책임하다고 할 수 있다. 사회과학은 발견과 해석, 그리고 비판으로 이루어지는 지식형성 체계이므로, 적절한 보고방법을 통해 실천 및 연구 공동체에 발견한 지식을 전달하여야 한다. 이로써 사회복지공동체의 지적 기반이 발전된다.

3. 측정과 척도

1) 측정의 개념

측정이란 파악하고자 하는 개념에 수치 혹은 상징을 부여해서 특징을 밝히는 것을 말한다(Kerlinger, 1973). 측정은 조사목적에 맞는 자료를 만들어 내고, 분석방법을 적용하기 위한 전문적 과정이다.

측정이란 과정을 이해하기 위해서는 측정 가능한 개념이란 어떤 것이며 어떻게 구성하는지, 올바른 측정의 기준은 무엇인지, 사회과학 영역에서 파악할 수 있는 측정의 수준은 무엇이며, 측정의 도구는 어떤 것들이 있는지 등에 관해 파악해야 한다.

2) 측정개념의 구성

측정대상은 주로 어떤 개념들이다. 이 개념들을 측정하기 위해서는 측정 가능한 형태로 만들어야 한다. 이를 조작화 과정이라고 한다. 측정하고자 하는 대상에 대해 보통 사람들이 형성하고 있는 인지된 의미구성체를 개념이라고 한다. 이 개념은 각자의 머릿속에 있을 뿐 표현되지 않으면 측정할 수 없다. 이 개념을 일반적이고 보편적으로 받아들일 수 있도록 표현한 개념을 개념적 정의 혹은 사전적 정의라고 한다. 이 사전적 정의는 너무 일반적이기 때문에 조사상황에 맞는 개념으로 조사자가 새롭게 규정해야 한다. 조사의 현실가능성과 일반적 타당성에 어긋나지 않는 개념으로 다시 규정한 개념을 조작적 정의라고 한다. 이렇게 개별적 개념에서 일반적 개념으로, 다시 조사에 적용되는 개념으로 구성하는 전체적 과정을 조작화 과정이라고 한다.

이 조작적 정의를 실질적으로 측정도구로 사용하기 위해서는 변수의 형태로 바꾸어야 한다. 변수란 일련의 속성들의 집합으로 그 개념에 대한 측정값을 부여하기 위한 언어적 표현이다. 이 속성들을 한 변수 안에 구성하는 원칙은 상호배타성과 포괄성이 있다.

3) 측정도구

사회과학에서 적절한 측정을 위한 도구를 만들어 내는 것은 상당히 어렵고 창조성을 요구한다. 측정을 위한 도구를 척도(scale)라고 한다. 이 척도는 여러 변수들로 구성되어 있으며, 여러 척도가 하나 이상의 주제로 일관성 있게 연결되면 이를 지표(indicator) 내지는 지수(index)라고 한다. 이 지표는 하나의 개념에 대해 하나 혹은 그 이상의 값으로 표시되며, 지수는 보통 하나의 개념에 대해 하나의 점수로 표시된다. 이 측정도구는 측정수준에 의해 분류될 수 있다. 사회과학에서 통상 사용되는 측정수준에는 명목수준(nominal level), 서열수준(ordinal level), 등간수준(interval level), 비율수준(ratio level scale) 등 네 가지로 엄밀하게 분류되지만, 분석 시에는 등간수준의 측정값과 비율수준의 측정값을 구분하지 않는 경향이 있다.

(1) 명목수준척도

측정하고자 하는 개념의 속성들을 분류하여 명명한 뒤 수치나 상징을 부여하는 수준이다. 예를 들어, 미국 메이저리그 투수인 박찬호의 등번호는 61번이다. 이 61번은 박찬호를 다른 선수들과 분류해서 명명한 수치이다.

메이저리그 선수	변수
박찬호	속성
61	측정값

(2) 서열수준척도

측정하고자 하는 개념의 속성들을 분류-명명할 뿐 아니라 속성들 간에 위계질서를 부여하는 수준이다. 예를 들어, 공무원 급수의 경우 1급과 2급은 분류-명명될 뿐 아니라 1급은 2급보다 높다. 하지만 각 속성들 간의 격차는 일정하지 않는 수준이다.

이 서열수준의 척도는 사회과학 영역에서 상당히 중요한 위치를 차지하고 있다. 대부분의 척도는 서열수준으로 구성되어 있다. 이 서열수준척도의 특수한 예는 평정척도, 총화평정척도, 리커트척도, 거트만척도 등이 있다.

(3) 등간수준척도 및 비율수준척도

등간수준은 서열수준에서 각 속성들의 차이가 일정한 경우를 말한다. 비율수준과 등간수준을 구별하는 것은 절대 0점의 유무인데, 비율수준에는 절대 0점이 존재하는 측정수준을 말한다. 이 수준의 척도에는 써스톤의 유사동간법이나 어의분별척도법 등이 있다.

(4) 각 수준의 비교

각 측정수준의 특징을 일목요연하게 비교하면 다음의 표와 같다.

〈표 7-1〉 각 수준의 특징 비교

	명목척도	서열척도	등간척도	비율척도
분 류	○	○	○	○
순 위	×	○	○	○
등간격	×	×	○	○
절대영점	×	×	×	○
대수원리	=, ≠	=, ≠, >, <	=, ≠, >, <, +, −	=, ≠, >, <, +, −, ×, ÷

4) 올바른 측정의 평가기준

사회복지에서 사용되는 개념측정을 올바르게 하기 위해서는 타당성과 신뢰성이 있어야 한다. 이에 더해서 보편성과 용이성 등이 확보된다면 더욱 적절한 측정이 될 것이다.

(1) 타당성

어떤 측정이 타당하다고 할 때는 측정하고자 하는 개념을 실제적으로 측정하고 있다는 것을 말한다. 타당성은 내용타당도, 기준타당도, 구성타당도 등을 판단해 봄으로써 파악할 수 있다. 내용타당도는 측정도구의 내용이 측정하고자 하는 목적에 논리적으로 부합하는가를 평가함으로써 내리는 기준이다. 즉, 측정하고자 하는 개념에 관한 전문가들이 측정도구의 내용을 이론적이고 논리적으로 분석하여 타당성을 검증하는 방식이 내용타당도법이다. 다음으로 기준타당도법은 새로 고안한 측정도구에 의한 측정값이 기존의 측정도구에 의한 측정값과의 통계적 비교를 통해 타당도를 검증하는 방법이다. 마지막으로 구성타당도법은 다른 용어로 개념구성타당도법이라고 한다. 측정하고자 하는 개념은 하위개념들로 구성되어 있다는 가정하에 고안한 측정도구에 의한 측정값들의 구성요인을 분석하여 대조하는 방법이다. 이에는 요인분석과 같은 통계적 기법이 적용되기도 한다.

타당성을 평가하기 위해서 통계적 분석법을 사용하기도 하지만, 우선 중요한 것은 논리성에 있으므로 질적 분석법을 기본적으로 사용하는 경향이 있다.

(2) 신뢰성

측정의 신뢰성은 동일한 개념에 대한 측정이 반복되었을 때 일관된 측정값이 형성되는 것을 말한다. 신뢰성을 평가하는 방법에는 재검사법, 반분법, 유사양식법, 크론바하 알파계수법 등이 있다. 이러한 평가법은 통계적 기법을 이용한 방법이다. 신뢰성을 평가하는 것은 타당성과 달리 통계적 기법에 의존하는 경향이 있다.

먼저 재검사법은 고안한 측정도구로 동일한 대상에게 두 번 이상 반복적으로 측정한 이후 각 값들의 상관성을 분석하여 신뢰도를 검증하는 방식이다. 이 방법에는 시험효과가 영향을 미칠 수 있기 때문에 정확성이 떨어진다고 할 수 있다. 다음으로 반분법은 측정도구의 문항들을 두 집단으로 나누어서 그 값을 비교하는 것으로 신뢰도를 분석한다. 반분법을 적용하기 위해서는 문항들의 수가 늘어나는 경향이 있어 단순화된 측정도구를 구성하는 데는 어려움이 따른다. 셋째로 유사양식법은 새로 고안한 측정도구와 유사한 측정도구를 하나 더 제작하여 각각 측정을 시도한다. 각 측정도구의 측정값의 상관성을 분석하여 측정도구의 신뢰성을 검증하는 방식이다. 이 방법은 도구효과가 발생할 가능성이 있고 비효율적인 측면이 있다. 마지막으로 크론바하 알파계수법은 반분법을 응용한 것으로 각 문항과 나머지 문항들 간의 상관성을 추산하여 반복가능성을 일정한 계수로 나타내는 방식이다. 알파값은 0.0~1.0 사이의 값을 취하는데, 0.7 이상일 경우 신뢰성이 높다고 할 수 있다.

(3) 타당성과 신뢰성의 관계

측정도구의 타당성과 신뢰성에는 모종의 관련성이 있다. 우선 타당성이 없으면 신뢰도가 높아도 의미가 없다. 그리고 타당도가 높을 경우 신뢰도가 높게 나올 가능성이 커진다. 따라서 타당성은 측정도구의 검증에 있어 우선 조건이라 할 수 있다.

4. 표 집

1) 표집의 개관

표집은 조사하고자 하는 전체 대상을 모두 조사하지 않고, 전체 대상의 대표성을 띠는 개체만을 조사하기 위해 추출하는 것을 말하며, 표본추출의 줄임말이다. 표집을 하게 되는 이유는 전수조사에 비해 경제성, 정확성, 현실가능성, 효율성 등이 높기 때문이다.

표집을 수행하기 위해 우선 알아두어야 할 개념은 모집단, 모수, 표본 틀, 표본, 표본추출, 통계치, 표집오차, 추정, 신뢰구간 및 신뢰수준, 유의도 및 유의수준 등이다.

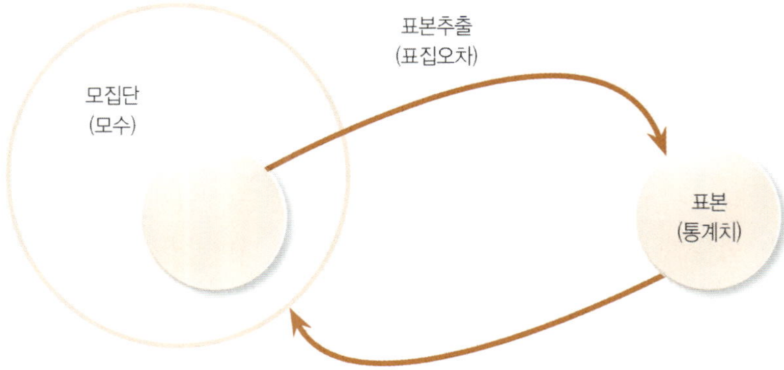

|그림 7-3| 표본추출의 개념도

〈표 7-2〉 표본추출에 대한 기본 용어 정리

용 어	개 념
모집단	조사하고자 하는 전체 대상(조작화된 대상)
표본 틀	모집단을 구성하는 개체들의 목록
모 수	모집단을 표현하는 수치
표 본	모집단에서 표본추출된 대상(실제 측정대상)
통계치	표본의 관찰값
표집오차	표본추출 시 일어나는 확률적 오차
추 정	통계치를 통해 모수를 통계적 방법에 의해 짐작하는 분석행위
신뢰수준	추정을 통해 통계치가 모수와 비슷하다고 믿을 수 있는 수준
신뢰수준	신뢰수준에 의해 결정되는 오차범위

2) 표집의 방법

(1) 확률적 표집법

확률적 표집법이란 확률적 원리에 근거해서 표본을 추출하는 방식을 말한다. 이에는 단순무작위법, 계통법, 층화법, 군집법 등이 있다. 표본을 확률적 원리에 근거해서 추출한다는 것은 모집단의 구성원들이 동일한 추출확률을 가지고 있어야 한다.

① 단순무작위법

단순무작위법은 표본 틀에 있는 모집단 구성원들에게 일련번호를 부여한 뒤 난수표나 제비뽑기 등을 통해 하나씩 추출하는 방식을 말한다. 가장 단순하지만 많은 개체를 추출할 때는 상당히 번거로운 방법이어서 효율성이 떨어질 수 있다.

② 계통법

표본 틀에 있는 모집단 구성원들에게 일련번호를 부여한 뒤 모집단 총수와 표본 수의 비율을 산정하여 그 비율에 맞는 일정한 간격으로 추출하는 방식이다. 이때 처음 추출하는 개체는 단순무작위법에 의한다. 단순무작위법보다 상당히 효율적인 방식이라고 할 수 있지만, 표본 틀이 반복적 원칙에 따라 구성원이 배열되었을 경우 편의의 위험이 크다.

③ 층화법

모집단을 인구학적 정보와 같은 기준에 의해 구별하여 각 계층을 만들고 난 뒤 계층별로 무작위로 추출하는 방식을 말한다. 이때 모집단과 표본이 계층별로 동일한 비율을 유지하는 비례층화법이 있고, 현실적인 문제 등으로 인해 동일하지 않는 비율로 추출하는 비비례층화법이 있다.

④ 군집법

군집법은 집락법으로도 불리는 방식이다. 모집단이 군집으로 형성되어 있을 경우, 군집을 단순무작위법에 의해 추출하여 선택된 군집에 포함된 개체 모두를 표본으로 선정하는 방식이다. 이러한 군집은 보통 지역적 특성으로 이루어져 있다. 따라서 표집을 하는 데 있어서 효율적이기는 하지만, 각 군집이 상이한 지역적 특성을 가지고 있을 때 편의가 발생해 정확도가 떨어지게 되는 경우가 있다.

(2) 비확률적 표집법

모집단을 정확히 파악할 수 없어서 모집단의 구성원이 표본으로 추출될 확률이 동일하지 않거나 알 수 없을 때 사용하는 표본추출 방법이다. 이 방법을 사용하면 그 결과의 정확성이 떨어지게 되지만, 현실적으로 이를 사용할 수밖에 없는 조사상황이 많이 벌어진다. 비확률적 표집법에는 편의법, 유의법, 할당법, 눈덩이법 등이 있다.

① 편의법

편의법은 조사자의 주관에 의해 임의로 표본추출 대상을 선정하는 방식이다. 이 방법은 표본추출법들 중 가장 정확도가 떨어진다고 볼 수 있다. 다른 용어로는 길거리표집법이라고 한다.

② 유의법

편의법과 달리 유의법은 전문가적 의도를 가지고 표본을 추출하는 방식이다. 조사의 목적에 맞는 대상을 찾아 표본을 만드는 방식이다. 비확률적 표집법 중 가장 많이 사용하고 있는 방법으로 목적표집 내지는 판단표집이라고도 한다.

③ 할당법

구성하고자 하는 표본의 성질을 미리 설계하여 각 기준에 부합하는 표본들을 선택하는 방법이다. 비확률적 표집법 중에서는 가장 정교한 방식으로 볼 수 있고, 앞서 살펴보았던 층화법과 유사하다. 하지만 층화법과 근본적인 차이를 가지고 있는데, 층화법에서는 각 층으로 나누어 개체를 선택할 때는 무작위법을 사용하지만, 할당법에서는 원하는 개체 수만 채우면 된다.

④ 눈덩이법

주로 은닉된 대상을 찾아 조사를 수행할 때 사용하는 방법이다. 작은 눈덩이를 굴려서 큰 눈덩이를 만들어 가는 과정과 유사하다고 해서 눈덩이법으로 부르는데, 이치는 비슷하다. 조사대상이 표면적으로 드러나지 않아서 찾기 힘들 때 사용하는 것으로 조사대상을 통해 조사대상을 물색해 나가는 방법이다. 따라서 표집이 끝나면 조사를 수행하는 것이 아니라 조사를 수행해 나가면서 표본추출도 함께 병행해 나갈 경우가 많다. 이 표집법은 질적 연구에서 많이 사용된다.

5. 조사방법

1) 실험법

(1) 실험법의 개요

① 실험법의 목적

조사방법으로 실험을 사용하는 주요한 목적은 인과관계의 규명이다. 인과관계를 규명하는 데 있어 실험법만큼 적절한 것은 없다. 하지만 사회복지조사 영역에서 실험법을 원칙적으로 사용하는 데는 많은 제약이 따른다. 이에는 현실적 제약과 아울러 윤리적 제약이 있다. 이러한 제약들을 극복할 수만 있다면 실험법은 아주 유용할 것이다.

② 실험설계 시 고려사항

실험에는 실험집단과 통제집단이 있어야 한다. 실험집단은 실험이 가해지는 집단이고, 통제집단은 실험이 가해지지 않으면서 실험집단의 특성과 비교를 위한 집단이다. 이러한 집단들을 구성하기 위해서 지켜야 할 규칙들이 있다. 그것은 우선 실험대상, 즉 피험자들을 무작위로 추출해야 하고, 또 이 피험자들을 두 집단에 적절히 배합해서 실험 전에 동질성을 유지할 수 있도록 해야 한다.

(2) 실험법의 종류

실험법은 현재 매우 다양하게 개발되어 있다. 기본적으로 살펴볼 수 있는 것은 실험설계법, 전실험설계법 등이 있다(Cambell & Stanley, 1963 : 6-13). 보통 실험법이라고 할 경우 실험설계법을 말한다.

실험설계법은 실험설계규칙을 완벽히 지키고 진행하는 방법을 말한다. 이에는 통제집단전후비교법, 통제집단후비교법, 솔로몬식 4집단비교법 등이 있다. 이 방법들은 여러 현실적인 한계가 있지만, 인과관계 규명에는 효과적인 방법이라고 할 수 있다.

전실험설계법은 실험설계규칙 중 피험자를 선택할 때 무작위로 하지 않고 실험하는 방법을 말한다. 이에는 단일사례연구, 단일집단전후비교법, 정태적 집단비교법, 패널스터디법, 시계열분석법 등이 있다. 이 방법들은 현실적 제약을 고려하여 수행하는 것으로 사회복지조사에 있어 실험법을 사용하게 될 때 많이 사용하게 되는 방법이다.

2) 면접법

(1) 면접법의 개요

면접법이란 조사자와 조사대상이 면대면의 관계를 형성하여 언어적 상호작용을 통하여 필요한 자료를 습득하는 방법이다. 즉, 질의-응답 구조로 되어 있는 의사소통을 통해 정보를 획득한다. 면접법은 현재 사용되는 자료수집법들 중에 널리 사용되고 있는 방법이다.

(2) 면접법의 종류

면접법에는 구조화 면접법, 반구조화 면접법, 비구조화 면접법 등이 있다. 구조화 면접법은 면접의 목적뿐 아니라 상세한 면접내용과 지침을 미리 구성하여 정해진 프로그램을 가지고 면접을 수행하는 방법이다. 반구조화 면접법은 면접의 목적과 내용, 지침 등은 있지만, 상황에 따라 변경할 수 있는 질문의 형태로 구성하여 면접을 수행한다. 반구조화 면접법에서는 질문의 형태가 개방형이 많으며, 전체적 스토리 구조에 벗어나지 않는 한 융통성을 발휘할 수 있다. 비구조화 면접법은 면접의 목적과 질문의 큰 흐름은 미리 정해지지만, 세부적 내용과 지침은 사전에 구성하지 않고 면접을 수행하는 방법이다. 다른 면접법들에 비해 자연스러움과 융통성을 중시한다.

3) 관찰법

(1) 관찰법의 개요

관찰법이란 조사자가 자신의 감각기관을 매개로 하여 조사대상을 인식하는 기본적 방법이다. 조사대상이 자연스럽게 표현하는 언어적/ 비언어적 메시지를 종합적으로 인식할 수 있는 방법으로 질의-응답의 구조에서 얻을 수 있는 정보보다 더욱 포괄적으로 습득할 수 있는 방법이다.

(2) 관찰법의 종류

관찰법은 구조화와 관여성을 기준으로 다음 도표와 같이 그 종류를 나눌 수 있다.

	구조화	반/ 비구조화
관 여	I	II
비관여	III	IV

구조화 방법이란 관찰을 할 때 관찰할 내용을 사전에 세부적으로 결정하여 관찰 항목을 만들고 자료를 수집하는 것을 말한다. 반구조화 방법은 관찰할 내용을 사전에 결정하기는 하지만, 전체적인 지침만을 가지고 관찰하는 방법이고, 비구조화 방법은 관찰할 주제만 사전에 인식하고 자유롭게 관찰하는 방법이다.

관여적 방법이란 관찰자가 조사대상의 일상적인 상황에 개입하여 관찰하는 방법이다. 이때 관찰자의 신분을 속일 수도 있고 그렇지 않을 수도 있다. 비관여적 방법이란 관찰자가 조사대상의 상황에 개입하지 않고 외부에서 관찰하는 방법을 말한다.

4) 서베이법

(1) 서베이법의 개요

서베이법은 대량조사를 의미한다. 이에는 편지나 전화, 사이버통신과 같은 의사소통매체를 사용할 수도 있고, 조사원이 직접 조사대상을 만나 조사할 수도 있다. 세련된 질문지를 사전에 구성하여 진행시키며 의사소통 매체의 개발과 조사원의 훈련 등에 노력을 기울인다.

(2) 서베이법의 종류

서베이법에는 우편서베이, 대인서베이, 전화서베이, 전자서베이 등이 있다. 전통적으로 우편서베이법이 대상자에게 접근이 용이하다는 점 때문에 많이 사용되어 왔지만, 최근에 들어와서는 효율성과 효과성의 문제로 인해 전화서베이와 전자서베이가 각광을 받고 있다. 우편서베이의 최대 약점은 낮은 회수율과 부정확한 응답에 있다. 이를 개선하기 위해 많은 방법이 시도되지만 대부분 조사비용을 증가시키는 방법이어서 효율적이지 못한 방법으로 인식되고 있다.

전화서베이의 경우 유선전화뿐 아니라 무선전화의 사용이 급격히 증가하여 표집에 상당한 장점이 있고, 접근성이 높기 때문에 대량조사에서 많이 이용되고 있다. 하지만 조사의 내용이 많을 경우 전화로는 제약이 따르기 때문에 전문적 견해를 묻는 조사에는 사용되기 힘들다.

전자서베이의 경우 전자메일과 웹사이트를 이용한 조사가 효율성과 신속성 때문에 많이 이용되고 있는데, 기술적인 문제로 인해 표본추출의 문제가 파생되고 있다. 이로 인해 그 결과를 의미 있게 받아들이는 것은 아직도 문제가 있다.

대인서베이의 경우 예로부터 확실성을 요구하는 전문적 조사일 경우 많이 사용되는 방법이다. 현실적으로 전화서베이나 전자서베이는 대량조사일 경우 비용이 줄어드는 측면이 있지만, 영세한 조직이 사용하거나 자세하고 정확한 응답을 요구할 경우 한계를 드러내고 있다. 이러 점들 때문에 조사원이 조사대상에게 직접 접촉하여 조사하는 대인서베이법을 현재에도 많이 사용하고 있다.

연습문제

1. 다른 연구자가 동일한 연구주제를 동일한 연구방법에 의해 수행했을 경우 근사한 결과를 얻게 되는 과학의 특성은 무엇인가?

① 논리성 ② 확률적 결정론
③ 일반성 ④ 간주관성
⑤ 수정가능성

2. 요인 내지는 원인을 파악하여 인과관계를 설명하고, 미래를 예측하기 위한 조사를 무엇이라 하는가?

① 원인조사 ② 탐색조사
③ 기술조사 ④ 횡단조사
⑤ 설명조사

3. 측정하고자 하는 개념의 속성들을 분류하고 명명할 뿐 아니라 속성들 간에 위계질서를 부여하는 수준의 측정수준은 무엇인가?

① 명목수준 ② 서열수준
③ 등간수준 ④ 비례수준
⑤ 누적수준

4. 전문가적 의도를 가지고 비확률적으로 표본을 추출하는 방식은 무엇인가?

① 할당추출법 ② 층화추출법
③ 계통추출법 ④ 유의추출법
⑤ 편의추출법

5. 실험설계규칙을 완벽히 지키고 실험하는 방법은 무엇인가?

① 솔로몬식 4집단 비교법 ② 단일사례연구
③ 정태적 집단 비교법 ④ 패널스터디법
⑤ 단일집단전후비교법

6. 사회복지조사에서 과학적 방법을 사용해야 하는 이유를 논하시오.

7. 사회복지조사의 전체적인 과정을 설명하시오.

해답 1. ④ 2. ⑤ 3. ② 4. ④ 5. ①

CHAPTER 08

지역사회복지

1. 지역사회의 개념 및 기능
2. 지역사회복지의 개념
3. 지역사회복지의 모형
4. 지역사회복지의 원칙
5. 지역사회복지의 문제해결 과정
6. 지역사회복지 실천현장

CHAPTER 08

지역사회복지

1. 지역사회의 개념 및 기능

1) 지역사회의 개념

지역사회(community)는 영어의 'common(공동의)', 'commune(친하게 교제한다)', 'communal(공동사회)'이라는 어원을 가지고 있다. 이 어원은 communis라는 라틴어에 뿌리를 두고 있으며 중세 때부터 사용된 것으로 알려지고 있다. communis는 com(함께)과 munis(봉사하는 일)의 합성어로 "모두가 참여한다 또는 모두가 분담한다"의 의미를 지니고 있다. community라는 단어의 의미과정은 commune, 즉 '친하게 교제한다'는 어미에 ~ity를 접미하여, 공동체 및 공동사회라는 뜻으로 명사화된 것이다.

여기에서 지역사회라고 하면 일반적으로 일정한 지리적 구역을 조건으로 전개되지만, 공동사회라고 하면 반드시 지리적 구역을 조건으로 하지 않고 그 구성원이 공동의 이익을 추구하고, 이해관계를 같이 하는 개인이나 집단조직체를 의미하고 있다. 그러나 지역사회조직사업의 경우 community는 흔히 지역사회(地域社會)의 의미로 사용된다. 즉, 지역사회는 ① 주민이 생활의 이해를 공동으로 하고, ② 동일한 공동사회에 생활하고 있는 사회감정을 동일하게 가지고 있고, ③ 독자적인 지역사회를 이루는 역사, 전통, 습관, 언어, 문화 등을 지니고 있으며, ④ 일정한 인구 및 지리적으로 같은 지역에 사는 인간집단이다(이택룡·노무지, 2001).

롱맨(Longman)사전(1995)에 의하면, 지역사회는 크게 지역성(locality)에 기반을 둔 정의와 사회적 동질성에 기반을 둔 정의로 나뉜다. 전자는 "동일한 지역 및 도시 등에서 생활하는 모든 사람들"로서 '지역성'에 근거한 정의라고 볼 수 있으며, 후자는 "동일한 국적, 종교 및 기타 유사한 영역들을 공유하는 사람들의 집단"으로서 '사회적 동질성'에 근거한 정의라고 할 수 있다.

한편 사회복지대백과사전(1999)에서는 지역사회를 구조적인 관점과 사회심리학적인 관점으로 나누고 있다. 전자의 관점에서 지역사회는 개인과 국가를 매개하는 구조로서 언급된다. 뒤르켐(Durkheim)에 의하면, 국가는 개인으로부터 너무나 분리되어 있기 때문에 지역사회와 같은 매개단위의 도움 없이는 사회화 기능을 성공적으로 수행할 수 없으며, 개인의 의식을 관통할 수 없다고 강조하였다. 이러한 언급은 지역사회를 개인과 사회를 연계 또는 개인을 형성하고 사회화시킬 수 있는 매개구조로서 파악하는 관점이다. 따라서 지역사회는 정치적 실체로서 보여지며, 지역, 도시, 읍·면, 근린지역 등으로 조직된다. 이러한 구조는 많은 정치·사회적 기능을 수행하며, 핵심적 권력으로서의 국가와 개인을 중재하게 된다. 또한 사회심리적인 관점에서의 지역사회는 의미, 정체성, 비소외적(non anomic) 관계, 그리고 소속감을 강조한다. 이 관점에 근거하고 있는 주요 개념은 퇴니스(Tonnies)의 공동사회(gemeinschaft)와 이익사회(gesellschaft)이다. 이는 지역사회의 개념의 진화뿐만 아니라 규모와 사회적 관계에 관한 논쟁을 이해하는 데 유용하다. 예컨대 공동사회의 개념이 지역에 근거하고 있지만, 현대적 맥락에서는 지역사회 역할의 심리적인 측면에 강조를 두고 있다고 볼 수 있다. 즉, 사람들의 상호관계가 상호부조, 공동운명, 유대감, 개별보상과 의무 등을 통해 이루어진다는 측면에서 사회심리학적 요소를 강조하고 있다. 따라서 사회심리학적 관점에서 지역사회는 사회적 상호작용의 측면에만 국한된 것이 아니라 생활면에서의 심리학적인 요소가 내재된 것으로 보고 있다.

현대 지역사회이론의 대표적인 학자로 손꼽히는 워렌(Warren)은 지역사회란 "지역적인 수준에서 사람들의 욕구를 충족시키기에 적절한 주요 사회기능들을 수행하는 사회적인 단위(units)와 체계의 연합"으로 정의하여 근린, 자발적 연합체, 그리고 더 광범위한 지역사회에 이르는 사회적인 단위들을 포함시키고 있다. 이러한 지역사회는 특별한 경계를 가질 수도 있고 또는 가지지 않을 수도 있지만, 중요한 것은 그러한 지역사회들은 인간의 생존을 위하여 필요한 기능들을 수행한다는 사실이다(Netting, Kettner & McMurtry, 1998).

2) 지역사회의 기능

워렌(Warren, 1978)은 모든 지역사회가 공통적으로 수행하는 주요 기능에 대하여 생산·분배·소비, 사회화, 사회통제, 사회참여, 상부상조 등의 다섯 가지로 나누어 제시하고 있으며, 이를 살펴보면 다음과 같다.

(1) 생산·분배·소비

이는 의식주(衣食住) 같이 지역사회 주민들이 일상생활을 위해서 필요로 하는 기본적인 재화(goods) 및 서비스(services)를 생산하고 분배하고 소비하는 과정을 말한다. 오늘날 사람들은 의식주, 보건, 교통, 고용, 여가생활 등과 관련된 다양한 영역에서 재화 및 서비스 같은 기본적인 욕구를 충족시키기 위하여 서로 의존하고 있다. 따라서 지역사회의 다양한 개인 및 조직들은 이러한 기능들을 수행하게 되고 지역사회는 이러한 활동이 이루어지는 환경이 된다.

(2) 사회화

사회화는 개인들이 사회와 이를 구성하는 사회적 단위들의 지식, 가치, 행동유형 등을 터득하는 과정을 말한다. 가족, 집단, 조직, 지역사회와 같은 모든 사회적 단위는 그 구성원에게 살아가는 데 필요한 정보를 직접적·간접적으로 전달해 주고 있다. 예컨대 아동들은 가족 및 학교로부터 이러한 정보들을 주로 전달받게 되지만 일반적으로 이러한 사회화는 일생 동안 이루어지게 된다.

(3) 사회통제

사회통제는 그 지역사회의 구성원들이 사회적 역할(roles), 규범(norms), 가치(values) 등에 순응하도록 하는 과정을 말한다. 이를 위하여 사회적으로 법률, 규칙, 규정 등을 제정하고 이를 집행함으로써 그 지역사회의 질서를 지키고 사회해체를 막는 기능을 수행하게 된다. 그러나 이러한 사회통제 기능은 정부만의 전유물(專有物)이 아니라 교육, 종교, 및 사회적 서비스 같은 다양한 부문을 대표하는 기관들도 이러한 기능을 수행한다.

(4) 사회참여

지역사회는 구성원들에게 참여의 기회를 제공해 준다. 사회참여는 지역사회 주민들이 그 지역사회의 다양한 사회적 집단 및 조직의 활동에 참여하는 과정을 말한다. 여기에는 지역사회의 기능을 수행하는 공식적 조직뿐만 아니라 비공식적 집단 및 연합들도 포함된다. 예를 들어, 지역사회 구성원들은 지역의 교회를 통하여, 시민조직을 통하여, 또는 비공식적인 근린집단을 통하여 사회적 상호작용의 기회를 갖게 된다. 이러한 사회적 상호작용은 지역사회를 이룩하고 이를 함께 유지하는 결속의 역할을 하게 된다.

(5) 상부상조

상부상조는 지역사회의 구성원들이 서로의 안녕(well-being)을 위하여 도움을 주는 과정을 말한다. 가족, 이웃, 친구 같은 1차적 집단은 전통적으로 기초적인 사회적 지지와 보호의 기능을 수행해 왔다. 그러나 사회가 보다 복잡해지고 다양화됨으로 인하여 이러한 기능은 정부, 민간 사회복지기관 및 조직, NGO 등으로 옮겨지게 되었다. 따라서 이러한 상부상조 기능은 비공식적인 활동뿐만 아니라 공식적인 활동 모두를 포함한다고 볼 수 있다.

2. 지역사회복지의 개념

린데만(Eduard C. Lindeman)은 그의 저서 『지역사회(The Community)』에서 이상적인 지역사회의 조건으로 ① 생명과 재산의 안전을 도모하기 위한 질서확립, ② 효율적인 생산체계를 통한 소득보장, ③ 보건과 위생의 보장, ④ 조직적이고 체계적인 시설을 활용한 문화생활 및 여가선용의 기회제공, ⑤ 지역사회 도덕체계의 확립, ⑥ 지식의 보급을 위한 교육기회의 제공, ⑦ 의사표현의 수단을 제공, ⑧ 민주적 형태의 조직을 제공, ⑨ 신앙적 동기의 제공 등을 들고 있다. 지역사회복지는 이러한 이상적인 지역사회를 실현하기 위한 일체의 사회적 노력인 것이다.

미국에서 지역사회조직은 케이스워크, 그룹워크과 함께 사회복지의 중요한 방법의 하나이다. 지난 1921년에서 1955년까지 제시된 지역사회조직에 대한 정의들 중에서 대표적인 정의들을 모아 이들을 유형화시켜 보면 다음과 같다(Harper & Dunham, 1959).

① 협력, 협동, 통합의 사상이다.
② 욕구충족 및 욕구와 자원 사이의 균형을 강조한다는 사상이다.
③ 지역사회조직사업은 케이스워크, 그룹워크이 직접적인 서비스에 관심을 갖는 것과는 달리 프로그램 관계에 관심을 둔다는 사상이다.
④ 민주적 과정과 전문가주의 사이의 실무적 관계를 제공한다는 철학적 관점을 가지고 있다.

이러한 지역사회복지의 개념 중에서 대부분의 학자들은 첫째와 둘째를 지적하고 있다. 대표적인 정의를 몇 가지만 살펴보면 다음과 같다.

로스(Ross)는 『지역사회조직 : 이론과 원칙』이라는 그의 저서에서 지역사회조직사업이란 지역사회가 ① 불충족된 욕구나 달성하고자 하는 목표를 찾아내고, ② 이러한 욕구 및 목표의 우선순위를 설정하고, ③ 그 욕구 및 목표를 달성하고자 하는 자신감과 의지를 발전시키고, ④ 그 욕구 및 목표를 달성하는 데 필요한 자원들을 발견하고, ⑤ 그 욕구 및 목표를 달성하기 위한 활동을 하며, ⑥ 그러한 실천활동을 통하여 지역사회 내에 협력적인 태도와 실천력을 증대시키고 발전시키는 과정으로 정의하고 있다.

미국 지역사회복지의 이론적인 발전에 이정표적인 것으로 평가되고 있는 「레인위원회 보고서(The Lane Committee Report to the National Conference of Social Work)」에서는 지역사회조직사업은 ① 욕구를 발견하고 정의하며, ② 가능한 한 사회적 욕구와 결함을 제거하고 예방하며, ③ 자원과 욕구를 분명히 해서 변화하는 욕구를 보다 잘 충족시키기 위해 자원을 계속적으로 재조정하는 데 관심을 갖는다고 기술하고 있다.

한편 정무성은 지역사회복지를 지역사회에의 조직적이고 체계적인 개입을 통해 주민들의 삶의 질을 향상시키기 위한 사회복지적 지식과 기술을 활용하는 전문실천방법으로 정의하고 있다. 이는 지역사회는 변화될 수 있으며 변화를 통해 주민들의 삶의 질이 향상될 수 있다는 신념에 근거한다. 그러나 변화는 자동적으로 쉽게 주어지는 것은 아니며 전문가의 개입에 의한 체계적인 계획과 노력에 의해 달성될 수 있다는 가정에서 출발한다. 지역사회복지는 계획된 지역사회 변화 목표를 달성하기 위한 의도적이고 합리적인 과정이다.

또한 최일섭은 "지역사회복지란 전문 혹은 비전문 인력이 지역사회 수준에 개입하여 지역사회에 존재하는 각종 제도에 영향을 주고, 지역사회의 문제를 예방하고 해결하고자 하는 일체의 사회적 노력이다"라고 기술하고 있으며, 김영모는 지역사회조직이란 "지역사회 구성원의 공통된 욕구를 해결하기 위하여 그 지역사회가 지니고 있는 인적·물적, 내적·외적 자원을 동원하여 조정하여 주는 과정"으로 정의하고 있다.

이러한 여러 가지의 견해를 종합해 볼 때 지역사회복지란 "지역사회의 문제해결 및 욕구충족을 위하여 지역사회 자원을 효과적으로 동원하고 조정하여 주는 사회복지적 실천과정"으로 정의할 수 있다.

3. 지역사회복지의 모형

로스만(Rothman)은 지역사회조직(community organization)의 세 가지 모형(models)으로서 지역사회개발(community development), 사회계획(social planning), 사회행동(social action)을 제시하고 있으며, 이러한 방법을 통하여 지역사회의 문제해결 및 복지향상을 도모한다고 보고 있다(최일섭 · 류진석, 2002). 그 내용은 다음과 같다.

1) 지역사회 개발

지역사회 개발은 "지역사회 주민의 적극적인 참여와 주민들이 가능한 한 최대의 주도권(initiative)을 가지고 지역사회의 경제적 · 사회적 조건을 향상시키기 위한 과정"으로 정의된다. 따라서 지역사회 개발은 지역사회의 변화를 가장 효과적으로 이룩하기 위해서는 광범위한 주민들을 변화를 위한 목표결정과 실천행동에 참여시켜야 한다는 전제에서 나온 지역사회조직사업의 한 형태이다.

지역사회개발사업에서의 사회복지사는 주로 안내자(guide)와 조력자(enabler)의 역할을 감당하게 되며, 지역사회개발 과정에서 민주적인 절차, 자발적인 협동, 토착적인 지도자의 개발, 교육 등이 특히 강조된다.

2) 사회계획

사회계획모델은 사회문제를 해결하기 위하여 합리적인 계획을 수립하고 통제된 변화를 도모하는 기술적인 과정이다. 따라서 지역사회 주민의 참여 정도는 문제의 성격 및 관련 기관의 문제해결 방향에 따라 달라질 수 있다.

사회계획은 다양하고 복잡한 문제를 가지고 있는 현대사회에서 문제해결을 위한 전문가가 필요하다고 보고 있다. 따라서 사회복지사는 주로 계획가(planner) 및 분석가(analyst)의 기술을 행사할 수 있는 전문적인 역할을 담당하게 된다.

3) 사회행동

사회행동은 지역사회의 불우계층에 처한 주민들이 사회정의와 민주주의에 입각해서 보다 많은 자원과 향상된 처우를 받을 수 있도록 그 지역사회에 요구하는 행동을 말한다. 따라서 사회행동에 참여하는 사회복지사는 지역사회의 기존 제도와 현실에 대한 근본적인 변화를 추구하며, 권력, 자원, 지역사회 정책결정에 있어서의 역할 등의 재분배를 추구한다.

사회행동 모델의 사회복지사는 사회적 불이익집단에 대한 옹호자(advocate)와 근본적인 변화를 추구하기 위한 행동가(activist) 등의 역할을 수행하게 된다.

4. 지역사회복지의 원칙

지역사회복지의 원칙이란 '지역사회복지사업을 수행함에 있어서 지침이 되는 원칙'을 의미하며, 지역사회조직사업을 이론적으로 정립하기 위한 수많은 학자들에 의하여 다양한 원칙들이 제시되어 왔다. 여기서는 그중 대표적인 원칙으로 평가받고 있는 맥닐(McNeil)과 로스(Ross)의 원칙을 살펴보고자 한다.

1) 맥닐의 지역사회조직의 원칙

맥닐(McNeil)은 사회복지를 위한 지역사회조직의 원칙에 대하여 다음과 같은 원칙을 제시하고 있다.

① 사회복지를 위해서 지역사회조직은 사람들과 그들의 욕구에 관심을 갖는다.
② 사회복지를 위한 지역사회조직에 있어서 일차적인 클라이언트는 지역사회이다.
③ 지역사회는 있는 그대로 이해되고 수용되어야 한다는 것이 지역사회조직의 철칙이다.

④ 지역사회의 모든 사람은 보건과 복지서비스에 관심을 갖는다.
⑤ 인간의 욕구는 계속 변한다는 사실과 사람들과 집단들 간의 관계도 계속 변한다는 현실은 지역사회조직 과정에 있어서 인식되어야 한다.
⑥ 모든 사회복지기관과 단체는 상호의존적이다.
⑦ 과정으로서 지역사회조직은 일반적인 사회사업의 한 분야이다.

2) 로스의 지역사회조직의 원칙

로스(Ross)는 지역사회조직을 전개하는 주체로서 추진회를 강조하고 있으며, 이를 기반으로 한 지역사회조직의 13가지의 원칙을 제시하면 다음과 같다.

① 현재 지역사회에 존재하는 불만으로부터 추진회의 결성이 이룩된다.
② 불만은 특정 문제에 관한 계획을 세우고 실천에 옮길 수 있도록 집약되어야 된다.
③ 지역사회조직을 위한 불만은 지역사회 주민들에게 널리 인식될 필요가 있다.
④ 지역사회조직을 위한 추진회는 지역사회 내에 있는 주요한 하위집단에 의해서 지목되고 수용될 수 있는 지도자들을 참여시켜야 한다.
⑤ 추진회는 지역사회 주민들로부터 고도의 지지를 받을 수 있는 목표와 운영방법을 가져야 한다.
⑥ 추진회의 사업에는 정서적인 내용을 지닌 활동들이 포함되어야 한다.
⑦ 추진회는 지역사회에 존재하는 현재적·잠재적인 호의를 활용하려고 해야 한다.
⑧ 추진회는 그 자체회원 상호 간이나 지역사회 간의 활발하고 효과적인 대화의 통로를 개발해야 한다.
⑨ 추진회는 협동적인 노력을 위해 참여하고 있는 다양한 집단들을 지원하고 강화시켜야 한다.
⑩ 추진회는 정상적인 업무상의 결정과정을 해치지 않는 범위 내에서 절차상에 있어서 융통성을 지녀야 한다.
⑪ 추진회는 지역사회의 현존조건에 따라 수행하는 사업에 보조를 맞추어야 한다.

⑫ 추진회는 효과적인 지도자를 개발하는 데 힘써야 한다.

⑬ 추진회는 지역사회 내의 지도자들을 참여시킬 수 있고, 어려운 문제를 해결할 수 있는 능력을 가져야 하며, 안정성이 있어야 하고 지역사회로부터 신망을 얻어야 한다.

5. 지역사회복지의 문제해결 과정

지역사회복지의 문제해결 과정은 지역사회의 욕구 및 문제해결을 위하여 효과적인 대응책을 수립하고, 이를 실천에 옮기는 일련의 과정이라고 할 수 있다.

학자들마다 지역사회복지의 문제해결 과정이 다르지만 일반적으로 문제발견 및 분석, 정책 및 프로그램의 개발, 프로그램의 실천, 평가의 네 가지 단계로 이루어져 있으며 이를 구체적으로 살펴보면 다음과 같다.

1) 문제발견 및 분석

지역사회 문제해결의 과정에서 문제발견 및 분석단계는 지역사회의 충족되지 않은 욕구나 해결을 필요로 하는 문제를 찾아내는 과정이다. 이러한 문제를 어떻게 규정하느냐에 따라 정책수립의 구상이 달라지며, 그에 따른 구체적인 해결방안 및 실천전략이 달라지게 된다. 따라서 이 단계에서 관심을 갖는 사회문제는 구체적인 해결방안을 찾아 실제적인 조치를 취하기 위한 분석단계이므로 사회문제는 가능한 구체화되어야 한다.

2) 정책 및 프로그램 개발

해결을 필요로 하는 문제가 분석되고 조작적으로 정의된 다음에는 실천하기 위한 프로그램 및 정책을 개발하는 일이다. 이러한 정책 및 프로그램 개발은 목표를 달성하기 위한 여러 가지 해결방안 중에서 가장 효과적이고 효율적인 정책을 선택하는 것이다.

정책수립이 목표지향적인 광범위한 내용을 설정하는 것이라면, 프로그램 개발은 정책을 실천하기 위한 구체적인 조치들을 명시하는 것이다. 여기에서 중요시되는 것은 경과를 추구함에 있어서의 효과성과 효율성으로서, 펄만과 거린(Perlman & Gurin)은 프로그램 개발과정에서 업무의 내용, 자원, 가능성 등을 고려해야 한다고 보고 있다.

3) 프로그램의 실천

프로그램의 실천은 정책목표를 달성하기 위해서 행하게 되는 일련의 활동을 말한다. 활동의 내용과 형태는 문제의 성격에 따라 무한정한 것이기 때문에 일률적으로 논할 수는 없으나 크게 두 가지 범주, 즉 '체제유지적(과정중심) 활동'과 '과업중심적인 활동'으로 나눌 수 있다. 체제유지적인 활동이란 클라이언트 집단이 문제를 스스로 해결할 수 있도록 능력을 배양해 주는 활동을 말하며, 과업중심적 활동이란 클라이언트 집단이 필요로 하는 서비스를 직접적으로 제공해 주는 활동을 말한다.

프로그램이 실천되는 과정에서 새로운 문제가 발생될 수 있으며, 이 경우 원래의 계획을 수정해야 할 필요가 생긴다. 따라서 사회복지사는 계획의 단계에서 변화를 예측할 수 있는 통찰력이 있어야 되고, 변화가 발생했을 때 즉각적으로 대처할 수 있는 능력과 기술이 있어야 한다.

4) 평 가

문제해결 과정의 마지막 단계인 평가는 두 가지 목적을 갖는다. 하나는 프로그램의 실천과정에서 수집된 정보를 입수해서 실천에 반영하여 실천방향을 수정하는 경우이다. 이때의 평가는 문제해결 과정의 마지막 단계라 볼 수 없고 문제설정, 목표수립, 프로그램의 개발, 프로그램의 실천이라는 전 과정에 영향을 주는 계속적 활동이라고 보는 것이 타당하다. 이를 위해서 흔히 사용하는 방법은 행동체계를 구성하는 사람들의 대표로 위원회를 구성하여 정기·비정기적인 평가회의를 개최하여 프로그램의 추진상황을 면밀히 검토하는 일이다.

평가의 두 번째 목적은 문제해결 전 과정의 결과와 최종산출을 평가하는 것이다. 이러한 평가는 일반적으로 프로그램을 통해 성취하고자 하는 목표가 어느 정도 달성되었는지, 전략과 전술의 효과는 어떠했는지 등 프로그램의 효과성과 영향을 측정하는 것이다. 따라서 이러한 평가결과는 새롭게 실시될 정책과 프로그램에 중요한 피드백 자료가 되며, 지역사회복지의 문제해결 과정은 이렇게 순환적인 형태를 유지하게 된다.

6. 지역사회복지 실천현장

1) 사회복지관

(1) 사회복지관의 개념

사회복지관은 사회복지활동을 좀 더 체계적이고, 계획적으로 추진해 나가고자 하는 종합적인 사회복지센터로서의 역할과 기능을 수행하고자 설치한 시설을 의미하며, 특히 지역사회의 충족되지 않은 욕구와 문제를 발견하여 주민들에게 필요한 서비스를 제공하는 가장 대표적인 직접 서비스기관이다. 또한 사회복지관이라 함은 지역사회 내에서 일정한 시설과 전문인력 및 자원봉사자를 갖추고 주민들의 복지수요에 부응하여 종합적인 사회복지사업을 수행하는 사회복지시설을 말한다.

(2) 사회복지관의 기능

사회복지관의 기능은 그 기관이 존재하고 있는 지역의 성격과 문제에 따라 다양할 수 있겠지만 일반적인 사회복지관의 기능을 제시하면 다음과 같다.

첫째, 서비스를 주민의 욕구와 문제에 맞추어 조정하고 통합하여 효과적 서비스 체제를 수립하는 사회서비스센터의 기능을 가진다.

둘째, 주민이 모여 집단활동을 하거나 토론을 할 수 있는 공동이용센터의 기능을 가진다.

셋째, 직업훈련과 부업의 알선 및 중개를 하는 매개체로서의 직업안정센터로서의 기능을 가진다.

넷째, 주민이 필요로 하는 정보와 평생교육을 위한 프로그램을 계획하고 실천하는 사회교육센터의 기능을 가진다.

다섯째, 지역사회에 살고 있는 지적·경제적·문화적 배경이 다른 다양한 주민의 생활향상과 지역사회 발전을 위한 국민총화의 장으로서의 기능을 가진다. 그 외에도 지역사회 자원의 동원, 지역사회 조사 및 평가 등의 기능을 수행한다.

(3) 사회복지관의 현황

우리나라에서 미국의 감리교선교사 놀즈(Knowles)는 1906년에 최초로 원산에 반열방(班列房)이라는 인보관을 설치하여 여성을 위한 계몽사업을 시작하였으며, 이후 미국 감리교선교부는 1921년 서울에 '태화여자관'을 설립하였고, 그 후 대학, 종교단체, 민간기관에서 많은 사회복지관을 설립하였다.

1980년대에 이르러 우리나라의 사회복지관사업은 양적·질적 확대의 시기를 맞이하였다. 1988년부터 주택건설촉진법에 따라 저소득층을 위한 영구임대주택을 건설하면서 의무적으로 사회복지관을 건립하도록 하였고, 1988년에 24개의 사회복지관은 1993년에 188개로 증가하였다.

지역사회의 직접적 복지서비스 실천기관으로서 우리나라의 사회복지관은 2014년 12월 전국에 443개가 설치·운영되고 있다.

2) 사회복지협의회

(1) 사회복지협의회의 개념

던햄(A. Dunham)은 "사회복지협의회란 지역사회 안의 각종 사회복지시설, 사회복지에 관심을 가지고 있는 민간단체나 개인의 연합체라고 할 수 있다. 또한 지역사회가 요구하는 사회복지의 욕구를 효과적으로 달성하기 위하여 모든 활동에 있어서 상호협력 및 조정하는 단체이다"라고 언급하고 있다.

이오카는 "사회복지협의회는 관청이 아니며 민간단체이다. 또한 사회복지의 각종 서비스를 경영하는 사업체가 아니라 각종 서비스를 개발, 전개하여 나가려고 하는 주민주체의 운동단체이다. 즉, 주민이야말로 지역의 주인공으로서 권리주체에 대하여 주민의 입장을 관철해 나갈 수 있도록 그 운동을 전개하는 민간자주조직이다"라고 정의하고 있다.

(2) 사회복지협의회의 기능

사회복지협의회는 지역복지 추진의 중심조직으로서 다음과 같은 기능을 수행한다.

① 주민욕구・복지과제의 명확화 및 주민활동의 추진기능

② 공사사회복지사업 등의 조직화・연락조정 기능

③ 복지활동・사업의 기획 및 실시 기능

④ 조사연구・개발기능

⑤ 계획수립 및 제언・개선운동 기능

⑥ 홍보・계발기능

⑦ 복지활동・사업의 지원기능

한편 던햄(A. Dunham)은 사회복지협의회의 기능으로서 다음의 아홉 가지를 제시하고 있다.

첫째, 사회복지에 관한 기초 자료수집, 연구, 조사, 타 기관에 대한 독려 및 공동연구를 수행한다.

둘째, 사회복지에 관한 정보교환, 자원봉사자 관리 등 지역사회복지의 중추기관으로서의 역할을 한다.

셋째, 기관들 간의 연합회나 회의 주체, 공동위원회 개최 등의 활동을 통해 그들 간의 협조와 협력증진을 원조한다.

넷째, 정보제공 및 위탁서비스, 사회봉사교환소 역할을 함으로써 공통의 복지서비스 기능을 수행한다.

다섯째, 집단적 혹은 개별적인 접근방법을 통해 사회복지기관들이 수행하는 업무의 질적 수준을 높이는 기능을 한다.

여섯째, 사회복지에 관한 공동계획 수립과 실천을 담당한다.

일곱째, 사회복지에 관한 정보를 제공한다.

여덟째, 전체 사회복지 분야의 재정상태를 개선하기 위한 활동을 전개한다.

아홉째, 사회행동, 즉 현안에 대한 견해를 밝힌다거나 특수층(심신장애인, 노인, 저소득층)의 복지를 위한 입법대안을 제시한다.

(3) 사회복지협의회의 현황

사회복지협의회는 1952년 민간사회기관들의 모임인 '한국사회사업연합회'로 창립하여, 1954년 사단법인 '한국사회사업연합회'로 법인허가를 받았고, 1961년 6월에 사단법인 '한국사회복지사업연합회'로 명칭을 변경하였으며, 1970년 사회복지법인 '한국사회복지협의회'로 개칭하여 현재에 이르고 있다.

또한 1998년 사회복지사업법의 개정과 함께 광역단체 사회복지협의회가 사회복지법인으로 인정됨에 따라 한국사회복지협의회의 지원 없이 지방 사회복지협의회로 독립되어 운영하는 체제로 변화되었다.

사회복지협의회의 조직체계는 중앙의 한국사회복지협의회와 17개 시도에 시·도 사회복지협의회가 구성되어 있으며, 2015년 148개의 시·군·구 사회복지협의회가 구성되어 있다.

3) 공동모금회

(1) 공동모금의 개념

사회복지공동모금회법 제2조에 보면 공동모금이란 사회복지사업의 지원에 필요한 재원을 조성하기 위하여 전국 또는 지역을 단위로 제도권 내에서 기부금품을 널리 모집하는 것을 말한다.

따라서 공동모금회는 지역사회의 복지욕구를 충족시키기 위해 노력하는 인간봉사 조직들을 원조하기 위해 자발적 기금조성 노력들을 체계화하고 조정하며, 자발적 기부금에 의해 원조를 받는 지역사회의 기금조성, 기획 및 기금배분 조직으로서 시민들과 복지기관들과의 협동적 조직이라고 할 수 있다.

(2) 공동모금회의 기능

공동모금의 기능은 다양하겠지만 일반적인 기능을 제시해 보면 다음과 같다.

첫째, 공동모금은 사회단체, 기업 그리고 일반주민이 적극적으로 참여함으로써 정부가 감당할 수 없는 복지 분야의 투자부족 부분을 민간 차원에서 보완할 수 있는 자금조성에 기여한다.

둘째, 공동모금은 지역사회 내에 공동체 의식과 함께 나누는 삶을 증진시키고, 지역사회 내 문제를 주민 스스로 해결하는 데 크게 기여할 수 있다.

셋째, 공동모금이 활성화되면 모든 기관들에게 복지재원 분배의 기회가 제공될 것이며 사회복지계의 전반적인 서비스수준 향상에 도움이 될 것이다.

넷째, 공동모금은 사회복지 발전을 위한 정부와 민간의 동반자 관계를 형성하는 기능을 가진다. 정부의 일방적인 복지정책의 수립과 집행 나아가서는 민간 사회복지사업에 대한 통제 및 개입을 벗어나 일정 정도의 자율성을 지니고 민간부문 스스로의 방향성과 재원을 통하여 궁극적으로는 사회복지의 지평을 확대하며 정부부문과 민간부문이 상호보완적인 역할을 수행할 수 있다.

(3) 공동모금의 현황

사회복지사업법에 공동모금 조항이 1970년 삽입되어, 1971년에 설립허가를 받아 1972년에 처음으로 모금을 실시하였다. 그러나 여러 가지 이유로 인해 1983년에 공동모금 조항이 사회복지사업법에서 삭제되었다가 다시 1997년 3월 사회복지공동모금법이 제정되어, 1998년 7월 1일부터 시행하게 되었다. 1998년 11월 사회복지법인 사회복지공동모금회가 설립되었다.

한편 공동모금회의 조직체계는 2015년도 현재 전국단위의 공동모금사업을 관장하기 위하여 1개소의 전국 공동모금회와 17개소의 특별시·광역시·도에 지회가 있다.

〈공동모금의 유래〉

1873년 영국 리버풀시에서 지역의 유력인사들이 기부금 모집의 중복과 강제적인 권유를 피하기 위하여 스스로 기부금을 적립하여 자선단체를 구성한 것이 유래이다. 흥미로운 점은 공동모금제도가 사회복지기관이나 전문가들에 의해 시작된 것이 아니고, 돈을 가진 자선가들에 의해서 시작되었다는 점이다. 자선가들은 그들이 지원하는 지원금이 효율적으로 사용되기를 원했고, 계속되는 모금단체의 지원 요청으로부터 벗어나기를 원했기 때문에 공동호송제(united appeals) 설립을 주도하였다.

이후 공동모금제도를 발전시킨 나라는 미국인데, 19세기 후반 미국은 급속한 산업화와 도시화로 빈곤 등의 사회문제가 등장하자 민간 사회복지기관도 늘어났으며 이로 인해 민간 사회복지기관들이 상호 경쟁적으로 보다 더 많은 액수의 모금을 자선가로부터 얻어내려 경쟁하였다. 이러한 상황이 발생하자 민간 사회복지기관들에 기부를 하는 자선가들은 좀더 효율적인 모금과 배분에 관심을 가지게 되었다.

그래서 복지기관들이 모여서 공동으로 모금을 한다든지, 복지기관 연합단체에서 모금을 하는 사례가 발생하게 되었는데, 1913년 클리블랜드 상공회의소에서 기부자, 모금활동자, 그리고 기금을 배분받는 기관의 자원봉사자로 구성된 자선박애연맹(Cleveland Federation for Charity and Philanthropy)을 구성하고 모금캠페인을 전개한 것이 오늘날과 같은 공동모금의 본격적인 시작이라고 할 수 있다. (http://www.chest.or.kr)

연습문제

1. 다음 중 지역사회의 기능이 아닌 것은?
   ① 생산·분배·소비 ② 사회화
   ③ 사회통제 ④ 상부상조
   ⑤ 계급화

2. 다음 중 로스만(Rothman)의 지역사회조직의 모형은?
   ① 지역사회 개발, 사회행동, 사회계획
   ② 사회참여, 사회행동, 사회계획
   ③ 사회참여, 사회행동, 사회조직
   ④ 지역사회 개발, 사회조직, 사회계획
   ⑤ 사회통합, 사회행동, 사회계획

3. 다음 중 지역사회 개발에서의 사회복지사의 주요한 역할은?
   ① 행동가, 옹호자 ② 안내자, 조력자
   ③ 옹호자, 분석가 ④ 행동가, 계획가
   ⑤ 계획가, 옹호자

4. 다음 중 지역사회복지의 문제해결 과정으로 바른 것은?
   ① 문제발견 및 분석 - 정책 및 프로그램 개발 - 평가 - 프로그램의 실천
   ② 정책 및 프로그램 개발 - 프로그램의 실천 - 문제발견 및 분석 - 평가
   ③ 문제발견 및 분석 - 정책 및 프로그램 개발 - 프로그램의 실천 - 평가
   ④ 프로그램의 실천 - 문제발견 및 분석 - 정책 및 프로그램 개발 - 평가
   ⑤ 문제발견 및 분석 - 평가 - 정책 및 프로그램 개발 - 프로그램의 실천

5. 다음 중 퇴니스(Tonnies)가 제시한 지역사회의 유형은?
   ① 소지역사회, 대지역사회
   ② 도심사회, 농촌사회
   ③ 이익사회, 농촌사회
   ④ 공동사회, 이익사회
   ⑤ 공동사회, 농촌사회

6. 지역사회복지의 원칙을 설명하시오.

해 답 1. ⑤ 2. ① 3. ② 4. ③ 5. ④

CHAPTER 09

아동복지

1. 아동복지의 이해
2. 아동복지의 전제조건과 원칙
3. 아동복지서비스의 대상과 분류
4. 아동복지의 과제

CHAPTER 09

아동복지

1. 아동복지의 이해

1) 아동복지의 개념

아동복지는 아동의 욕구나 아동의 문제를 해결하기 위한 서비스를 말한다. 카르테우스(Carsteus)는 아동복지를 아동에게 이익을 가져다 주는 사회적・지역적 활동의 모든 노력이라고 했고, 프리들랜더(Friedlander, 1972)는 아동복지란 단지 빈곤이나 방치, 유기, 질병, 결함 등을 지닌 아동(현재 문제를 가지고 있는 아동, 1차적 대상) 혹은 환경에 적응을 하지 못하는 비행아동에게만 관심을 두는 것이 아니라, 모든 아동이 신체적・지적・정서적 발달에 있어서 안전하며 행복할 수 있도록 위험에서 지키며, 보호하기 위하여 모든 공적・사적 기관에서 실시하는 제반 활동이라고 하였다.

카두신과 마틴(Kadushin & Martin, 1988)은 아동복지를 넓은 의미와 좁은 의미로 구분하여 정의하였는데, 넓은 의미란 모든 아동들이 행복을 위해서 그들의 신체적・사회적・심리적 발달을 보호하고 촉진하기 위한 모든 대책을 말하며, 좁은 의미는 특수한 욕구를 가진 아동과 가족을 대상으로 사회복지기관을 비롯한 특정 기관에서 제공하는 서비스를 말한다.

마이어(Meyer, 1985)는 아동복지란 지속적인 사회체계의 하나로서 아동의 복지를 증진하기 위한 사회제도이며 하나의 전문직으로서 사회복지의 한 분야라고 정의하고 있다.

장인협은 특수한 장애를 가진 아동(정신적 · 신체적 · 문제가 있는 아동)은 물론이고, 모든 아동들이 가족 및 사회의 일원으로 육체적으로나 정신적으로 건전하게 성장하고 발달할 수 있도록 지역사회나 사회복지 분야에 있는 공사(公私)단체나 기관들이 협력하여 아동복지에 필요한 사업을 계획하며 실행에 옮기는 조직적인 활동이라고 하였다.

아동복지법 제3조 제2호에서는 "아동복지란 아동이 행복한 삶을 누릴 수 있는 기본적인 여건을 조성하고 조화롭게 성장 · 발달할 수 있도록 하기 위한 경제적 · 사회적 · 정서적 지원을 말한다"고 정의하고 있다.

이상의 정의들을 보면 아동복지는 협의의 개념과 광의의 개념으로 나누어 볼 수 있다. 자세히 살펴보면 다음과 같다(이소희, 2004).

(1) 협의의 의미

좁은 의미의 아동복지란 요보호아동을 중심으로 한 복지실천을 말하며, 비교적 개인이나 민간단체를 중심으로 이루어지는 실천을 의미한다. 여기에서 요보호아동이라 함은 주로 구조적으로나 기능적으로 부적절한 양육환경에서 자라는 아동이나 발달상의 문제 및 장애를 가진 아동을 말하는 것으로, 빈곤가정이나 폭력 및 해체가정의 아동, 선천적 혹은 후천적인 요인에 의하여 정상적으로 성장하지 못하고 신체기능상에 장애가 있거나, 정서 및 행동상에 문제를 지닌 아동들을 들 수 있다.

좁은 의미의 아동복지는 전반적으로 사회복지가 잘 발달되지 못한 시대나 국가에서 채택하였으나, 근래에 들어서는 삶의 질에 대한 인식의 증가로 대다수의 국민을 대상으로 한 넓은 의미의 정의를 채택하는 경향이 높아졌다.

(2) 광의의 의미

넓은 의미의 아동복지는 일반아동과 그 가족을 대상으로 다양한 복지주체들이 서로 유기적인 관련하에 체계적으로 복지실천을 전개하는 것을 말한다. 일반아동이라 함은 요보호아동에 대응하는 대상으로서 특별한 외부의 도움을 필요로 하지 않는 아동을 말한다.

그러나 실천적 성격의 복지를 채택하게 되면 모든 아동을 위한 복지실천은 요보호아동을 위한 복지실천을 포함하게 된다. 따라서 넓은 의미의 아동복지 대상은 일반아동과 요보호아동을 구분하지 않는, 곧 모든 아동이 그 대상이 되는 것이다.

한편 넓은 의미의 아동복지의 대상에 가족을 포함시키는 이유는 아동복지의 일차적인 책임이 부모를 중심으로 한 가족에게 있으며, 최선의 아동복지는 아동양육에 일차적 책임을 지고 있는 부모와 그 가족이 제대로 역할을 수행할 수 있도록 도와주는 것이라는 관점에 근거한 것이다. 이를테면 카두신(Kadushin, 1984)이 모든 아동들의 행복과 사회적응을 위해 심리적·사회적 및 타고난 잠재능력을 길러주는 각종 활동을 아동복지로 본 것과, 코스틴(Costin, 1981)이 아동복지를 가족생활을 강화하기 위한 사회복지의 한 분야로서 아동과 그 가정의 안녕을 위한 것이라고 정의한 것과 유사한 맥락이다.

이와 같은 협의 및 광의의 아동복지 의미를 종합하여 재정의해 보면, 아동복지란 특수한 문제, 즉 도움이 필요한 아동에게 적절한 서비스를 수행하는 치료적인 측면과 동시에 모든 일반아동이 모든 발달영역에서 그들의 잠재력을 최대한 발휘할 수 있는 행복한 상태가 될 수 있도록 도움을 주는 사회 전반적인 활동을 의미한다고 할 수 있다.

2) 아동복지의 이념

아동복지의 이념은 일반적으로 자본주의 사회에 '휴머니즘' 운동의 일환으로서 생성·발전되어 온 것으로 볼 수 있다. 즉, 19세기 자본주의의 발달과정에 있어 수난으로부터 아동과, 아동의 생활을 보호하려는 노동, 교육 및 아동보호운동 가운데서 싹이 트고 20세기에 이르러 발전하게 된 '아동의 권리' 확인의 집약이라 할 수 있다.

이와 같은 아동의 권리적 이념을 고양하고 아동복지 이념의 발전에 크게 영향을 미치면서, 아동복지의 규범으로서 정책적으로나 실천적으로 중시된 것은 1959년의 UN의 '아동복지선언'과 1909년 이후의 미국 '백악관 아동회의' 그리고 각국에 있어서의 '아동헌장' 등이라 할 수 있다. 아동복지선언은 그 전문에서 '인류는 아동에 대하여 최선의 것을 부여할 의무를 진다'고 전제하면서 동 선언 제1조로부터 제10조에 걸쳐 차별의 금지, 법률에 의한 보호, 사회보장, 교육 및 의료를 받을 권리, 장애아의 권리, 방임, 학대, 착취로부터의 보호 등을 규정하고 있다.

그러나 이 선언은 매우 이상적이고 중요한 내용을 지니면서도 그 자체로서는 법적 규제력이 결여되어 있으므로 아동권리의 실질적인 실현, 보호에 결정적으로 기여할 수 없는 면이 있다. 선언은 선언 이상의 것이 아니다. 그래서 선언의 내용을 법적 구속력이 있는 협약으로 높이려는 움직임이 나오게 되었다.

우리나라의 경우 헌법의 추상적 내용을 구체화시킨 아동복지법에서는 아동복지의 목적과 이념을 정립하고 있다. 아동복지법 제1조에 따르면, 아동복지법의 목적은 아동이 건강하게 출생하여 행복하고 안전하게 자랄 수 있도록 아동의 복지를 보장하는 것을 목적으로 한다고 명시되어 있다. 또한 아동복지법 제2조에 명시된 기본 이념은 다음과 같다. 첫째, 아동은 자신 또는 부모의 성별, 연령, 종교, 사회적 신분, 재산, 장애 유무, 출생지역, 인종 등에 따른 어떠한 종류의 차별도 받지 아니하고 자라나야 한다. 둘째, 아동은 완전하고 조화로운 인격발달을 위하여 안정된 가정환경에서 행복하게 자라나야 한다. 셋째, 아동에 관한 모든 활동에 있어서 아동의 이익이 최우선적으로 고려되어야 한다. 넷째, 아동은 아동의 권리보장과 복지증진을 위하여 이 법에 따른 보호와 지원을 받을 권리를 가진다.

그리고 아동복지법 제4조와 제5조에서는 아동복지에 대한 책임주체를 국가와 지방자치단체, 아동의 보호자, 모든 국민으로 포괄하고 있으며 각 주체에 대한 책임을 밝히고 있다.

2. 아동복지의 전제조건과 원칙

1) 아동복지의 전제조건

아동복지가 실현되기 위해서는 아동의 건전한 성장과 발달에 필요한 욕구가 충족되어 아동이 지니고 있는 잠재능력을 최대한 발휘할 수 있도록 하는 기본 요소가 갖추어져야 한다. 아동복지의 실현을 위해 필요한 기본 요소는 여러 학자들에 의해서 제시되기도 하였으며, 아동의 권리에 관한 선언이나 법에 의해서도 제시되고 있다. 아동복지의 전제조건을 살펴보면 다음과 같이 8개 측면으로 나누어 볼 수 있다(공계순 외, 2003; 성영혜 · 김연진, 2002; 장인협 · 오정수, 2001).

(1) 부모의 계몽 및 교육

부모로서 자녀양육의 책임에 대한 준비 및 이를 위한 상담과 지도 프로그램이 모든 계층의 부모에게 제공되어져야 한다. 부모교육은 아동을 건전하게 키우기 위한 부모들에 대한 교육으로서 아동발달의 원리, 자녀와의 대화기법, 부모의 역할, 가정환경의 중요성 등을 주지시켜 자녀를 적응적인 인간으로 키우도록 하는 데 그 목적이 있다.

(2) 안정된 가정생활

아동은 일차적으로 부모나 가정을 매개체로 하여 성격 및 습관, 그리고 행동을 형성하게 되며, 이를 토대로 친구, 학교, 직장, 일반사회로 적응해 가면서 점차 사회적 인간으로 성장해 나가게 된다. 따라서 가정은 사회구성의 기본 단위이며 아동의 건전한 성장과 발달을 위한 기본 터전을 이루고 있으므로 아동이 생활하는 가정생활이 안정적으로 유지될 필요가 있으며, 가정의 역할 중요성이 강화될 필요가 있다.

(3) 보건 및 의료보호

모든 아동의 건전한 성장과 발달을 위해서는 이들에 대한 보건이나 의료문제가 국가나 사회의 가장 중요한 관심사가 되어야 한다. 사실상 보건 및 의료보호는 경제적 측면의 연장선이라고 할 수 있을 것이다. 그리고 아동복지의 기반은 아동의 보건에 달려 있으며, 또한 아동의 건강은 모(母)의 심신건강에 비례한다고 볼 수 있다.

(4) 경제적 안정

아동에게 안정감을 주기 위해서는 가정에서 생활에 필요한 최저한도의 물질적 욕구가 충족되어야 하며, 아동의 기본적 욕구인 의·식·주 문제의 해결은 그들의 심신의 발달에 있어 필수적인 요소가 된다. 따라서 경제적 불안정은 최저한의 아동의 욕구가 충족되지 않은 상태로, 이들의 건전한 성장과 발달에 장애요인으로서 작용하므로 아동이 심신의 건강뿐 아니라 교육의 기회마저 박탈당하게 되어 지능이나 정서발달에 나쁜 영향을 주기 쉽다.

(5) 교육

교육을 받을 권리는 아동이 인간으로 대우받고 인간다운 삶을 추구하기 위한 기본적인 권리이다. 우리나라 현행 헌법에서도 교육은 모든 국민의 '권리'라고 규정하여 일정 연령에 달하는 모든 아동은 모두 정규적인 교육을 받게 하고 있다.

아동은 그의 성장·발달단계에 적절한 학습을 받음으로써 자기완성에 이를 수 있는 것이다. 만약 이러한 학습기회가 박탈되거나 거절되는 경우는 아동 자신의 욕구좌절은 물론 부모나 사회에 대해서도 많은 부담을 안겨주게 될 것이다. 모든 아동은 어려서부터 교육과 관계를 갖는다. 교육은 단순히 지식을 전달할 뿐 아니라 아동의 전인격적 성장을 목표로 삼아야 한다.

(6) 놀이 및 오락

아동의 놀이는 생리적인 것이며, 새로운 성장단계로서 전진을 의미한다. 놀이를 통해 사회화 과정을 밟아나가며 대인관계 기술을 습득하게 된다. 또한 놀이는 자기의 욕구나 감정 발산을 충족시키며 신체적으로나 정신적으로 건전하게 성장할 수 있는 촉진제가 되는 것이다. 아동교육 및 보호 관련 기관에서는 적절한 교육적 놀이시설을 마련해야 하고, 사회적 차원에서도 아동의 놀이문화를 위한 배려가 있어야 한다.

(7) 노동으로부터의 보호

모든 아동은 유해환경이나 기타 착취적 노동으로부터 보호되어야 한다. 노동현장에서는 성인과 비교할 때 임금이 저렴하고, 성인에 비해 복종적이라는 이유로 연소자를 고용하고 있다. 그러나 연소노동은 신체발달을 저해하고, 건강을 해치며, 지능발달에 장애를 초래할 뿐 아니라 인성발달에도 악영향을 미치게 된다.

(8) 특수보호

특수한 보호를 요하는 아동을 위한 개별적이고 전문적인 보호도 실시되어져야 한다. 장애아동은 물론 빈곤가정 및 결손가정의 아동, 취업모의 자녀, 미혼모와 그 자녀, 맞벌이 부부의 자녀, 비행아동, 위탁 및 입양 대상 아동 등 특수보호가 필요한 아동을 위한 대책이 필요하다.

〈표 9-1〉 아동복지의 전제조건

학 자	전제조건
키(Key, 1909)	• 튼튼하게 태어날 권리 • 건전하게 양육받을 권리 • 정상적인 가정생활을 누릴 권리 • 교육받을 권리 • 도덕적 · 정신적인 훈련을 받을 권리 • 유희나 오락을 즐길 권리
사회사업백과 사전(1965)	• 가족생활 • 부모의 보호 • 적절한 가정경제와 주거 • 교육 • 유희나 교우 • 윤리적 표준 • 이념과 가치 • 교육적 · 직업적 지도 • 법적 보호

프레드릭슨과 얼리언 (Fredericksen & Mulligan, 1972)	• 부모역할이 준비된 부모 • 경제적 안정 • 보건 • 교육 • 종교 • 놀이 • 유해한 노동에서의 보호 • 특수욕구 아동에 대한 서비스
아동권리협약(1989)	• 시민권과 자유권 • 가정환경 및 대리보호에 대한 권리 • 기초 보건 및 복지에 대한 권리 • 교육, 여가, 문화 활동에 대한 권리 • 특별보호조치에 대한 권리
장인협 · 오정수(2001)	• 부모의 계몽 및 교육 • 안정된 가정생활 • 보건 및 의료보호 • 경제적 안정 • 교육 • 노동으로부터의 보호 • 놀이 및 오락 • 특수보호

2) 아동복지의 제 원칙

아동이란 인간의 생활주기에서 가장 특별한 보호와 지도를 필요로 하는 시기이며, 아동은 해결해야 할 많은 과제와 욕구를 가지고 있는 복지대상이다. 따라서 이들의 건전한 성장과 발달을 위해서는 다양한 사회복지 정책과 프로그램 및 서비스가 요구된다.

아동복지정책과 아동복지서비스가 효과성과 목적을 달성하기 위해서는 기본적인 원칙이 필요하다. 장인협 · 오정수(2001)는 기본적인 원칙으로 권리와 책임의 원칙, 보편성과 선별성의 원칙, 개발성의 원칙, 포괄성의 원칙, 전문성의 원칙 등 다섯 가지 원칙을 제시하였다. 다섯 가지의 원칙을 구체적으로 살펴보면 다음과 같다.

(1) 권리와 책임의 원칙

아동복지서비스는 '아동－부모－사회'의 상호관계를 바탕으로 실시되어야 하며, 이러한 삼자관계는 항상 권리와 책임을 가져야 한다. 삼자 중 어느 한 부분의 권리나 책임에서 야기되는 갈등이나 지나친 요구는 아동에게 어려움을 야기할 수 있다. 따라서 아동복지는 어느 한 주체가 일방적인 권리와 책임을 갖는 것이 아니라 각각에게 부여된 사회적 역할과 범주에서 상호유기적인 관계로 균형을 이루는 것이 중요하다고 할 수 있다.

(2) 보편성과 선별성의 원칙

아동복지에서 보편성과 선별성은 동시에 적용될 수 있는 원칙이다. 보편성의 원칙이란 계층, 인종, 민족, 장애 유무, 부모 유무 등 아동을 구분하는 모든 요인들과 상관없이 모든 아동들에게 동등한 복지서비스를 제공한다는 것이다.

선별성의 원칙은 아동에 대한 복지를 추구하는 데 조건이나 기준을 정하고 이에 따라 아동복지의 대상과 사업을 제한하는 원칙을 말한다. 선별성의 원칙에 의한 급여와 서비스는 그 성격에 있어 시혜적이고 일시적·보충적·잔여적 성격이 강하다.

우리나라 아동복지는 그동안 선별성의 시각에 치우쳐 협의적이며 특수한 대상을 위한 대책에 치우쳐 왔다. 주로 수용시설 아동을 중심으로 아동복지 정책 및 서비스가 실시되어 왔다. 그러나 개정된 아동복지법(2004)에서는 전체 아동을 대상으로 하고 동시에 예방과 개발을 중심으로 보편적이며 제도적 기능이 수행될 수 있는 방향을 지향하고 있다.

(3) 개발성의 원칙

아동의 문제는 전체 사회와 매우 유기적으로 관련을 맺고 있으므로 아동복지의 대책을 강구하는 데 있어 다양한 측면에서 고려되어야 한다. 개발적 기능의 원칙이란 아동복지의 거시적 측면을 고려해야 함을 의미한다. 거시적 안목으로 아동과 사회를 보며 사후 치료적인 아동복지가 아니라 예방을 함께 고려할 수 있어야 하며, 아동 개인뿐 아니라 전체 사회의 변화를 고려하고 사회와 유기적 관계 속에 있는 아동의 문제를 보다 다양한 측면에서 접근하기 위한 적극성을 가져야 한다.

(4) 포괄성의 원칙

포괄성의 원칙이란 아동복지를 달성하기 위해서는 경제, 교육, 보건, 주택, 노동 등의 여러 분야의 포괄적인 대책이 아동 관련 정책과 서비스에 수반되어야 함을 말한다. 아동의 신체, 정서, 인지, 사회 발달 등은 각각의 발달이 분리된 것이 아니라 역동적으로 상호 관련되어 있으므로 아동의 욕구에 대해서 통합적인 관점으로 접근하여야 한다.

정부 정책도 아동의 권리와 복지를 위하여 종합적으로 접근되어야 하며, 지역사회에서 제공되는 아동복지서비스 또한 포괄적이며 통합적 사례관리 수준으로 실행되어야 한다.

(5) 전문성의 원칙

아동의 건전한 성장과 발달을 위해서는 아동을 위한 전문기구와 전문적 인력이 필요하다. 아동은 성인과 다른 사고방식과 의사소통 방법을 가지고 있으며, 끊임없이 변화하고 성장하는 과정에 있다. 또한 오늘날 아동의 문제는 점점 복잡해지고 다루기 어려워지고 있다. 그러므로 아동에 대한 전문지식과 기술이 없이는 아동을 제대로 이해하지 못하며, 아동이 겪고 있는 문제를 완화하거나 해결하는 데 도움이 되지 못한다.

아동과 부모의 욕구를 보다 전문적으로 충족시킬 수 있는 아동복지 전문기관들이 지속적으로 증가되어야 하며, 이에 관한 국가의 정책적 지원이 확대되어야 할 것이다.

3. 아동복지서비스의 대상과 분류

1) 아동복지서비스의 대상

아동복지의 대상인 아동의 연령에 대해서는 국가마다 제각기 다른 규정을 정하고 있는데, 우리나라의 아동복지법에서는 만 18세 미만인 자를 아동으로 보고, 소년법에서는 만 20세 미만으로, 근로기준법에서는 만 18세 이하로 분류하고, 장인협과 오정수(2001)는 아동복지 대상을 크게 요보호아동과 일반아동으로 구분하여 설명하고 있다.

(1) 요보호아동

요보호아동은 필요한 욕구가 충족되지 못하거나 문제에 처해 있는 아동을 의미한다. 아동은 필요한 물질적 자원, 정서적 안정, 교육, 건강, 여가활동 등의 욕구를 가지며, 이러한 욕구를 충족하지 못하는 경우 아동복지서비스의 대상이 된다. 아동의 문제는 빈곤, 부모의 실직과 같은 사회구조적 문제와 별거, 이혼, 사별 등에 의한 한부모가정, 가정폭력과 같은 가정환경적 문제, 비행, 약물중독, 정신장애와 같은 부적응 문제 등이 있다(김성경 외, 2005).

현재 우리나라 아동복지법에서는 보호대상아동 "보호자가 없거나 보호자로부터 이탈된 아동 또는 보호자가 아동을 학대하는 경우 등 그 보호자가 아동을 양육하기에 적당하지 아니하거나 양육할 능력이 없는 경우의 아동"과 지원대상아동 "아동이 조화롭고 건강하게 성장하는 데에 꼭 필요한 기술적인 조건이 갖추어지지 아니하여 사회적·경제적·정서적으로 지원이 필요한 아동"으로 정의하며 이들을 통상 요보호아동이라 본다(아동복지법 제3조 제4호).

요보호아동은 가정환경상의 문제를 지닌 요보호아동, 발달상의 장애를 지닌 요보호아동, 사회적·법적 보호를 요하는 요보호아동으로 분류할 수 있다.

① 가정환경상의 문제를 지닌 요보호아동

- 빈곤가정 : 빈곤가정이란 최저생계비 미만의 저소득으로 인하여 아동의 성장과 발달에 필요한 영양, 보건, 교육 등의 기회가 결핍되거나 박탈당한 경우를 초래한다. 국가의 경제력이 향상되더라도 빈곤가정은 여전히 존재하고 있으며, 이들의 자녀양육 환경은 지속적이고 신속한 대책이 필요하다.
- 결손 및 부재가정 : 결손가정이란 이혼 또는 사망으로 인하여 일방 또는 쌍방 부모가 없는 가정을 말한다. 부재가정이란 해외 취업 또는 교도소 복역, 질병 등으로 인한 장기입원으로 부모 중 일방이 장기간 동거하지 않는 가정을 말한다. 현대 가족의 특징 중 하나인 가족해체 현상과 더불어 결손 및 부재가정 아동의 수가 점점 증가하므로 이들에 대한 올바른 이해와 대책이 시급하다.
- 병리가정 : 사회집단으로서 가족조직이 약화되고 기능상의 장애를 일으키는 가족을 말한다. 그 원인으로 부부갈등, 별거 및 이혼으로 인한 문제, 유기, 학대 등이 있으며 아동의 성장과 발달에 매우 치명적이고 부정적인 영향을 주게 된다.

② 발달상의 장애를 지닌 요보호아동

장애아동이란 선천적이든 후천적이든 신체·정신적 능력의 결여 때문에 개인 혹은 사회생활에 필요한 것을 스스로 확보할 수 없는 아동을 말한다. 신체장애아동, 정서장애아동, 정신지체아동 등이 있다. 의료적 지지는 물론 적절한 교육과 훈련이 필요하며 경제적 지원과 함께 전문적 서비스가 제공되어야 한다.

③ 사회적·법적 보호를 요하는 요보호아동

미혼모와 그 자녀를 위한 법률상담, 의료혜택, 직업 및 교육 상담, 생계비 보호, 정서적 문제를 해결하도록 돕기 위한 심리치료서비스 등이 제공되어야 한다.

가출 혹은 비행 아동들은 법적인 문제해결과 상담서비스가 요구되므로 우선적으로 법과 사회의 보호 차원에서 보호받아야 한다. 소년교도소 등의 법집행기관들은 비행아동의 선도 및 교화를 위해 양질의 복지서비스를 개발해야 한다.

(2) 일반아동

일반아동은 사회의 특별한 보호를 받지 않고 아동이 속한 가정에서 양육과 보호를 받으며 생활할 수 있는 아동이다. 일반 아동복지서비스는 요보호아동을 포함한 모든 아동을 위한 서비스를 의미한다. 예컨대 초등학교의 의무교육제도가 여기에 해당된다(표갑수, 2002).

일반아동들은 현재 별다른 어려움 없이 지내고 있다 하더라도 앞으로 문제를 경험할 가능성을 배제할 수 없다. 우리나라의 경우 지금까지 요보호아동을 중심으로 주로 사후 대책 아동복지서비스가 이루어져 왔기 때문에 예방적 차원에서 모든 아동을 대상으로 하는 서비스는 상대적으로 미흡한 실정이다.

아동의 건강한 발달과 성장을 도모하기 위해서는 모든 아동과 그 가족을 대상으로 예방적 차원에서 아동복지서비스를 제공해야 할 것이다. 다시 말해, 아동복지서비스는 보편주의에 입각하여 모든 아동과 그 가정을 대상으로 그들의 욕구를 충족시킬 수 있는 포괄적이고 다양한 서비스를 제공할 때 가족의 기능이 강화되어 문제의 사전예방이 가능하다.

2) 아동복지서비스의 분류

아동복지서비스는 그 분류의 기준에 따라 다음의 몇 가지로 나누어 볼 수 있다(이숙종 외, 1997; 문재우 외, 2004).

첫째, 서비스가 전달되는 장소를 기준으로 가정 내 서비스(in-home service)와 가정 외 서비스(out-home service)로 양분할 수 있다.

둘째, 서비스의 대상을 기준으로 요보호아동을 위한 서비스와 일반아동을 위한 서비스로 나눌 수 있다.

셋째, 서비스가 가지고 있는 기능을 중심으로 지지적 서비스(supportive service), 보충적 서비스(supplementary service), 대리적 서비스(substitute service)로 분류할 수 있다. 카두신(Kadushin)은 이를 3S 모형(3's model)이라 하였다.

(1) 장소에 의한 분류

① 가정 내 서비스

가정 내 서비스(재가서비스)는 아동이 가정 내에 머물면서 필요한 서비스를 제공받는 것이다. 기본적인 욕구를 충족시키지 못하거나 부모-자녀 간에 장애가 있을 경우 제공되는 서비스를 말한다. 상담서비스, 프로텍티브(protective) 서비스 등이 해당된다.

② 가정 외 서비스

가정 외 서비스는 아동이 가정을 떠나 타 가정이나 시설에 머물면서 보호와 양육의 서비스를 제공받는 것이다. 가정위탁보호사업, 입양사업, 시설보호사업 등이 있다.

(2) 대상에 의한 분류

① 요보호아동을 위한 서비스

양육환경상 문제가 있는 경우, 장애를 지닌 경우, 방임이나 학대 등에 의해 특별한 보호가 필요한 경우 등 위기상황에 처해 있거나 장기적인 보호를 필요로 하는 아동을 위한 서비스를 말한다. 가정위탁, 입양 및 시설보호 서비스, 상담 및 치료 서비스와 재활서비스, 생계지원서비스, 의료서비스 등 다양한 서비스가 해당된다.

② 일반아동을 위한 서비스

예방과 건전 육성의 차원에서 서비스를 지속적으로 개발해야 한다. 아동교육 및 보육서비스, 모자보건서비스, 부모교육 및 상담서비스, 아동전용시설의 설치 등이 있다. 일반아동을 위한 대표적인 아동복지제도로서는 아동수당제도를 들 수 있다.

(3) 기능에 의한 분류

① 지지적 서비스

지지적 서비스(supportive service)란 부모와 자녀가 자신들의 책임성을 효율적으로 수행할 수 있도록 그들의 능력을 지원하고 강화시켜 주는 서비스로 아동이 자신의 가정에 머물면서 받을 수 있는 서비스이다.

지지적 서비스에는 아동상담, 부모 및 가족 상담서비스(일반아동 및 부모, 장애아동 및 부모, 피학대 아동 및 부모 대상), 부모교육서비스(장애아 부모, 미혼부모, 일반부모), 지역사회조직사업 등이 있다.

② 보충적 서비스

보충적 서비스(supplementary service)란 부모역할의 일부를 보조하는 서비스로 부모의 보호, 양육의 질이 부적절하거나 제약이 있을 때, 이를 보충할 수 있도록 제공되는 서비스이다. 즉, 부모역할이 영구적 혹은 일시적으로 충분히 충족되지 못할 때 이러한 보충적 서비스가 필요하게 된다. 보충적 서비스로는 방과 후 아동지도, 피학대아동 보호사업, 소득보완사업, 아동수당, 취업모를 위한 보육서비스, 가정조성사업 등이 있다.

③ 대리적 서비스

대리적 서비스(substitute service)는 부모가 역할을 전적으로 수행할 수 없어 부모역할의 전부를 제삼자가 대신하여 맡는 경우를 말한다. 즉, 대리적 서비스는 부모의 사망, 이혼, 심한 장애, 유기 등으로 부모-자녀 관계가 해체되어 아동이 자신의 가정을 떠나서 다른 가정이나 시설에서 생활하며 보호받는 서비스이다.

대리적 서비스에는 아동을 양육하기 위한 마지막 대책으로 가정위탁서비스, 입양서비스, 시설보호서비스 등이 있다.

4. 아동복지의 과제

인류의 경제적 성장과 발달은 삶의 질에 대한 복지욕구를 점차 증가시키고 있다. 가족이나 가문 중심의 전통사회에서 점차 개인중심의 핵가족 사회로 변모하면서, 아동에 대한 사회적 관심과 그 가치에도 많은 변화가 오고 있다. 자녀를 적게 낳고 잘 키워보겠다는 욕구는 또 다른 문제를 발생시키기도 하고, 아동의 지위와 그 특성에 관한 인식의 증가만큼이나 아동을 둘러싼 환경은 점점 악화되기도 한다. 이제 국가 및 사회는 부모와 더불어 아동양육, 보호, 권리보장 등에 있어 책임을 지는 아동복지의 중요한 주체가 아닐 수 없다. 아동의 다양한 욕구와 문제를 해결시켜 주기 위해 부모, 사회, 국가 모두는 공동의 노력을 해야 할 것이다.

첫째, 아동복지가 모든 아동의 복지를 위한 노력이라고는 하나, 요보호아동에 대한 복지가 우선되지 않으면 안 된다. 가난한 가정의 아이들이 여전히 많고, 결손가족으로 인해 버려지거나 소년소녀가장이 된 아이들도 많다. 이들을 위한 보호수준이 현실화되지 않으면 또 다른 아동문제를 야기시킬 가능성이 있다. 요보호아동에 대한 지속적인 관심과 대책을 통한 선별적 아동복지의 과제가 우선 해결되지 않으면 안 된다. 우리나라의 경우 모든 아동을 위한 복지를 추진하고 있다고는 하나 실제적으로는 요보호아동의 선별적 복지사업도 제대로 이루어지고 있다고 볼 수 없다.

둘째, 아동복지는 변화와 치료서비스만큼이나 예방이 중요하다. 예방대책의 개발이야말로 아동복지의 중요한 과제 중 하나이다. 학대를 예방하고, 입양아의 발생을 줄이고, 미혼부모의 증가를 억제하고 학교폭력을 방지하기 위해서는 관련 프로그램의 개발, 법률의 정비, 정책 및 행정체계의 조직화, 사회적 인식의 변화를 위한 홍보 등 예방을 위한 각종 노력이 이루어져야 할 것이다.

셋째, 아동을 위한 학교사회사업이 활성화되어야 할 것이다. 학교를 통해 많은 고민과 갈등, 문제를 얻기도 한다. 아울러 아동 개인의 문제나 가족의 문제가 학교생활에 영향을 주기도 한다. 이런 다양한 학교 관련 아동의 욕구를 충족시키기 위한 노력으로 학교사회사업이 제도화 및 활성화되어야 할 것이다. 교사와의 협력관계를 통해 학생들을 도울 수 있는 전문가의 배치와 서비스의 적용을 위한 관련 법률이나 정책 등의 제도 정비가 이루어져야 한다.

넷째, 장애아동에 대한 종합적인 서비스 체계가 이루어져야 할 것이다. 장애아동의 예방, 조기발견 및 진단, 특수교육 및 치료, 부모상담 및 교육 등과 관련된 종합적 서비스 체계가 제도화되어야 한다. 관련 기관의 증설로 인한 이용자 수의 증가를 가져와야 할 것이며, 보육, 교육현장에서의 통합보육 및 교육이 확대되도록 해야 하며, 장애아가 있는 가정에 대한 재정적 지원이 강화되어야 할 것이다.

다섯째, 다양한 부모교육 및 훈련 프로그램들이 개발 및 적용, 성인대상의 아동복지 관련 프로그램이 개발되어야 한다. 어린이집, 유치원, 학교, 지역사회복지기관, 아동복지 관련 단체, 지방자치단체, 대학 등을 통해 다양한 부모, 성인교육 프로그램이 실시되어야 한다. 이를 위해 보다 흥미롭고 교육적인 프로그램이 개발되어야 할 것이다.

여섯째, 아동복지시설들은 단순한 보호나 기초적인 상담서비스만을 주는 곳이 아니라 보다 전문적이고 다양한 서비스를 주는 시설로 변모할 필요가 있다. 따라서 아동복지시설의 전문화와 서비스 개발을 위한 다양한 연구가 이루어져야 할 것이며, 시설장 및 종사자들의 노력이 지속적으로 이루어져야 할 것이다.

일곱째, 아동전용시설의 확충을 위해 노력해야 한다. 아동들이 마음껏 놀고, 학습할 수 있는 전용공간의 확충이 필요하다. 국가 및 지방자치단체가 운영하는 아동도서관, 아동놀이시설, 학습관 등 지역사회를 단위로 하는 아동전용시설이 시, 군, 구, 읍, 면, 동 단위로 설치되어야 한다.

연습문제

1. 아동복지의 개념에 대한 설명 중 옳지 않은 것은?
   ① 좁은 의미의 아동복지란 요보호아동을 중심으로 한 복지실천을 말한다.
   ② 좁은 의미의 아동복지는 주로 개인이나 민간단체를 중심으로 이루어지는 실천이다.
   ③ 넓은 의미의 아동복지란 일반아동을 의미하며, 그 가족은 포함되지 않는다.
   ④ 일반아동이라 함은 특별한 외부의 도움을 필요로 하지 않는 아동을 말한다.
   ⑤ 요보호아동에는 구조적으로나 기능적으로 부적절한 양육환경에서 자라는 아동이 포함된다.

2. 아동복지의 전제조건이 아닌 것은?
   ① 부모의 계몽 및 교육 ② 안정된 가정생활
   ③ 부모 종교와의 일치 ④ 교육
   ⑤ 노동으로부터의 보호

3. 다음 중 아동복지의 제 원칙이 아닌 것은?
   ① 권리와 책임의 원칙 ② 보편성과 선별성의 원칙
   ③ 개발성의 원칙 ④ 포괄성의 원칙
   ⑤ 일반성의 원칙

4. 아동복지서비스의 분류에 대한 설명 중 옳은 것은?
   ① 서비스가 전달되는 장소를 기준으로 지지적 서비스와 대리적 서비스로 나눌 수 있다.
   ② 서비스의 기능을 기준으로 요보호아동을 위한 서비스와 일반아동을 위한 서비스로 나눌 수 있다.
   ③ 지지적 서비스는 부모와 자녀가 자신들의 책임성을 효율적으로 수행할 수 있도록 그들의 능력을 지원하고 강화시켜 주는 서비스이다.
   ④ 대리적 서비스란 부모역할의 일부를 보조하는 서비스로 부모의 보호, 양육의 질이 부적절하거나 제약이 있을 때, 이를 보충할 수 있도록 제공되는 서비스이다.
   ⑤ 서비스의 기능에 의한 분류는 가정 내 서비스와 가정 외 서비스로 나뉜다.

5. 아동복지 관련 법에 대한 설명 중 옳지 않은 것은?
   ① 1961년 제정된 아동복리법은 아동복지법의 모체이다.
   ② 1989년 제정된 모자복지법은 배우자와 사별, 이혼, 유기, 별거 등의 사유로 배우자가 없거나 있어도 정신·신체장애로 인해 근로능력을 상실하여 여성이 생계의 책임을 지는 모자가정이 자립·재활할 수 있도록 지원함을 목적으로 한 법이다. 2002년 모·부자복지법으로 전면 개정되었다.
   ③ 요보호아동의 입양을 촉진하고 양자로 되는 자의 보호와 복지 증진을 도모하기 위한 필요한 사항을 목적으로 하는 법은 입양촉진 절차에 관한 특례법이다.
   ④ 1961년 제정된 아동복리법에는 탁아시설에 관한 규정조항이 없었다.
   ⑤ 영유아보육법은 1991년 제정되었으며, 2004년에 전면 개정되었다.

해답 1. ③ 2. ③ 3. ⑤ 4. ③ 5. ④

CHAPTER 10

청소년복지

1. 청소년복지의 개념
2. 청소년복지의 발전과정
3. 청소년복지의 대상
4. 청소년과 환경
5. 청소년복지의 전망과 과제

CHAPTER 10

청소년복지

지금까지 청소년복지는 아동복지의 연장선으로 사용되거나 아동복지와 혼동되게 사용되어 왔다. 따라서 청소년복지의 정체성을 확립해 나가기 위한 노력으로 청소년복지의 개념을 이해하고 청소년복지가 어떤 의의를 가지는지 살펴보며, 청소년복지의 발전과정을 통해 우리나라 청소년복지의 성장·발전 과정과 현재의 단계 그리고 과거와 현재를 분석해 보고자 한다. 청소년문제를 해결하기 위해서는 청소년 개인적 차원을 넘어 가족, 사회, 문화적인 시각에서 이해하며 청소년복지의 대상은 기본적으로 모든 청소년을 포함하지만 특별히 도움을 우선적으로 필요로 하는 청소년을 대상별로 나누어 살펴보고자 한다. 또한 청소년기가 환경으로부터 절대적인 영향을 받는다는 점에서 청소년을 둘러싼 외부환경이 청소년에게 미치는 영향을 살펴보고자 하며, 청소년의 삶의 질을 향상시키기 위해서 청소년에 대한 이해와 접근방식을 문제해결과 예방에 집중하는 방식에서 벗어나 건강하고 책임감 있는 청소년, 스스로 문제를 해결하는 청소년으로 성장할 수 있도록 접근하는 맥락에서 청소년복지의 전망과 과제를 살펴보고자 한다.

1. 청소년복지의 개념

1) 청소년의 개념

한국어사전편찬회편(1976)에 의하면, 청소년은 청년과 소년을 총칭하는 말로 나타나 있다. 또한 청소년은 소년기에서 청년기로 접어드는 미성년의 젊은이를 모두 일컫는 용어로 사용되고 있다. 구체적으로 살펴보면 소년기는 아동기를 벗어난 소년·소녀 모두를 일컫는 용어로 사용되고 있으며, 청년기는 인간발달 단계의 한 시기로 청춘기에 있는 사람을 지칭한다. 이러한 측면에서 볼 때 청소년은 발달 측면에서 부모에게 전적으로 의존하는 아동기에서 경제적·심리적으로 완전히 독립된 성인기로 전환해 가는 과정에 위치한 연령층의 집단을 총칭하는 용어로 볼 수 있다(김성이 외, 2010).

'청소년(adolescence, youth)'이라는 용어는 라틴어 'adolescence'에서 유래된 용어이며 "성장하다", "성숙에 이르다"라는 의미를 내포하고 있다. 청소년의 개념을 보다 명확하게 정의내리기 위해서는 청소년기를 어떻게 구분하는가가 중요한데 이러한 기준으로는 신체적 특성에 의한 구분, 연령에 따른 구분 등이 있다. 먼저 청소년기에 나타나는 신체적 특성으로 청소년기를 구분하는 경우 이다. 이것은 일반적인 방법이지만 개인에 따라 각각 상이하기 때문에 보편적인 기준을 제시하는 데는 한계가 있다. 더욱이 청소년기가 끝나는 시기는 더욱 불분명하여 이는 사춘기 때 나타나는 신체적 특성으로 청소년의 시작은 알 수 있다고 하더라도 끝나는 시점은 사회에서의 역할기대 충족과 책임성을 느낄 수 있는 시점으로 보여지기 때문이다.

청소년기를 구분하는 또 다른 방법은 연령에 의한 구분이다. 청소년기본법에 의하면 청소년은 9세 이상 24세 이하의 자이며, 민법에서는 20세를 성년이라 규정하고 있다. 청소년보호법에서는 만 19세 미만은 보호의 대상인 청소년으로 규정하고 있다. 청소년기본법에 의한 나이인 9~24세에서 24세 규정은 발달적인 측면, 사회적 합의, 제도의 시행효과 차원에서 볼 때 적절한 기준으로 보기는 어렵다. 그래서 19세가 되는 3월 1일을 기준의 상한선으로 정하는 것이 청소년의 육성 측면이나 청소년보호법 차원에서 발달적 측면, 사회적 합의, 제도의 시행효과를 갖추기에 가장 적절한 연령기준이라고 결론을 내리고 있다(김용균, 2009).

청소년기는 부모의 보호가 필요한 아동기에서 성인기로 이행하는 과도기이며, 이 시기를 가리켜 제2의 탄생기, 부적응 시기, 고민과 고통의 시기, 갈등의 시기, 질풍노도의 시기라고도 한다. 고도화된 산업사회의 기술발달 및 사회구조의 복잡화로 사회역할 구조에 흡수되지 못함으로써 갖는 소외감과 사회심리적 독립성과 자율성의 제약으로 좌절감과 불만을 초래하기도 한다.

이렇듯 청소년기는 인생에서 단순히 스쳐가는 하나의 과정이 아니라 독특한 요구와 도전을 함축하는 시기이기 때문에 특별한 관심을 필요로 한다. 특히 산업사회에서 기술이 고도화되고 사회구조가 복잡해질수록 직업과 사회적 역할수행에 필요한 준비기로서의 청소년기가 길어지게 된다(한국청소년연구원, 1993 : 1).

청소년기가 길어진다는 것은 단순히 시간의 길고 짧음의 문제가 아니라 그로 인한 경제적 부담은 물론 청소년들로 하여금 사회역할 구조에 흡수되지 못함으로써 갖는 소외감, 사회·심리적 독립성과 자율성 제약으로 인한 좌절감, 불만 등을 낳는 결과를 빚어낸다. 뿐만 아니라 사회구조가 복잡해지고, 개인별 직업과 사회적 역할이 다양해지면서 이 시기 동안 겪는 청소년의 욕구와 갈등 또한 다양해지고 있다.

청소년들이 사회관계에서 추구하는 기본적 욕구는 ① 가정에서의 안정의 욕구, ② 운동과 오락을 통한 새로운 경험욕구, ③ 타인으로부터의 인정욕구, ④ 친밀한 인간관계욕구 등을 들 수 있는데, 이 욕구가 전부 또는 다소라도 실현될 때 청소년은 행복을 느낀다고 한다(한국청소년개발원, 1994).

2) 청소년복지의 개념

청소년복지의 개념에 대한 합의된 정의는 찾아보기 어렵다. 한국사회에서 '청소년복지'란 낱말이 사용되기 이전에는 청소년복지는 아동복지에 포함되거나, 아동복지의 연장선상에서 다루어져 왔다. 그러나 아동과 청소년들은 심리적·신체적 특징도 엄격히 다를 뿐 아니라 욕구나 필요로 하는 서비스가 다르고 그들이 당면한 문제나 수행해야 할 과업도 상이하다. 특히 최근 가출, 약물남용, 학교폭력, 청소년매매춘 문제, 자살 등의 다양한 청소년문제들은 청소년기의 일반적 특성은 물론 청소년의 개별적인 욕구와 그들이 처한 상황을 총체적으로 고려한 보다 과학적이고 체계적이며 전문적인 관점과 접근을 필요로 하고 있다(홍봉선 외, 2004).

지금까지 연구된 청소년복지의 개념을 살펴보면 다음과 같다.

김성이(1993)에 따르면, 청소년복지는 가정이나 사회로부터 버려지거나 적응하지 못하는 청소년들뿐만 아니라 모든 청소년들의 안녕에 관심을 가져야 한다고 전제하고, 청소년복지활동을 청소년들의 기본적 욕구를 충족하게 하고, 정신적·정서적·신체적으로 최상의 발달을 기하기 위해서 청소년 자신들에게 직접적으로 또는 가정이나 사회를 통해 간접적으로 제공되는 모든 사회제도적·전문적 활동이라고 정의하였으며, 표갑수(1998)는 청소년복지란 청소년들의 인권보장과 청소년들이 가족 및 사회의 일원으로서 바람직한 삶을 영위할 수 있도록 하기 위한 복지정책과 서비스지원이며, 청소년들이 가족과 사회의 일원으로서 행복하고 즐겁게 살아가면서 신체적·지적·정서적으로 건전하게 성장·발달할 수 있도록 지역사회나 사회복지서비스 분야에 있는 공·사 단체, 기관들이 협력하여 청소년에 관한 사업을 계획하고 실행에 옮기는 조직적인 활동이라는 점을 강조하여 청소년복지를 정의하였다. 이상의 내용을 종합적으로 살펴볼 때 청소년복지의 대상이 요보호청소년이나 특정 집단에 국한되는 것이 아니라 일반청소년을 포함하고 있으며, 다양한 서비스를 통하여 청소년의 생활여건 향상과 복지증진에 기여하는 것으로 정의할 수 있다.

청소년복지는 과거 사회사업의 측면에서 자선적인 면을 강조하여 신체적 또는 경제적으로 혼자서 생활할 수 없는 자들의 보호·원조에 중점을 두었으나 현대는 청소년들의 권리를 강조하고 있다. 그런 의미에서 청소년복지는 그들의 빈곤문제나 불행한 사태에 대한 보호와 원조에 그치지 않고 청소년의 전인적인 인격형성을 위한 조언과 지도, 권리보장을 중요시하여 서비스를 실시해야 할 것이다.

이에 청소년복지는 청소년들이 추구하는 기본적 욕구를 사회와의 관계 속에서 그들의 일상생활을 효과적으로 보내고 사회적·경제적·정치적·정서적 문제를 극복하도록 도와 청소년들의 인격을 발달시키고 미래의 시민으로서 올바르게 살아가도록 돕는 데 목적이 있다(홍봉선 외, 2002). 따라서 청소년복지의 목표는 올바른 인격을 형성하고 바른 가치관 정립에 필요한 교육, 환경, 사회제도 등을 마련하여 모든 청소년이 인간으로서 누릴 수 있는 권리를 존중해 주며 그들이 성장하는 데 도움이 되고 필요한 좋은 환경을 만들어 주어 그들이 바라는 꿈과 이상을 키우도록 적극적으로 지원하고 지도하며 지지하고 격려하며 보호하는 것이다.

2. 청소년복지의 발전과정

산업사회의 도래로 인해 청소년기에 대한 인식이 새롭게 대두되면서 청소년정책과 함께 청소년복지에 대한 관심이 점진적으로 증대되고 있다. 이처럼 산업사회의 산물로서 등장하게 된 청소년복지는 각 나라의 문화적 환경, 정치·경제적 상황에 따라 다양하게 발전해 왔다. 우리나라에서 청소년복지가 어떻게 발전되어 왔는지에 대해 크게 세 가지로 구분하여 살펴보고자 한다(이용교, 1999 : 284-290).

1) 청소년복지의 맹아기(광복 이후~1961년)

광복 후부터 아동복리법과 미성년자보호법이 제정된 1961년까지는 청소년복지가 조선구호령(1944)과 몇 개의 미군정 법령 및 그 처우준칙에 따라서 실시되었다. 이 시기에는 청소년복지가 아동복지와 그 영역이 구분되지도 않았으며, 아동복지도 다른 사회복지의 영역과 별 구분 없이 절박한 상황에서 긴급구호를 하는 수준이었다. 또한 그 대상도 65세 이상의 무의탁노인, 6세 이하의 아동을 부양하는 여자(모), 13세 이하의 아동, 불치의 병으로 신음하는 사람, 요보호임산부, 심신장애인 등에 한정되었으며, 그중에서 청소년은 배제되어 있었다. 그럼에도 불구하고 아동시설의 인가, 18세 미만 아동노동의 보호, 20세 미만 비행청소년의 보호 등이 행해졌는데 이러한 조치는 장차 청소년복지의 형성에 기초가 되었다. 그 내용을 살펴보면 다음과 같다.

첫째, 아동시설의 인가이다. 전쟁 후 전쟁고아 등 긴급구호 대상자의 증가에 대한 대책으로 정부는 아동시설을 인가시설로 하고 지원과 감독을 강화하였다. 이로 인하여 아동시설이 영아원, 육아원, 감화원 등으로 구분되어 정체감을 형성하게 되었으며 청소년은 아동의 연장선에서 보호되어졌다.

둘째, 18세 미만 아동노동의 보호이다. 미군정의 '아동노동법규(1946)'의 제정에 따라 상공업체 고용 금지(14세 미만), 중공업체 또는 유해업체 종사 금지(16세 미만), 위험 직종 또는 유해 직종 종사 금지(18세 미만), 그리고 1일 노동시간의 제한(16세 미만 8시간 이내) 등이 규정되었다. 이것은 비록 아동이란 용어를 사용하고 있지만, 18세 미만 근로청소년을 보호하기 위한 최초의 규정이란 점에서 의의가 있다.

셋째, 20세 미만 비행소년의 보호이다. 반사회적인 성향을 가진 20세 미만 소년의 생활환경 조정과 성행 교정을 위해 보호처분을 행하고, 형사처분에 있어 특별조치를 하기 위한 소년법(1958)이 제정되었다.

요약하면, 이 시기에는 최저의 생활보장 등 보호의 대상에 있어서는 아동에만 한정함으로써 청소년은 제외시켰는데, 일종의 통제수단으로 간주되는 소년법에서는 청소년이 적용대상이 되었다. 이는 청소년이 생존권을 보호받는 보호와 지원의 대상에서는 성인과 같이 취급되어 제대로의 보호를 받지 못하였는 데 반해 사회통제에 있어서는 오히려 청소년이라는 이유로 성인과는 달리 기본적인 권리가 침해되거나 불이득을 받을 수 있는 여지가 높았음을 알 수 있다. 즉, 이 시기는 청소년의 권리나 복지라는 인식보다는 긴급구호의 방편이나 사회안정이라는 목표에 더 많은 초점이 주어졌음을 알 수 있다.

2) 청소년복지의 도입기(1962~1987년)

이 시기는 아동복리법이 시행된 1962년부터 청소년육성법이 제정된 1987년까지에 해당된다. 미성년자보호법과 아동복리법(1961)의 제정은 우리나라에서 청소년복지의 도입을 시작하게 되는 계기를 마련해 주었으며 그 외에도 근로청소년, 장애청소년의 복지 등 요보호청소년에 초점이 맞추어졌다. 그 내용을 살펴보면 다음과 같다.

첫째, 아동복리법의 제정으로 18세 미만 요보호아동의 보호가 행해졌다. 아동복리법은 요보호아동의 연령을 기존의 13세 이하에서 18세 미만으로 조정하여 일부 청소년까지 대상을 확대시켰을 뿐 아니라 아동복지에 대한 국가의 책임을 명시했다는 점에서 그 의의가 크다.

이는 청소년복지의 측면에서 보면 일부 청소년이 그 대상에 포함될 수는 있었으나 대다수의 청소년들은 서비스에서 제외되었기 때문에 그 적용범위가 매우 한정됨을 알 수 있다. 또한 청소년의 특성이나 욕구에 대한 고려보다는 아동의 연장선에서 서비스나 정책이 행해졌기 때문에 진정한 청소년복지가 행해졌다고 간주하기 어렵고 단지 기본적인 생존권의 보장에 급급하였음을 알 수 있다.

둘째, 장애청소년에 대한 복지사업의 실시이다. 장애청소년에 대한 복지는 장애아동 혹은 전체 장애인에 대한 복지와 분화되지 않은 상태에서 이루어졌지만, 이 시기에 뚜렷한 진전이 있었다. 특히 1977년에 제정된 특수교육진흥법은 장애인에 대한 특수교육을 증진하여 그들에게 필요한 생활지식과 기능을 전수함으로써 일반 사회생활에 참여하게 하는 데 기여하였다. 이로 인하여 장애청소년들이 국·공립 특수교육기관에 취학하거나 사립교육기관 중 의무교육 과정에 취학할 경우 무상교육을 받을 수 있도록 되었다. 그 후 심신장애자복지법이 제정되고 보건사회부에 전담부서인 재활과가 설치되었다. 이러한 제도적 노력은 장애청소년이 다른 어떤 계층의 청소년보다 소외되고 열악한 대상이라는 점을 고려해 볼 때 장애청소년이 정책대상으로 간주되었다는 점에서는 그 의의가 크나 실제 행해진 서비스의 내용이나 질적인 측면에서는 장애청소년의 욕구를 충족시키는 데 매우 미흡하였다.

셋째, 미성년자보호법의 제정으로 미성년자의 보호와 선도가 행해졌다. 이 법은 미성년자(만 20세 미만)의 흡연, 음주, 기타 선량한 풍속을 해하는 행위를 금지하고, 미성년자의 보호에 필요한 사항을 규정함으로써 미성년자의 건강보호와 선도를 도모하고자 하는 목적으로 제정되었다. 그러나 통제, 처벌 위주의 법집행으로 인해 청소년의 보호와 선도보다는 청소년이라는 지위로 인해 성인과 다른 불이득을 받고 비행청소년으로 낙인찍히는 등 청소년의 인권이 침해되는 부작용이 초래되기도 하였다.

넷째, 근로청소년을 위한 복지사업이다. 일반학교에 야간 특별학급을 설치하거나 산업체 부설학교의 개설 등은 여러 가지 이유로 인해 학업기회를 박탈당한 근로청소년에게 교육기회가 확대되었다. 또한 근로청소년을 위하여 근로청소년회관의 건립, 근로청소년 임대아파트의 건립 등을 시작하였다. 근로청소년에 대한 이러한 지원은 저렴하면서도 교육받은 노동력의 양성과 확보라는 면이 더 강조되고 청소년의 교육권이나 여가권, 주거권 등에 대한 인식은 상대적으로 낮았다.

다섯째, 청소년보호를 위한 중앙기구인 청소년보호대책위원회가 설치되었다. 명목상으로는 정부가 청소년을 정책대상으로 인식하였다고 볼 수 있으나 실제 이 위원회의 설치로 인하여 오히려 정부가 청소년의 보호와 육성에 대한 책임을 위원회에 전가시킴으로써 청소년복지의 발전을 지연시키는 결과를 초래하였다.

3) 청소년복지의 전개기(1988~현재)

이 시기는 청소년육성법의 제정 이후 현재까지에 해당된다. 1987년 청소년정책을 위한 본격적인 근거법으로 청소년육성법이 제정되었고, 1991년에는 청소년육성법을 전면 개정한 청소년기본법이 제정되면서 청소년을 위한 기본 법제와 조직을 갖추게 되었다. 또한 청소년헌장의 제정(1990), 개정(1998), 청소년보호법의 실시 등 다양한 법과 제도가 정비되기 시작하였는데 구체적인 내용은 다음과 같다.

첫째, 청소년정책의 대상을 명확히 하고, 청소년복지가 국가의 책임이라는 것을 분명히 하고 정책적 차원에서 다루게 되었다는 것이다. 청소년육성법과 기본법의 제정으로 청소년을 9세부터 24세로 분명히 하고 청소년이 사회구성원으로서 정당하게 대우받고 권익을 보장받으며 스스로 생각하고 자유롭게 활동할 수 있도록 하는 한편 미래 사회의 주역으로서 국가와 사회가 그 책임을 수행할 수 있게 하는 필요한 법적·제도적 장치와 재원을 마련하는 책임을 국가와 지방자치단체에 부여하고 있다.

둘째, 청소년정책을 수행할 조직과 기구를 정비하였다. 청소년정책에 관한 국가의무를 수행하기 위한 정책을 심의기구와 청소년육성에 관한 국가 및 지방자치단체의 업무를 총괄하는 부서를 둠으로써 청소년 서비스전달체계를 갖추고 책임행정이 이루어지도록 시도하였다.

셋째, 청소년헌장을 통해 청소년의 권리와 책임을 규정하였다. 의무사항이 아닌 선언적인 의미에서 청소년헌장이 마련되었지만 청소년과 관련한 정책과 제도의 방향성, 청소년에 대한 인권의 보장, 청소년이 사회에 대해 갖는 책임과 권리 등을 명시함으로써 청소년의 권익을 보호하고 보장하는 데 근거를 제시해 주고 있다.

넷째, 청소년복지를 청소년정책 중의 한 분야로 인정하게 되었다. 청소년기본법을 통해 청소년육성을 청소년복지를 포함한 청소년수련활동, 청소년교류활동, 청소년복지, 청소년환경, 청소년문화, 청소년비행선도, 청소년상담 등의 일곱 가지 영역으로 나누고 있다. 청소년기본법에 따르면 청소년육성은 청소년복지의 증진을 통해서 이루어진다는 것을 명시하고는 있지만, 청소년복지에 관한 규정이 매우 미약하게 규정되어 있어 청소년복지를 실현할 수 있는 구체적인 토대를 형성하지 못하고 있다. 특히 요보호청소년을 일시적·장기적으로 수용보호하고 치료하는 청소년쉼터, 가출청소년보호시설, 학대받는 아동일시보호시설, 약물오남용 치료시설, 청소년 중간의 집 등을 설치·운영하고 이러한 복지시설에 대한 정부지원 등에 관한 규정이 없었다. 무엇보다도 청소년복지사업의 가장 큰 문제점은 청소년기본법 속에 사회복지사업법과의 연계성을 규정하지 않아 청소년복지의 수행을 위해서 불가피하게 필요한 사회복지법인의 등록, 사회복지사의 채용, 사회복지시설에 대한 국가의 책임 등이 모두 배제되어 대부분의 청소년복지시설은 법적·행정적 지원을 받지 못하고 있으며 사회복지체계와 연계되지 못하고 있다는 점이다.

다섯째, 성장과정에 있는 청소년을 각종 유해한 사회환경으로부터 보호·구제하기 위해 법과 조직이 설치되었다. 청소년보호법은 인권·민생 등 국민의 기본적인 자유와 권리는 최대한 보장하지만 청소년의 삶의 질을 저해하는 유해환경에 대해서는 엄격히 규제하고자 하는 의도에서 만들어졌다. 또한 청소년을 보호하기 위한 각종 시책을 독립적으로 추진하기 위하여 문화관광부장관 소속하에 합의제행정기관으로서 청소년보호위원회를 설치하여 청소년보호위원회의 행정처분 권한으로 검사 및 조사권, 수거, 파기명령권, 시정명령권 등을 부여하였다.

여섯째, 교육보호의 제도화이다. 생활보호법의 개정(1982)으로 기존의 생계보호, 의료보호, 해산보호, 장제보호에 교육보호와 자활보호가 추가됨으로써 빈곤 청소년들이 실질적 혜택을 받았다. 기존에 의무교육이 실시되고 있다고는 하지만 실제 그 수준이 미흡하여 실제적인 도움을 제공하는 데 한계가 있었는데, 교육보호를 위한 지원을 제도화함으로써 빈곤청소년들의 교육권을 확대시켰다고 할 수 있다(홍봉선 외, 2002).

3. 청소년복지의 대상

현대사회에서 이제 '복지'는 '부족하고' '잘못된' 것에 대한 보충이나 치료의 개념을 넘어서서, 특별한 문제는 없더라도, 현재의 삶이 평온하게 유지되기 위하여, 그리고 삶이 보다 더 풍요롭고 행복하기 위해 필요한 모든 것을 지원하는 것으로 그 개념이 확대되었다. 그러므로 청소년복지에서도 그 범위는 예외가 아니다 과거나 현재 모두 복지의 궁극적인 목적은 인류의 행복을 위한 것이었으며, 사회가 발달되지 못했을 때에는 문제를 치료하는 데에 우선 초점을 둔 반면, 오늘날은 문제에 대한 예방적인 측면을 강조한다는 것이다.

청소년복지의 주요 대상이 옛날에는 요보호청소년과 문제청소년 위주였으나 이제는 전체 일반청소년이 된다. 그러므로 개입하는 문제의 양상도 가출, 폭력, 비행 등과 청소년의 문제행동에서 청소년기의 발달과업, 학습장애나 발달장애에 이르는 문제까지 다각화시킬 필요가 있다.

청소년문제는 단순히 발생의 주체인 청소년 당사자들에게 책임을 돌려 일방적으로 처리, 처방하려는 방식으로 해결될 문제는 아니다. 청소년문제를 해결하기 위해서는 부분적인 접근보다는 총체적인 접근이 필요하며, 청소년 개인적 차원을 넘어 가족, 사회, 문화적인 시각에서 이해하며 그 해결방법을 모색하여 보다 지속적이고 적극적인 대응이 절실히 요구된다. 청소년복지의 대상은 기본적으로 모든 청소년을 포함하지만 특별히 도움을 우선적으로 필요로 하는 청소년을 대상별로 나누어 살펴보고자 한다.

① 정서행동 장애청소년 : 정서적 갈등을 갖고 있는 청소년은 그 자신이나 주위의 다른 사람에게 혼란을 야기시킬 행동을 한다. 이들은 다른 청소년에 대해 적

대감정을 품기 쉬우며, 또 다른 행동장애와 밀접한 연관이 있으므로 이에 대한 적절한 보호조치가 필요하다.

② 학대 및 유기 청소년 : 산업화로 인한 가족제도의 변화로 청소년의 유기와 방임, 학대가 상당히 많이 나타나고 있다. 특히 학대와 방임은 일차적으로 가정 내에서 부모와의 관계에서 이루어지고 있다. 청소년의 학대와 방임은 밝게 자라야 할 청소년들에게 고통을 주고 생존과 발달을 위협할 뿐만 아니라, 그들이 성장하여 학대하는 부모가 되기 쉽다는 사실을 감안할 때 이에 대한 사회적 관심과 예방대책이 요구되는 중요한 과제이다.

③ 비행청소년 : 청소년 비행의 종류가 다양화되고 있고, 그 빈도 및 강도 또한 나날이 증가하고 있다. 특히 우리나라 청소년 비행은 비슷한 문화권이 중국, 일본 등과 비교해서 그 정도가 훨씬 심각한 것으로 보고되고 있다(일본청소년문제연구소, 1998). 이에 대한 예방적 사회대책의 일환으로 청소년보호법이 발효되어 실시되고 있으나 청소년 비행은 수그러들지 않고 있다. 비행청소년들은 대개 가출을 시작으로 범죄, 약물남용, 학교폭력 등과 같은 비행에 쉽게 빠지게 된다. 이를 해결하기 위한 방법으로 상담 및 치료 프로그램, 교정·교화 프로그램, 주변 환경 정화, 매스컴 등의 홍보 및 교육활동, 학교와 복지기관 및 지역사회의 연계강화 프로그램들이 이루어지고 있다.

④ 가출청소년 : 청소년가출은 단순히 청소년이 집을 나가는 것이 아니라 집 밖으로 내쫓는 방출요인(가정이나 학교적 요인)과 집 밖으로 끌어내는 유인요인(사회환경적 요인)과 가출행위를 실제로 유발시키는 촉발요인(따분함, 충동, 친구들의 유인)의 상호 복합적이고 역동적인 작용에 기인된다는 관점이 일반적이다(이옥란 외, 1998). 가출의 배경이 되는 제반 요인 중 가장 큰 요인은 가족관계, 즉 부부간의 불화, 부모와 자녀 간의 갈등, 부모의 훈육방법, 가족의 경제적 상황이 어려울 때 이러한 상황을 벗어나고자 가출이 발생하게 된다. 가출이 청소년과 사회에 미치는 영향이 매우 크므로, 가출에 대한 사전예방은 물론 가출청소년의 개별적 특성과 욕구를 고려한 프로그램의 실시 및 다양한 복지대책이 강구되어야 한다.

⑤ 약물남용 청소년 : 청소년 약물남용은 호기심, 모험심에서 적은 양으로 시작하나 계속해서 더 심화된 약물을 남용하게 되기도 하며 점점 약물을 남용하는 청소년층의 연령층이 낮아지는 경향이 있어 이는 각종 비행과 범죄로 이어지므로 심각한 사회문제가 되고 있다. 성인에게 있어서는 합법적인 약물인 술, 담배, 진정제 등의 사용과 일부 문제청소년들이 부탄가스, 본드, 신나 등의 유해물질과 진통제, 진해거담제 등 일반 의약품의 부작용을 이용하며, 필로폰 등 마약류로 전환하는 경우도 있다. 청소년의 약물남용을 막기 위해 약물남용대책 전문기구의 구성, 청소년약물치료센터의 설립, 다양한 서비스 협력체계의 구축 등이 필요하고 청소년 유해환경 정비 등이 행해져야 할 것이다.

⑥ 매매춘청소년 : 청소년매매춘 행위는 최근 들어 중요한 사회문제로 대두되고 있다. 청소년매매춘의 경우 정도의 차이는 있다고 하더라도 거의 성인들과 유사하며, 종사자의 상당수가 청소년이 차지하고 있다. 최근에는 전통적인 매매춘 행위에서 벗어나 전화방, 컴퓨터, PC통신, 인터넷을 통한 신종 매매춘행위, 원조교제, 명함영업 등이 다양화되고 있으며, 휴대폰과 무선호출기로 매매춘청소년을 연결해 주는 등의 형태로 윤락업소에 몸담지 않고 행하는 매매춘도 공공연히 이루어지고 있다. 이에 매춘행위를 한 경험이 있는 청소년이 매매춘에서 벗어나 밝고 건강한 생활을 영위하도록 다양한 대책이 마련되어야 할 것이다.

⑦ 근로청소년 : 근로청소년은 성인근로자에 비해 임금 및 근로시간 등의 근로환경이 매우 열악한 특성을 갖고 있다. 근로청소년복지사업을 통해서 그들로 하여금 근로기회를 보장할 수 있는 직업훈련의 제공과 직업안정대책 및 근로환경개선, 주거여건확충과 진로 및 교육기회의 제공과 생활의 질을 향상시킬 수 있는 여가, 문화 프로그램, 자기성장 프로그램 등 각종 기회의 제공을 포함한 복지대책이 필요하다.

⑧ 미혼청소년부모 : 우리나라의 미혼청소년부모는 청소년미혼모와 그 자녀의 문제라고 할 수 있다. 청소년기에 원하지 않는 임신은 신체적 · 정신적 발달장애를 가져오고 낙태나 약물남용 학대나 방임 등 기타 사회적 · 경제적 손실을

야기시킨다. 이러한 개인적·사회적 손실을 예방하고 사회적으로 소외된 미혼청소년부모를 상담, 보건의료대책, 교육, 취업기회제공, 입양, 시설보호, 생활보호, 교육홍보 등과 아울러 사회적 재활을 통해 돕고 지원하는 대책이 마련되어야 할 것이다.

⑨ 청소년가장 : 청소년가장은 부모 대신 자신이 실질적으로 가정을 책임지게 되어 심리적으로 고립되는 괴리감이 있으며 대인관계장애, 가족문제, 가사문제, 경제적 어려움 등의 문제에 직면하게 된다. 이러한 문제를 해결하기 위해서는 생활보호서비스, 결연사업, 상담, 가사지원서비스 등이 제공되어야 할 것이다.

⑩ 장애청소년 : 장애의 유형은 지체, 시각, 청각, 언어장애, 정신지체 등으로 분류할 수 있는데 우리나라는 장애청소년에 대한 복지시책이 미흡한 실정이다. 장애청소년들에게 기능의 회복과 능력향상을 통해서 장애청소년이 지닌 장애를 경감, 제거시킬 수 있는 제도적 조치 및 각종 재활을 통하여 사회복귀가 되도록 하는 서비스가 제공되도록 복지대책이 마련되어야 할 것이다.

4. 청소년과 환경

청소년을 이해하고 효율적으로 지원하기 위해서는 청소년에게 영향을 미치고 있는 환경에 대한 이해가 필수적이다. 특히 청소년기는 아동기와는 달리 환경과의 상호작용이 양적·질적으로 급격히 증가하고 있지만 성인처럼 스스로 환경을 통제하고 조절하기보다는 환경으로부터 절대적인 영향을 받는다는 점에서 청소년을 둘러싼 환경에 대한 이해는 매우 중요하다고 하겠다. 이 절에서는 청소년에게 영향을 미치는 환경 중 가정, 교우관계, 학교, 지역사회, 대중매체 체계로 구분하여 살펴보고자 한다.

1) 가 정

가정은 청소년들의 가치관이나 행동에 가장 많은 영향을 주는 곳으로 가정생활의 안정은 감수성이 예민한 청소년의 인격형성에 바람직한 기초를 마련해 주며 청소년들에게 어떤 가치관과 도덕관이 형성되느냐는 그가 태어난 가정에 달려 있는 것이다. 그러므로 부모의 민주적인 가족관계, 성실, 근면한 생활태도, 창의적이며 미래 지향적인 가치관은 청소년의 성장을 건전하게 하는 반면, 권위적이고 억압적인 행동, 불성실한 생활태도, 현실지향적·금전만능적 가치관은 청소년의 가치관을 혼란스럽게 하고 부적응을 심화시키게 한다(권이종, 1996 : 435).

서덜랜드(Sutherland, 1974)는 범죄의 중요한 가정적 요인으로 ① 가정 내의 다른 성원이 범죄자이거나 품행이 좋지 않거나 알코올중독자인 경우, ② 편친 혹은 양친의 사별, 이혼, 유기 등에 의한 경우, ③ 양친이 무식하거나 문맹 기타 지각적인 결함을 가졌거나 장애 등으로 소년에 대한 감독을 하지 못하는 경우, ④ 강제, 편애, 지나친 간섭, 과도한 엄격, 방임, 질투, 과밀거주, 친척의 동거 등에 의한 가정불화, ⑤ 인종이나 종교의 상이, 습관이나 기준의 차이, 입양가정 또는 시설가정의 특징이 있는 가정, ⑥ 실업, 적은 수입 맞벌이 등 경제적 압박이 있는 가정 등을 들고 있다. 서덜랜드(Sutherland)는 이러한 조건 중 하나 또는 둘 이상이 갖추어진 가정에서 비행소년이 많이 나온다고 했다.

이와 같이 가정환경은 청소년의 행동에 영향을 미치므로 좋은 환경에서 인격이 존중되고 신뢰를 받는 환경이야 말로 그들을 건전하게 육성할 수 있는 것이다.

이옥분(1994)은 가정의 기능을 다음과 같이 요약하고 있다. 첫째, 가정은 청소년에게 만족을 주어 안정성의 기반이 된다. 둘째, 가정은 청소년의 능력을 계발하고 발달시키는 장소이다. 셋째, 가정은 청소년의 인격대우를 충족시켜 줌으로써 사회적 인격의 기반을 만들어 준다. 넷째, 가족과의 인간관계에서 청소년은 자기중심적인 행동만을 해서 안 된다는 것을 알고 언제나 나 아닌 다른 사람과의 관계 안에서 행동해야 한다는 사실을 학습한다. 다섯째, 청소년은 가족 내의 상호작용을 통해서 교육받을 수 있는 편리한 수단, 즉 언어 같은 것을 학습하여 획득한다. 여섯째, 가정 내에서 청소년은 지배, 복종, 협동, 대립, 경쟁 등 사회에서의 인간관계를 체험하고 보다 광범위한 사회생활에 대한 준비를 하게 되는 것이다. 일곱째, 청소년은 가정에서의 경험을 통해서 사회생활에 필요한 습관, 예의, 태도 등을 학습한다.

2) 교우관계

아동기나 청소년기에 있어 교우관계가 미치는 영향은 매우 크지만 특히 청소년기는 가족과의 상호작용이 급격히 줄어드는 반면에 친구가 차지하는 영향이 양적 · 질적으로 증가할 뿐 아니라 청소년기의 적응과 사회적 발달에 절대적인 중요한 지지원이다. 따라서 청소년이 친한 친구를 갖지 못하면 외로움을 경험하게 되고 자기가치감이 저하되며, 피상적인 친구관계나 아예 친구가 없는 십대들은 외로움, 우울, 그리고 낮은 자아존중감을 호소하게 된다. 청소년들은 또래집단에 소속됨으로써 외로움에서 벗어날 수 있으며 가족구성원 간의 갈등에서 고통을 받을 때에도 또래들로부터 위안을 얻을 수 있다(Sullivan, 안석, 2000 재인용).

청소년기에 교우관계가 미치는 중요성과 그 의의를 살펴보면 다음과 같다.

첫째, 정서적 지지를 제공한다. 생리적 · 신체적 · 사회적 변화로 인하여 불안정을 경험하는 청소년들은 비슷한 과정을 경험하고 있는 또래집단을 통해 심리적 안정과 지지를 얻을 뿐 아니라 또래집단과의 지지, 격려, 상호작용을 통해 자신이 가치 있는 사람이라는 긍정적인 자아존중감을 갖게 한다.

둘째, 가정 외 세계에 대한 다양한 정보제공과 지식, 기술습득의 기회를 제공한다. 또래집단은 가정에서 얻지 못하는 여러 가지 지식과 정보를 제공하고 성인기로 발전해 가는 과정에서 필요한 사회적 기술과 전략을 습득하게 함으로써 가족으로부터 독립하도록 돕는 데 이바지한다.

셋째, 물리적 지원을 한다. 친구관계는 기꺼이 시간을 같이 보내고 필요한 자원과 도움을 제공하는 등의 물리적 지원의 기능을 갖는다.

이렇듯 청소년에게서 또래의 영향은 직간접적으로뿐 아니라 긍정적 또는 부정적 부분 등 다차원적으로 작용한다. 특히 교우관계는 각자의 청소년들이 그 영향을 얼마나 기꺼이 받아들이려고 하는가에 따라 크게 차별화된다. 또한 청소년기 우정의 질과 또래집단에서의 수용감은 자기존중감뿐 아니라 심리사회적으로 긍정적인 파급효과를 가지지만 반면에 집단에서 소외되게 되면 비행, 음주, 우울감, 고독감, 사회적 불만족 등의 여러 가지 문제가 초래된다(홍봉선 외, 2002).

3) 학 교

학교는 청소년의 발달에 가정 다음으로 중요한 역할을 하며, 그들의 인지적 측면과 성취뿐만 아니라 성격과 가치관 그리고 사회적 관계에 영향을 미치는 중요한 환경이다(Holmbeck, 1994, Rogoff, 1981 재인용). 학교는 경우에 따라 가정에서 어려움을 겪는 청소년들에게 학교생활을 통하여 인지적·정서적 욕구를 충족시킴으로써 문제를 극복하도록 하는 교정기능을 수행하기도 한다. 그러나 오늘날 학교는 청소년들의 건강한 성장을 위한 건강한 환경을 성공적으로 제공하고 있다고 보기 어렵다. 그리고 청소년의 전인적 성장을 도모해야 할 학교교육이 때때로 청소년문제를 야기시키는 진원지의 하나가 되기도 한다.

최근 학교의 현실들은 여러 가지 문제점을 제기하기도 하는데 그 내용을 살펴보면 다음과 같다(대한교육연합회, 1986 : 84-86). 첫째, 성적 제일주의의 가치가 지배하고 있으며 입시중심의 주입식 교육으로 청소년들에 대한 전인적인 가치가 지배하고 있으며, 입시중심의 주입식 교육으로 청소년들에 대한 전인적인 교육은 뒷전이 될 수밖에 없으며 건전한 인간육성을 위한 생활교육과 인격완성과는 거리가 멀다는 것이다.

둘째, 성적중심의 경쟁은 이기주의의 사고를 불러일으켰을 뿐만 아니라 경쟁에서 뒤진 청소년들은 좌절감과 패배감을 경험함으로써 부정적 자아개념의 형성으로 인해 비행의 가능성을 높여 학교교육이 오히려 청소년문제를 제기하는 결과를 초래한 면도 없지 않았다는 것이다.

셋째, 교사와의 상호작용에서의 문제로 인간은 기계가 아니므로 성실과 신념, 경험을 바탕으로 학생과 접촉하면서 각종 교육방법과 교육기술을 가미할 때 더욱 큰 성과를 얻을 수 있는 것이다. 교육은 결국 인격과 인격의 만남이다. 대부분의 교사들은 헌신적이고 열성적으로 학생의 지도에 임하고 있으나 일부 교사에 의해 자행되고 있는 학생에 대한 비인간적인 처우문제 등은 한창 예민한 청소년에게는 씻을 수 없는 치욕적인 경험과 상처가 되어 교사에 대한 분노와 공격심을 낳게 한다. 이러한 분노와 공격심을 교사에게 표출할 수 없는 청소년들은 자신에게 돌려 자신감 상실, 우울, 심지어는 자살기도를 하는 한편 상대적으로 힘이 약한 친구들을 폭언·폭행함으로써 자신의 분노를 표출하기도 하여 학교폭력문제를 야기시키기도 한다.

이 외에도 학교의 교육여건, 교육내용, 교육방법, 교사와의 관계, 학생상호 간의 관계 등은 학교환경의 중요한 요인이며, 학생들은 학교생활에서 물리적 환경, 학교의 규칙이나 학교활동에 대한 불만으로 등교거부 등의 부적응현상을 초래하기도 하며 교사와 갈등을 겪기도 한다. 교사의 편애와 억압적인 태도, 처벌, 의사소통의 문제, 교사의 인정 등이 청소년에게 스트레스를 야기시킬 수 있다. 이처럼 청소년의 발달과 학교환경 간의 부조화는 학생들의 낮은 자긍심, 학업중퇴, 무단결석, 학교비행 등 많은 심리사회적 문제를 발생하게 한다(Franklin et al., 1990). 따라서 최근 학교는 더 이상 학생의 교육적 기능만을 전담하는 사회제도가 아니라, 이들의 기본적 삶과 복지를 향상시키는 사회복지적 기능을 도입해야 한다는 주장이 대두되고 있다. 학교가 추구하는 전인교육의 교육목적을 달성하기 위해서는 학업향상과 진로지도에 중점을 두고 교육적 기능만으로는 학생들의 잠재력과 능력을 계발시키는 데에 한계가 있음은 물론 모든 학생의 기본적 교육권을 보장해 주지 못하기 때문이다.

학생의 기본적 교육권은 학교에서 수업을 받을 수 있는 학습의 권리뿐만 아니라, 학교와 집을 오갈 수 있는 통학의 권리, 학습에 필요한 준비물을 보장받을 수 있는 권리, 학교에서 생활하는 동안에 점심을 제공받는 급식의 권리, 자신의 능력과 장애에 따라 개별화된 교육을 받을 수 있는 특수교육의 권리 등을 모두 포함하여야 한다. 따라서 학생 개인이나 가정이 위와 같은 교육의 권리를 보장받지 못할 때 지역사회와 국가는 학교의 사회복지적 기능을 강화하여 이들 학생의 교육권을 보장해 주도록 노력하여야 한다(김기환, 1999).

4) 지역사회

청소년들의 가치관에 영향을 미치고 문제행동을 만들어 내는 데에는 상당 기간에 걸쳐 그러한 문제성향이 굳어질 만한 환경에 노출되었을 때 나타나게 된다. 지역사회 안에서 청소년들이 쉽게 접촉할 수 있는 다양한 시설, 업소, 물품 및 약물류, 대중매체들은 직간접적으로 청소년문제를 조장하고 있다. 그리고 청소년비행은 상가지역, 유흥가 혹은 사회적으로 문제화된 지역에서 많이 발생하는 경향을 보인다(송광성 외, 1992).

청소년복지에 있어 지역사회의 중요성을 정리해 보면 다음과 같다.

첫째, 지역사회는 청소년들에게 있어 구체적인 생활의 원천적 거점이다. 지역사회는 사람이 태어나서 성인이 될 때까지는 물론 전 생애를 통하여 가장 직접적이고 실체적인 생활의 장소이고 인격형성의 장소이다. 학생이나 근로청소년, 모든 유형별 집단에 있어 가정과 직장, 가정과 학교를 잇는 생활권역을 크게 넘지 않는다. 지역사회는 바로 그들이 주민들과의 다양한 사회적 상호작용 속에서 성장・발달하는 준거환경이다(청소년연구원, 1989 : 35-36). 특히 청소년문제의 확산은 지역사회의 유해한 사회문화적 환경과 분위기와 밀접한 관계를 가지고 있으므로, 지역사회의 책임이 더 강조되고 있으며 지역사회와의 연계와 협력의 필요성이 더 한층 대두되고 있다.

둘째, 지역사회는 청소년의 교육의 장이 될 뿐 아니라 지역사회에 존재하는 모든 물질적・문화적・인간적 자원은 청소년을 위한 교육적 자원이다. 즉, 지역사회는 곧 청소년들의 관습과 태도, 가치의식을 길러주는 교사의 역할을 하고 있으며 지역사회의 형태 및 문화가 학교교육의 성격을 결정한다.

셋째, 지역사회에는 청소년에게 유용한 자원들이 잠재되어 있다. 청소년복지가 성공적으로 이루어지기 위해서는 국가의 과감한 재정적 지원과 정책추진과 더불어 지역사회에 산재된 자원의 발견, 조직화, 관리를 통해 지역사회에 있는 인적・물적 자원을 동원해 청소년복지서비스의 효과를 높일 수 있다. 특히 지역주민의 자발적인 참여를 이끌어 냄으로써 청소년에 대한 주민의 관심과 책임을 고양시킬 뿐 아니라 청소년과 기성세대와의 갭을 메울 수 있을 것이다.

넷째, 지역사회는 중앙정부가 작성한 정책의 효과가 구체적으로 발생하는 전선(front-line)이다. 그러므로 청소년과 관련된 국가의 정책의지가 그 실효성을 거둘 수 있는 현장도 바로 지역사회이다. 아무리 질적으로 좋고, 양적의 많은 정책과 수단이 제공된다 하더라도 그 실현성이 보장될 현장으로서의 지역사회가 그 수용태세를 갖추지 못하거나 수준 미달이라면 그 정책은 사실상 무용한 것이나 다름없는 노릇이다(이철위, 1991 : 493).

특히 본격적인 지방자치의 실시에 따라 지역사회에서의 청소년 육성에 대한 주민들의 요구가 증대될 것으로 예상될 뿐만 아니라, 특히 '청소년기본법' 제1장 제1조의 '목적' 규정에서는 청소년 육성에 관하여 가정, 사회, 국가와 더불어 지방자치단체의 책임을 분명하게 명시함으로써 청소년정책의 수립 및 집행에 있어 지방행정 체계의 역할과 비중을 강화시켰다(한국청소년연구원, 1992 : 2).

이처럼 청소년복지는 지역의 상황과 특수성을 고려하고 지역청소년에게 적합한 청소년정책을 수립, 집행하고, 지역사회로부터의 피드백을 통해 개선된다. 따라서 지역사회는 각종 복지시책이나 서비스 등이 실현되는 곳일 뿐 아니라 현재 사회구성원인 청소년의 사회참여가 발휘되는 곳이기도 하여 청소년의 삶의 질에 중요한 영향을 미친다.

5) 대중매체

오늘날 대중매체가 청소년의 생활 속에 깊이 잠식해 있다는 사실을 감안할 때 대중매체는 특히 가치교육에 관한 한 가정이나 학교보다 더 큰 영향을 미치고 있다는 것을 부인하기 어렵다.

각 매스미디어 간의 경쟁적 격류 속에서 매스컴은 광고수입의 증대, 판로의 확장을 노린 나머지 극단적인 상업주의에 빠지게 되고 그 결과 선정적인 자극은 감수성이 예민한 청소년들에게 부정적인 영향을 미치고 있다. 그래서 매스미디어 속의 범죄적·폭력적 내용들이 이른바 '범죄학교'일 수 있고, 또한 '방아쇠 효과'를 가져올 수 있다는 것이며, 특히 주목할 만한 것은 폭력적이고 범죄적인 내용에 많이 접촉하는 청소년일수록 비행을 많이 일으키고 있다는 사실이다. 외국의 한 조사에 의하면, 범죄를 일으킨 사람들이 범죄영화를 더욱 좋아하며, 신문의 범죄기사는 범죄수법을 가르쳐 준다고 한다. 매스컴은 청소년문화를 창조하고 변화시키는 데 상당한 긍정적인 작용을 하기도 하지만 여러 가지 악조건과 연결되기 쉽고 비행의 준비상태에 놓인 자에게는 비행수단이나 기술을 시사하거나 비행화를 촉진하는 작용을 할 수도 있다.

5. 청소년복지의 전망과 과제

미래의 청소년복지는 청소년의 삶의 질을 향상시키기 위해서 청소년에 대한 이해와 접근방식을 문제해결과 예방에 집중하는 방식에서 벗어나 건강하고 책임감 있는 청소년, 스스로 문제를 해결하는 청소년으로 성장할 수 있도록 접근하는 것으로의 전환을 의미한다. 이러한 맥락에서 청소년복지의 전망과 과제를 살펴보고자 한다.

1) 청소년복지의 일반적 현황

(1) 현대 청소년의 특성

21세기를 살아가는 청소년들은 디지털 문화 속에 살고 있다. 또한 급속한 세계화와 국경 없는 문화적 교류를 통해 국내와 세계를 생활무대로 삼고 있다. 또한 전통적인 사고방식이나 가치관에서 탈피하여 보다 개인주의적 관점에서 자신의 삶의 질을 향상시키는 데 많은 관심을 두고 있다(오영재 외, 2001). 이러한 관점은 타인과 구별되는 자신만의 개성을 개발 유지하려고 노력하며 보다 평등주의적인 사고방식과 행동방식을 갖고 있는 반면에 극단적인 개인주의와 물질만능주의, 쾌락적 감성주의, 그리고 인내심과 절제력의 부족 등의 부정적인 성향을 드러내기도 한다.

(2) 청소년문제의 다양화

과거 청소년문제는 주로 비행과 같은 문제행동에 초점을 두어 이를 교정하고 훈육하는 차원에서 이루어졌다. 그러나 현대의 청소년문제는 매우 다양하고 이에 따른 서비스욕구가 변화하고 있음을 알 수 있다. 인터넷범죄의 증가, 학교폭력, 성매매, 10대 임신 및 낙태문제, 노동 및 임금착취, 가족해체의 증가 등은 청소년문제의 복잡성과 심각성을 잘 말해주고 있다. 이렇듯 청소년문제가 다양해지고 이에 따른 욕구가 변화하고 있지만 청소년문제에 근본적인 대책을 수립해야 할 국가의 대응은 미온적이고 일시적인 대응을 보이고 있다. 따라서 청소년문제를 사전에 예방할 수 있도록 국가정책이 수립되어야 할 것이다.

2) 청소년복지의 전망

(1) 청소년의 복지 및 인권에 대한 관심 증대

청소년에 대한 관점이 변화함에 따라 청소년의 참여와 발달을 향상시키고 이들의 인권에 대한 인식 및 교육에 대한 관심이 증대할 것이다. 청소년참여란 특정 사회구성원으로서의 청소년이 개인 또는 공동의 목표를 달성하기 위하여 다른 개인 또는 집단과 의도적으로 지속적인 상호작용을 가지면서 이룩하는 모든 활동과 그 과정을 의미하는 것으로 이것은 영향력, 상호작용, 정보 공유의 세 가지 개념이 중심이 된다. 최근 청소년참여는 청소년의 기본 권리라는 인식에서 새롭게 정의되고 있다. 따라서 청소년의 복지권과 인권에 대한 국가와 사회의 책임 있는 역할과 실천이 기대된다.

(2) 청소년복지시설 확충 및 체험활동과 수련활동의 증대

청소년기본법과 청소년보호법에 의한 청소년시설뿐 아니라 사회복지사업법의 지원을 받는 청소년복지시설이 늘어날 것이다. 이러한 시설은 일차적으로는 요보호청소년의 욕구해결이 우선시 되어야겠지만 궁극적으로는 전체 청소년 대상으로 확충되어야 할 것이다. 이로 인해 청소년의 적극적인 참여를 도모하는 체험활동과 수련활동의 중요성이 부각될 것이다. 이를 통해 청소년의 인성개발을 함양하고 건전한 활동을 도모하는 청소년육성업무가 확대될 것이다. 더불어 청소년육성을 추진하기 위해서는 청소년수련시설, 청소년지도자, 수련활동이 반드시 필요하다는 점을 법적으로 뒷받침하고 있기 때문에 향후 청소년 복지시설은 늘어날 것이며 이에 따른 체험활동 및 수련활동이 늘어날 것이다.

(3) 청소년복지에 대한 관심의 세분화

향후 청소년을 둘러싼 환경은 가족구조의 다양화, 청소년의 권리 및 인권의 중요성 부각, 청소년의 경제참여 욕구증대 및 정보화 사회의 역할증대, 청소년의 건강 및 안전 위협요인 증대 등으로 인해 청소년복지에 대한 관심은 더욱 세분화될 전망이다. 이에 따라 청소년복지 관련 시민단체가 출현하여 기존의 청소년에 대한 관심사뿐 아니라 앞으로 부모가 있는 요보호아동의 양육, 학교사회복지, 청소년 실업 등이 청소년복지의 관심사가 될 것이다. 따라서 한국청소년개발원, 한국청소년학회, 한국청소년복지학회, 한국아동복지학회, 한국아동권리학회, 한국학교사회사업학회 등 관련 학회와 청소년문화와 문제를 전문으로 하는 연구소의 설립은 청소년복지를 전문분야별로 연구할 수 있는 풍토를 조성할 것이다(이용교, 2001).

(4) 청소년문제의 저연령화

음주, 흡연, 약물, 비행, 성문제 등과 같은 각종 청소년문제의 저연령화 추세가 지속되고 있다. 특히 심각한 것은 청소년기에 술, 담배를 비롯한 본드, 가스, 신나와 같은 환각제, 흡입제 등의 유해물질 오・남용은 청소년의 신체적 건강 훼손과 심각한 정신적 폐해를 유발할 뿐만 아니라 성인기 준비의 큰 장애가 되며 심지어는 그 가족을 곤경에 몰아넣는 심각한 사회문제로 대두되고 있다(김근홍 외, 2005). 이러한 청소년의 심각한 문제가 저연령화되고 있는 추세가 심각함에도 이들에 대한 우리 사회의 예방교육은 매우 미흡함을 보여주고 있다. 따라서 앞으로는 학교나 지역사회 교육기관을 중심으로 청소년 문제행동에 대한 예방교육이 좀 더 체계적이고 일관성 있게 이루어질 것으로 생각된다.

(5) 청소년복지 대상의 일반화

최근 우리나라는 요보호아동은 늘어나고 있는 반면 시설보호아동은 줄어들고 있는 실정이다. 따라서 요보호아동과 시설보호아동의 중간 대응책에 관심을 가져야 할 필요성이 증가하고 있다. 또한 아동복지법이 18세 미만의 전체 아동복지를 지향하고 있는 만큼 궁극적으로는 요보호아동에 대한 복지뿐만 아니라 일반아동의 문제까지 그 개입의 폭을 확대해야 할 것이다. 교육개혁에 의한 학생봉사활동, 교육법 개정을 통한 학생의 인권신장, 청소년의 다양한 체험활동 등에 대한 강조는 전체 청소년의 '삶의 질'에 관심을 둘 것이다.

3) 청소년복지의 과제

(1) 청소년복지의 대상 정립

청소년복지의 대상은 청소년 관련 용어 및 연령과 밀접한 관련이 있다. 우리나라 청소년 관련 주요 법에서는 청소년을 다양하게 구별하고 있어 중복되면서 동시에 동일 대상을 다르게 명명하고 있는 혼란을 초래하고 있다. 아동복지법에서는 18세 미만인 자를, 청소년기본법에서는 9세 이상 24세 이하인 자를, 청소년보호법에서는 19세 미만을, 민법에서는 19세 미만을, 소년법에서는 19세 미만으로, UN은 아동의 연령을 18세 미만으로 규정하면서도 청소년의 연령을 15세 이상 24세까지로 규정하고 있다. 이러한 연령에 대한 개념 중복문제를 극복하기 위해서는 청소년에 대한 법률적 용어의 통일성과 일관성을 유지할 필요가 있다. 또한 연령범위도 청소년 이념과 밀접한 관련이 있는 유엔아동권리위원회의 권고와 국제적 추세를 고려하여, 육성의 대상으로 청소년은 24세까지로 하되, 보호의 대상인 아동과 청소년은 18세 미만으로 통일시키는 것이 바람직하다(이용교, 2004). 개입대상의 초점도 요보호 청소년 혹은 고

위험 청소년으로 한정되던 것을 탈피하여 일반 청소년을 대상으로 하는 보다 포괄적인 정책과 서비스로 전환해 가고 있는 실정이다.

(2) 청소년복지 관련 법의 정비와 재정 확보

청소년복지 관련 법이란 청소년 또는 청소년의 보호·육성과 직·간접적으로 관련된 것으로서 청소년을 직접 대상으로 하거나 청소년의 권리, 의무에 관계된 조항을 포함하여 청소년의 복지를 보장하는 모든 법령, 규칙을 말한다. 그러나 청소년에 대한 복지사업은 별도의 '청소년복지법'이 없이 아동복지법, 생활보호법 등 다른 사회복지법에서 부분적·단편적으로 시행되고 있는 실정이다. 청소년복지정책을 원활히 추진하고 청소년정책의 효과를 제고하기 위해서는 관련 청소년 예산재정 증액이 이루어져야 한다(이명숙 외, 2004). 따라서 청소년의 삶의 질에 소요되는 재원의 안정적 확보와 확충을 위해 국고, 지방양여금, 청소년육성기금 등 새로운 재원을 발굴하고 기금사용의 효율성을 재고해야 할 것이다.

(3) 청소년의 인권보호 및 참여확대

우리나라의 아동·청소년 관련 정책과 서비스는 1989년 제정된 UN의 「아동의 권리에 관한 국제협약(Convention on the Rights of Children)」에 준거하여 청소년의 생존권, 발달권, 참여권, 보호권 보장의 패러다임을 중심으로 전환되고 있는 추세이다. 따라서 청소년의 인권에 대한 중요성을 인식하고 청소년에게 이러한 권리를 교육시키는 제도적 장치를 마련할 의무를 명확히 하여야 할 것이다. 이를 위해서는 무엇보다도 청소년과 밀접하게 일하는 집단에 대한 양성과 훈련 과정에 청소년의 인권에 관한 교육이 반드시 포함되어야 한다. 또한 학부모 대상의 인권교육 프로그램 개발과 홍보가 이루어져야 하며, 정부와 지방단체 및 시민단체가 연계하여 인권의식 확대를 위해 노력해야 한다(이봉철, 2001).

(4) 국가와 가족의 책임공유

현재 육아시설에서 보호를 받고 있는 아동의 약 8%에게는 아버지나 어머니가 있다는 사실을 볼 때, 보호자의 양육기피로 인한 아동의 가정복귀 지연은 큰 사회문제이다. 현재의 시설보호 규정은 시설에 입소한 후에는 아동의 보호자에게 아무런 양육책임도 묻지 않고 있어 아동양육을 기피하는 보호자에게 남용될 수 있다. 따라서 요보호아동에 대한 보호자의 책임과 국가와 지방자치단체의 책임을 적절히 조정하여 거택보호와 시설보호가 유기적인 연계성을 가지도록 할 필요가 있다. 또한 부모의 이혼이나 가출 등으로 인한 결손가정에 대한 복지사업을 강화하여 모·부자가정 조성서비스를 제도화하여야 할 것이다(이종복 외, 2001).

(5) 서비스전달체계의 일원화

청소년복지의 효율성과 효과성을 제고하기 위해서는 서비스의 전달체계의 개선과 기능의 일원화가 필요하다. 우리나라에서 청소년 관련 정책을 직·간접적으로 다루는 정부부처는 21개 기관을 들 수 있다. 청소년복지와 관련된 서비스는 다른 사회복지서비스와 같이 이를 담당하는 부처가 보건복지부, 교육부, 고용노동부, 여성가족부, 법무부, 청소년위원회 등으로 분산되어 있는 실정이다. 이것은 청소년복지서비스가 독립된 업무라기보다는 각 부처의 소관업무 중 청소년과 관련된 업무의 하나로 취급되고 있기 때문이다.

효율적이고 효과적인 업무처리를 위해서는 청소년의 성장이나 발달 단계 그리고 처한 상황에 따라 체계적인 접근이 필요한 실정이나 서로 다른 부처에서 각기 수행하다 보니 정책의 사각지대 또는 중복투자현상이 발생하고 있다(정부혁신지방분권위원회, 2004). 청소년 주무부처 행정조직 개편, 청소년 관련 3법의 제·개정, 아동복지법 개정으로 인한 아동정책조정위원회 설립논의 등 청소년분야 환경변화로 청소년활동·청소년복지·청소년보호 등 청소년 관련 분야의 자원과 정보, 서비스 등에 대한 종합적인 검토가 필요하며, 이러한 과정을 통해 서비스의 중복·누락 없이 보다 효율적으로 원스톱 서비스를 제공할 수 있는 '청소년종합지원센터' 설립이 좀 더 확대되어야 할 것이다.

(6) 청소년복지서비스의 다양화와 전문화

청소년 문제와 욕구는 점점 다양해지고 복합성을 더해가고 있다. 따라서 이전의 보호수준을 넘어 책임성 있는 성인으로 성장·발달할 수 있도록 돕기 위해서는 청소년복지서비스의 다양화 및 전문화를 확보할 필요가 있다. 하지만 우리나라의 청소년복지서비스 프로그램은 청소년의 다양하고 복합적인 문제를 해결할 수 있는 프로그램이나 시설들을 골고루 갖추고 있지 못한 형편이다. 청소년복지사업을 하고 있는 청소년상담실, 청소년쉼터, 청소년공부방 등 일반보호시설이나 그룹홈에서 다루기 힘든 정신질환을 앓고 있는 청소년의 경우, 개별적 문제를 보다 적극적으로 치료·관리할 수 있는 보다 구조화된 치료보호시설에서의 프로그램이 필요한 것이다. 특히 소득과 생활수준의 향상, 새로운 욕구나 문제의 증가 등으로 인해 청소년들에게 건전한 문화와 공동체 의식을 향상시킬 수 있는 프로그램들이 더욱 강화되어야 할 것이다.

(7) 지방자치단체의 청소년복지 강화

현재 청소년복지는 수도권 중심으로 정책과 서비스, 프로그램 등이 편중되어 있다. 이는 지방에서의 청소년보호시설의 미비, 빈약한 예산편성, 인력부족, 청소년복지에 대한 인식부족, 청소년복지를 위한 지역사회 지원시설의 부족 등에서 나타나고 있다. 그러나 이런 거시적인 과제 이외에도 부족하나마 있는 시설로도 청소년들이 여가시간을 유익하게 보낼 수 있도록 공간을 확충하는 일 역시 지역사회의 과제이다. 청소년에게 유해한 매체가 청소년들을 고객으로 하는 상품으로 유통되지 못하도록 지역사회에서의 모니터링 활동을 벌이는 등 지역사회가 앞장선 사회운동을 실시하여야 할 것이다. 이를 위해서는 지방자치단체의 청소년복지에 대한 인식의 전환과 더불어 지방의 특수성을 반영한 청소년복지서비스와 정책의 반영이 시급히 이루어져야 할 것이다.

연습문제

1. 우리나라 청소년기본법에서 규정하고 있는 청소년의 연령범위는?
   ① 12~22세
   ② 13~20세
   ③ 9~24세
   ④ 19세 미만

2. 청소년보호법상 청소년 유해약물에 해당되지 않는 것은?
   ① 마약
   ② 대마
   ③ 술
   ④ 커피

3. 학교문화의 기능적 특성이 아닌 것은?
   ① 청소년의 욕구충족
   ② 청소년의 사회화 기능
   ③ 사회변동성
   ④ 행동의 자유성 허용

4. 우리나라 청소년복지의 발전과정에 대한 설명으로 거리가 먼 것은?
   ① 해방 이후~1961년까지의 시기에 청소년복지가 아동복지와 그 영역이 구분되지 않았음
   ② 미성년자 보호법, 아동복리법이 제정된 이후 1987년까지는 도입기임
   ③ 청소년육성법 제정, 1988년 이후부터 현재까지는 전개기임
   ④ 청소년복지는 아동복지와는 별개로 국가적 차원에서 정책적으로 다루어짐

5. 청소년복지에 있어서 지역사회의 중요 이유로 올바르지 않은 것은?
   ① 지역사회는 청소년들에게 있어 구체적인 생활원천적 거점임
   ② 지역사회는 청소년들의 교육의 장임
   ③ 지역사회는 청소년들에게 유용한 자원이 잠재되어 있음
   ④ 지역사회는 중앙정부가 작성한 정책의 효과가 미치지 못함

해답 1. ③ 2. ④ 3. ④ 4. ④ 5. ④

CHAPTER 11

여성복지

1. 여성복지의 이해
2. 우리나라 여성복지의 발달
3. 여성복지의 접근방법

CHAPTER 11

여성복지

우리나라는 역사적으로 가부장제도가 발달되어 온 남성중심의 사회로 남성은 바깥일, 여성은 가정일로 사회적 역할이 분담되어 왔다. 일반적으로 여성은 가사일, 육아, 노친부양 등의 집안일을 도맡아 하였으나 가사노동 가치는 거의 부인된 채 여성의 경제적·사회적 지위는 낮게 평가되었다. 이러한 사회·경제적 풍토를 바탕으로 초창기 여성복지는 전통적인 가족제도에서 일탈된 여성들을 보호하는 형태로 전개되어 왔다 볼 수 있다.

하지만 전통적인 가부장제도에 대한 인식이 점차로 약화됨에 따라 여성의 사회진출과 지위의 향상, 생활양식의 다양화 등에 힘입어 오늘날 여성복지는 새로운 패러다임의 도전을 받고 있다.[1)] 이에 여성복지의 대상은 가정에서 일탈되고 사회적으로 취약계층에 있는 여성만이 아니라 모든 여성을 대상으로 발전하고 있다. 사회복지제도에 있어서도 여성의 특정 계층에 대한 잔여적인 서비스뿐만 아니라 보다 보편적인 서비스를 제공하는 방향으로 나아가고 있다.

사회복지의 성격이 그러하듯 여성복지 또한 그 시대적 배경과 사회문화적 특수성을 반영하면서 발달되고 전개되고 있다. 하지만 급변하는 한국 여성의 사회적 지위와 역할, 그리고 보다 다양해진 생활양식의 변화에 따른 여성의 복지욕구를 충족시키기에는 아직 역부족 상태이다.

1) 우리나라의 여성복지는 1945년 해방 이후 미군정에 의해 실시된 전쟁미망인 구호사업에서 출발하여 1960~1970년대부터는 미혼모, 저소득 모자가정, 가출여성, 성매매피해여성 등 사회적 보호가 필요한 여성들을 대상으로 서비스를 제공해 왔다. 하지만 1980년대에 이르러서는 여성의 능력개발과 능동적인 사회참여를 유도하는 여성단체활동 지원, 여성회관 운영사업 등을 확대 실시하고, 1990년대에는 성폭력, 가족폭력 피해여성들을 위한 보호 서비스를 확대하는 방향으로 발달해 왔다.

여성복지가 필요한 것은 여성이기 이전의 한사람의 인간으로서 삶을 보장받을 수 있는 사회적 장치를 갖추기 위함이다. 이러한 사회적 장치는 여성들이 아직 사회의 다양한 분야에서 존재하는 성차별과 남성 위주로 돌아가는 구조적 문제에 대처할 수 있도록 사회적 안전을 제공해 준다. 앞으로 우리 사회에서 여성복지가 자리 잡기 위해서는 국민들의 양성평등적 인식을 확대하고 동등한 인간으로서 삶을 영위하고자 하는 여성들의 다양한 복지욕구에 대응해 나갈 수 있는 사회적 역량을 갖추어 가는 것이다.

이 장에서는 여성복지에 대한 이해를 돕고자 현대사회에서의 여성복지에 대한 개념, 시대에 따른 발달과정, 여성을 지원하기 위한 서비스 체계 등에 대해 각 절에서 살펴보도록 하겠다.

1. 여성복지의 이해

1) 여성복지의 개념

여성복지의 개념을 광의의 개념과 협의의 개념으로 나누어 살펴보자. 광의의 여성복지는 여성이 국가나 사회로부터 인간의 존엄성과 인간다운 생활을 할 권리를 동등하게 보장받음으로써 여성의 건강, 재산, 행복 등의 삶의 조건들이 만족스러운 상태를 의미한다. 이와 동시에 적극적으로 가부장적 성차별주의와 이에 근거를 둔 법이나 사회제도, 문화 등을 개선해 나가는 모든 주체적인 노력을 포함하는 개념으로 볼 수 있다(한국여성개발원, 1990). 한편 협의의 여성복지는 여성을 위한 사회복지로서, 여성 개개인에게 인간다운 삶을 보장하기 위해서 시도되는 일련의 자원의 재분배 노력들을 가리킨다. 이러한 여성복지의 실체는 국가와 시대에 따라 변화하게 된다(이혜경, 1996).

일반적으로 여성복지란 모든 여성이 한 사회의 구성원으로서 삶의 질을 영위할 수 있도록 여성의 욕구나 문제를 해결하기 위하여 사회구성원들이 공·사 차원에서

행하는 공동체적 노력을 의미한다. 좀 더 구체적으로 여성복지는 여성문제의 해결, 예방, 여성의 사회적 기능 수행의 활성화, 생활의 질적 향상 등에 직접적으로 관심을 갖는 사회복지서비스나 정책을 포함한다. 즉, 여성복지는 여성에 대한 서비스뿐만 아니라 가부장제에 의한 성차별과 그에 근거를 둔 법이나 사회제도, 문화 등의 적극적인 수정과 변화에 대한 노력까지 포괄하는 것이다(조흥식 외, 2000).

그러나 여성복지를 추구하는 인간의 공동체적 노력, 즉 사회적 노력도 여러 가지가 있을 수 있다. 전통적 사회에서는 사회적 노력이 개인의 자발성과 가족, 종교 등에 의존하였지만 현대사회에 올수록 사회가 복잡다단해지기 때문에 사회적 연대와 국가에 의존하는 경향이 있다. 이러한 경향은 여성복지가 사회적 · 국가적 책임이라는 가치를 지니고 있기 때문이다.

여성복지의 목적은 스스로 자신의 욕구를 충족시킬 수 없거나 문제를 해결하기 어려워 사회구성원으로서 적절한 사회기능을 수행하기 힘든 여성들에게 가족이나 친족, 이웃 등 사회제도가 개입하여 원조를 제공함으로써 여성들의 삶의 질을 높이기 위함에 있다(박경일 외, 2000).

이상의 내용을 정리하면, 여성복지란 첫째, 목적 면에서 여성의 생활보장이라는 복지권의 기본 이념에 입각하여 여성의 행복을 유지시키고자 하며, 둘째, 주체 면에서 여성 개인을 포함한 사회구성원 전체가 되며, 셋째, 대상 면에서 여성 전체가 되며, 넷째, 수단 면에서 제도적 · 정책적 · 기술적 서비스 등 조직적인 제반 활동이 되며, 다섯째, 범위 면에서 사회복지의 한 분야가 되고 있음을 알 수 있다(조흥식 외, 2000).

2) 여성복지의 필요성

사회의 구성을 성별기준으로 구분하면 여성과 남성의 두 집단으로 나누어진다. 그러나 '여성과 사회복지' 혹은 '여성복지'가 보편적인 주제로 성립되어 온 반면, '남성과 사회복지'나 '남성복지'에 대한 논의는 배제되어 왔다. 이 이면에는 여성이 남성과 비교하여 사회에서 상당한 불이익과 불공평을 경험하고 있다는 사실이 전제되어 있다. 그 결과 여성을 위해서는 사회복지정책 및 임상 차원에서의 의도적 개입이 필요하고, 이를 통해 사회에 널리 만연되어 있는 성적 불평등과 이로 인한 여성들의 고통을 완화시킬 수 있는 방법에 관심이 집중되었다.

여성복지는 여성들이 그들이 지니고 있는 문제들을 해결하고 욕구를 충족시키는 것이 일차적인 과제이다. 여성들의 문제와 욕구가 무엇인가를 파악하고 그것을 효과적으로 해결하기 위해 여성들의 기회균등을 확보하고 요보호여성들의 최저생활을 보장해 주기 위해 특수한 환경에 처해 있는 저소득 모자가정, 미혼모, 성폭력피해여성 그리고 가출여성 등에게 최저한의 생활을 보장해 주는 것이 절실하다. 따라서 복지사회 구현을 위해 여성의 잠재능력을 개발하고 사회참여 기회를 확대해 나가야 하며, 가정의 기능을 강화하여 가정문제의 사회문제화를 방지함과 동시에 요보호여성에 대한 복지 증진에 기여하여야 할 과제를 안고 있다.

과거의 여성문제는 빈곤의 해결이라는 측면에서 어떻게 보면 단순한 측면도 있었지만 오늘날은 도시화, 산업화, 서비스산업화 등으로 인해 가치관이 변화되고, 여가시간의 증가, 여성노인인구의 증가, 장애여성의 증가 등의 인구학적 변화와 함께 가정의 구조와 기능에도 많은 변화를 가져와 여성의 문제와 요구는 복잡 다양해지고 있다는 점에서 여성복지의 필요성은 강조되고 있다.

다음은 여성들에게 가장 심각하게 부딪혀 오는 복잡한 문제들 중 대표적인 것으로 불평등문제, 생활보장문제, 요보호여성의 문제, 피학대여성 문제 등을 구체적으로 살펴보자.

(1) 불평등 문제

산업사회에서 불평등 문제는 남녀의 역할에 대한 고정관념과 편견에서 발생한다고 볼 수 있다. 예를 들면, 대부분 남편이 경제활동에 직접 참여하고 있는 반면 아내는 가정에서 간접적인 경제활동을 하고 있을 뿐이며 역사적으로 볼 때 남성은 진정한 형태의 직접 노동을 해왔고 여성은 그 외에 남은 잔여노동을 분담해 왔다는 것이다. 그러므로 남성의 역할은 사회현실을 대변하는 일반적인 것으로 다루어져 왔으며 여성의 역할은 남성의 역할과 어떻게 다른지에 대한 설명도 없이 일반화된 남성의 역할 속에 당연히 포함되는 것으로 간주되었다. 이와 같은 남녀의 역할분담은 사람들의 인격과 내면적인 생활에 불평등을 조장해 왔다.

따라서 사회적으로 내면화되어 있는 고정관념과 편견으로 인해 여성은 취업이 불리하고 남성과 동일임금이 보장되지 않으며 승진기회의 제한, 여성경시풍조 등 여성이 사회에서 당면하는 차별적 상황이 계속되고 있다.

(2) 생활보장 문제

산업사회의 발전은 기존의 전통적 가족제도와 기능에 커다란 변화를 일으켰으며, 확대가족에서 핵가족으로 가족형태를 급속히 변화시켰다. 특히 핵가족 중심의 가족에서 생산적 기능을 하는 중심인물인 가장이 사망하거나 가장으로서의 역할을 하지 못할 경우 저소득층으로 전락되기 쉽다. 여성이 실절적인 가구원의 생계를 책임지고 대표해야 하는 저소득 모자가족의 경우, 경제적·정신적·사회적으로 여러 가지 문제를 가지게 된다. 그 외 저임금 여성근로자의 수적 증가, 법적·문화적으로 보호받지 못하는 '미혼모'와 '성매매피해여성' 등은 여성문제로서 더욱 심각해져 가고 있다.

이러한 배경의 여성들에게 제공되는 사회복지서비스는 대부분 최저수준의 생계를 유지하도록 하는 경제적 지원으로 한정되어 있는 실정이기 때문에 실질적인 생활을 위한 복지욕구에 비해 몹시 미흡한 상태이다.

(3) 요보호여성의 문제

일반여성의 문제가 그들의 가정에의 종속성과 남성에의 의존성에서 연유된 것이라면 요보호여성의 문제는 의존성과 종속성의 대상이 되는 가정과 남성의 부재 또는 부조화에서 비롯된 것이라고 할 수 있다. 다시 말하면, 요보호여성이란 사회적으로 특수한 문제를 가진 것으로 인식되는 여성으로서 이들의 문제는 환경부적응, 욕구불만, 불안 등으로부터 발생하는 문제에 봉착해 있다. 이러한 요보호여성은 출산, 육아, 가사에서 또는 사회참여와 직장진출에서 모성보호 조치를 필요로 하고 있다.

특별히 요보호여성 중에서도 모자가정의 문제는 매우 심각하다. 이제까지의 모자가족의 정의는 주로 배우자와 사별하거나 배우자로부터 버려진 모자가 주요 대상이었다. 하지만 현대사회에서는 실제로 배우자가 존재하고 있다하더라도 정신적 또는 신체적 장애로 장기간 근로능력을 상실한 배우자를 가진 여성이나 미혼여성과 그의 자녀는 사회적으로 보호받아야 할 대상이 되고 있다. 모자가정의 경우, 가정 본래의 기능인 양육기능, 경제적 기능, 자녀의 사회화 기능 및 교육기능 등을 위협받게 됨으로써 정서적인 문제와 자녀양육 및 교육의 문제, 경제적인 문제에 봉착하기 쉽다.

(4) 학대받는 여성의 문제

가정에서의 매 맞는 아내는 심리적으로 복잡한 상태에 놓여 있다. 불안, 남편에 대한 두려움, 자녀를 버리고 집을 나온 것에 대한 죄의식, 자녀양육과 관련된 불안과 부담, 이혼에 대한 불안, 남편을 만나는 것에 대한 두려움 등 감정이 복합적으로 얽혀 있는 문제를 가진다(남세진, 1997).

무엇보다 학대받는 아내들의 문제는 자녀들에 대한 걱정과 생활설계에 대한 대책이 없기 때문에 다시 귀가할 수밖에 없는 상황에 빠지기 쉽다. 가정 내 폭력에 대한 문제는 우선 학대받는 여성을 개인적인 결함이나 병리적인 특성을 가진 개인이 아니라 신체적 · 정서적으로 상처를 입은 개인으로 보아야 한다. 그러므로 여성의 개인적 희생에도 불구하고, 결혼유지를 개입목표로 하는 접근방법보다는 현재의 상황에서 여성이 이혼을 결심했을 때 발생하는 수입의 감소, 이혼녀로서의 낙인, 한부모로서의 생활, 보육서비스 등의 사회서비스의 부족이나 결여로 인한 불이익 등을 최소화시키는 방향으로 사회복지 정책적 접근이 필요하다(김기태 외, 2001).

2. 우리나라 여성복지의 발달

우리나라의 여성을 위한 복지는 사회복지제도의 전체적인 틀 안에서 매우 미미한 위치를 차지해 왔다고 볼 수 있다. 역사적으로 성매매피해여성, 미혼모 등의 요보호 여성들을 대상으로 하는 제도적 접근이 이루어져 왔을 뿐 그 외의 여성들은 국민연금, 국민기초생활보장법 등 사회복지제도 내에서 연령과 상황에 관계없이 남성가구주의 피부양자로 규정되어져 왔다.

과거 우리나라의 여성복지정책은 부녀복지사업을 중심으로 시작되었다. 1945년 해방 이후 미군정의 부녀국설치령에 의해 설치되었던 부녀국을 중심으로 1950년대의 부녀복지정책은 부녀 및 아동구호와 전쟁미망인 구호사업이었다. 1960년대에는 윤락여성 선도사업의 일환으로 부녀직업보도소와 부녀상담소를 운영하였고, 전쟁미망인을 위한 모자세대의 보호사업에 중점을 두었다.

1970년대에는 가출여성과 윤락여성을 대상으로 하는 새마을운동의 일환으로 새마을부녀회가 조직되어 농촌여성들의 소득증대사업과 생활개선에 치중하였다. 1980년대부터는 경제개발과 더불어 무작정 상경하는 가출여성들을 대상으로 하는 직업보도 프로그램이 활발해졌으며, 미혼모의 증가와 함께 국가의 모자시설에 대한 지원 등이 이루어졌다. 한편 보호를 요하는 여성들에게 주안점을 두면서도 일반여성의 능력개발과 능동적인 사회참여 유도 및 건전가정 육성을 또 하나의 목표로 삼았다. 이러한 정책의 일환으로 1984년에 여성개발원이 설립되었다. 여성문제에 관한 정부시책을 종합적이고 체계적으로 추진하기 위하여 국무총리 산하에 여성정책심의위원회를 설치하여 여성문제의 정책화가 이루어지기 시작했다. 1987년에는 여성복지와 증진에 관한 규정들을 신설하였고 이를 근거로 남녀고용평등법을 제정하였다. 1988년에는 정무 제2장관을 여성장관으로 기용하고 지방자치단체의 여성담당기구를 가정복지국으로 승격 개편하였다. 1989년에는 근로기준법과 남녀고용평등법을 개정하여 남녀평등과 모성보호를 더욱 강화하였고 모자복지법[2)]을 제정하였으며, 가족법을 남

2) 모자복지법은 1989년 1월에 제정되고 같은 해 7월 1일부터 시행되었다. 1998년 제1차 개정을 거쳐, 2002년 12월 18일 모자복지법은 모·부자복지법으로 개정되었다가, 2007년 한부모가족지원법으로 개정되어 시행 중이다.

녀평등하게 대폭 개정하였고, 1991년에는 영유아보육법이 제정되었다(최선화, 1995).

이와 같이 여성복지는 요보호여성을 중심으로 한 사회복지의 잔여적 개념에 기초하여 부녀복지행정 또는 부녀복지사업으로 발달해 왔다고 할 수 있다. 이는 시대적 상황 및 우리나라 사회복지제도 전반에 걸친 한계점으로 일관성 없이 임기응변적이며 편의 위주로 발전되었다고 평가받고 있다(조흥식 외, 2000).

그러나 1990년대 후반에 이르러 산업화 및 근대화에 따른 여성의 지위와 역할 변화로 이러한 부녀복지적 접근에서 여성 모두를 대상으로 하는 여성복지의 개념으로 전환되어야 한다는 인식이 확산되고 여성의 복지욕구도 증대되었다. 이에 따라 일반여성을 위한 사업이 추진되었고, 여성복지서비스의 범위도 확대되기 시작하였으며, 보편적 사회복지서비스를 국가정책으로 표방하는 추세 속에서 여성복지라는 개념이 대두되었다. 이는 남녀차별을 철폐하고 여성의 사회적 지위를 향상시키며 남녀평등을 달성하려는 오늘날 여성정책의 흐름이나 국제적 조류와 맥을 같이 하는 것이다.

1995년 3월 코펜하겐에서 개최된 사회개발정상회의, 9월 북경에서 개최된 제4차 세계여성회의에서 여성복지에 관한 논의가 활발히 이루어지고, 행동강령 및 실천계획이 수립됨에 따라 우리나라에서도 1995년 여성발전기본법 제정을 계기로 남녀평등과 여성발전의 실현을 위하여 여성복지의 양적·질적 향상을 꾀하게 되었다. 또한 산업화, 서구화, 도시화, 핵가족화 등의 급속한 사회변동은 여성복지의 욕구의 다양화와 증대를 초래하였으며, 이는 지방자치제의 실시와 함께 광의의 여성복지로 발전하게 된다. 특히 1998년 대통령 직속 여성특별위원회가 구성되고 1차 여성정책 기본계획(1998~2002년)이 설정된 이래, 2003년부터 제2차(2003~2007년), 3차(2008~2012년), 제4차(2013~2017년)에 이르기까지 여성발전기본법에 근거하여 매 5년마다 수립하여 추진하고 있다. 여기서는 여성정책의 기본 방향뿐만 아니라 남녀평등의 촉진, 여성의 사회참여 확대, 여성의 복지증진 등에 관한 정책목표와 정책과제를 포함한 범정부 차원의 여성정책에 관한 종합계획을 제시하고 있다.

3. 여성복지의 접근방법

1) 여성복지의 대상

일반적으로 여성복지의 대상은 당연히 여성이라고 생각한다. 그러나 여성복지의 대상은 사회가 혹은 가족이 여성에게 기대하는 역할 때문에 단순히 설정하기가 어렵다. 즉, 남성이 가족 밖에서 돈을 벌어오는 대신 여성은 가족을 유지하는 주된 책임자로 인식되고 있을 뿐만 아니라 자녀를 양육하고 보호하는 주된 책임자로 기대되고 있다. 또한 여성은 독립된 인간보다는 남편이나 자녀에 부수된 의존적 존재로 인식되고 있는 것이 현실이고, 이러한 현실인식은 정부의 여성복지정책에 반영되어 나타나고 있다. 그 결과 정부의 여성복지정책은 여성 개인을 일차적 대상으로 하는 정책의 비중이 약하고, 의존자로 간주한다든지 가족을 보호하는 보호자로서의 역할을 지원하는 데 많은 비중을 두고 있다. 여성복지의 대상은 크게 여성의 문제, 여성의 역할, 여성의 생애주기를 기준으로 구분할 수 있다.

(1) 여성의 주요 문제를 중심으로 한 구분

여성의 특성을 기준으로 볼 때 여성복지의 대상은 일반여성과 요보호여성으로 구분할 수 있다. 이러한 구분은 정부가 여성복지정책을 계획할 때 사용해 온 전통적인 구분이다. 요보호여성이란 누군가로부터 보호를 필요로 하는 여성이라는 의미로서 일반적으로 저소득 모자가정, 미혼모, 가출여성, 성매매피해여성, 학대받는 여성, 저임금 근로여성을 포괄하는 개념으로 사용된다. 반면 일반여성이란 이들 요보호여성을 제외한 모든 여성을 말한다.

그러나 '요보호'라는 말은 사실상 여성을 하대 시 하는 성차별적 인식의 반영이라고 할 수 있으며, '일반여성'이라는 구분 또한 지나치게 애매하고 포괄적이다. 마치 요보호여성을 제외한 모든 여성은 욕구에서도 유사하며 별다른 문제를 경험하지 않고 살아간다는 인상을 강하게 준다. 따라서 이들 여성이 가지는 욕구의 특성을 중심으로 세분화하여 여성복지의 대상을 구분할 필요가 있다. 예를 들면, 사회교육의 욕구를 가진 여성, 노동의 욕구를 가진 여성, 정신보건의 욕구를 가진 여성, 가족기능 강화의 욕구를 가진 여성 등이 그것이다.

(2) 여성의 역할을 중심으로 한 구분

여성의 역할에 대한 기대를 중심으로 여성복지의 대상을 구분하면 자녀에 대한 각종 보호적 지원이 이에 해당된다. 특히 여성 혼자서 가족을 책임져야 하는 모자가정에 대한 다양한 지원이 여성복지의 주된 대상이 되는 것은 바로 이러한 이유에서이다. 따라서 실질적 혹은 형태상의 모자가정 자녀에 대한 교육적·보호적 지원은 여성복지의 대상이 되고 있다. 이러한 점에서 여성복지는 가족복지 혹은 아동복지와 중복되는 부분이 없지 않다는 것을 알 수 있다.

(3) 여성의 생애주기를 중심으로 한 구분

여성의 생애주기를 중심으로 하여 여성복지의 대상을 구분하는 것은 문제를 중심으로 한 구분보다 삶의 연속선상의 다양한 영역을 포괄할 수 있다. 문제를 가진 여성뿐만이 아닌 일반여성들을 포함할 수 있어 여성복지의 대상을 설정하는 데 매우 유용한 기준이다.

생애주기(life cycle)를 중심으로 한 구분이란 출생에서 사망에 이르는 일련의 과정을 특성에 따라 단계별로 구분하고 각 단계에서의 욕구 및 사건을 중심으로 여성복지의 대상을 선정하는 것을 말한다. 예를 들어, 출산, 육아, 노인 수발문제 등을 들 수 있다. 이와 같이 여성의 생애주기는 그 여성의 가족생활주기를 고려하여 이루어져야 한다.

2) 여성복지의 접근방법

여성복지는 여러 다양한 여성문제에 직접적·간접적으로 개입하는 것을 의미하고 있으므로 여성복지의 접근방법에는 간접적(거시적) 방법과 직접적(미시적) 방법이 있다.

간접적 방법은 여성문제를 사회 전체의 문제로서 본다. 즉, 여성이 전체 사회의 제도적 구조와의 관계에서 보다 잘 존속할 수 있는 조건 혹은 환경을 조성해 가는 접근방법이다. 직접적으로 여성과의 만남 속에서 이루어지기보다는 간접적인 여성정책의 차원에서 논의될 수 있다. 반면 직접적 방법은 여성문제로 고통을 당하고 있는 여성에게 직접적으로 접근하는 방법이다. 서비스의 차원에서 여성복지 실천을 통해 달성될 수 있다(조흥식 외, 2000).

그러나 상기의 접근방법들은 어떤 수준에서 출발하느냐 하는 시각상의 차이일 뿐 궁극적으로 여성의 사회적 기능수행의 향상과 복지를 도모하고자 한다는 점에서는 상호 보완적 관계에 있다. 따라서 양자를 잘 조화롭게 활용해야 할 것이다.

한편 여성복지 실천과 관련하여 여성복지 서비스는 첫째, 사회제도적 측면, 둘째, 집단 상호작용적 측면, 셋째, 개인·심리적 측면 등 세 가지 측면을 가지고 있다. 이 세 가지 측면들은 각기 상호 연관되어 있고 그것들이 복잡하게 여성문제를 형성한다고 보며, 이것이 여성복지 실천의 주요 대상이 되는 것이다.

일반적으로 여성복지실천 접근방법은 특수한 욕구를 가진 여성들의 특별한 문제를 취급하는 사회복지서비스 활동으로 다분히 여성복지의 제도적 개념을 보완하는 잔여적 성격을 띠고 있다. 이런 점에서 우리나라는 여성복지를 부녀복지로 칭하여 오랫동안 사회복지의 잔여적 개념으로 사용하여 왔다. 기존의 부녀복지는 여성복지의 대상 중에서 특히 취약여성(vulnerable women)의 복지에 국한시켜 서비스를 제공해 왔다고 할 수 있다(조흥식 외, 2000).

3) 여성복지 관련 법제

우리나라에서 1970년대까지 여성에 관한 사회복지적 접근은 성매매피해여성, 미혼모 등 요보호 여성을 중심으로 한 부녀복지 차원에서 소극적으로 다루어져 왔음은 주지의 사실이다. 기존의 복지 또는 사회복지에 대한 개념규정에 있어서도 여성은 경시되어 왔고 복지 관련 법이나 제도에 있어서도 여성의 특수성을 적절하게 반영하지 못한 채 전반적인 복지체계로부터 소외되어 왔다. 사회복지는 자본주의와 가부장제적 질서의 구조가 만들어 내는 여성억압과 여성차별을 해소하기보다는 오히려 이를 강화시키는 역할을 하였다(한국여성개발원, 1990).

우리나라에서 여성 관련 법 제정의 주요 배경은 UN이 1975년을 '세계 여성의 해'로 선포하면서이며, 여성 10년(1976~1985)을 정하여 남녀평등을 촉진할 입법, 사법, 행정 등 제반 조치를 취할 것을 가맹국에게 의무로 부과하였다. 국내에서도 그 즈음에 '한국여성의 전화'와 같은 사회운동단체들이 뒷받침이 되어 일을 하고 있었고 법제정운동에도 적극적으로 참여하였다.

1980년대 후반 이후 남녀고용평등법(1987), 모자복지법(1989), 영유아보육법(1991) 등 일련의 여성 관련 복지법이 제정되기에 이르렀다. 특히 모자복지법은 2003년 모부자복지법으로 개정되었다가 2007년 한부모가족지원법으로 개정되어 시행 중이다. 또한 1995년 12월 30일 여성발전기본법이 제정됨으로써 일반여성을 대상으로 하는 여성정책 발전을 가져올 기본 틀이 만들어졌다.

현재 여성과 관련된 법으로는 영유아보육법, 한부모가족지원법, 「성매매 방지 및 피해자 보호 등에 관한 법률」, 「성폭력 범죄의 처벌 및 피해자 보호 등에 관한 법률」, 「가정폭력 방지 및 피해자 보호 등에 관한 법률」, 남녀고용평등법, 근로기준법 외에 사회보장법으로 사회보험, 공공부조, 사회복지서비스 등이 있다.

4) 여성복지서비스

여성복지서비스란 여성을 주 대상으로 하는 사회복지서비스이다.

여성복지시설을 중심으로 제공되는 여성복지서비스는 그 대상층에 따라 요보호여성과 일반여성을 위한 서비스로 구분할 수 있다. 또한 용도에 따라 생활시설과 이용시설로 구분한다. 다음은 여성복지 관련 주요 시설종류이다. 구체적으로 용도에 따른 구분과 보호방법에 입각해 현황을 다음과 같이 정리해 볼 수 있다.

(1) 입소시설

① 모자보호시설

한부모가족복지시설 중 여성과 자녀를 중심으로 한 모자세대를 대상으로 일정 기간 주거와 생계를 지원해 주는 주거서비스이다.

② 모자자립시설

자립이 어려운 모자가정에 대하여 일정 기간 주택편의만을 제공함을 목적으로 하는 시설이다.

③ 일시보호시설

배우자(사실혼관계에 있는 자를 포함한다)가 있으나 배우자의 물리적 · 정신적 학대로 인하여 아동의 건전양육 또는 모의 건강에 지장을 초래할 우려가 있을 경우 일시적으로 또는 일정 기간 그 모와 아동 또는 모를 보호함을 목적으로 하는 시설이다.

④ 미혼모보호시설

미혼여성이 임신 또는 출산할 경우 입소 보호하며 분만혜택, 숙식보호, 상담, 기술교육, 생활 및 인성교육을 제공한다. 여성복지상담소의 상담을 거쳐 입소하게 된다. 보호기간은 6개월 이내이다.

⑤ 성매매피해지원시설

성매매피해자를 일반여성, 청소년, 외국인 등으로 나누어 자립을 지원한다. 성매매피해여성이 성인인 경우 1년 이내의 범위에서 숙식을 제공하고 자립을 지원하며, 청소년인 경우는 숙식과 취학, 교육 등을 통하여 자립을 지원하며, 외국인인 경우 3개월 이내의 범위에서 숙식을 제공하며, 귀국을 지원한다.

⑥ 성폭력피해자보호시설

성폭력피해자를 보호함으로써 신체적·정신적 안정회복과 사회복귀를 도모하기 위한 시설이다. 성폭력 상담 및 일시보호를 제공하고 보호기간은 6개월(1개월 연장가능)이다.

⑦ 가정폭력피해자보호시설

가정폭력피해자를 일정 기간 동안 보호하여 피해자의 신체적·정신적 회복 및 가정(사회)복귀를 도와주기 위해 운영되는 시설이다. 숙식무료제공, 법률 및 심리상담, 직업·취업 프로그램 등 퇴소 후 자립을 지원하고 있다. 보호기간은 임시보호의 경우 3일 이내(필요하다고 인정하는 경우 7일 이내로 연장가능), 일시보호는 6개월이며, 3월의 범위 내 연장 가능하다.

(2) 이용시설

① 여성복지상담소

여성복지상담소는 저소득 모자가정이나 미혼모, 성매매피해여성, 학대받는 여성, 가출여성 등이 보호를 비롯한 제반 서비스를 제공받기 위해 상담을 받는 곳이다. 여성복지상담원의 활동내용을 보면 요보호자에 대한 조사, 취업알선, 시설입소, 보호알선(생계보조), 선도귀가, 교육 및 조언, 치료의뢰 등이다. 또한 1999년부터 여성응급전화 "여성1366"이 설치되었다. 이는 각종 폭력, 범죄의 피해자, 성매매피해, 가출 등으로 긴급한 도움을 필요로 하는 여성을 위한 24시간 핫라인(hot line)으로 전문상담기관이나 여성복지시설의 안내를 받을 수 있으며 필요시 경찰지원과 의료구호서비스를 받을 수 있다.

② 여성복지관

모자가정 및 미혼여성에 대한 각종 상담을 실시하고 생활지도, 생업지도, 탁아 및 직업보도를 행하는 등 모자가정 및 미혼여성의 복지를 위한 편의를 종합적으로 제공하는 것을 목적으로 하는 시설이다.

③ 성매매피해여성 자활지원센터

성매매피해자 등을 대상으로 자활에 필요한 지원을 제공하는 이용시설이다.

④ 성폭력피해상담소

성폭력피해상담소는 1994년에 제정된 성폭력범죄의 처벌 및 피해자 보호 등에 관한 법률에 근거하여 설치되어 성폭력 상담과 일시보호를 실시하고 있다. 각 상담소에는 전문상담요원이 성폭력 피해를 접수받고 이에 관한 상담에 응하고 있다. 또한 전화상담과 내방상담으로 성폭력 피해로 인하여 정상적으로 가정 및 사회생활이 어렵거나 기타 사정으로 긴급히 보호를 필요로 하는 사람을 병원 또는 성폭력 피해자 보호시설로 인계하고 가해자에 대한 고소와 피해청구 등 사법처리절차에 관하여 관계기관에 필요한 협조와 지원을 요청하는 일을 하고 있다.

⑤ 가정폭력상담소

가정폭력을 신고 받거나 이에 관한 상담에 응한다. 가정폭력으로 인하여 정상적인 가정생활 및 사회생활이 어렵거나 그 밖에 긴급히 보호를 필요로 하는 피해자 및 피해자가 동반한 가정구성원에 대한 임시보호를 하거나 의료기관 또는 가정폭력피해자보호시설로의 인도하는 일을 담당한다. 그 외 가정폭력의 예방 및 방지에 관한 홍보와 이와 연관된 조사, 연구를 실시한다.

〈표 11-1〉 여성복지 관련 주요 시설

소관 부처	시설종류	세부종류		관련 법
		생활시설	이용시설	
여성가족부	성매매피해 지원시설	• 일반지원시설 • 청소년지원시설 • 외국인여성지원시설	• 자활지원센터	「성매매 방지 및 피해자 보호 등에 관한 법률」
	성폭력피해 보호시설	• 성폭력피해자보호시설	• 성폭력피해상담소	「성폭력 방지 및 피해자 보호 등에 관한 법률」
	가정폭력 보호시설	• 가정폭력피해자 보호시설	• 가정폭력상담소	「가정폭력 방지 및 피해자 보호 등에 관한 법률」
	한부모가족 복지시설	• 모자가족복지시설 (기본, 공동, 자립) • 부자가족복지시설 (기본, 공동, 자립) • 미혼모자가족복지시설 (기본, 공동) • 일시지원복지시설	• 한부모가족복지상담소	한부모가족지원법
	다문화가족 지원센터		• 다문화가족 지원센터	다문화가족지원법

출처 : 2015년 사회복지시설 관리안내(보건복지부).

연 습 문 제

1. 다음 설명 중 틀린 것을 고르시오.
   ① 여성문제란 일반여성을 포함하는 모든 여성에 관련되며 여성의 자아실현과 인간다운 삶을 보장하는 것에 관련된 모든 문제인 것이다.
   ② 여성복지란 여성의 삶의 질에 관련된 제반 욕구나 조건을 충족시키기 위한 공·사 차원에서 행하는 공동체적 노력이다.
   ③ 여성복지를 추구하는 공동체적 노력은 현대사회에 올수록 개인, 가족 및 종교에 의존하는 경향이 강하게 나타나고 있다.
   ④ 여성복지에 있어 여성의 주체적 활동은 자원의 재분배 노력과 성차별과 그것에 관련된 제반 조건을 개선하는 데 중요하다.
   ⑤ 여성복지의 대상은 현대사회에 올수록 일반여성을 대상으로 보편화되어 가는 추세이다.

2. 다음 설명 중 맞는 것을 고르시오.
   ① 여성복지에 있어 미시적 접근방법이란 여성이 전체 사회의 제도적 구조와의 관계에서 보다 잘 존속할 수 있는 조건이나 환경을 조성해 나가는 접근방법인 것이다.
   ② 여성복지의 접근방법 중 여성정책은 예방적인 처우의 관점에서 사회의 성차별적인 구조 문제에 대하여 제도적·법률적·거시적으로 접근하는 것이다.
   ③ 우리나라는 과거 여성복지를 부녀복지로 칭하여 사회복지의 제도적 개념으로 사용하여, 모든 여성을 중심으로 서비스를 제공하여 왔다.
   ④ 여성복지의 달성을 위한 여성의 정치적 참여는 바람직하지 못하다.
   ⑤ 여성정책은 가족정책과 맞물려 발전하여 왔는데, 가족은 여성정책과 관련하여 여성복지의 순기능적인 측면만을 가지고 있다.

3. 다음 설명 중 틀린 것을 고르시오.

① 한국 가족은 소규모화, 핵가족화 되어가고 가족의 기능이 축소되고 있다.

② 우리나라 가족형태상의 가장 큰 변화는 이혼문제와 한부모가족의 증가이다.

③ 부부관계는 예전에 비하여 상대적으로 평등하고 민주적인 방향으로 진행되고 있다.

④ 여성복지의 대상은 근로여성, 여성노인, 여성장애인 및 요보호여성으로 한정하고 있다.

⑤ 여성복지가 지향하는 것은 여성의 다양한 삶을 보장하여 여성의 삶의 질을 높이는 것이다.

4. 다음 여성복지시설 중 성격이 다른 하나를 고르시오.

① 여성복지상담소
② 성폭력피해상담소
③ 모자보호시설
④ 가정폭력상담소
⑤ 여성복지관

5. 여성복지의 과제와 정책방향에 해당되는 것을 다음 보기에서 모두 고르시오.

보기 : (1) 성차별의 철폐와 양성평등에로의 지향 (2) 여성서비스의 확대
(3) 여성복지의 전달체계의 확립 (4) 여성복지재정의 확충

① (1), (2)
② (1), (3)
③ (1), (2), (3)
④ (1), (3), (4)
⑤ (1), (2), (3), (4)

해답 1. ③ 2. ② 3. ④ 4. ③ 5. ⑤

CHAPTER 12

노인복지

1. 노인복지의 개념
2. 현대사회의 노인문제
3. 노인복지정책
4. 노인복지실천
5. 노인복지의 과제

CHAPTER 12

노인복지

1. 노인복지의 개념

1) 노인의 개념

노인이란 용어는 일반적으로 흔히 쓰이는 단어이기는 하지만 이를 한마디로 정의하기는 쉽지가 않다. 그것은 아마 노인이라는 용어가 여러 가지 관점에서 달리 정의되고 있기 때문일 것이다. 일반적으로 노인이라 함은 나이가 들어 신체적·정신적·사회적 기능이 감퇴하여 정상적인 사회생활을 수행하는 데 어려움이 있는 사람이라고 알고 있다. 그러나 이러한 정의를 일반화하기에도 개인 스스로 느끼는 주관적 자각의 차이와 노화의 개인차가 커서 무리가 따른다.

1951년 제2회 국제노년학회에서는 노인이란 인간의 노령화 과정에서 나타나는 생리적·심리적·환경적 변화 및 행동의 변화가 상호작용하는 복합형태의 과정에 있는 사람이라고 규정(박차상 외, 2005 : 18)한 바 있다. UN에서는 생산연령인구의 범위를 14~64세로, 65세 이후를 노인인구로 정하고 있음을 볼 수 있다. 우리나라에서는 만 60세를 환갑이라 하여 노인으로 인식하고 있으나, 행정법상 적용되는 노인복지서비스의 대상자는 주로 만 65세 이상을 지칭하고 있고, 법에 따라 적용받는 연령의 범위도 차이가 있어 달리 분류하는 경우도 있다(통계청, 2004). 예를 들면, 고령자고용촉진법상 고령자는 55세 이상인 자로 되어 있으며, 국민연금법상의 노령연금 급여대상자로서 노인은 60세부터 규정되고, 노인복지법이나 국민기초생활보장법상에서 규정하고 있는 노인은 65세 이상인 자로 그 범위가 달리 적용되고 있는 것이다.

따라서 우리나라에서 노인이란 함은 역연령의 기준으로 만 65세 이상인 사람으로 정의하고 있다.

그러므로 우리나라에서 노인이란 함은 역연령의 기준으로 만 65세 이상인 사람으로 정의하고 있지만, 경우에 따라서는 60세 이상인 사람으로 분류하기도 한다.

2) 노인인구의 변화

(1) 노인인구의 증가

UN의 고령화사회 분류에 의하면, 65세 이상 노인인구 비율이 전체 인구의 7%를 넘어서면 고령화사회(aging society)라고 정의하는데, 우리나라는 2000년에 이미 고령화사회에 접어들었으며, 2014년 전체 인구 중 65세 이상 인구는 12.7%로 집계되었다. 그리고 2020년에는 15.7%, 2030년에는 24.3%로 급속하게 증가할 것으로 예상된다(통계청, 2014). 특히 2017년에 이르면 노령화지수가 104.1으로 노인인구가 유소년인구를 초과할 것이라 예상(통계청, 2015)되고 있는 바, 앞으로 생산가능인구의 평균연령이 증가한다는 점과 노인부양 등 심각한 문제들이 발생할 소지를 안고 있다.

〈표 12-1〉 65세 이상 고령인구 (단위 : %)

	2000년	2014년	2020년	2030년	2040년
총인구	100.0	100.0	100.0	100.0	100.0
구성비(%)	7.2%	12.7%	15.7%	24.3%	32.3%

출처 : 통계청(2011). 장래인구추계.

65세 이상 고령인구 성비(통계청, 2015)에서는 2015년 71.7명으로(여자인구 100명당 남자의 수) 5년 전보다 2.6명 높아졌고, 2060년에는 87명으로 높아질 전망이다. 기대수명이 늘어나고 남녀 간 사망률 격차가 줄어들면서 고령자 성비는 지속적으로 증가하는 모습을 보이고 있다.

(2) 평균수명

우리나라의 평균수명은 1981년 남녀평균 66.2세에서 2001년에 76.5세로 길어졌고, 2010년에는 79.6세(남 76.1세, 여 82.9세), 2020년에는 81.5세로 늘어날 전망이다(통계청, 2009). 이러한 배경으로는 보건의료 수준의 향상, 국민들의 영양상태 양호, 출생률 및 사망률의 저하 등을 들 수 있겠다. 이러한 노인인구의 증가와 더불어 노인부양비를 살펴보면, 2015년 노인 1명을 부양하는 데 소요되는 생산가능인구는 5.6명으로 나타났다. 저출산의 지속, 베이비붐 세대의 고령인구 진입 및 기대수명의 증가로 우리나라의 고령화속도가 빠르게 진행되고 있어 2030년에는 고령자 1명을 생산가능인구 2.6명이 부양할 것으로 전망된다(통계청, 2015).

평균수명의 연장으로 인간의 장수는 반가울 수 있으나 노인인구의 증가와 더불어 부수적으로 발생할 수 있는 각종 노인문제를 함께 생각해 보아야 할 것이다. 즉, 노인의 경제적 문제, 여가문제, 건강문제, 취업문제, 역할상실 및 소외, 노인부양문제, 노인학대문제 등이 대표적인 예들이다.

(3) 노인의 거주형태

보건복지부(2014)의 '노인실태조사'에서 65세 이상 가구형태별 분포를 살펴본 결과, '노인부부가구'가 44.5%, '자녀동거가구'가 28.4%, '노인독거가구'가 23.0%로 노인독거가구의 증가 및 자녀동거의 감소가 지속되고 있음을 확인할 수 있다.

노부모 부양에 대한 견해를 살펴보면, 부모의 노후생계는 '가족과 정부・사회'가 함께 돌보아야 한다는 견해가 47.3%로 가장 많고, 다음으로 '가족'이 37.1%로 나타났다. 가족 중 부모부양 책임자는 '모든 자녀(75.4%)', '자식 중 능력 있는 자(14.2%)' 순으로 나타났다. 부모의 노후부양에 대한 가족책임 의식은 2008년 40.7%에서, 2010년에 36.0%, 2012년 33.2%, 2014년에 31.7%로 지속적으로 감소하는 추세를 보이고 있다(통계청 사회조사, 2014).

3) 노인복지의 정의

(1) 노인복지의 정의

이혜원(1998)은 노인복지란 "노인이 인간다운 생활을 영위하면서 자기가 속한 가족과 사회에 적응하고 통합할 수 있도록 필요한 자원과 서비스를 제공하는 데 관련된 공적 및 사적 차원에서의 조직적 제반 활동"이라고 하였다. 현외성(2005)은 "특별히 노인을 대상으로 한 혹은 노령화에 따르는 제반 욕구를 해결하기 위한 공사의 제반 사회적 · 조직적인 활동의 전부"라고 정의하고 있다.

이러한 정의를 살펴볼 때 결국 노인복지란 사회복지의 한 분야로서 노인과 그 가족 그리고 노년기를 준비하는 계층을 대상으로 하여 필요한 서비스를 연결하고 제공하는 활동이라 할 수 있겠다.

(2) 노인복지의 원칙(현외성 · 윤은경 외, 2002 : 253-255)

① 노인중심

노인복지에서 가장 관심 있게 다루어야 할 것은 먼저 노인중심에서 서비스를 하자는 것이다. 도움을 주는 사회복지사가 노인의 입장에서 어려움을 감정이입한 다음 상황과 현재의 문제를 가질 수밖에 없음을 인식하고 이를 도와주어야 한다. 그러므로 사회복지사는 노인을 배려하는 마음을 가지고 노인의 눈높이에 맞추는 역할을 해야 할 것이다.

② 노인 공경

노인은 그들이 젊은 시절에 사회와 국가에 헌신한 세대이기 때문에 나이가 들어 노인이 되었을 때, 사회와 국가가 이들을 존경하고 어른으로 모시는 자세가 요구된다. 이러한 노인 공경의 원칙은 인간의 존엄성을 바탕으로 하며, 노년기에 지위 및 역할 상실로 무력시될 수 있는 상황에서도 노인을 한 인간으로서 존중하며 모신다는 기본적인 마음에 바탕을 두어야 한다.

③ 개별화

노인은 각자가 가지고 있는 문제의 유형이 비슷하다고는 하나 실제로 노인이 가진 배경과 상황에 따라 그 접근방법을 달리해야 할 필요성을 갖는다. 왜냐하면 노인은 각기 그 특성에서 나름대로의 차별성을 가진 개별적인 인간이라는 것이다. 그러므로 노인문제를 해결하기 위하여 접근방법과 목표를 사용하는 여러 과정들은 일정한 체계성의 바탕을 전제로 하지만 노인마다 각기 달리 설정할 수 있다.

④ 자기결정

노인은 자신의 삶을 자신 있게 살아갈 능력을 가지고 있으나 경제적 조건, 건강상의 여건, 가족적인 상황 등이 무력하게 만들기도 한다. 우리나라의 노인들은 격동기의 세월을 살아오면서 많은 변화에 직면하였고, 이러한 변화에 길들여져서 자신의 주장을 펼치고 건의하는 특성보다는 타인의 지시적인 관습에 길들어져 환경에 순종하고 숙명처럼 여기는 경향이 지배적인 것이 사실이다.

노인복지에서는 노인 자신의 노후 삶을 보람 있고 뜻있게 보내기 위해서 자기결정의 원칙이 적용되어야 한다. 이러한 원칙이 적용되기 위해서는 우선 노인과 전문가 간의 신뢰성이 바탕이 되어야 하며 노인의 판단을 믿을 수 있는 기본적인 뒷받침이 보장되어야 한다.

자기결정의 원칙은 노인이 스스로 생각하고 판단하여 자기의 책임을 선택하여 행하는 것을 말하며, 이는 노인이 기본적으로 권리와 욕구를 가지고 있는 것을 인정하고 이를 현실적으로 실현하도록 하는 지원방법을 말한다. 자기결정은 노인에게 스스로 결정할 수 있는 힘을 실어주어 인간다운 삶을 보장할 수 있다는 것에 의의를 둘 수 있다.

⑤ 비밀보장

비밀보장은 노인복지를 실천함에 있어서 노인과 가족에 대한 정보가 사생활 보호와 인권을 보장하기 위하여 지켜져야 한다는 것이다. 특히 노인가족은 사회복지서비스 이용 시 노인을 제대로 모시지 않는다는 질책과 편견으로 상당한 스트레스를 받을 수 있어 노인들에 대한 정보가 공개되는 것을 원하지 않는 경우가 흔히 있다.

2. 현대사회의 노인문제

노인문제란 노년기에 수반되는 여러 가지 생활상 수반되는 어려움과 문제라고 할 수 있다. 이러한 문제는 인간으로서 살아가는 데 필요한 기본적인 욕구가 충족되지 않은 상태를 말하는데, 이 장에서는 현대사회에서의 노인문제로서 흔히 노인의 4고(苦)라고 말하는 빈곤, 질병, 역할상실과 소외로 국한하여 설명하고자 한다.

1) 빈곤문제

노년기에 경제적으로 빈곤하다는 것은 노인의 생활에 직접적인 위협이 되고 있다. 노후생활을 보람 있고 인간답게 영위하기 위해서는 경제적 수준이 어느 정도 뒷받침되어야 하기 때문이다. 우리나라 노인들의 대부분은 빈곤에 직면해 있고, 이를 해결하기 위한 취업 등의 기회도 제한되어 있어 실제적으로 문제가 되고 있다. 특히 현재 우리나라의 노인들은 자신들의 노후를 준비하기보다는 자녀들을 위해 대부분의 재산을 투자하였기에 노후를 준비할 여유가 없었다는 것이 가장 큰 빈곤의 이유가 된다.

2004년 노인생활실태조사에서는 노인의 총 평균소득이 48.6만 원으로 조사된 바 있다. 국민연금연구원이 공개한 자료에 따르면, 가구주가 65세 이상 노인인 전체 노인가구의 월평균 소득은 178만 원, 부부만 사는 가구는 215만 원으로 나타났다. 노인가구 소득 가운데 가장 많은 부분을 차지하는 건 기초연금과 기초생활급여, 자녀가 주는 용돈 같은 이전소득으로 44%나 차지하고 있고, 근로소득은 29%에 불과한 것으로 밝혀졌다. 노인의 빈곤율을 보여줄 수 있는 기초생활보장 수급률을 보면, 2013년 국민기초생활 보장 일반수급자 중 고령자는 29.9%로 나타났으며, 성별로 보면, 여자수급자가 남자수급자보다 2.4배 많았다(고령자통계, 2014). 이러한 결과를 볼 때 남성노인보다 여성노인의 빈곤문제가 더 심각하다는 것을 알 수 있다.

생활비 마련 방법으로는 유배우 노인의 경우, 2/3 이상이 '본인 및 배우자 부담(68.1%)'으로 생활비를 마련하고 있으나, 무배우 노인은 절반 이상이 '자녀 또는 친척

지원(57.7%)'으로 생활비를 마련하고 있는 것으로 나타났다(통계청, 2013). 특히 유배우 노인 중 '본인 및 배우자 부담'은 여자보다는 남자가, '자녀 또는 친척 지원'은 남자보다는 여자가 더 많은 것으로 나타났다.

현재 노인들이 경제적으로 더욱 힘든 것은 그들의 삶이 이중으로 부담을 지니고 살아왔기 때문이라고 본다. 이들은 자신들의 부모를 부양했으며, 자녀를 성장시키기 위하여 노후대책을 고려할 겨를이 없었으며, 경제발전은 모든 문제를 해결한다고 믿었었다. 그리고 일부 전문직종을 제외한 대부분의 산업체 근로자들은 다른 선진국에 비하여 정년퇴직의 연령이 상대적으로 빠르며, 특히 1997년 말 다친 외환과 경제위기는 수많은 조기 퇴직자들을 양산시킴으로써 더 많은 노인인구와 사회적 부담을 가중시키고 있다. 게다가 개인연금이나 사회보험은 대부분의 한국인에게는 생소한 사회제도이었으며, 노인문제가 심각한 사회문제화되리라는 전망도 예상하지 못했던 것이다.

2) 질병문제

노령화로 인한 질병은 대부분 만성적인 것으로서 장기치료와 보호를 필요로 하게 된다. 질병을 가진 노인들은 신체적·정신적으로 독립적인 생활이 어렵고 누군가의 도움이 요구되는 일상생활에 문제를 가지고 있어 질병 또한 빈곤 못지않게 심각한 것으로 이해된다. 일반적으로 노인들은 연령이 증가할수록 노화로 인한 신체적 능력의 약화뿐 아니라 질병으로 인한 건강상태의 약화가 심화되는 경향이 있다. 장애를 가진 장기요양보호 노인은 대부분 만성질환을 앓고 있는 것으로 파악되고 있는데, 실제 조사(한국보건사회연구원, 2014)에서 보면, 가장 고통을 주는 질병인 주 질환으로는 고혈압이 가장 많았고, 그 다음으로 골관절염 및 류마티스 관절염, 당뇨병, 요통 및 좌골신경통, 고지혈증, 골다공증의 순이었다. 의사 처방약을 현재 3개월 이상 복용하고 있는 비율은 전체 노인의 82.0%이며, 지난 1개월 동안 의료기관을 이용한 경험이 있는 경우는 전체 노인의 78.2%로 평균 방문횟수는 2.4회로 나타났다. 또한 지난 1년간 아프거나 다쳐서 병원에 입원한 경험이 있는 노인은 18.4%로 집계되었다.

또한 노인의 건강 및 질병과 관련하여 관심을 가져야 하는 항목은 일상생활수행(ADL) 기능과 수단적 일상생활수행(IADL) 기능에 어려움을 가진 노인이 증가하고 있어 노인에 대한 부양부담을 가중시키고 있다. 노인실태 조사(한국보건사회연구원, 2014)에 의하면, 7개의 ADL 항목과 10개의 IADL에 기초하여 파악한 기능 상태를 살펴보면 81.8%가 기능제한이 전혀 없지만, 11.3%는 IADL만 제한을 경험하고 있으며, 6.9%는 ADL의 제한까지도 경험하는 것으로 나타났다. 이러한 기능상태는 연령이 높을수록 제한율이 높아 85세 이상 연령군에서는 ADL도 제한이 있는 비율이 25.5%에 달하고 있다. 또한 65세 이상 치매노인의 치매 유병률도 「2012년 치매노인유병률 조사」결과(보건복지부 · 서울대학교 병원, 2012), 2012년 9.18%에서 2016년 9.99%, 2020년 10.39%로 계속 증가하고 있는 추세여서 이에 대한 예방과 대책이 필요하다.

이렇게 만성질환과 노인성질환 등을 앓고 있는 노인에게 가장 문제가 되는 것은 의료비 부담으로 인한 경제적인 문제이며, 그 다음이 교통이 불편하고 교통비가 많이 든다는 점과 의료기관을 방문하고자 할 때 도와줄 사람, 간호와 일상생활을 수행하는 데 도움을 줄 사람을 필요로 한다는 것이다.

3) 역할상실과 소외

노인이 되면서 직면하게 되는 또 다른 문제로는 지금까지 자신이 수행해 오던 사회적 역할과 가정에서의 역할을 다음 세대에 인계함으로써 밀려난 존재로 인식하게 되고 쓸모없는 존재라는 상실감을 경험하게 된다는 것이다.

노인이 된다는 것은 신체적 노쇠와 더불어 외로움, 소외감, 우울증, 무기력 상태 등을 유발시킨다. 결국 외로움과 소외는 노인에게 있어서 가장 심각한 정서적 욕구로 대두되는 것이다. 물론 사람들은 일생을 통하여 여러 차례 외로움과 소외를 경험하기도 하지만 노인이 됨으로써 지금까지 유래되던 관계나 지위로부터의 단절 및 상실은 대단히 심각한 것이라고 볼 수 있다.

라우어(Lauer, 1995 : 242)는 혼자 사는 사람은 다른 사람과 함께 사는 사람보다 불만이 많고 다른 사람과의 관계욕구를 충족시키지 못한 사람이 그렇지 않은 사람보다 더욱 신체적으로 빈약하고 우울증에 걸리기 쉽다고 하였다. 다시 말하면, 다른 사람으로부터 끊임없는 관심과 관계를 맺는 사람은 보다 좋은 건강을 유지하며 노인들이 대부분 경험해야 하는 비극적 상황에 대하여 효과적으로 대처한다는 것이다. 우리는 노인들이 독립적으로 살기를 원하고 있다고 말하지만 대부분의 노인들은 자신들의 신체적 조건뿐만이 아니라 정서적 이유에서도 성인자녀와 살기를 원하고 있다(Solo, 1980, McAuley & Usita, 1998 : 727 재인용)는 것을 볼 수 있다.

따라서 노인의 역할상실을 극복하기 위한 방법으로 건전한 여가 프로그램 개발이 요구되고 있고, 그중 하나로 노인의 자원봉사가 중요하게 부각되고 있다. 또한 정부에서는 경제적으로 어려운 노인에게 일거리 창출을 통하여 재취업의 기회를 확대하려는 준비를 마련해 놓고 있기도 하다.

3. 노인복지정책

노인복지정책의 영역은 크게 소득보장정책, 의료보장정책, 주거보장정책 등으로 나누어 볼 수 있다.

1) 소득보장

노인에 대한 소득보장은 국민기초생활보장법상의 수급노인과 차상위 계층의 노인을 대상으로 실시하고, 노인의 빈곤에 대한 사회적 차원의 대책으로 국가가 노인들이 빈곤에서 벗어날 수 있도록 최소한의 소득을 확보해 주는 대책이라 할 수 있다.

(1) 연금제도

우리나라에서 실시되고 있는 공적연금제도는 국민연금과 공무원연금, 군인연금, 사립학교교직원연금의 특수직역연금제도로 구성되어 있다.

① 국민연금

국민연금법은 1988년부터 실시되었으며, 1992년부터는 5명 이상의 사업장까지 강제 적용시켜 대상을 확대하였고, 1995년부터는 농어촌지역의 농어민을 강제적용 대상으로 하는 등 그 대상자를 확대하여 오다가, 2000년에 도시지역 주민까지 확대 적용하여 오고 있다.

② 특수직역연금제도

특수직역연금제도는 공무원연금, 군인연금, 사립학교교직원연금으로 나누는데, 첫째, 공무원연금은 사회보장제도 가운데 가장 먼저 출발한 것으로 군인과 선거직 공무원을 제외한 국가공무원법 및 지방공무원법에 의한 공무원, 국가 또는 지방자치단체의 기타 직원을 피보험자로 하고 있다. 둘째, 사립학교교직원연금은 사립학교법에 의한 교원과 사무직원이 대상이 되고 있다. 셋째, 군인연금은 1963년에 제정되어 몇 차례의 개정을 거쳐 오늘에 이르고 있으며, 급여의 종류와 자격, 수준 등이 공무원연금과 비슷하다.

(2) 국민기초생활보장제도

국민기초생활보장 수급권자는 부양의무자가 없거나, 부양의무자가 있어도 부양능력이 없거나 부양을 받을 수 없는 자로서 소득인정액이 최저생계비 이하인 자로 한다. 2013년 국민기초생활 보장 일반수급자 중 노인의 비율은 29.9%이다(통계청, 2015).

(3) 기초연금

우리나라는 공적연금에 가입하지 못한 노인들을 위해 1991년부터 70세 이상의 공공부조 수급자에게 월 1만 원씩 노령수당제도를 마련하여 지급하였다. 노령수당은 그 후 대상자를 확대하고 수당을 높여서 시행해 오다가 1997년 노인복지법에 경로연금이 신설되어 1998년 7월 1일부터 실시하게 되었다.

기초노령연금제도는 2007년까지 국민기초생활 수급자 및 저소득층 노인을 대상으로 시행되었던 경로연금제도가 폐지되고 2008년 1월부터 신설되어 시행되어 오고 있다. 기초노령연금제도는 사회발전에 이바지하여 온 노인 중 생활이 어려운 노인에게 지급함으로써 생활안정 지원 및 복지증진을 도모하기 위해 실시된 것이다.

2014년 7월부터는 기초노령연금제도가 폐지되고 기초연금제도가 신설되어 시행되어 오고 있다. 기초연금제도는 만 65세 이상의 노인 중에서 소득과 재산을 환산한 소득인정액이 일정 수준 이하인 70%의 노인에게 기초연금을 제공하는 것이다.

(4) 기타

① 경로우대제도

경로우대제도(노인복지법 제26조)는 고령문제에 대처하기 위한 전통적 미덕을 기려 노인을 우대하고 경로효친사상을 앙양하는 것을 목적으로 하고 있다. 이 제도는 전체 노인을 대상으로 이용요금의 면제와 할인혜택을 통해 소득을 보장해 주는 것으로 철도, 전철 등의 교통수단 운임의 할인이나 고궁·박물관 등의 공공기관 입장료 할인 등의 제도가 있다.

② 고용증진 및 취업알선

첫째, 노인일자리지원사업은 노인복지법 제23조에 근거하여 일하기를 희망하는 노인에게 맞춤형 일자리 제공으로 노인소득 창출과 사회참여 기회를 제공하는 것을 목적으로 하고 있다. 그러나 현황을 살펴보면 지금까지 노인의 일자리 참여욕구 증대에 따라 노인일자리를 확대해 왔지만 공급량은 여전히 부족한 것이 사실이고, 임금수준도 월 20만 원에 불과하여 내실화할 수 있는 방안들이 요구된다.

둘째, 노인취업알선센터는 1981년 노인인력은행으로 처음 시작되었으나 1997년 1월부터 노인취업알선센터로 확대, 개편되어 노인취업상담, 취업알선 및 사후관리를 위한 노인취업알선센터를 설치·운영함으로써 노인들의 여가선용 및 소득기회 부여를 목적으로 하고 있다.

셋째, 노인공동작업장은 1986년 노인의 능력에 맞는 일거리를 마련하여 여가선용 및 소득기회를 제공함으로써 보람 있는 노후생활 보장을 목적으로 작업장 설치가 가능한 공업단지나 경로당 및 노인복지시설을 활용하여 발생된 이익금을 노인에게 배당하는 제도이다.

넷째, 고령자인재은행은 노동부에서 지원하고 있으며, 노인고용 촉진을 위해 1991년 12월에 고령자고용촉진법을 제정하고 동법에 의해 1993년 7월부터 설치・운영되고 있다.

다섯째, 고령자고용촉진법은 1991년 제정되어 1992년부터 시행되어 오다가 2008년 「고용상 연령차별 금지 및 고령자 고용촉진에 관한 법률」로 개정되었다. 이 법은 55세 이상 고령자를 대상으로 고령자 적합 직종을 선정하여 이러한 직종에 대해 고령자의 우선 취업을 권장하고 있다.

③ 주택연금제도

주택연금제도란 2007년 7월부터 본인주택을 소유하고 있는 만 60세 이상의 고령자에게 소유주택을 담보로 사망 시까지 노후생활비를 연금방식으로 지원하는 제도를 말한다. 주요 가입요건으로는 1세대 1주택, 부부 모두 만 60세 이상, 주택가격 9억 이하인 경우로 되어 있다. 그러나 주택연금의 경우 제도개선을 지속했음에도 불구하고, 제도인지도 및 자격요건 확인의 어려움 등으로 활성화가 미흡하다.

④ 각종 세제혜택

노인봉양의식의 제고를 위한 제도의 일환으로 상속세법, 소득세법 등에 의한 상속세 공제, 소득세 공제, 양도소득세 면제, 생계형 저축 비과세 등의 제도 등이 있다.

2) 의료보장

의료보장이란 모든 국민이 건강의 회복・유지・증진의 수단으로 이용할 수 있도록 정부가 그 책임을 지고 제도적 틀을 만들어 국민의 기본적 인권으로서 건강에 대한 권리를 보장하는 것(事典刊行委員會, 1990 : 266, 현외성 외, 2005 : 173 재인용)이라고 정의하고 있다. 우리나라는 의료보장제도에 있어서 사회보험 방식을 적용하고 있으며,

보험료의 부담능력이 없거나 또는 사회적 약자에 대해서는 의료보호법, 국민기초생활보장법 등을 적용하여 평등을 실현하려고 하고 있다.

(1) 국민건강보험

의료보험법이 1963년 12월에 법률 제1623호로 제정되었는데, 국민의 질병, 부상, 분만 또는 사망 등에 의하여 보험급여를 실시함으로써 국민보건을 향상시키는 사회보장의 증진을 도모함을 목적으로 하는 사회보험제도이다. 1977년부터는 사업장 근로자가 처음으로 적용대상이 되었으며, 1989년부터 도시지역의료보험의 실시로 전국민 의료보험이 실시되었다. 우리나라의 의료보험제도는 의료보험, 공무원 및 사립학교교직원 의료보험, 직장의료보험 및 지역의료보험제도 등 세 가지로 분리되어 있었다. 그러나 1999년 2월 8일 의료보험법에서 국민건강보험법으로 개칭되면서 다보험자 방식으로 운영되고 있는 의료보험 관리체계를 단일보험자로 통합 운영하여 운영의 효율성과 보험료 부담의 형평성을 높이고 질병의 치료 외에 예방 · 건강 증진 등을 포함하는 포괄적인 의료서비스를 제공하여 국민건강의 향상을 도모하고 있다. 노인은 가입자의 부양가족이나 가입자 본인으로서 건강보험의 혜택을 받을 수 있다.

(2) 의료급여

의료급여는 건강보험의 혜택을 받을 수 없는 저소득층을 위한 공공부조로서의 의료서비스를 말한다. 2000년 10월부터 국민기초생활보장법이 제정되면서 이전의 생활보호법에 해당하는 기초수급자와 저소득층이 대상이 되어 혜택을 받고 있다.

(3) 노인건강진단

노인건강진단은 1983년부터 질병의 조기발견 및 조기치료로 노인의 건강을 유지 · 향상 · 증진시킬 목적으로 실시되었다. 실시대상으로는 시 · 군 · 구 관할구역에 거주하는 65세 이상 국민기초생활보장 대상 및 차상위 노인 중 노인건강진단 희망자로 하고 있다.

(4) 노인장기요양보험

우리나라에서는 장애노인의 증가로 요양수요가 필요함을 인식하여 이를 해결하기 방안으로 사회와 국가가 함께 노력하자는 취지로 2008년 7월 1일부터 노인장기요양보험제도를 시행하고 있다. 노인장기요양보험제도는 '고령이나 노인성 질병 등으로 목욕이나 집안일 등 일상생활을 혼자서 수행하기 어려운 이들에게 신체활동·가시 지원 등의 서비스를 제공하여 노후생활의 안정과 그 가족의 부담을 덜어주기 위한 사회보험제도'이다. 신청대상은 소득수준과 상관없이 노인장기요양보험 가입자와 그 피부양자, 의료급여수급권자로서 65세 이상 노인과 64세 이하 노인성 질병이 있는 자로 규정하고 있다.

장기요양서비스 유형으로는 우선 시설급여에서는 요양시설에 장기간 입소하여 신체활동 지원 등을 제공하는 것을 말하는데 주로 노인의료복지시설에서 실시하고 있다. 그리고 재가급여에서는 가정을 방문하여 신체활동, 가사활동, 목욕, 간호 등을 제공하고 주간보호센터 이용과 복지용구 구입 또는 대여를 포함하고 있는데, 이러한 서비스를 제공하는 시설을 재가노인복지시설이라고 한다.

3) 주거보장

주거보장이란 개인 자신이 독립성을 유지하면서 안전하고 안락한 일상생활을 유지할 수 있는 공간을 확보하고 유지할 수 있도록 주택의 건설과 공급, 그리고 이에 관련되는 서비스를 통하여 지원하여 주는 제반 사회적인 노력을 의미한다(이혜원, 1998 : 175). 1981년 노인복지법이 제정되었을 때 주거보장에 대한 언급은 시설복지를 제외하고는 전무한 실정이었다. 그 후 1999년의 노인복지법 개정을 통하여 노인에 대한 주택의 개념이 강조되기 시작하였다.

노인에게 있어서 주택은 상당히 중요한 의미를 가지고 있는데, 노인주거보장의 필요성을 살펴보면 다음과 같다(현외성 외, 2005 : 186).

첫째, 노인은 경제적으로 수입에 한계가 있기 때문에 주택수당제의 도입이나 무료 또는 저렴한 비용으로 주거공간을 마련해 주어야 한다.

둘째, 직장에서 퇴직한 노인의 주요 활동공간은 자연스럽게 주택이 된다. 지역사회에 있는 주택에서 사회적 관계를 지속적으로 유지할 수 있도록 생활의 장으로서 노인주거보장이 필요하다.

셋째, 노인들이 심신의 질병으로 장애를 동반하게 됨에 따라 계속하여 지역사회에서 거주할 수 있도록 주거보장이 이루어져야 한다.

현재 노인을 위한 주거보장정책으로는 주택자금할증지원, 주택분양우선권 부여 등이 있으며, 저소득층 노인을 위해서는 영구 임대아파트의 입주를 지원하고 있다. 앞으로 가족과 동거하는 고령자가 점차 줄어드는 반면, 고령자 1인 또는 부부만 거주하는 가구가 증가할 것으로 예상하고 고령자에게 적합한 주거공간 확보를 필요로 하여 정부에서는 고령자 주거안정법 제정을 통해 고령자 주거안정에 대한 종합적인 법률체계를 구축할 계획을 가지고 있다(새로마지 플랜 2015). 여기에 대한 주요 내용으로 고령자용 임대주택 의무건설 및 주택개보수 비용지원을 담고 있어 고령자 신체 특성을 고려한 주거정책이라 할 수 있다.

4. 노인복지실천

현재 노인복지의 대표적인 서비스의 축은 재가복지서비스와 시설복지서비스라고 할 수 있다. 재가복지서비스는 노인이 자신의 가정에 머물면서 필요한 서비스를 이용하는 것이고, 시설복지서비스는 노인이 가정이 아닌 시설이라는 공간으로 옮겨 생활하면서 필요한 서비스를 제공받는 것을 말한다.

지금까지 재가복지가 우선이냐, 시설복지가 우선이냐 하는 논란은 계속되고 있지만 노인을 위해서 이 두 가지 서비스는 병행될 필요가 있다고 본다. 노인복지서비스는 노인의 상황에 따라 서비스의 이용유형이 결정될 수 있겠지만 서비스가 장소와 시간에 상관없이 언제나 제공될 수 있는 시스템이 필요하다.

아래 표 〈표 12-2〉는 재가복지와 시설복지의 차이를 비교하여 설명하고 있다.

〈표 12-2〉 재가복지와 시설복지의 장단점

구 분	장 점	단 점
재 가	- 비용이 저렴함 - 지역사회 내에 거주할 수 있음	- 24시간 케어가 힘듦 - 노인의 케어욕구에 즉각적으로 대응하기 어려움
시 설	- 장기간 관찰이 가능함 - 노인의 케어욕구에 대응하기가 쉬움 - 시설 및 장비의 활용이 용이함 - 또래집단을 형성하여 동료를 사귀기 쉬움	- 살던 지역사회를 떠날 수도 있음 - 자칫 노인의 개별성이 무시될 수 있음

1) 재가복지서비스

재가복지란 의료 및 복지서비스를 시설에 입소한 노인을 제외한 지역사회에 머물고 있는 노인에게 서비스를 제공하는 것을 말하는데, 요즘에는 지역사회보호(community care)란 용어로 대체하여 사용하기도 한다. 우리나라에서 재가복지서비스는 1993년 노인복지법 개정을 통하여 재가복지서비스의 근거를 마련해 놓고 있다.

재가복지서비스를 수행하는 재가복지시설은 노인복지법에서는 이용시설로 분류하며, 이용시설은 다시 여가노인복지시설과 재가노인복지시설로 나누어 가정에 계시는 노인들에게 필요한 서비스를 제공하고 있다.

(1) 노인여가복지시설의 종류

① 노인복지관 : 노인의 교양취미생활 및 사회참여활동 등에 대한 각종 정보와 서비스를 제공하고, 건강증진 및 질병예방과 소득보장 재가복지, 그 밖에 노인의 복지증진에 필요한 서비스를 제공하며 60세 이상의 자를 대상으로 하고 있다.

② 경로당 : 지역 노인들이 자율적으로 친목도모, 취미활동, 공동작업장 운영 및 각종 정보교환과 기타 여가활동을 할 수 있도록 하는 장소를 제공하는 것을 목적

으로 60세 이상의 자를 대상으로 한다.

③ 노인교실 : 노인들에 대하여 사회활동 참여욕구를 충족시키기 위하여 건전한 취미생활, 노인건강유지, 소득보장, 기타 일상생활과 관련한 학습 프로그램을 제공하며, 60세 이상의 자가 이용한다.

〈표 12-3〉 노인여가복지시설의 유형

구 분	시설 종류	시설 목적
노인여가복지시설	노인복지관	노인의 교양취미생활 및 사회참여활동 등에 대한 각종 정보와 서비스를 제공하고, 건강증진 및 질병예방과 소득보당과 재가복지, 그 밖에 노인의 복지증진에 필요한 서비스를 제공
	경로당	지역노인들이 자율적으로 친목도모, 취미활동, 공동작업장 운영 및 각종 정보교환과 기타 여가활동을 할 수 있도록 하는 장소를 제공
	노인교실	노인들에 대하여 사회활동 참여욕구를 충족시키기 위하여 건전한 취미생활, 노인건강 유지, 소득보장, 기타 일상생활과 관련한 학습 프로그램을 제공

(2) 재가복지시설의 종류

재가노인복지시설이란 노인복지법의 개정 및 시행(2008. 4. 4)으로 방문요양서비스, 주야간보호서비스, 단기보호서비스, 방문목욕서비스를 제공하는 시설로 명칭이 변경되었다.

① 방문요양서비스 : 가정에서 일상생활을 영위하고 있는 노인으로서 신체적·정신적 장애로 어려움을 겪고 있는 노인에게 필요한 각종 편의를 제공하여 지역사회 안에서 건전하고 안정된 노후를 영위하도록 하는 서비스이다.

② 주야간보호시설 : 부득이한 사유로 가족의 보호를 받을 수 없는 심신이 허약한 노인과 장애노인을 주간 또는 야간 동안 보호시설에 입소시켜 필요한 각종 편의를 제공하여 이들의 생활안정과 심신기능의 유지·향상을 도모하고, 그 가족의 신체적·정신적 부담을 덜어주기 위한 서비스이다.

③ 단기보호시설 : 부득이한 사유로 가족의 보호를 받을 수 없어 일시적으로 보호가 필요한 심신이 허약한 노인과 장애노인을 보호시설에 단기간 입소시켜 보호함으로써 노인 및 노인가정의 복지 증진을 도모하기 위한 서비스이다.

④ 방문목욕서비스 : 목욕장비를 갖추고 재가노인을 방문하여 목욕을 제공하는 서비스를 말한다.

〈표 12-4〉 재가노인복지시설의 유형

구 분	시설 종류	시설 목적
재가노인 복지시설	방문요양 서비스	가정에서 일상생활을 영위하고 있는 노인으로서 신체적 · 정신적 장애로 어려움을 겪고 있는 노인에게 필요한 각종 편의를 제공하여 지역사회 안에서 건전하고 안정된 노후를 영위하도록 하는 서비스
	주 · 야간 보호서비스	부득이한 사유로 가족의 보호를 받을 수 없는 심신이 허약한 노인과 장애노인을 주간 또는 야간 동안 보호시설에 입소시켜 필요한 각종 편의를 제공하여 이들의 생활안정과 심신기능의 유지 · 향상을 도모하고, 그 가족의 신체적 · 정신적 부담을 덜어주기 위한 서비스
	단기보호 서비스	부득이한 사유로 가족의 보호를 받을 수 없어 일시적으로 보호가 필요한 심신이 허약한 노인과 장애노인을 보호시설에 단기간 입소시켜 보호함으로써 노인 및 노인가정의 복지증진을 도모하기 위한 서비스
재가노인 복지시설	방문목욕 서비스	목욕장비를 갖추고 재가노인을 방문하여 목욕을 제공하는 서비스
	재가노인 지원서비스	경제적 · 정신적 · 신체적인 이유로 독립적인 일상생활을 영위하기 어려운 노인과 복지사각지대 노인들에게 일상생활 지원(방문요양 제외)을 비롯한 각종 필요서비스를 제공함으로써 지역사회 내에서 건강한 생활을 영위하는 데에 어려움이 없도록 예방적 복지 실현 및 사회안전망 구축을 목적으로 함

이외에도 노인복지법 제31조의 노인복지시설의 종류에는 노인보호전문기관이 있다. 노인보호전문기관은 시 · 도지사가 노인보호전문기관을 지정 · 운영, 노인학대 신고, 상담, 보호, 예방 및 홍보, 24시간 신고 · 상담용 긴급전화(1389)를 운영하는 시설이다. 이 시설은 노인학대행위자에 대한 상담 및 교육, 학대받은 노인의 발견 · 상담 · 보호 등 노인학대 예방 및 방지를 위한 홍보를 하고 있다.

2) 시설복지서비스

시설복지서비스란 만성질환이나 심신의 기능장애로 자립생활을 계속할 수 없는 노인이 가정이나 지역사회에서 필요한 부양을 받지 못할 때 양로시설이나 노인요양시설에서 진료, 케어, 약물복용, 물리치료, 심리치료, 사회서비스 등 일상생활에 필요한 모든 보호를 받는 서비스(유성호 외, 2002 : 119)를 말한다. 일반적으로 시설이라고 함은 입소시설 혹은 생활시설이라고 이해하는 것이 적당하다. 입소시설이란 노인 및 가족의 사정으로 시설에 입소하여 숙식을 제공받고 가정이라는 공간에서 시설로 생활의 장을 옮겨 주거하는 것을 말한다.

(1) 노인주거복지시설의 종류

① 양로시설 : 노인을 입소시켜 급식과 그 밖의 일상생활에 필요한 편의를 제공함을 목적으로 하는 시설이다.

② 노인공동생활가정 : 노인들에게 가정과 같은 주거여건과 급식, 그 밖에 일상생활에 필요한 편의를 제공하는 시설이다.

③ 노인복지주택 : 노인에게 주거시설을 분양 또는 임대하여 주거의 편의, 생활지도, 상담 및 안전관리 등 일상생활에 필요한 편의를 제공하기 위한 시설이다.

〈표 12-5〉 노인주거복지시설의 유형

구 분	시설 종류	시설 목적
노인주거 복지시설	양로시설 (입소정원 10명 이상)	노인을 입소시켜 급식과 그 밖의 일상생활에 필요한 편의를 제공
	노인공동생활가정 (입소정원 5명 이상 9명 이하)	노인들에게 가정과 같은 주거여건과 급식, 그 밖에 일상생활에 필요한 편의를 제공
	노인복지주택 (30세대 이상)	노인에게 주거시설을 분양 또는 임대하여 주거의 편의, 생활지도, 상담 및 안전관리 등 일상생활에 필요한 편의를 제공

(2) 노인의료복지시설의 종류

① 노인요양시설 : 치매·중풍 등 노인성 질환 등으로 심신에 상당한 장애가 발생하여 도움을 필요로 하는 노인을 입소시켜 급식·요양과 그 밖에 일상생활에 필요한 편의를 제공함을 목적으로 하는 시설이다.

② 노인공동생활가정 : 치매·중풍 등 노인성 질환 등으로 심신에 상당한 장애가 발생하여 도움을 필요로 하는 노인에게 가정과 같은 주거여건과 급식·요양, 그 밖에 일상생활에 필요한 편의를 제공하는 시설이다.

〈표 12-6〉 노인의료복지시설의 유형

구 분	시설 종류	시설 목적
노인의료복지시설	노인요양시설 (입소정원 10명 이상)	치매, 중풍 등 노인성 질환 등으로 심신에 상당한 장애가 발생하여 도움을 필요로 하는 노인을 입소시켜 급식 · 요양과 그 밖에 일상생활에 필요한 편의를 제공
	노인요양공동생활가정 (입소정원 5명 이상 9명 이하)	치매, 중풍 등 노인성 질환 등으로 심신에 상당한 장애가 발생하여 도움을 필요로 하는 노인에게 가정과 같은 주거여건과 급식 · 요양, 그 밖에 일상생활에 필요한 편의를 제공

5. 노인복지의 과제

지금까지 노인복지정책 및 서비스의 주요 대상의 초점은 경제적으로 빈곤하고 건강이 좋지 못한 요보호노인이었으나, 이제는 노인인구의 증가와 더불어 공적연금 수급노인이 증가하고 있는 점을 감안한다면 일반노인으로 점차 확대하는 방안이 필요하다.

노인실태조사(한국보건사회연구원, 2008)에서 우리나라 노인이 인식하는 가장 중요한 노후생활 준비 필요로 어떤 것을 꼽고 있는지를 살펴본 결과, 신체건강과 경제적 준비가 가장 많았다. 이는 인간의 평균수명이 증가하므로 인하여 노년기가 길어짐을 인식하고 삶의 질을 향상할 수 있는 노후설계에 대한 프로그램 개발 및 지원 등이 요구되고 있는 것이다.

그러므로 앞으로 노인인구 증가에 따른 노인복지의 발전방향 및 과제에 대하여 몇 가지만 언급하고자 한다.

첫째, 노년기의 안정된 생활을 지원할 수 있도록 소득보장 방안이 현실화되어야 할 것이다. 노인실태조사(2008)에서는 65세 노인의 경우 노후생활 준비를 한 경우가 34% 정도밖에 되지 않는 것으로 조사되었다. 그러므로 앞으로 일자리사업의 내실화로 다양한 노동기회를 제공하고 일자리 창출을 확대하여야 할 것이다.

둘째, 노년기의 삶의 질이 높기 위해서는 무엇보다도 건강이 중요하다는 지적을 많이 한다. 따라서 사전 예방적 건강관리체계를 구축하여 중년층부터 노년기를 대비한 건강예방 프로그램을 보급하여야 하며 국민들이 인식할 수 있도록 이를 홍보 및 확대하여야 할 것이다.

셋째, 성공적인 노후생활을 위해서는 노년기가 길어짐으로써 발생할 수 있는 노인학대문제, 노인자살문제, 노인 성(性)문제, 독거노인의 고독사 문제, 노인의 사회참여와 여가문화, 고령친화적 주거환경 등에 대한 대비책들도 필요하다.

연습문제

1. 현대사회의 노인문제를 모두 찾으시오.

(가) 빈곤	(나) 질병
(다) 역할상실	(라) 소외

① 가, 나, 다　② 가, 나
③ 나, 라　④ 라
⑤ 가, 나, 다, 라

2. 우리나라 노인에 대한 설명으로 옳지 않은 것은?
① 노인인구의 증가는 세계 어느 나라보다도 빠른 편이다.
② 노인단독가구의 비율이 과거에 비해 점점 증가하고 있다.
③ 노인의 평균수명은 점점 늘어나고 있다.
④ 65세 이상 노인인구 비율이 전체 인구의 14%를 넘어서면 고령화사회라고 한다.
⑤ 노인은 자녀와 살기를 원하고 자녀는 노인과 살기를 원하지 않는 비율이 더 높은 편이다.

3. 노인의 빈곤을 해결하기 위한 소득보장정책의 제도가 아닌 것은?
① 국민기초생활보장제도　② 세금인상
③ 경로연금제도　④ 경로우대제도
⑤ 취업알선

4. 다음 노인복지시설 중 생활시설에 해당하는 것은?

① 노인복지관
② 노인요양시설
③ 주야간보호시설
④ 경로당
⑤ 노인휴양소

5. 다음 서비스를 제공하는 재가노인복지시설을 고르시오.

(가) 방문요양서비스	(나) 방문목욕서비스
(다) 단기보호서비스	(라) 상담지원서비스

① 가, 나, 다
② 가, 나
③ 나, 라
④ 라
⑤ 가, 나, 다, 라

해 답 1. ⑤ 2. ④ 3. ② 4. ② 5. ①

CHAPTER 13

장애인복지

1. 장애인복지와 장애인
2. 장애인복지의 개념 및 기본 이념
3. 장애인의 재활
4. 장애인복지정책
5. 장애인복지의 방향

CHAPTER 13

장애인복지

1. 장애인복지와 장애인

1) 장애인복지의 배경

장애인복지에 있어서의 기본적인 목표는 장애인들이 우리 사회의 한 구성원으로서 비장애인과 함께 더불어 살아가고 또한 보편적인 삶을 유지할 수 있도록 지원하는 것이며, 이를 통하여 그들의 완전한 사회참여와 평등이 실현될 수 있는 것이다.

현대사회에 있어서 우리나라의 장애인복지 영역은 UN이 정한 '세계장애인의 해'인 1981년에 '심신장애자복지법'의 제정 · 공포를 계기로 하여 하나의 큰 기틀을 마련하게 된다. 그리고 1988년 10월 15일 서울에서 제8회 장애인올림픽(Paralympic)이 개최됨에 따라 국민의 장애인에 대한 인식이 변화되고, 이와 함께 장애인복지에 대한 새로운 인식과 학문적 논의가 시작되어 1989년 12월 30일 '심신장애자복지법'이 '장애인복지법'으로 전면 개정되었다. 그리고 1990년 1월 13일 「장애인 고용촉진 등에 관한 법률」이 제정 · 공포되고, 또한 동법(同法)이 2000년 7월 1일부터 '장애인고용촉진 및 직업재활법'으로 개정 시행됨에 따라서 장애인의 직업욕구를 보다 포괄적으로 충족시켜줄 수 있는 제도적인 기반이 마련되었다.

또한 2008년 4월 11일부터 「장애인차별금지 및 권리구제 등에 관한 법률」이 시행되어 장애인의 평등한 삶을 보다 적극적으로 추구하게 되었다. 동법 제1조에서는 "모든 생활영역에서 장애를 이유로 한 차별을 금지하고 장애를 이유로 차별받은 사람의 권익을 효과적으로 구제함으로써 장애인의 완전한 사회참여와 평등권 실현을 통하여 인간으로서의 존엄과 가치를 구현함을 목적으로 한다"고 명시함으로써 장애인에 대한 차별금지를 위한 법적 기반을 마련하였다.

우리나라 장애인복지정책의 기본 방향은 첫째, 선천적·후천적 장애발생 요인 제거 등 장애발생의 사전예방 강화, 둘째, 장애인의 출생에서 생을 마감할 때까지 연령별, 장애 종류 및 정도, 성별 등에 따라 장애인에게 필요한 서비스를 적시에 제공, 셋째, 기존의 시혜적 복지시책에서 탈피하여 지식정보사회의 국가 경쟁력 제고를 위한 인적 활용 차원에서 장애인과 가족의 생산과 근로활동을 조장하고 장애 관련 산업증진 등을 통하여 국가경제 발전에 기여, 넷째, 공동체적 삶에 대한 인식공유 등 사회적 인식개선과 정보접근 보장 등을 통하여 장애인의 사회참여 기회를 보장, 다섯째, 장애인 관련 정보·통계 인프라 및 종합적 네트워크를 구축하고 중앙·지방·민간(지역사회 등)이 연계된 복지전달체계를 구축, 여섯째, 국제적 기준 및 선진국의 사례 등을 벤치마킹하여 우리 현실에 맞는 복지체계를 구축, 일곱째, 장애인정책의 효율적 추진을 위해 재정규모 등을 고려하여 우선순위에 따른 단계적·전략적 접근 등이다.

2) 장애의 개념

한 나라에서 법적으로 규정하고 있는 장애개념은 그 나라에서 누구를 장애인으로 간주하고 있으며 장애인을 어떻게 바라보고 있는가를 알 수 있을 뿐만 아니라 이들이 사회에서 어떻게 생활하며 장애인복지와 관련하여 어떠한 서비스를 어느 정도로 받는가를 결정짓는 기본적인 시각이다. 그러므로 장애인의 개념은 그 나라의 사회적, 경제적, 정치적 수준 또는 그 시대에 따라서 달라질 수 있으므로 하나로 정의하기는 쉽지 않다.

1975년 UN의 '장애인권리선언'에서는 장애인을 '선천적이든 후천적이든 신체적 또는 정신적 능력의 결함으로 인하여 일상의 개인 또는 사회생활에 필요한 것을 확보하는데 스스로는 완전히 혹은 부분적으로 행할 수 없는 사람'으로 정의하고 있다.

세계보건기구(WHO)에서는 1980년 국제장애분류(ICIDH : International classification of Impairments, Disabilities and Handicaps)를 통하여 장애의 계층적 분화를 정의하고 있는데, 장

애인에 대한 일반적 개념을 손상(impairments), 능력장애(disabilities), 사회적 불리(handicaps)라는 개념을 포괄하는 동시에 장애의 형태와 범위를 정하고 있다.

① 손상(impairment) : 신체구조학적 및 해부학적관점에서 신체조직의 기능의 일부 또는 전부를 상실한 상태를 말하는 것으로 미국의학협회의 정의에 의하면 손상은 전문가적 결정으로 이는 증후나 증상, 검사실 소견 또는 심리적 검사에 입각해서 평가된 해부학적 또는 기능적 이상이나 의미 있는 행동상의 변화를 말한다. 즉, 지체장애, 시각장애, 청각장애, 언어장애 등 인간의 신체조직과 신경계통의 일부가 결핍되어 있거나 비정상적으로 기능하는 상태를 의미한다.

② 능력장애(disability) : 인간에게 정상적으로 간주되는 일상생활과 경제활동을 수행하는 능력이 하락 또는 결여된 상태를 말한다. 일반적으로 이러한 능력장애는 운동신경 및 정신적 인지능력의 장애로 이해서 지능의 발달이 지체되거나 정신적으로 이상이 발생하여 생활능력이 현저하게 저하된 상태에 놓이게 된다. 즉, 능력장애는 정신적 · 신체적 손상의 결과만이 아닌 그 상태에 대한 그 개인의 적응의 결과를 의미하며, 이러한 장애개념을 장애범주로 보고 있는 대표적인 국가는 독일이다.

③ 사회적 불리(handicap) : 손상이나 능력저하로 인하여 일상생활이나 사회생활을 하는 데 제한을 받거나 지장을 초래하는 상태를 의미하는 것으로 장애인과 그를 둘러싼 주변 환경과의 관계에서 발생되는 문제이다. 이것은 장애로 인하여 '정상적'으로 간주되는 사회적 규범과 역할에 적응하지 못하거나 수행할 수 없는 사람에게 사회적 불이익과 차별을 주는 것을 의미하며, 이러한 사회적 불이익과 차별을 야기하는 상황을 의미한다. 그 결과 장애인은 교육적, 성적, 사회적, 경제적 및 문화적 차별을 수용하게 되고 그들의 능력과 개성을 발전하는 데 제약을 받는다.

한편 우리나라의 장애인복지법에서는 "장애인이란 신체적 · 정신적 장애로 인하여 장기간에 걸쳐 일상생활 또는 사회생활에 상당한 제약을 받는 자를 말한다"고 정의하고 있다.

3) 장애의 유형 및 범위

장애인의 유형은 크게 신체적 장애와 정신적 장애로 구분된다. 우리나라에서는 1999년까지는 장애인복지법에 지체장애, 시각장애, 청각장애, 언어장애, 정신지체만을 장애종류에 포함시켰으나 1999년에 장애인복지법을 개정하여 2000년부터는 그 외에 내부장애와 정신장애 등을 장애인의 범주에 포함되었다. 또한 지체장애의 범주에 있었던 뇌성마비 및 뇌졸중 등이 뇌병변장애로 분류되어 독자적인 장애유형으로 자리를 잡았으며, 정신적 장애의 범주에는 정신지체, 정신장애, 발달장애가 포함되어 있다. 이후 2003년 7월부터 장애인의 범주가 호흡기, 간, 안면, 장루(요루), 간질 장애 등에까지 확대되어 장애유형은 점차적으로 다양해지고 있다.

현재 우리나라의 장애의 종류를 대분류, 중분류, 소분류로 나누어 살펴보면 다음의 〈표 13-1〉과 같다.

〈표 13-1〉 장애의 종류

대분류	중분류	소분류	세분류
신체적 장애	외부 신체기능의 장애	지체장애	절단장애, 관절장애, 지체기능장애, 변형 등의 장애
		뇌병변장애	중추신경의 손상으로 인한 복합적인 장애
		시각장애	시력장애, 시야결손장애
		청각장애	청력장애, 평형기능장애
		언어장애	언어장애, 음성장애, 구어장애
		안면장애	안면부의 추상, 함몰, 비후 등 변형으로 인한 장애
	내부기관의 장애	신장장애	투석치료 중이거나 신장을 이식 받은 경우
		심장장애	일상생활이 현저히 제한되는 심장기능 이상
		간장애	일상생활이 현저히 제한되는 만성 · 중증의 간기능 이상
		호흡기장애	일상생활이 현저히 제한되는 만성 · 중증의 호흡기기능 이상
		장루 · 요루장애	일상생활이 현저히 제한되는 장루 · 요루
		간질장애	일상생활이 현저히 제한되는 만성 · 중증의 간질

정신적 장애	정신지체	지능지수가 70 이하인 경우
	정신장애	정신분열병, 분열형정동장애, 양극성정동장애, 반복성우울장애
	발달장애(자폐증)	소아자폐 등 자폐성장애

출처 : 보건복지부.

한편 미국의 경우에는 생식기, 소화기, 비뇨기, 피부, 혈액 및 내분비계 등에 장애가 있거나 암 및 에이즈환자 등도 내부장애의 범주에 포함시키고 있으며, 스웨덴에서는 신체적 장애, 정신적 장애, 내부장애뿐만 아니라 사회적인 장애도 장애의 범주에 포함시키고 있다.

이상과 같이 장애의 종류는 그 나라의 경제, 정치, 사회적인 상황에 따라서 다양하게 분류되고 있으며, 특히 구미의 선진국은 세계보건기구(WHO)의 기준에 유사하게 그 범위를 넓혀가고 있다. 이러한 상황에서 우리나라도 복지국가로 나아가기 위해서는 앞으로 장애의 범주를 단계적으로 확대하는 것이 바람직하다.

2. 장애인복지의 개념 및 기본 이념

1) 장애인복지의 개념

장애인복지는 장애로 인한 문제 또는 장애와 관련된 문제를 예방하고 해결하여 장애인들이 비장애인과 같이 그 사회의 일원으로서 사회참여를 실현하고 인간다운 생활을 영위할 수 있도록 하기 위한 제반 사회적 노력을 의미하는 것이다.

흔히 장애인복지는 복지사회의 척도라고도 한다. 즉, 장애인복지의 수준이 어느 정도인지를 알면 그 사회의 복지수준을 알 수 있다는 말이다. 이처럼 장애인복지는 한 사회의 복지수준을 반영하며, 장애인 문제는 장애인만의 문제가 아니라 전체 사회구성원의 문제이다(박옥희, 1999 : 37).

예컨대 한 장애인이 있다고 가정해 보았을 때 넓은 의미에서의 장애인복지의 대상은 그 장애인뿐만 아니라 그 장애인을 둘러싸고 직·간접적으로 그 장애인과 상호작용하고 있는 그 가족도 장애인복지의 대상이 될 수 있는 것이다. 이미 선진국에서는 오래전부터 장애인복지를 광의적인 차원에서 접근하고 있으며 그 이념인 사회통합은 우리 사회 전체가 추구해야 하는 가장 큰 목표인 것이다.

한편 세계보건기구는 장애인복지를 의료적·사회적·교육적·직업적 서비스를 통합적으로 사용하여 개인을 훈련시키고 재훈련시켜 개인의 기능적 능력을 가능한 최고의 수준으로 높이는 것으로 정의하였고, 미국의 국립재활전문위원회는 장애인복지를 장애인의 신체적·정신적·사회적·직업적·경제적 가용능력을 최대한으로 회복시키는 것이라고 정의하고 있다.

2) 장애인복지의 기본 이념

장애인복지의 기본 이념은 인간으로서의 가치실현이다. 즉, 그들이 속한 사회에서 차별을 받지 않고 인간의 존엄성과 가치를 누리며 사회구성원이 받는 권리와 기회를 평등하게 받는 것을 의미하는 것이다. 이는 UN의 1971년 정신지체인 권리선언, 1975년 장애인의 권리선언 등과 1979년에 채택된 세계장애인의 해의 행동계획 및 1981년 세계장애인의 해의 주제인 "완전참여와 평등"에도 나타나고 있는 이념들이다.

이와 같은 다양한 선언들에서 나타나는 장애인복지의 이념을 종합해 볼 때 가장 대표적인 것을 정상화, 사회통합, 자립이라고 할 수 있는데 이를 살펴보면 다음과 같다.

(1) 정상화

정상화(normalization)는 1981년 세계장애인의 해를 기점으로 확산된 장애인복지의 이념 중의 하나로서 1959년 덴마크의 정신지체인부모회에서 처음으로 사용하게 된 용어이다. 즉, 정신지체인을 대상으로 '정신지체인을 가능한 한 최대로 정상적인 생활조건에 가깝게 생존하도록 하는 것'이라고 정의한 정신지체인법에서 출발하였으며,

장애인의 시설보호에 대하여 반대하며 장애인의 생활방식과 내용도 비장애인의 생활과 같은 정상적인 생활을 하도록 강조하는 개념이다. 이렇게 스칸디나비아반도에서 시작된 정상화의 이념은 북미에 유행하여 1970년대와 1980년대 초반을 거치면서 장애인재활, 교육 그리고 복지 측면 등에서 중요성이 더욱 강조되었다.

정상화는 기존의 지배적인 서비스 이데올로기에 반대하고, 정상적이고 일상적인 생활의 리듬을 존중할 것을 강조한다. 이 사상의 제창자인 미켈슨(B. Mikkelsen)은 이의 구현을 위해서 인간생활의 조건을 ① 주거조건, ② 일과, ③ 여가의 세 가지로 나누어서 그 각각의 국면이 어떠해야 하는가를 제시하고 있다. 즉, 주거조건에 있어서 장애아, 특히 정신지체아동의 생활을 정상화하기 위해서는 시설이 아닌 부모의 집에서 가족들과 함께 살도록 하는 것이며, 성인장애인의 경우는 다른 성인들과 함께 생활하도록 하고 가능한 한 자립할 수 있는 여건을 조성하는 것이다. 일과에 대해서는 장애아동의 경우에는 교육을 받을 권리가 다른 아동들과 동등하게 존중되어져야 하며, 성인의 경우 능력에 맞는 노동을 할 수 있는 여건이 마련되어야 한다. 또한 여가에 있어서는 다른 사람과 똑같이 여가시설을 이용할 수 있는 기회와 권리가 확보될 필요가 있다.

이상과 같이 정상화란 장애인들도 사회의 다른 성원들과 함께 같은 교육을 받아야 하며, 비장애인과 동일한 작업환경 내에서 일할 수 있어야 하며, 사회성원들의 일반적인 활동에 속하는 종교, 여가, 체육활동 등에 적극적으로 참여할 수 있어야 한다는 것을 의미한다.

(2) 사회통합

장애인복지의 기본 이념은 완전한 사회참여와 평등한 기회를 통한 장애인의 사회통합이다. 장애인의 사회통합(social integration)은 더불어 사는 사회이며 장애를 가지고 있는 사람이 차별 없이 모든 사회활동에 참여하는 복지사회 구현을 의미한다. 사회통합이 더욱 기본적인 가치이념으로 간주되는 이유는 첫째, 장애를 가진 사람은 누구나 인간이라는 기본적인 사실, 둘째, 어느 누구도 장애로부터 자유롭지 않다는 철학에 근거하고 있기 때문이다. 따라서 장애인의 사회통합은 우리 사회가 추구해야 하는 사회가치의 정당성을 갖는 것 이외에도 장애인과 비장애인을 포함한 우리 사회의 모든 구성원이 공감하는 목표이기도 한 것이다.

이렇게 장애인복지의 이념에 있어서의 사회통합이란 장애를 가진 사람들이 가치 있는 방법에 의해 정상적인 지역사회 안에서 인격적인 개인으로서 성공적으로 참여하게 하는 것을 의미한다. 즉, 통합화의 과정은 장애인과 비장애인들이 모든 기회에 서로 공동・협력해 갈 가능성을 위한 조건추구를 지향하는 과정을 말한다.

그러므로 이러한 통합화의 과정이 성공적으로 이루어질 때 모두가 더불어 사는 정상화의 이념이 구현될 수 있는 것이다.

(3) 자립

자립(自立, independence)이란 한자로 스스로 일어선다는 의미이며, 또한 자립(independence)은 영어로 의존(dependence)의 반의어(反意語)로서 타인에 대한 의존 또는 종속에서 벗어나는 것을 의미한다.

영국의 장애운동가 브리센든(Brisenden)은 "자립생활은 우리 삶의 목표를 취하기 위한 간단한 방법으로서 실천적으로 상식적인 방법이다. 자립적인 사람은 자신들의 생활 전반을 조정하고 관리하는 것이며, 자신들의 모든 과업을 수행하는 것은 아니다. 자립이란 장애인들의 신체적인 것이나 지능적인 능력과 연관되는 것이 아니다. 자립이란 장애인 자신을 스스로 보호하고 관리하기 위하여 아무런 지원 없이 이룰 수 있는 것이 아니다. 장애인들이 스스로 필요한 원조와 지원을 다양한 지원체계를 통해 제공받음으로서 장애인의 자립생활이 이루어지고 결국 이로 인해 자립이 가능하게 되는 것"이라고 자립을 정의하고 있다.

이렇게 장애인들에게 있어서 자립적인 생활은 장애인들이 자신의 삶을 스스로 선택하고 조정하고 자신의 삶의 전부를 관리하는 일로서 장애인들이 언제 어디서나 자신들이 영위할 수 있는 자유를 누릴 수 있음을 의미한다. 또한 장애인의 자립생활이란 장애인들이 스스로 자신의 삶을 선택하고 관리할 수 있도록 필요한 기술과 원조를 제공하는 일이 필수적으로 요구되는 것이다. 다시 말해, 장애인의 자립이란 장애인 자신이 가지고 있는 능력을 최대한 활용하여 직업적·경제적으로 자립적인 생활을 영위하는 것을 의미한다(오혜경, 1999 : 25).

3. 장애인의 재활

1) 의료재활

(1) 의료재활의 개념

국제노동기구(ILO)에서는 의료재활을 '장애인이 자립하고 활동적인 생활을 영위할 수 있도록 개인의 기능적 혹은 심리적 능력을 발달시키는 의료적인 접근방법'으로 정의하였고, 국제보건기구(WHO)에서는 '질병이나 사고에 대한 후유증, 만성질환, 노인병 등 치료기간이 장기화되기 쉬운 환자의 잠재능력을 활용하여 자연치료를 적극적으로 촉진시키는 기술이며 내·외과적 치료의 응용과 함께 물리적·심리적 수단을 보완하고 보충하는 의료적 조치'라고 정의하고 있다. 러스크(Rusk)는 의료재활을 '외상이나 질병에 대한 치료만으로 끝나는 것이 아니라 환자가 장애를 입게 되었을 때, 남아 있는 기능으로 일상생활은 물론 직장생활도 가능하도록 훈련시키는 것'으로 정의하고 있다.

장애인은 그 자신의 신체적·정신적 장애로 인한 것뿐만 아니라 체계적 재활서비스의 부재에 의해서도 사회환경에의 적응에 어려움을 겪고 있으며, 나아가서는 인간다운 삶의 보장에 위협을 받고 있는 대표적인 사회복지대상 영역이다. 어떤 원인으로든지 일단 장애가 발생된 경우에는 장애인이 신체적, 정신적, 사회적 또는 직업적으로 사회에서 정상에 가까운 생활을 할 수 있도록 최대한의 기능을 회복시켜 주어야 한다. 이러한 측면에서 의료재활서비스는 여러 과정 중에서 첫 단계에 해당하는 가장 기초적이고 필수적인 과정이며, 장애의 예방, 조기발견, 조기치료 및 추후관리까지의 모든 과정을 포함한다. 질병이나 외상은 치료시기, 치료내용, 치료방법 등에 따라서 그 결과가 현저히 달라질 수 있으므로 발병 초기나 외상 직후부터 예상되는 장애에 대해 미리 적절한 조치를 취한다면 장애를 최소화할 수 있는 반면, 이미 발생한 장애에 대하여 적절한 재활치료를 하지 않는다면 중증장애인이 될 수도 있으므로 여기에 의료재활의 중요성이 있는 것이다(박옥희, 2001).

또한 의료적 욕구는 일반적으로 장애인의 가장 필요로 하는 영역이라고 볼 수 있기 때문에 의료재활서비스의 공급확대는 장애인의 가장 절실한 필요를 충족시킨다는 측면과 아울러 장애인의 사회통합 촉진과 기여 면에서 가장 필수적인 분야이다. 의료재활은 장애인재활의 기초가 되는 동시에 가장 중요한 부분이며 질병의 발생 및 외상 초기부터 실시되어야 할 뿐만 아니라 장애인들이 사회생활을 영위하는 중에도 계속 필요로 하는 분야라고 볼 수 있다(오혜경, 1999).

(2) 의료재활의 대상

의료재활을 필요로 하는 사람은 심신에 장애가 있는 사람으로 만성질환이나 장애를 지니고 있는 사람들이다. 실제로 임상에서 재활의학전문가가 주로 다루는 분야는 뇌졸중, 편마비, 뇌성마비, 척수질환 및 손상에 의한 하지마비 또는 사지마비, 소아마비, 신경손상, 관절염, 골절, 근육 및 결합조직질환, 경부 및 요추부 동통, 사지절단, 화상, 호흡기장애, 순환기장애 등이다.

이러한 사람들을 위한 의료재활은 환자의 신체적・심리적 능력의 회복을 꾀하고 그가 가진 잠재능력을 발휘할 수 있도록 하는 의학적 수단으로 그 영역은 ① 우선적으로 신체적 장애를 예방하는 일, ② 신체적 장애를 제거 혹은 경감시키는 일, ③ 장애가 잔존하더라도 그 제약 내에서 그의 능력을 최대한으로 발휘해서 생활할 수 있도록 훈련시키는 일이다(남상만 외, 1998).

(3) 의료재활의 내용

의료재활의 내용은 크게 다음의 세 가지 방법으로 분류할 수 있다.

첫째, 수술, 변형의 과정, 마비의 회복훈련 등 기본적인 기능장애의 개선을 도모하는 방법이다.

둘째, 기본적인 기능장애의 회복에 한계가 있는 경우, 다른 기능의 훈련 등을 통해 통상적인 기능을 발휘할 수 있도록 하여 전체적인 능력의 향상을 도모하며, 보장구 등을 활용하여 기능장애를 대체할 수 있는 방법이다.

셋째, 장애인이 자립생활을 영위할 수 있도록 생활환경, 직장생활의 개선 등을 의료적 입장에서 자문하고 서비스하는 방법이다(남상만 외, 1998).

치료의 종류로는 장애의 원인이 되는 병적 요소를 제거하기 위한 약물치료와 수술치료, 기능을 향상시키기 위한 물리치료, 작업치료, 언어치료 등이 주로 실시된다.

- 물리치료(physical therapy) : 열, 광선, 전기, 운동, 초음파 등의 물리적 요소를 이용하여 신경근골격계의 병변을 치료하는 것이다. 오늘날에는 의학의 발달과 의용공학의 발달로 인하여 새로운 치료기구들이 개발되면서 새로운 치료방법이 나오고 치료기술도 많이 발전되었다. 대상은 성인의 경우 뇌졸중, 관절염, 근육증, 산재, 교통사고 등으로 인한 후천적 장애 등이며, 아동의 경우는 주로 출산 전후 뇌손상으로 인한 뇌성마비, 근육증 등이다.

- 작업치료(occupational therapy) : 정신이나 신체에 질병 또는 장애가 있는 사람에게 여러 가지 흥미롭고 목적 있는 작업이나 동작, 놀이를 통해 불완전한 신체기능을 회복시키고 일에 대한 동기를 부여하여 장애를 가지고도 학교, 직장, 가정에서 최대한의 독립된 생활을 할 수 있도록 돕는 치료이다. 따라서 건강을 촉진, 유지시키고 신체적·정신적·사회적 기능장애가 있는 환자를 치료하고 훈련시키기 위하여 선택된 특정 동작이나 활동을 할 수 있도록 가르치게 된다. 작업치료활동은 일상생활에 관계가 깊은 동작이나 목공, 금속공예, 수예, 원예, 인쇄, 게임, 연극 등 창조적·예술적 여가선용 등의 활동이 포함되며 이러한 작업의 수행에는 목적의식과 신체적 운동, 정신적 활동성이 요구된다.

- 언어치료(speech therapy) : 말이나 언어장애로 인하여 인사소통에 문제를 가진 자의 잠재되어 있는 언어능력을 최대한 개발시키며, 의사소통기술을 습득하게 하여

일상생활에서 원만한 의사소통을 할 수 있도록 정상적인 언어발달을 유도하는 치료이다. 언어장애는 증상에 따라 언어발달 지체 및 장애, 조음장애, 말더듬, 발성장애, 실어증 등으로 구분되며, 치료는 호흡훈련, 발성기관훈련, 조음기관훈련, 낱말훈련, 문장훈련, 회화훈련 등을 통하여 의사소통이 보다 잘 이루어질 수 있도록 하는 전문적인 훈련과정으로 이루어진다(남상만 외, 1998; 박옥희, 2001).

2) 교육재활

(1) 교육재활의 개념

교육의 기회균등은 자유와 평등을 표방하는 민주국가의 기본 명제이다. 이것은 모든 아동에게 교육을 받을 수 있는 기회를 평등하게 부여함으로써, 어떠한 한계가 있더라도 그 능력과 한계의 범위 내에서 보상교육을 받을 수 있음을 의미한다. 교육에서 평등한 대우가 각별히 요구되는 대상은 장애인이다. 우리나라 헌법 제31조 제1항에서 '모든 국민은 능력에 따라 평등하게 교육을 받을 권리를 가지고 있다'고 명시되어 있는 것으로 보아 그들에게 평등한 대우를 부여하기 위한 교육재활은 필수적인 재활영역이다(오혜경, 1999).

교육재활이란 장애인이 가지고 있는 능력을 최대한으로 향상시키고 발휘하게 하여 잠재능력의 가능성을 개발하며 사회생활에 스스로 적응해 가도록 도움을 주는 교육제도와 교육방법 및 기술을 총칭한다(전용호, 2000). 인간의 지적·정신적 능력은 성장단계에 있는 교육을 통하여 발달된다. 특히 장애아동의 능력향상을 위하여 교육재활은 반드시 필요한 재활분야이다.

(2) 교육재활의 대상

던(Dunn)은 특수교육의 대상을 '신체적·심리적 특성의 정도가 평균으로부터 차이가 있는 아동으로 장애아의 각자 능력에 맞는 수준에까지 성취시키기 위하여 특수교사나 특수한 보조적 지도가 필요한 아동'이라고 하였으며, 미국의 공법 PL94-142에서는 '특수교육과 관련 서비스를 필요로 하는 자'로 정의하고 '정신지체, 농, 난청, 신체적 결함, 건강장애, 언어장애, 시각장애, 정서장애, 특정학습장애를 포함한 자'로 규정하고 있다.

우리나라 장애인 등에 대한 특수교육법 제15조에서는 특수교육 대상자를 '시각장애, 청각장애, 지적장애, 지체장애, 정서・행동장애, 자폐성장애, 의사소통장애, 학습장애, 건강장애, 발달지체, 그밖에 대통령령으로 정하는 장애를 지닌 자'로 규정하고 있다.

(3) 교육재활의 내용

장애인을 대상으로 한 교육은 장애인이 가지고 있는 특성에 맞추어 교육내용이나 교육방법이 특수한 성격을 띠므로 이를 특수교육이라고 한다. 특수교육은 장애로 인해 일반학교과정을 일반학급에서 교육받기 곤란한 아동이나 교육상 특별한 배려가 필요한 아동에게 특성에 맞는 교육환경을 마련하여 아동의 가능성을 최대한 발휘하도록 하기 위한 교육의 한 분야이다. 이러한 특수교육은 20세기 후반에 이르러 장애인도 비장애인과 함께 생활해야 한다는 사회통합의 이념이 강조됨에 따라 장애아동에 대한 특수교육도 분리교육보다는 비장애아동과 함께 공부하는 통합교육이 강조되어 오늘날에는 통합교육에 역점을 두고 있다. 이러한 특수교육의 기본 가정과 원리는 다음과 같다(박옥희, 2001).

첫째, 특수교육의 목적은 일반교육에 비하여 특이하지 않다.

둘째, 특수교육의 방법은 일반교육과 다르다. 즉, 특수아동은 정상성에서 벗어난 점 때문에 특별한 시설과 교육방법, 특별한 훈련을 받은 교사와 여러 가지 보조서비스가 필요하다.

셋째, 특수교육은 종합적인 노력의 소산이다. 즉, 특수아동을 발견하여 효과적인 교육적 조치를 하기 위해서는 여러 영역의 전문가들의 관여가 필수적이다.

넷째, 특수아동은 이질적인 집단이다. 특수아동은 동일 영역의 장애아동이라 할지라도 개인차가 심하므로 획일적인 교육 프로그램을 사용할 수가 없다.

다섯째, 특수교육은 많은 보조서비스를 필요로 한다. 대부분의 특수아동은 의료서비스, 특별한 시설 및 기자재, 특별한 훈련 프로그램, 특별한 학급크기 등을 필요로 한다.

여섯째, 특수교육과정은 선별, 진단, 교수, 평가 등 네 가지 요소로 구성된다.

일곱째, 통합교육을 한다. 즉, 특수아동은 필요한 만큼만 특수교육 전문영역에 배치하여 교육받게 하고 될 수 있는 한 일반학급에서 일반아동과 함께 교육받게 한다. 일반학급에서 통합교육을 받기 위해서는 개별화 학습, 융통성 있는 교육 프로그램, 물리적 환경의 개선 등이 필요하다.

3) 직업재활

(1) 직업재활의 개념

인간은 일을 하지 않고는 가치 있는 삶을 살아갈 수 없다. 따라서 직업은 모든 인간에게 중요한 의미를 지닌다. 장애인의 재활대책을 강구함에 있어서도 직업재활 영역은 다른 어떤 영역보다 우선적이고 핵심적으로 다루어져야 할 부분임에는 재론의 여지가 없다.

국제노동기구에서는 직업재활이란 “직무지도와 훈련 그리고 취업알선 등과 같은 직업적 서비스를 포함하는 연속적이고 협력적인 재활과정의 일부로서 장애인이 적절한 고용을 확보하고 유지할 수 있도록 원조하는 것”이라고 정의하고 있다. 즉, 직업재활이란 심신의 결함을 지닌 장애인들의 신체적 · 정신적 · 사회적 · 직업적 · 경제적 능력을 최대한으로 찾고 길러 줌으로써 일할 권리와 의무를 비장애인과 똑같이 갖게 하는 것이라 할 수 있으며, 장애인의 성공적인 사회통합을 위한 최대의 과제인 자립생활을 영위하도록 하는 재활사업 중 가장 중요하고 핵심이 되는 과정이다.

(2) 직업재활의 대상

직업재활의 대상은 장애의 원인이나 특성, 연령에 관계없이 그들이 준비가 되어 있고, 적절한 고용을 확보하고 유지할 수 있다면 모든 장애인들에게 적용될 수 있다. 그러나 직업재활은 심신의 결함이 있는 모든 장애인에게 필요한 것은 아니다. 즉, 장애 정도가 경미하여 특별한 개입 없이 비장애인과 같은 직업에 종사할 수 있는 사람은 직업재활의 대상이 아니라고 볼 수 있다.

따라서 심신의 결함이 직업을 찾는 데 장애가 되나 일정한 의료적·직업적·교육적·사회적 재활서비스를 제공하면 직업을 가질 수 있는 가능성이 있는 장애인을 직업재활의 대상자로 보아야 한다(남상만 외, 1998).

(3) 직업재활의 과정

직업재활은 장애인의 잔존하는 기능을 극대화하여 경제적·정신적·사회적·신체적인 자립을 할 수 있도록 원조하는 것으로 이러한 과정은 여러 분야 전문가들의 지도와 개입에 의하여 이루어진다. 직업재활의 과정은 일반적으로 직업평가, 직업훈련, 취업알선, 사후지도로 구분되며 이를 살펴보면 다음과 같다(전용호, 2000; 남상만 외, 1998).

① 직업평가

직업평가는 장애인이 직업훈련의 어떤 분야에 직업적인 능력과 가능성이 있는지를 평가하는 것이다. 맥고완(Mcgowan)은 직업평가의 목적을 첫째, 직업에 대한 개인의 적합성을 측정하기 위하여 신체적·정신적 장애와 작업에 대한 실질적인 제한을 의학적으로 진단 판별하며, 둘째, 현재의 일반적 건강상태를 증진시키고 파악되지 아니한 직업적 능력의 가능성과 한계를 측정하며, 셋째, 신체적 장애에 대한 개선의 정도와 범위를 어떠한 방법으로 제거, 수정 또는 최소화할 수 있는가를 측정하며, 넷째, 장애인의 능력과 한계에 맞는 직업대상을 선택하기 위한 사실적 근거를 제공하기 위함이라고 하였다.

직업평가의 목적은 서비스의 대상자를 어느 범위로 정할 것인가에 따라 달라진다. 그러나 공통적으로 다음의 사항들이 직업평가에서 고려되어야 한다.

첫째, 재활의 가능성을 결정할 것, 둘째, 개인의 능력을 확인할 것, 셋째, 재활을 저해하는 요인을 발견할 것, 넷째, 직업적 방향성을 찾아낼 것, 다섯째, 바람직한 행동계획을 책정할 것 등이다.

이상을 종합해 보면 직업평가의 목적을 달성하기 위해서 직업평가는 장애인의 의학적·심리적·교육적·사회적·작업기능적인 측면에서 종합적으로 평가해야 한다. 따라서 이러한 직업평가를 통하여 장애인이 직업훈련의 어떤 분야에 직업적인 능력과 가능성이 있는지를 평가하게 된다.

② 직업훈련

직업훈련은 단순히 직업적인 기능의 습득뿐만이 아니라 직업인으로서 갖추어야 할 작업태도, 작업행동, 직업에 대한 이해력, 습관 등 종합적인 영역을 교육하는 것이다. 이러한 장애인의 직업훈련은 내용상 직업적응훈련과 직업훈련으로 나뉘는데, 직업적응훈련은 장애인이 작업환경에 적응하기 위해 직업인이 되기 위한 자세, 태도, 의식 등에 중점을 두고 훈련하는 과정이며, 직업훈련은 특정한 직종의 구체적인 기술과 지식을 습득하는 과정이다.

직업훈련의 의의는 다음의 세 가지로 요약할 수 있다.

첫째, 장애인들을 경제적으로 자립시킴으로써 사회의 부담을 경감시키고 납세자로서 사회에 기여할 수 있도록 하는 생산적인 활동이다.

둘째, 개인의 직업능력을 개발하여 발전시켜 준다.

셋째, 직업훈련 자체가 치료과정이 될 수 있다.

직업훈련의 방법으로는 교육기관을 활용하는 방법, 특수직업 및 훈련기관을 활용하는 방법, 사업주에게 위탁훈련하는 방법이 있다. 일반교육기관을 활용하는 방법은 비장애인을 대상으로 하는 실업고등학교, 전문대학, 대학교 또는 직업훈련원을 장애인이 이용하는 것인데, 대부분의 경우 건물의 시설 개선 없이는 장애인의 활용에 어려움이 있다. 특수기관훈련은 장애인만을 위한 훈련기관을 만들어 장애인들을 훈련시키는 방법을 말하며, 사업주위탁훈련은 사업주에게 장애인을 위탁하여 작업현장에서 훈련을 받게 하는 것이다.

③ 취업알선

취업알선은 장애인이 직업인으로서 갖추어야 할 직업의 능력을 구비하였을 때 그들이 적합한 직업을 가질 수 있도록 지원하는 일련의 과정이다. 장애인의 취업알선을 위하여 고려해야 할 사항을 살펴보면 다음과 같다(정순민, 1994).

첫째, 취업을 위한 준비가 잘 되어 있는가에 대한 사항이다. 장애인들이 일반적으로 학력이나 사회적인 경험이 부족한 데다 전문적인 지식이나 기술이 결여되어 일에 대한 적응력이나 습성의 문제로 인하여 취업과정에서 다소의 문제점이 발생되는 경우가 있다. 따라서 직업적응능력을 갖추기 위한 기초능력 교육이나 전문적인 훈련을 받아야 할 것이다.

둘째, 장애인에 대한 인식에 관한 사항이다. 장애의 정도나 장애의 여건에 따라 다양한 문제가 있겠지만, 취업에 있어서의 가장 큰 장벽은 장애인의 능력과 가치에 대한 사회적인 인식부족과 편견이라고 할 수 있다. 따라서 장애인에게 취업을 알선함에 있어서 주변 환경의 장애인에 대한 인식을 고려해 볼 필요가 있다.

셋째, 고용환경에 대한 사항이다. 장애인들은 일단 취업이 되었다고 할지라도 직장의 직무환경이나 교통편의, 주변 환경 등에 대한 부적응으로 인하여 취업의 한계를 느끼는 경우가 적지 않다. 취업능력은 있으나 고용환경에 대한 부적응으로 인하여 취업에 제약을 받거나 취업을 했다고 할지라도 감당하지 못하고 중도포기하고 마는 경우도 있다. 따라서 고용환경에 대한 세심한 검토를 하여 장애인이 보다 효과적으로 적응할 수 있도록 배려해야 할 것이다.

넷째, 장애인고용제도에 관한 사항이다. 장애인의 취업에 있어서 검토해야 할 중요한 사항 중의 하나는 그 사회의 고용정책이다. 장애인고용촉진 및 직업재활법에서 규정하는 다양한 장애인고용제도에 대한 숙지를 통하여 장애인들이 보다 더 많은 취업지원을 받을 수 있도록 하는 것은 취업알선 단계에서 가장 중요한 과업인 것이다.

④ 사후지도

사후지도(follow up service)는 장애인들이 일정한 과정을 마치고 취업한 뒤에 발생하는 직업과 관련된 문제해결을 위한 조력을 제공하는 일련의 활동이다. 상담자는 클라이언트가 취업한 뒤에도 항상 밀접하게 연결되어 있어야 하며 문제발생을 사전에 적절히 예방하고 또한 대책을 수립해야 한다. 일반적으로 장애인들이 직업훈련을 마치고 산업현장으로 진출하게 되면 여러 가지 문제에 직면하게 된다. 장애인에 대한 고용주나 동료들의 편견, 신체장애에 대한 불안감, 열악한 작업환경 등의 문제들이 내재되어 있어 근무하는 데 지장을 초래할 경우가 생길 수 있다. 따라서 적절한 사후지도를 통하여 장애인들의 지속적인 고용이 유지될 수 있도록 하는 것은 직업재활 과정의 중요한 과제인 것이다.

4) 사회재활

(1) 사회재활의 개념

국제보건기구(WHO)에서는 사회재활을 "전 재활과정에 방해가 되는 모든 경제적·사회적 곤란을 감소시켜 장애인으로 하여금 가정이나 지역사회 또는 직장에 적응할 수 있도록 원조하고 사회에 통합 내지는 재결합하는 것을 목표로 하는 재활 운영의 일환"으로 정의하고 있다. 이러한 사회재활은 전인재활이라는 차원에서 사회적인 측면으로 장애인이 사회생활이나 가정생활에 잘 적응할 수 있도록 서비스하는 과정, 즉 장애를 가진 인간이 어떻게 하여 인간으로서의 존엄과 삶의 보람을 가지고 살아갈 수 있는가 혹은 그 인간을 둘러싸고 있는 사회에서 어떻게 해야 장애를 가진 사람들에게 적절한 생활환경을 마련하고 살아갈 수 있게 하는가를 의미하는 것이다(남상만 외, 1998). 이와 같이 볼 때 사회재활이란 장애인을 둘러싼 사회적·물리적·경제적·심리적 환경조건을 정비하여 장애인이 인간다운 생활을 하고 궁극적으로는 사회통합될 수 있도록 지원하는 재활분야이다.

(2) 사회재활의 대상

사회재활의 대상은 넓은 의미로 보면 장애를 가진 모든 사람이라고 볼 수 있으나, 좁은 의미로 보면 장애로 인하여 사회적인 불리(handicap)를 경험하는 장애인이라고 할 수 있다. 따라서 사회재활은 사회적인 불리를 가지고 있는 장애인들이 가정, 지역사회, 직장의 사회생활에 보다 잘 적응할 수 있도록 지원하는 재활서비스이다.

(3) 사회재활의 내용

사회재활은 장애인이 완전참가와 평등의 이념에 입각하여 아무런 차별과 불편을 느끼지 않고 그가 속한 사회의 주류문화를 공유하면서 직업재활, 가정생활 등의 사회생활을 충분히 영위하도록 국민의 수용적 태도와 사회적 인식의 개선을 말한다. 이것은 인간이 사회생활을 영위해 나가는 데에 따르는 욕구 전반에 관심을 가지고 장애인이 일반사회의 한 성원이 될 수 있도록 장애인과 사회의 관계를 물심양면으로 개선하는 것을 목표로 한다.

이와 같이 사회재활은 사회의 장애인에 대한 태도가 수용적이어야 하며 물리적 환경이 장애인들의 접근을 용이하게 되도록 해야 한다. 이렇게 하려면 사회 개개인의 태도의 변화뿐만 아니라 사회제도나 정책적인 배려로서 장애인들이 현실적으로 사회적 역할을 수행하는 데 지장이 없도록 사회적인 환경이 조성되어야 하며 사회복지사는 특히 사회적 활동을 적극적으로 추진시켜야 한다. 장애는 1차적으로 그 개인의 생물학적인 면에서 장애이지만, 인간은 사회생활을 영위하기 때문에 사회적 영향으로부터 벗어날 수 없다. 따라서 행동능력의 제한과 장애라는 이유 때문에 편견과 차별 같은 불이익을 받지 않도록 노력해야 하며 이는 사회재활을 실현하기 위한 중요한 과업이다(전용호, 2000).

한편 국제재활협회의 사회재활위원회가 규정하고 있는 사회재활의 영역으로는 장애인관계법의 정비, 행정의 정비, 경제적 환경의 정비, 물리적 환경의 정비, 장애인의 심리적・정서적 문제의 해결, 사회적・문화적 기회의 확대 등이 있으며, 이러한 영역의 개선을 통하여 장애인의 사회통합이 실현된다고 보고 있다.

4. 장애인복지정책

1) 장애예방정책

모든 정책에 있어서 문제가 생기기 이전에 미리 예방하는 것은 가장 필수적인 대책인 것이다. 즉, 장애발생을 예방하는 정책은 장애인문제를 해결하기 위한 가장 최선의 정책이라고 할 수 있는 것이다. 장애발생을 예방하기 위해서는 태아기로부터 노년기에 이르기까지, 즉 모자보건으로부터 노인보건에 이르기까지 일관성 있는 시책을 통해 가능한 모든 장애발생 요인을 제거하도록 노력하는 한편 상병의 조기발견, 조기치료를 통해 장애와 핸디캡으로 진전되는 것을 방지하여야 한다(오혜경, 1997 : 214). 우리나라에서는 이를 위하여 모자보건, 산업안전, 교통안전의 측면에서 정책적인 접근을 하고 있다.

모자보건사업은 장애발생을 예방하기 위하여 임산부와 영유아를 대상으로 실시하고 있으며, 정부에서는 장애예방에 대한 중요성을 인식하여 관할 보건소에서 신생아에 대한 선천성 대사이상 검사를 무료로 실시하고 있다. 이 외에도 영유아에 대한 예방접종, 건강진단사업 및 모자보건교육을 위한 책자의 발간 등 장애발생을 예방하기 위한 체계를 구축하고 있다. 또한 대부분의 장애인이 산업재해나 교통사고 같은 후천적인 요인에 의하여 발생되는 것을 고려하여 산업안전과 교통사고예방을 위한 교육, 홍보 및 제도적인 지원이 이루어지고 있다.

그러나 현재 우리나라에서는 모자보건 측면에서의 장애발생예방시책에 대한 보다 체계적인 연구가 미흡한 실정이므로 이에 대한 국가적 차원에서의 전문적이고 종합적인 연구가 요구된다. 또한 교통사고나 산업재해로 인한 응급환자 발생 시 지역별 의료기관을 중심으로 하는 응급환자 집중의료체계를 구축할 필요가 있으며, 지속적인 안전교육과 홍보를 병행하여야 할 것이다.

2) 소득보장정책

장애인에 대한 소득보장정책은 직접적 소득보장제도와 간접적 소득보장제도로 나눌 수 있다. 직접적 소득보장제도는 기초생활보장 수급자에게 생계급여, 주거급여, 의료급여, 교육급여, 해산보호, 자활급여뿐만 아니라 장애인연금과 장애수당 등이 있다. 장애인연금제도는 중증장애인의 근로능력 상실 또는 현저한 감소로 인하여 줄어드는 소득과 장애로 인한 추가비용을 보전하기 위해 매월 일정액의 연금을 지급하는 사회보장제도이며, 18세 이상의 등록 중증장애인(1급, 2급, 3급 중복장애) 중 본인과 배우자의 소득과 재산을 합산한 금액(소득인정액)이 선정기준 이하인 자를 대상으로 지급된다. 2015년도 선정기준 소득인정액은 단독가구는 930,000원, 부부가구는 1,488,000원 이하이다. 또한 장애인복지법 제49조에 근거하여 다른 사람의 도움 없이는 일상생활을 영위하기 어려운 저소득 중증장애인에게 장애수당을 지급하고 있으며, 장애인복지법 제41조에 의거 자활자립이 가능한 저소득 장애인에게 자립자금을 대여하여 자활자립 및 생활안정을 도모하는 장애인자립자금대여사업을 실시하고 있다. 그러나 자립자금대여사업의 경우 장애인들이 현실적으로 자활·자립하는 데 부족한 면이 없지 않다고 볼 수 있으므로, 대여금액의 현실화가 필수적이며 이와 함께 자활을 지원하기 위한 종합적인 측면에서의 접근이 필요한 실정이다.

간접적인 소득보장시책으로는 장애인의 경제적 부담을 완화하여 소득보장의 효과를 나타내는 이용료 및 세금감면정책이 있는데 이러한 경제적 부담 경감시책에는 전화료 할인, 주차료 할인, 철도요금 할인, 지하철도요금면제, 국내항공료 할인, 고궁, 국·공립박물관, 공원 등의 입장료 면제, 소득세 및 상속세 공제, 장애인용 수입물품 관세감면, 보장구에 대한 부가가치세 감면, 승용차에 대한 특별소비세, 자동차세, 교육세 면제 등이 있다.

3) 의료보장정책

장애인은 다른 일반 환자들에 비하여 장기간의 치료와 재활을 필요로 하는 것을 감안하여 현재 의료급여 및 건강보험 급여기간이 365일로 확대되었으며, 장애의 진단 및 재활치료, 의료상담 등을 행할 목적으로 재활병·의원이 운영되고 있다. 그러나 이들 재활병·의원들은 주로 사회복지법인이 운영하는 병원들이며 대부분이 대도시를 중심으로 편중되어 있기 때문에, 일반 재가장애인들이 의료서비스 욕구를 해소하기에는 부족한 실정이다(한국사회복지연구소, 2000 : 190).

그러므로 재활병원의 지역적인 편중을 해소하여 장애인들의 의료접근성 확보를 보장해 줌과 동시에 종합병원에 재활전문의료서비스의 확대를 통한 보편적인 의료재활이 이루어질 수 있도록 지원하여야 한다.

장애인 의료비 지원제도는 장애인복지법 제36조에 근거하여 1990년에 자활보호대상 1~4급 장애인을 대상으로 처음 실시된 이후 2015년 의료급여법에 의한 2종 수급권자인 장애인들을 대상으로 1차 진료기관의 진료 시 본인부담금 750원 일괄지원, 2차, 3차 진료기관 및 국·공립결핵병원 진료 시 의료보호수가적용 본인부담진료비 15% 전액 그리고 의료보호적용 보장구 구입 시 일정액의 범위 내에서 본인부담금 15% 전액을 지원해 주고 있다.

4) 고용정책

장애인이 그 능력에 맞는 직업재활을 통하여 인간다운 생활을 할 수 있도록 장애인의 고용촉진과 직업재활 및 직업안정을 도모하기 위하여 1990년 「장애인고용촉진 등에 관한 법률」이 제정되어 300인 이상 근로자를 고용하는 사업주에 대해 근로자의 2% 이상을 장애인으로 고용해야 하는 할당제 의무고용정책을 마련함으로써 장애인 고용촉진의 전기를 마련하였다. 그리고 2000년 7월 기존의 「장애인고용촉진 등에 관한 법률」이 장애인고용촉진 및 직업재활법으로 개정, 시행됨에 따라서 중증장애인과 여성장애인에 대한 고용의 기회가 확대되었으며 국가 및 지방자치단체의 장애인고용이 권장사항이 아닌 의무사항으로 개정되는 등 정부주도하에 장애인의 직업욕구를 충족시켜 줄 수 있는 법적인 기반이 마련되었다.

장애인고용촉진 및 직업재활법에 의하면, 2003년까지는 300인 이상의 상시 근로자를 고용하는 사업체는 장애인 의무고용 대상 사업체였고, 300인 미만 사업체는 장애인 의무고용 비적용 사업체였다. 동법이 개정되면서 2004년부터는 장애인 의무고용 사업체가 50인 이상의 상시 근로자를 고용하는 사업체로 확대되었다. 장애인 의무고용 대상업체에서 지켜야 할 장애인 기준고용률은 1991년에 1%, 1992년에 1.6%, 1993년에 2%, 2010년에 2.3%, 2012년에는 2.5%로 점차 상향조정되었다. 그리고 의무고용 대상업체에서 장애인을 지켜야 할 의무고용률 이상으로 고용한 경우 초과인원 1인당 중증여성, 중증남성, 경증여성, 경증남성 장애인 여부에 따라 고용장려금을 차등 지급한다.

이상의 일반고용을 촉진하는 제도와 함께 장애인의 고용형태의 중요한 분야라고 할 수 있는 보호고용제도가 있는데, 이는 노동시장에서 일반고용이 어려운 장애인을 대상으로 하여 일정하게 보호된 상황하에서 고용되어 있는 형태를 의미하는 것으로서 근로시설과 보호작업시설 등이 포함된다. 그러나 보호작업시설의 경우 인적자원에 대한 국가적인 지원이 매우 미흡하여 정상적인 시설운영이 힘든 상황이며, 장애인 생산품의 판로 및 직종개발에 있어서도 제도적인 지원이 미흡한 실정이므로 이에 대한 보완이 필요하다.

5) 교육정책

장애인을 위한 교육정책은 헌법 제31조의 "모든 국민은 능력에 따라 균등하게 교육을 받을 권리를 가진다"는 이념에 근거하고 있다. 우리나라 장애인 등에 대한 특수교육법 제2조에서는 특수교육을 특수교육 대상자의 특성에 적합한 교육과정, 교육방법 및 교육매체 등을 통하여 교과교육, 치료교육 및 직업교육 등을 실시하는 것으로 정의하고 있다. 이러한 과정을 통하여 장애인들은 교육의 기회를 평등하게 부여받고 사회의 한 구성원으로서의 역할을 수행해 나갈 수 있는 능력을 향상시키게 되는 것이다.

우리나라의 특수교육기관은 크게 장애학생들을 대상으로 설립되어 있는 특수학교와 통합교육을 위하여 고등학교 이하의 각급 학교에 설치되어 있는 특수학급으로 구분되는데, 2015년 167개의 특수학교에 4,454개의 학급이 설치되어 있고, 여기에서 교육을 받고 있는 재학생의 수는 25,531명이다.

이와 함께 특수교육 대상자의 정상적인 사회적응능력의 발달을 위하여 일반학교에 설치되어 있는 특수학급의 수는 2015년 9,868학급으로 여기서 교육받는 학생은 46,351명이다. 한편 최근의 특수교육의 동향은 격리된 환경의 교육에서 탈피하여 통합교육을 실현하는 방향으로 나아가고 있으나 일반학교 교사나 학생의 인식부족, 장애인 편의시설의 미비, 특수교육인력의 부족 등의 현실적인 저해요소가 있는 실정이다. 그러므로 이러한 문제를 해결할 수 있는 보완책의 마련과 함께 그들이 졸업 후 자립·자활할 수 있도록 진학 및 취업에 있어서의 상호연계 체계를 구축하는 방안이 마련되어야 한다.

5. 장애인복지의 방향

현대사회에서 장애인의 인구는 계속 증가하고 있으며, 어느 누구도 장애의 위험으로부터 완전히 벗어날 수가 없다는 것은 부인할 수 없는 사실이다. 특히 2003년 장애의 범주가 호흡기, 간, 안면, 장루(요루), 간질 장애 등에까지 확대됨에 따라서 장애인복지정책의 법적인 대상이 확대됨과 동시에 이들의 욕구를 충족시키고 문제를 해결하기 위한 장애인복지정책의 중요성은 날로 증대되고 있다.

이러한 상황에서 우리나라의 장애인복지정책은 1981년 심신장애자복지법이 제정된 이후 여러 시책이 추진됨으로써 어느 정도의 기본적인 틀은 마련되었다고 볼 수 있지만 장애인의 완전한 사회참여와 평등을 실현하기에는 아직도 개선해야 할 많은 부분들이 있다. 각종 시책의 내실화를 위한 다각적인 노력이 요구되며, 장애인들이 사회적 공동체의 일원으로서 평등하게 생활할 수 있도록 종합적인 복지시책이 연계가 되어서 시행되어야 한다.

장애인들이 사회구성원의 한 사람으로서 평등하게 교육을 받고 직업을 가지며 비장애인들과 함께 더불어 살아가는 사회적인 환경을 만들어 주는 것이 우리나라 장애인복지정책이 나아가야 할 기본적인 방향이며, 이러한 방향으로 나아가기 위한 장애인복지정책 수립의 몇 가지 원칙을 간략히 제시해 보면 다음과 같다.

첫째, 우리나라 장애인복지정책은 정상화(normalization), 사회통합(social integration), 자립(independence) 등의 장애인복지 이념을 토대로 이루어져야 한다. 장애인이 비장애인과 같이 보편적이고 자립적인 생활을 영위하고, 비장애인과 함께 더불어 살아갈 수 있을 때 비로소 장애인복지의 목표가 실현되는 것이다.

둘째, 장애인의 입장에서 정책을 수립하여야 한다. 그러기 위해서는 장애인복지정책의 결정에 있어서 장애인계의 의견을 충분히 수렴하여야 한다. 사회조사, 공청회 및 자문위원회의 활동 등을 통하여 장애인의 욕구와 의견을 파악할 수 있으며, 이러한 의견의 반영을 통하여 장애인의 욕구에 부합하는 효율적인 정책이 시행될 수 있는 것이다.

마지막으로 지역사회를 기반으로 하는 정책에 초점을 맞추어야 한다. 지역사회중심재활(community based rehabilitation) 사업은 장애인을 둘러싸고 있는 가정 및 지역사회 자원의 활용을 강조하고 있으며, 여기에는 장애인과 그 가족 또는 지역사회 주민의 이해와 참여가 요구된다.

따라서 장애인과 비장애인이 더불어 살아가는 사회를 만들기 위해서는 정책적·제도적인 개선과 함께 모든 사회구성원들의 인식의 변화가 필요하며, 우리 모두의 사회라는 강한 공동체 의식을 가질 때 장애인들이 사회구성원으로서 그들의 가치 있는 역할을 수행하는 이른바 통합된 복지사회가 이루어질 수 있을 것이다.

연습문제

1. 우리나라 장애인복지법에서 규정하는 장애유형이 아닌 것은?
   ① 간장애　② 장루장애
   ③ 지체장애　④ 안면장애
   ⑤ 사회적 장애

2. 다음 중 직업재활의 과정으로 바르게 나열된 것은?
   ① 직업훈련 – 취업알선 – 직업평가 – 사후지도
   ② 취업알선 – 사후지도 – 직업평가 – 직업훈련
   ③ 직업훈련 – 직업평가 – 취업알선 – 사후지도
   ④ 직업평가 – 직업훈련 – 취업알선 – 사후지도
   ⑤ 직업평가 – 사후지도 – 직업훈련 – 취업알선

3. 우리나라의 심신장애자복지법이 제정된 연도는?
   ① 1976년　② 1981년
   ③ 1988년　④ 1995년
   ⑤ 2002년

4. 다음 중 장애인복지의 이념이 아닌 것은?
   ① 의존　② 정상화
   ③ 사회통합　④ 자립
   ⑤ 평등

5. 다음 중 장애인복지의 방향이 아닌 것은?

① 지역사회중심재활 ② 자립생활지원서비스
③ 시설수용중심 ④ 재가복지서비스
⑤ 클라이언트중심서비스

6. 장애인복지에서 정상화의 실현을 위한 실천방안을 설명하시오.

해 답 1. ⑤ 2. ④ 3. ② 4. ① 5. ③

CHAPTER 14

학교사회복지

1. 학교사회복지의 개념
2. 학교사회복지의 발달
3. 학교사회복지의 대상과 학교사회복지사의 역할
4. 학교사회복지의 실천모델과 과정

CHAPTER 14

학교사회복지

1. 학교사회복지의 개념

학교사회복지는 학교교육이 가지고 있는 본질적인 역할을 다하도록 돕는 사회복지실천의 전문분야이다. 따라서 학교사회복지는 우선 취약학생이나 학교부적응 학생은 물론 모든 학생들이 자신의 교육적 욕구에 적합한 교육을 받을 수 있도록 공평한 교육기회를 제공하는 것이다. 즉, 학교사회복지는 학교라는 교육기관에서 전문적 능력과 자격을 갖춘 사회복지사가 학교교육의 목적인 학생 개개인이 자신의 잠재력과 사회적 기능을 향상시키고 학업성취를 증진시켜 건전한 사회구성원으로 성장할 수 있도록 원조하는 사회적 서비스를 의미한다.

1) 학교사회복지의 개념

학교사회복지는 시대의 변화와 학자들의 관점에 따라 다양하게 정의되어져 왔다.

학교사회복지는 사회복지사가 사회복지의 원리와 방법의 적용을 통해 학교, 가정 및 지역사회의 자원체계를 조정 · 활용하여 학생의 정상적인 생활에 장애가 되는 심리적 · 사회적 부적응을 조기에 발견, 예방, 치료하는 사회복지실천의 한 분야이다. 좁은 의미로는 특정 학생 개개인의 부적응에 대한 예방적 · 치료적 활동으로 한정 지을 수 있고, 넓은 의미로는 교육의 목적을 달성하기 위해 모든 학생과 그의 환경체계, 체계 사이의 관계에 관한 전문적인 원조활동을 포괄하는 의미로 볼 수 있다(전재일 외, 1997 : 26).

알렌 미어즈(AIIen-Meares)는 생태체계적 관점에서 "학교사회복지사는 학교가 그 본연의 목적을 달성하도록 지원하는 동시에 생활의 질을 향상시키는 데 기여하며, 학교의 기본 목적이란 아동과 청소년들이 자신감과 문제해결 및 의사결정능력을 습득하여 변화에 적응하고 자신의 평생학습에 대한 책임을 질 수 있도록 준비하는 교수 및 학습의 장을 제공하는 것"으로 보고있다(성민선 외 역, 2008).

프리만(Freeman, 1999 : 20-97)은 학교사회복지가 교육제도의 일차적 사명을 고양하기 위한 필수적 서비스를 제공하고, 학교에서 학생들의 수행을 향상시키기 위한 예방적 개입을 요하는 학생들과 가족들 가운데 표적집단을 확인하는 실천분야로 정의한다. 그러나 교육의 사명이 커다란 환경 속에서 일어나고 있는 사회·경제적 변화와 고립된 채 수행될 수 없으므로 학교사회복지사의 역할 또한 변화해 왔음을 강조한다.

코스틴(Costin, 1975)은 학생 개개인을 원조하기 위해 부모, 학교, 지역사회 등 환경요소들 간의 연결망을 중요시하였고, 학교사회복지를 "학교의 주요 목적 달성을 위하여 학교가 학생 개개인의 지적·사회적·정서적 욕구와 문제해결에 관심을 갖도록 도와주며, 모든 학생들이 학교에서 공평한 교육기회와 성취감을 제공받을 수 있도록 학교현장에서 활동하는 사회복지실천의 분야"라고 정의하였다.

이와 같이 학교사회복지는 학생 개개인의 잠재력과 사회적 기능을 향상시키고, 이들 학생의 학업성취를 증진시켜 모든 학생들이 건전한 사회구성원으로 성장할 수 있도록 교육시키는 학교교육의 목적을 달성하도록 도와주는 사회복지실천의 한 분야이다.

이러한 정의들을 종합하면 학교사회복지를 다음과 같이 특징지을 수 있다.

첫째, 주된 실천의 장소가 학교라는 점이다. 학교사회복지는 학교라는 공교육기관에 전문적 능력과 자격을 갖춘 사회복지사가 상주함으로써 학교의 전문인력을 보다 다양화한다.

둘째, 주된 목적이 학교교육의 본질적 목적을 달성하도록 도와주는 것이며 그러한 목적의 달성을 위해 학교사회복지사가 학교구성원과 관련 당사자들에게 다양한 사회적 서비스를 제공한다. 학교사회복지사들이 제공하는 서비스는 학생들이 학교에 적응을 잘 할 수 있도록 심리·사회문제의 예방, 해결을 돕는 활동과 이를 위해 학교, 가족, 지역사회가 수행하는 노력을 조정하고 영향을 미치는 활동으로 나뉜다(성민선 외, 2010).

2) 학교사회복지의 목적

학교사회복지의 목적은 학생들이 학습능력, 문제해결과 의사결정능력, 변화에의 적응능력, 학습에 대한 책임성 등을 가질 수 있도록 도와주는 것이라고 할 수 있다. 학생들이 어떤 일을 수행할 수 있는 능력, 계속되는 학습을 위한 준비성과 적응하고 변화할 수 있는 능력을 가질 수 있도록 도와주는 것에 중점을 둔다.

학교사회복지의 목적을 구체적으로 살펴보면 다음과 같다(전재일 외, 2002 : 460-461).

첫 번째 목적은 학교교육의 목적을 달성하도록 지원하는 것이다. 취약학생이나 학교부적응 학생은 물론 모든 학생들에게 자신의 교육적 욕구에 적합한 교육을 받을 수 있도록 공평한 교육기회를 제공하는 것이다.

학교교육의 목적은 학생 개개인이 자신의 잠재력과 능력을 충분히 발휘하도록 가르치는 데 있기 때문에, 학교는 모든 학생이 이러한 교육의 목적을 달성할 수 있도록 학생의 교육적 욕구에 적합한 서비스를 제공할 책임이 있다. 학생 개개인의 교육적 욕구와 권리를 충족시켜 주기 위해서는 특별교과 과정이나 개별화된 학습지도를 제공하는 교육적인 면뿐만 아니라, 모든 학생들이 자신의 잠재력과 능력을 발휘할 수 있도록 교육기회를 공평하게 배분시켜 주는 사회정책이나 복지서비스를 제공하는 것이 무엇보다도 중요하다.

두 번째 목적은 모든 학생들이 공평한 교육기회를 보장받아 학교생활에 잘 적응하며 자신의 심리·사회적 기능을 향상시킬 수 있도록 전문적인 상담과 사회복지서비스를 제공하는 것이라고 할 수 있다. 모든 학생은 초·중·고등학교의 전 과정을 통하여 성적과 입시, 진로결정, 생리적 변화 등으로 인한 다양한 스트레스를 받게 된다.

특히 우리나라의 획일화된 교육제도와 입시 위주의 교과과정은 대부분의 학생들에게 스트레스를 유발시키며, 심지어는 학교중퇴, 가출, 학습부진 등의 학교부적응을 낳고 있다. 그러나 학교생활에서 받게 되는 이러한 스트레스들이 모든 학생들에게 부정적인 영향만을 주는 것은 아니다. 오히려 학생들의 개인적 특성, 가정과 사회적 환경에 따라 같은 종류와 강도를 가지는 스트레스라 하더라도 다양한 결과가 나타날 수 있으므로 적절한 개입이 요구된다.

세 번째 목적은 학생들의 총체적인 삶의 질을 향상시켜 궁극적으로는 학생복지를 실현하는 것이며, 이를 통하여 학교가 전인교육의 교육목적을 달성할 수 있도록 도와주는 것이다.

학생들의 총체적인 삶의 질을 향상시키기 위해서는 최적의 학교환경을 조성하는 것이 무엇보다도 중요하다. 최적의 학교환경이란 학업과 성적 향상에 도움을 주는 교육시설이나 기자재가 완비된 물리적 학교환경을 의미하는 것 외에도 학생들이 안전하고 즐거운 학교생활을 영위할 수 있는 심리적·사회적 환경을 의미한다.

결론적으로 학교사회복지의 목적은 학생 개개인이 자신의 잠재력과 능력을 최대한 계발할 수 있도록 도와주고, 모든 학생이 미래의 건전한 사회구성원으로 성장할 수 있도록 최적의 교육환경을 제공해 주는 것이다.

2. 학교사회복지의 발달

학교사회복지는 1900년대 미국에서 발달하기 시작하였다. 19세기 후반부터 나타난 아동의 인권과 의무교육의 중요성의 영향으로 당시 인보관이나 자선조직단체에서 활동하던 사회복지사들이 학교사회복지의 필요성을 인식하게 되었다. 사회복지사들이 그 지역의 학교를 방문하여 요보호학생들에게 사회복지서비스를 제공하는 방문교사 역할을 시작하게 되었고 이러한 역할이 학교사회복지의 태동을 이루게 되었다. 이에 따라 미국학교사회복지의 발달과정을 방문교사 시기, 전문화 시기, 통합적 서비스 시기로 구분하여 살펴보겠다.

1) 방문교사 시기(1900~1930년대)

1900년대 초기의 미국사회는 이민자와 도시이주자들이 급증하였고, 이들로 인한 교육, 빈곤, 노동환경, 주택, 범죄 등의 사회문제가 빈번히 발생하던 시기였다. 이러한 빈곤문제의 해결과 도시이주민의 사회적응을 향상시키려는 사회복지사들의 노력이 점차 확대되면서 방문교사제도는 1906학년도에서 1907학년도 사이에 뉴욕, 보스턴, 하트퍼드의 세 도시에서 각각 독립적으로 처음으로 실시되었으며, 학교사회복지의 모체가 되었다. 학교체계 밖에서 시작된 학교사회복지는 이들 세 도시에서 제공된 방문교사의 역할과 기능은 각 도시의 특색과 상황에 따라 서로 차이가 있었는데(Smalley, 1994 : 560-565), 사회복지사가 자신들의 인보관에 속해 있는 학생의 가정과 학교를 수시로 방문하면서 학교교사에게는 이들 학생의 가정환경에 대한 정보를 제공하고, 부모에게는 학생의 학교생활을 알려주어 학교와 가정이 학생의 학업성취를 위해 상호 협조할 수 있도록 도와주는 연계자의 역할을 하였다.

1920년대 들어 방문교사의 활동이 점차 활발해지고 아동복지에 대한 학교의 중요성이 부각되면서, 방문교사는 아동의 전인적인 복지에 도움을 주는 학교 내의 전문인력으로 인정받게 되었다. 방문교사는 개인학생의 학업이나 장기결석에 영향을 주는 가정환경과 지역사회의 원인들을 찾아 이를 학교에 알려줌으로써, 학교가 학생의 개인적인 특성에 맞는 학업계획을 설정하거나 이들의 상황에 적합한 개별화교육을 제공할 수 있도록 도움을 주었다. 특히 1923년에 방문교사제도가 소년범죄의 예방에도 도움을 준다는 연구결과가 발표되면서, 공동기금(commonwealth fund)의 재정지원에 의해 학교사회복지에 대한 전국적인 시범사업이 전개되고, 방문교사제도도 점차 확산되기 시작하였다. 이러한 활동은 계속되었고 그 효과성으로 인해 1930년경에는 31개 주에 총 244명의 방문교사가 고용되었다.

이 당시에는 학교사회복지의 대상이 되는 학생의 수가 소수에 불과하였으며, 학교제도나 교육과정에 대하여 학교사회복지가가 직접적으로 개입하여 도움을 주는 경우는 적었던 시기였다(Germain, 1996). 그럼에도 불구하고 이 시기는 학교사회복지가 사회복지의 한 전문분야로 정착되는 데 가장 중요한 시기였으며, 학교는 학생과 가족 그리고 자원을 연결해 주는 학교사회복지를 중요하게 인식하기 시작한 시기이었다. 마침내 1929년의 밀포드(Milford) 회의에서는 방문교사를 사회복지의 6대 전문분야 중의 하나로 인정하게 되었다(Stuart, 1986 : 146-153).

2) 전문화 시기(1940~1970년대)

1940년대는 방문교사제도가 점차 학교 내의 공식적인 활동으로 인정되면서 전국적으로 확산되었고, 방문교사라는 명칭도 사회복지의 고유한 전문직을 나타내는 학교사회복지사로 바뀌었다.

1945년에는 기존의 '방문교사협회'가 '학교사회복지사협회(National Association of School Social Workers)'로 개칭되어졌다. 이 협회는 1948년에 학교사회복지의 전문화를 위해 학교사회복지사의 자격조건, 대학교육의 내용, 양성과정 등을 표준화하였으며, 이러한 표준화의 노력에 따라 오늘날까지 학교사회복지의 전문화를 위해 노력하고 있다.

1950년대 중반부터 학교사회복지서비스에서 집단사회사업의 활용으로 학생의 문제행동이나 대인관계문제를 해결하려는 경향이 두드러졌다. 1960년대에는 학교사회복지의 필요성이 한층 더 요청되는 시기였다. 학교사회복지 실제의 목적과 방법들에 대한 변화를 일으켜, 집단사회사업 방법이 지역사회와의 새로운 접근으로서 활용되었다.

1960년 후반부터 아동복지사업의 일부였던 학교사회복지가 독립된 전문분야로 자리잡혀 감에 따라 학생에게 많은 영향을 미치는 주요 학교상황에 대한 관심이 집중되었고, 사회체계로서 학교를 변화시키기 위하여 학교와 사회복지 전문성 간에 협력을 위한 작업이 시작되었다. 따라서 이 시기의 학교사회복지사는 학생 개인의 학교부적응이나 심리·정서적 문제의 원인을 파악하고, 개인상담이나 집단상담의 방법론을 활용하여 학생의 인성과 심리문제를 치료하는 데에 더욱 치중하게 되었다.

1970년대에 등장한 체계이론과 생태학적 관심은 학교를 사회체계 내의 한 부분으로 인식하는 데에 도움을 주었으며, 이로 인해 학교사회복지사는 학생의 학교부적응과 학습부진의 원인을 학생 개개인의 심리·정서적인 특성뿐만 아니라 사회환경이나 학교환경에서도 파악하게 되었다. 학생의 문제를 미시적이면서 동시에 거시적인 체계에서 이해하려는 체계이론의 도입은 곧 학교사회복지사가 학교 내 타 전문직과 협조하여 보다 포괄적이고 다양한 서비스를 제공하는 팀 접근이 필요함을 부각시키게 하였다. 따라서 1970년대의 학교사회복지사들은 심리치료적인 상담서비스 이외에 체계학적 관점에 기초한 지역사회-가정-학교의 자원개발과 상호연계, 부모교육 등의 서비스와 학교행정 체계 개혁, 교과과정 개선, 지역사회 환경 개선, 정책입안 등을 위한 자문자와 대변자의 역할도 제공하기 시작하였다(Allen-Meares, 1977).

3) 통합적 서비스 시기(1980년대~현재)

1970년대 후반 들어 청소년 학생의 중퇴, 미혼모, 마약, 가출, 범죄 등의 학생문제와 빈곤아동, 아동학대, 걸인, 부랑아, 이혼, AIDS 등의 사회문제가 점차 심각해지면서 1980년대에는 이러한 문제를 예방하고 해결하기 위해서 보다 포괄적이고 통합적인 학교사회복지서비스가 필요하게 되었다. 특히 체계학적 이론에 의하여 학교와 사회환경 간의 상호관계가 중요시되면서 학생의 학교생활에 영향을 주는 가정환경, 학교환경, 사회환경의 조건들에 대한 연구가 많아졌고, 이러한 연구를 통하여 학교환경의 개선과 학교의 사회적 역할이 강조되게 되었다.

또한 1980년대에 일어난 교육개혁 운동은 학교사회복지의 역할과 기능을 변화시키는 데 상당한 영향을 미치게 되었다. 즉, 학교부적응 학생의 학업성취를 위해서는 학교가 학생 개개인의 심리적·가정적·경제적·사회적 욕구를 모두 충족시켜 주어야 하며, 이러한 욕구를 충족시켜 주지 않은 상태에서 이들 학생의 학업성취만을 추구하는 것은 학교의 본질적인 기능을 약화시키게 된다고 보았다. 즉, 다양하고 복잡한 학생문제를 해결하고 사회문제를 예방하기 위해서는 학교의 교육서비스 이외에 포괄적이고 통합적인 사회복지서비스가 필요하며, 학교는 이러한 서비스를 제공하는 장으로서 가장 바람직하다고 여겨졌다. 학교를 중심으로 하여 모든 학생들에게 다양한 종류의 사회복지서비스를 제공하고 이상적인 학교환경을 만들려는 이 시기의 학교사회복지는 학교연계 통합적 서비스를 의미한다. 학교연계 통합적 서비스란 학교중심의 통합적 복지서비스와 같은 의미로서, 학교가 지역사회의 복지관, 정신건강센터, 의료보건기관과 같은 사회복지기관과 연계하여 학교 내에서 혹은 학교 부근에서 학생과 그의 가족들에게 다양한 사회복지서비스를 제공함을 뜻한다(한인영 외, 1997 : 70-71).

1980년대 이후에는 학생들의 권리 및 문화적 다양성 인정과 관련하여 학부모들의 개입이 있게 되었고, 따라서 학교-지역사회-가족 간의 파트너십이 형성되게 되었다. 이때 학교사회복지는 학생의 권리(예 훈육, 체벌, 정학, 퇴학, 능력별 학급편성, 특수학급에로의 배치문제, 학생의 성적에 대한 접근 등)와 관련된 일을 주로 맡았다(Costin, 1987). 이로써 학교사회복지사는 학사와 관련된 결정과정에서 발생하는 갈등에 대한 중재역할, 학교 프로그램 및 서비스에 대한 정보 제공, 학생에 대한 정신건강서비스의 제공 등을 담당하게 되었다.

이 시기의 학교사회복지는 학교를 중심으로 하여 모든 학생들에게 다양한 종류의 사회복지서비스를 제공하고 이상적인 학교환경을 만들려는 학교연계 통합적 복지서비스와 같은 의미로서 학교가 지역사회의 복지관, 정신건강센터, 의료보건기관과 같은 사회복지기관과 연계하여 학교 내에서 혹은 학교 부근에서 학생과 그의 가족들에게 다양한 사회복지서비스를 제공한다. 우리나라에서도 청소년 비행과 학교·가정생활의 부적응에서 오는 각종 사회적·정서적 문제 및 무단결석, 가출 등의 증가추세로 볼 때 현재 실시 중인 학교의 진로상담교사제도나 외부의 지원체계만으로는 충분한 학생복지활동을 기대하기 어렵기 때문에 진로상담교사, 학교사회복지가 등 전문직의 팀웍과 학교-가정-지역사회-각종 지역기관의 유기적인 협력체계를 구축한 다중적이고 통합적인 접근이 절실히 필요한 상황이다.

최근 정부의 문화관광부, 보건복지부, 지방자치단체 등의 관할 아래 청소년종합지원센터, 청소년 대화의 광장, 청소년상담소, 경찰서 산하 청소년상담실 등이 운영되어 지역사회의 청소년문제에 개입하는 역할을 하고 있지만 전체 학생 수에 비하면 아직 그 활동이 미미하다.

교육부는 학생문제에 대처하기 위하여 '열린 학교와 평생교육'을 목표로 1995년 학교사회복지 시범사업, 전문상담교사제도의 도입, 학습부진아 등에 관한 교육조항의 신설, 처벌보다는 선도 위주의 학생지도 그리고 학교운영위원회를 시행하고 있다.

우리나라의 학교사회복지실천은 1995년부터 10여 년간 나름대로 제도화의 기틀을 마련하는 시기를 거쳐왔다고 할 수 있다. 이 기간 동안 학교사회복지를 경험했던 학교의 수는 전국적으로 대략 120여 개교가 되며, 이들 학교의 상당수는 학교사회복지의 지속을 원하는 것으로 나타나고 있다. 이는 실제로 학교사회복지사가 일하는 만큼 교사들의 업무부담이 줄어들었고, 학생의 복지는 증진되었으며, 학교는 학생들이 편히 이용할 수 있는 공간을 확보하게 되었다(성민선 외, 2004).

현재 사회복지공동모금회의 학교사회복지 기획사업과 교육부의 교육복지투자우선지역 지원사업이 2003년에 시작된 후 2005년부터 확대 실시되고 교육복지 5개년 계획이 수립되므로 학교사회복지의 제도화를 위해 매우 중요한 시점에 와 있다. 교육부가 2004년에 전국 48개 초·중·고등학교에서 실시하게 된 '교육복지 증진 및 학교폭력 예방을 위한 사회복지사 활용연구학교' 운영의 성과는 과거 여러 시범사업들에 대한 평가와 더불어 학교사회복지제도화에 큰 영향을 미칠 전망이다(전재일 외, 2005).

3. 학교사회복지의 대상과 학교사회복지사의 역할

1) 학교사회복지의 대상

학교사회복지실천에 있어서 대상과 그에 대한 이해를 명확히 하는 과제는 서비스의 종류와 실천방법을 결정하는 중요한 변수이다. 현재 학교사회복지는 모든 학생들에게 교육권을 보장하고 전인교육의 목적을 효과적으로 달성하기 위한 전문사업의 한 분야로 인식되고 있다. 학교사회복지의 초기에는 요보호학생이나 학교부적응 학생이 우선적인 대상이었지만 최근엔 모든 학생에 대해 동등한 교육기회를 보장하려는 움직임으로 대상을 전체 학생에까지 확대되고 있다.

환경과 개인의 상호작용을 바탕으로 하는 생태체계적 관점에서는 개인의 욕구와 함께 체계 내의 각 요소들 간의 관계에서 빚어지는 욕구도 동시에 서비스의 대상으로 본다(전재일 외, 1997 : 8).

이러한 관점에서 학교사회복지의 일차적 대상과 그들의 문제를 다음과 같이 분류할 수 있다(Freeman, 1994; Gibelman, 1993).

① 대인관계에 문제를 보이는 학생 : 폭력행동, 비사교적 행동, 교사나 성인의 권위에 대항하는 행동 등을 함

② 심리 · 정신적인 문제를 지닌 학생 : 갑작스러운 위기상황을 보이는 학생들로 우울, 소외, 공포, 불안, 자살기도, 심리적 · 행동적 변화 등을 보임
③ 학교규칙을 위반하는 학생 : 장기결석, 등교거부, 잦은 지각, 무단조퇴, 수업불참 등의 행동을 하여 근신, 정학을 받음
④ 가정환경적인 문제를 갖고 있는 학생 : 결손가정, 이혼, 재혼, 빈곤, 입양, 소년소녀가장 세대 등
⑤ 부모가 아동양육에 문제를 보이는 학생 : 학대, 방임 등
⑥ 학습부진이 나타나는 학생 : 학습의욕 저하, 학습무능력, 학습부진, 학업불량 등으로 학업목표를 달성하지 못함
⑦ 반사회적 행동을 하는 학생 : 비행이나 범죄 행위를 하는 학생들로서 폭력, 절도, 가출, 약물남용, 불량서클 가입, 십대 임신 등
⑧ 장애인 학생 : 정서, 발달, 신체장애 등

2) 학교사회복지사의 역할

학교사회복지사의 역할은 사회복지의 가치와 교육의 가치 모두에 기초를 두고 있다. 학교사회복지사가 학교 외부에서 활동을 시작한 초기에는 단순하게 학교와 가정, 지역사회를 연결시키는 정보제공자였는데 이후 그들의 역할은 이론적 관점에 따라 강조점이 다르다.

정신분석학적 관점은 정신분석에 기초를 둔 임상중심의 역할을 크게 강조하였다. 사회학적 관점은 사회불평등을 개선하기 위해 학교와 지역사회의 불평등을 변화시키는 역할을 강조하였다. 그리고 생태체계관점은 환경과 인간의 이중적 초점을 제공하여 인간과 환경을 총체적으로 파악하고 해결책을 모색하는 학교사회복지사의 역할을 제시하였다.

학교사회복지사의 역할을 종합하여 정리해 보면 다음과 같다(한인영 외, 1997 : 45-47).

첫째, 학교사회복지사는 학생의 심리 · 정서적 문제를 예방하고 해결하는 심리치

료전문가로서, 학생의 문제를 명확히 규정하기 위해 학생, 가족, 학교제도, 지역사회의 정보를 수집하여서 학생문제의 원인을 체계적으로 사정하고 이에 따른 심리치료를 제공한다. 학교사회복지사는 학생의 심리·정서적 문제의 원인을 파악한 후 개별상담, 집단상담, 가족치료 등의 전문적인 심리치료를 제공하여야 한다. 만약 학교 내에서의 도움만으로는 문제해결이 불가능할 경우, 학교사회복지사는 지역사회의 자원을 개발하거나 심리치료를 제공하는 전문기관에 학생을 의뢰하여 학생의 심리·정서적 문제를 해결하는 일을 한다.

둘째, 학생의 심리·정서적 문제는 학생 개인의 인성적 특성에 의해 발생하기도 하나, 경제적 혹은 사회환경적 영향이 중요한 역할을 하기도 한다. 따라서 빈곤가정이나 결손가정의 학생들을 위해서는 심리치료 외에 경제적 원조를 제공하는 사회복지서비스도 병행하여야 한다. 예를 들어, 빈곤가정이나 결석학생을 위해서 장학금이나 무료급식을 알선해 주고, 결손가정 학생을 위해서는 대리부모의 역할을 할 수 있는 자원봉사자를 연결시켜 주기도 한다.

셋째, 학교사회복지사는 교직원이나 학부모들에게 학생문제의 원인과 이의 예방안을 교육시켜 학생문제의 예방과 해결에 도움을 준다. 예를 들어, 교사에게는 학생비행의 원인과 특징, 심리적 상태, 동료학생과의 사회화 과정 등에 관해서 설명해 주며, 학부모에게는 청소년의 발달심리적 특징과 효과적인 자녀양육 방법을 교육시킴으로써 교사와 부모가 학생문제를 예방하는 기술을 활용하게 한다. 또한 교사에게는 학급경영에 관한 행동수정 치료방법을 가르쳐 주거나 학생에게는 성교육, 사회성 기술, 동료상담기법 등을 교육시킬 수 있다.

넷째, 학교사회복지사는 학교가 지역사회에 기대하는 내용과 학교의 교육목적을 주민들에게 홍보하거나, 반대로 지역사회의 욕구를 학교 당국에 전달하기도 한다. 예를 들면, 학생문제를 유발시키는 지역사회의 청소년 유해환경을 개선하도록 지역주민에게 요청하거나, 학교시설이나 환경을 지역주민을 위한 열린 환경을 개방하도록 학교행정가와 협력할 수 있다. 또한 학생자원봉사자들을 관리하고 교육시키는 역할을 통하여 학생자원봉사활동이 지역사회의 발전과 협력에 실질적인 도움을 주도록 하는 연계자의 역할을 수행한다.

다섯째, 학교사회복지사는 학교 내외의 타 전문직과 협력하여 학교행정이나 교육정책이 학생을 위한 최선의 결정이 되도록 도움을 준다. 예를 들면, 학생의 능력과 적성에 적합한 교과과정을 제공하기 위해 학교 내의 진로상담교사와 협력하거나, 질병이나 장애가 있는 학생을 위해서 양호교사나 특수교사와 협조하여 학생의 수준과 특징에 적합한 교육환경을 제공하는 역할을 한다. 학교 내의 타 전문직과 상호 협력하는 학제 간 접근을 통하여 학생은 최적의 교육환경에서 교육을 받을 수 있으며, 학교교육의 본질적인 목적도 달성될 수 있기 때문이다.

4. 학교사회복지의 실천모델과 과정

1) 학교사회복지의 실천모델

학교사회복지는 실천분야가 점차 전문화되고 발전되면서 그 시대의 사회적·문화적 환경에 대응하기 위하여 다양한 실천모델이 개발되어졌다. 실천모델들은 학생들이 직면하는 문제의 성격을 규명하는 시각의 차이에 따라 서로 다른 개입목적과 학교사회복지사의 활동들을 포함하고 있어, 학생의 문제를 어떻게 정의하느냐에 따라 문제의 해결을 위한 접근방법이 상이성을 띠고 있다. 이에 따라 여기에서는 학교사회복지의 실천모델을 몇 가지로 제시하고자 한다(한인영 외, 1997 : 133-138).

(1) 전통적 임상모델

이 모델은 앤더슨(Anderson, 1972)에 의해 설명된 모델 중 가장 많이 알려져 있고, 사용되는 모델로서 학습잠재력을 방해하는 사회적·정서적 문제를 가진 개별학생들에게 초점을 두며 학업장애의 원인이 되는 학생과 가족의 사회적·정서적인 특성에 관심을 두고 있다.

이 모델에서의 개입은 학생의 행동을 수정하거나 학생이나 부모의 특성을 변화시킴으로써 학교에 적응하고 학습기회를 효과적으로 활용할 수 있도록 돕는 것이다. 학교사회복지사는 주로 학생과 가족에게 개별사회사업서비스를 제공하며 때로는 집단으로 개입하기도 한다. 또한 학교사회복지사의 전략, 전술, 기술은 개별사회사업 방법을 사용하여 학교에서 어려움을 가진 학생과의 개별사회사업, 교사와 다른 학교 관련 직원과의 전문적 관계수립, 부모와의 개별사회사업, 지역사회에 학교 프로그램을 해석해 주는 것으로 구성한다.

또한 학생과 그의 부모에게 가능하게 하는 자, 지지자, 자문가 등의 역할을 수행한다.

(2) 학교변화모델

학교변화모델은 적절한 사회적·교육적 기대에 대처하는 학생의 능력에 장애가 되는 학교의 역기능적 규범과 조건, 즉 학교환경에 초점을 두며, 학교제도가 학생들의 학교부적응과 학업미성취의 원인이 된다고 보고 있다.

이 모델에서의 개입은 역기능적인 학교의 규범과 학교의 상태, 조건을 변화시키는 데 목적을 두고, 학교제도의 역기능적인 부분을 확인하며 학생들의 학업 미성취나 또는 행동상 문제의 원인이 된다고 생각되는 제도들을 변화시키고자 한다. 그러므로 이 모델을 '제도적 변화모델'이라고도 한다. 학교사회복지사는 교장, 교감, 교사, 행정가들이 학생들의 학습과 학교적응들을 저해하는 학교의 조건을 변화시키도록 돕고, 학생과 가족에게 역기능적 역할을 제거할 수 있도록 도울 수 있는 집단사회사업서비스를 제공한다. 이 모델에서 학교사회복지사는 우선적으로 대변자, 협상자 그리고 자문가, 중재자의 역할을 수행한다.

학교변화모델을 효과적으로 수행하기 위해서는 학교사회복지사가 내부적 의사소통의 절차에 관여할 수 있고, 학생과 교육환경에 대한 문제를 공식적으로 제의하여, 학교가 그 방안을 강구할 수 있도록 하는 위치에 있어야 하며, 학생의 대변자, 협상자, 자문가, 중재자, 매개자의 역할을 하여야 한다. 또한 학생들의 변화욕구를 파악하고 새로운 규칙 제정 등에 필요한 기본 자료를 학생들로부터 수집하여 문서화하는 역할을 수행해야 한다. 이러한 역할을 수행할 때에 가장 중요한 기준은 학교를 학생들이 생활하는 삶의 공간으로 보는 복지적 관점이고, 이러한 복지적 관점은 학교의 교육적 목적에 부합될 수 있도록 조성되어야 한다.

우리나라에서 학교변화모델이 적용되기 위해서는 먼저 학교사회복지사의 전문성과 신뢰성이 확보되어야 한다. 현 시점에서 학교변화모델이 부분적으로 적용되고 있는 가장 대표적인 사례라고 볼 수 있는 것은 학교규정개선위원회나 학교선도위원회에 학교사회복지사가 공식적으로 참여하는 것이다. 이러한 위원회에 참여함으로써 학교사회복지사는 문제행위를 한 학생들에게 일률적 처벌을 부여하는 대신 학생 사안에 적합한 교육적·임상적 차원에서 개입할 수 있도록 제도를 만드는 데 기여할 수 있다. 또 다른 사례로는 학교교칙의 제정, 학교문화운동의 전개, 학생복지부 신설을 통한 학생복지 담당체계의 설립 그리고 교내 학생복지위원회의 제정 등이 있다(성민선 외, 2004).

(3) 지역사회 학교모델

지역사회 학교모델은 우선적으로 학생들의 문제가 빈곤을 포함한 지역사회의 사회적 조건과 이러한 지역사회의 문화적 차이에 대한 학교의 이해부족에 기인한다고 본다. 따라서 이 모델은 지역사회가 학교의 역할을 이해하고 지지하며, 소외되고 차별대우받는 취약지역의 학생을 지원하는 학교 프로그램을 개발할 수 있도록 돕는다. 또한 학교가 학생들의 교육적·사회적 기능역량이 발휘되는 데 장애가 되는 조건들을 사정하여 학생들을 전인적으로 교육시킬 수 있도록 돕는다.

이 모델에서의 학교사회복지사는 학교의 역할과 필요성을 지역사회에 알리고 교육하며, 학생들을 위한 프로그램을 개발하고, 그들의 어려움을 야기시키는 결핍환경을 개선하는 등 주로 중재자, 대변자, 원외원조자의 역할을 수행한다.

(4) 사회적 상호작용 모델

사회적 상호작용 모델은 학교, 학생, 지역사회 간의 상호작용, 특히 역기능적 관계성과 이들 사이에서 일어나는 상호교류의 종류와 질에 관심을 가지고, 대상체계에 대한 옹호보다는 조정에 초점을 두고 있다.

이 모델은 학교, 학생, 지역사회 간의 기능적 상호작용을 방해하는 장애를 확인하고, 이 체계들 간의 역기능적 상호작용 유형에 변화를 주고, 이를 통해 학교, 학생, 지역사회가 함께 일할 수 있도록 돕는 것을 목적으로 한다. 이 모델에서의 학교사회복지사는 학교, 학생, 지역사회가 공통적인 근거를 인식하도록 돕고, 상호적인 목표를 설정하며, 서로의 의사소통을 향상시키고, 상호협조 체계를 형성할 수 있도록 돕는다. 이 과정에서 학교사회복지사는 개인들, 집단들, 지역사회 등과 직접적으로 활동을 수행한다. 학교사회복지사의 역할은 대변자보다 중재자로서의 기능이 특히 강조되며 자문가, 기능자로서의 역할을 수행하게 된다.

(5) 학교-지역사회-학생관계 모델

이 모델은 학생서비스에 변화를 가져오기 위해 1970년대 초 미국 일리노이 대학의 아담스(Addams)가 사회사업대학에서 수행되었던 3년 동안의 시범훈련 프로젝트를 통해 코스틴(Costin)이 개발한 실천모델이다. 문제상황은 유사한 상황에 처한 학생집단을 포함하는데, 학생집단 성원의 사회적 행동이 학교와 지역사회의 상황과 역기능적인 상호작용에 있다고 본다.

이 모델은 학생, 학교, 지역사회 사이의 상호작용이 복합적임을 강조하고 있다. 학교-지역사회-학생관계 모델은 학교와 지역사회의 결함과 학생들이 생활주기상의 다양한 스트레스 시점에 있을 때 학생집단의 특성과 상호작용하는 특정 체계의 특성에 초점을 둔다. 전통적 모델에서처럼 학생의 인성에 초점을 두기보다는 상황에 초점을 둔다. 이 모델의 통합적인 목적은 표적학생집단이 갖는 스트레스를 완화시킬 수 있도록 학교-지역사회-학생관계 체계에 변화를 가져와 학생집단이 학습기회를 더 효과적으로 활용할 수 있도록 돕는 데 있다. 이 모델에서는 다분야에 걸친 학생에 관한 전문가들의 팀이 중요하다. 이 팀은 다분야의 전문가들로 구성되지만 지속적으로 구심적 역할을 하는 사람이 학교사회복지사이며, 이는 전문적 정보를 제공하거나 특정 과업을 수행하는 성원들을 협력시킬 수 있어야 한다. 또한 이 팀은 전반적인 서비스계획을 책임지며 팀의 활동에 대한 공식적 책임을 가지고 솔선해서 지휘하는 역할을 수행한다.

(6) 학교연계 통합서비스 모델

이 모델은 학교중심서비스라고도 불리는데 학생들과 그 가족들을 위한 협력적이며 통합적인 서비스 전달체계를 의미한다. 학생들이 가지고 있는 복잡하고 다양한 교육적·사회적·보건적·심리적 문제들을 효과적으로 해결하고 이들의 욕구를 충족시키기 위하여 개별적이고 단편적인 서비스 대신에 교육, 보건, 정신보건, 사회적 서비스 등 총체적 서비스를 통합된 방식으로 제공함으로써 그 성과를 향상시키고자 하는 것을 목적으로 하고 있다.

이 모델에서의 학교사회복지사는 교육의 목적과 연계시켜 통합서비스가 교육성과를 높이는 데 기여하는 기능을 수행할 수 있다. 또한 다분야의 팀원들과 함께 정신건강, 보건 및 의료, 비행예방, 성교육, 경제적 지원, 직업훈련, 가족상담 등을 제공할 수 있으며, 이러한 다면적 서비스를 받는 학생들을 위한 사례관리자로서의 역할도 수행할 수 있다.

2) 학교사회복지의 실천과정

학교사회복지의 직접적인 실천장면인 학교는 사실상 사회화를 위한 1차 집단인 가정 다음으로 중요한 사회화 기관이다. 그러므로 학교사회복지는 학교와 관계되는 다양한 어려움을 중재하기 위한 특별하고도 포괄적인 실천과정이 요구된다.

학교사회복지의 실천과정은 관점에 따라 다양하게 구분되어 제시되고 있는데, 알렌-미어스, 워싱턴, 웰시(Allen-Mears, Washington, Welsh)는 계획·실행·평가단계로, 컴프턴과 갤러웨이(Compton & Galaway)는 문제해결 과정에 중심을 두고 문제의 확인과 한정, 목표확인, 예비적인 계약, 접촉단계(탐색 및 조사), 계약단계(중재계획 설정), 행동단계(중재, 종결, 평가)로 구분하고 있다.

이와 같이 사회복지실천 과정은 학자들의 관점에 따라 다양하지만 여기에서는 ① 초기과정, ② 사정과정, ③ 수행과정, ④ 평가 및 종결 과정으로 구분하여 살펴보겠다(전재일 외, 2003 : 469-472).

(1) 초기과정

학교사회복지서비스를 계획하기 위한 초기과정에서는 ① 학교영역과 관련된 철학, ② 학교 외부상황을 이해하기 위한 지역사회의 일반적인 현황과 지역사회 내의 역동성, ③ 학교 내부상황을 이해하기 위한 학교영역에 관한 욕구와 자원, ④ 학교 내·외부 상황 간의 관계성을 이해하기 위한 학교와 지역사회와의 관계성, ⑤ 학교사회복지사를 포함한 학교사회복지 자체에 대한 자료를 수집한다.

학교사회복지사가 학교라는 조직체에서 프로그램이나 활동을 전개하기 위해서는 ① 기관조직체 내에서 프로그램이 어느 정도 새로운가, ② 그 프로그램에 대해서 어느 정도 알고 있고 또 중요하다고 보는가, ③ 프로그램이 어느 정도의 위치를 차지하고 있는가, ④ 프로그램이 조직체 내의 다른 어떠한 부서에 영향을 미치는가, ⑤ 조직체가 어느 정도 개혁과 변화를 할 태세를 갖추고 있는가 하는 상호관계를 분석해야 한다(성규탁, 1992 : 264).

(2) 사정과정

사정과정은 초기과정에서 수집한 자료를 바탕으로 사회복지사와 클라이언트가 클라이언트의 상황에 관한 정보를 수집해서 종합하고, 진술하며 환경과 성격이 클라이언트의 상황에 어떻게 영향을 미치는가를 규명해서 개인, 집단, 가족, 학교 또는 지역사회 수준에서 사회복지의 실천을 위한 문제를 진술하기 위한 과정이다.

(3) 수행과정

수행과정은 다른 사회복지실천 분야에서와 마찬가지로 사회복지전문직의 가치를 토대로 한 지식체계와 중재기술을 포함하여 제반 문제를 해결하기 위하여 실시하는 모든 사회복지서비스 제공 활동을 포함한다.

(4) 평가 및 종결 과정

평가는 프로그램 담당자에게는 일종의 위협이 될 수도 있지만, 평가는 학교사회복지의 필연적 부분이다. 우리의 과업은 우리가 하고 있는 일이 전문적으로, 공정하게 그리고 우리가 생산하고 있는 것에 대한 명확한 이해로서 평가되는 것을 보장하는 일이다(Anderson, 1980). 평가는 직접적으로 기관의 목적과 운영에 영향을 미치며 또한 이는 공공책임에 대한 중요한 의미를 지니고 있다. 학교사회복지는 계속적인 평가결과에 의해 조직체를 정비함으로써 학교에 대한 시민들의 이해를 증진시키며, 서비스의 질을 향상시키고, 투입비용에 비해 효과적이며 효율적인 결과를 산출하게 한다. 이를 위해서는 평가결과와 환경의 변화에 대한 필요성과 현실성을 인식하고 실질적이고 즉각적으로 대응하고자 하는 자세가 무엇보다 중요하다.

개인 또는 집단과의 종결은 평가결과를 바탕으로 ① 모든 목적이 달성되었을 때, ② 목적들이 달성되지 않았거나 더 이상 진전이 없는 것으로 보일 때 또는 ③ 다른 요인이 개입되어 사례를 끝내야 할 필요가 있을 때 종결하게 되며, 사회복지사는 개인이나 집단과의 종결단계에서 다음의 과제를 수행해야 한다(전재일 외, 1996 : 284-285).

① 클라이언트와 함께 사례를 요약하고 재검토함으로써 의도적이고 비의도적인 긍정적 변화노력을 유지시키고 일반화시킨다.
② 사회복지사 또는 집단에 대한 의존성을 감소시키고, 클라이언트의 독립적인 기능을 증진시킨다.
③ 클라이언트들이 종결에 대한 감정을 다룰 수 있도록 원조한다.
④ 미래에 대한 계획을 수립한다.
⑤ 의뢰(referral)를 한다.
⑥ 사후지도를 계획하고 수행한다.
⑦ 중재활동을 평가한다.

연습문제

1. 다음 중 생태체계적 관점에 대한 설명으로 맞지 않은 것은?
   ① 생태체계모델은 대상 집단에 관계없이 모든 사회체계에 적용된다.
   ② 생태체계모델은 사정도구로서 직접적인 유용성을 가지며, 순환적·포괄적 모델이다.
   ③ 생태체계모델은 일반체계이론으로부터 체계 간의 공유영역과 적응, 상호교류라는 개념을 도입하였다.
   ④ 생태체계모델은 사례에 대한 순환적 사고와 인지적 제구성에 대한 인식을 필요로 한다.

2. 다음 중 학교사회복지에 대한 설명으로 볼 수 없는 것은?
   ① 학교사회복지는 사회, 경제적으로 불리하며 다양한 심리, 사회적 문제를 가진 청소년들만을 대상으로 한다.
   ② 전문적 훈련과 교육을 받은 사회복지사들이 학교사회복지를 실천할 수 있다.
   ③ 학교사회복지의 실천은 기본적으로 학교라는 장소에서 이루어진다.
   ④ 학교사회복지실천을 위한 프로그램에는 임상서비스와 지역사회와의 연계활동 등이 포함된다.

3. 집단따돌림 문제에 대한 학교사회복지사의 개입방안으로 옳지 않는 것은?
   ① 상담, 치료　　② 학생들과 캠페인을 벌임
   ③ 부모에 대한 교육·정보 제공　　④ 교육 및 훈련의 기회 제공

4. 다음에서 학교사회복지 접근모델 중 학교변화모델에 대한 설명에 해당하는 것은?
   ① 개인과 집단의 상호작용을 강조하여 학생의 문제를 해결하기 위해 다양한 체계들이 서로 원조할 수 있도록 돕는다.
   ② 학생의 능력에 장애가 되는 학교의 역기능적 규범과 조건, 즉 학교환경에 초점을 둔다.
   ③ 학생들의 문제가 지역사회의 사회적 조건과 문화적 차이에 대한 학교의 이해부족에 기인한다고 본다.
   ④ 학교와 지역사회의 결합과 학생집단의 특성과 상호작용하는 특정 체계의 특성에 초점을 둔다.

5. 다음 중 학교사회복지실천에서 학생을 사정할 때 고려할 점이 아닌 것은?
   ① 학생들의 교우관계를 평가할 때는 친구의 수와 우정의 돈독성 등 질적·양적인면 모두를 고려해야 한다.
   ② 보다 사적인 학생들의 행동을 관찰하기 위해서는 학교식당이나 매점, 운동장 등 덜 구조화된 환경에서 학생을 관찰하는 간접적 관찰방법을 사용한다.
   ③ 학생들의 교우관계를 보다 시각적으로 평가하기 위해서는 친구선호도나 지명도를 점수화하거나 그림으로 나타내는 사회망을 활용하는 것이 좋다.
   ④ 초등학교 아동의 발달능력을 평가하는 중요한 지표로 발달과 관련된 표준화된 행동평가척도를 사용할 수 있다.

해답 1. ③ 2. ① 3. ② 4. ② 5. ②

CHAPTER 15

가족복지

CHAPTER 15

가족복지

1. 가족복지의 이해

1) 가족의 개념

가족도 모든 문화, 모든 사회에서 발견되는 보편적인 사회제도임에도 불구하고, 그것을 정의하기란 쉽지 않다. 왜냐하면 가족은 사회, 문화에 따라 다양할 뿐만 아니라 한 국가 안에서도 사회경제적 변화에 따라 다양한 양상으로 나타나기 때문이다. 그럼에도 불구하고, 가족의 정의가 중요한 것은 우리가 가족을 어떻게 정의하느냐에 따라 가족에 대한 직접적 실천뿐만 아니라 국가의 정책과 프로그램에 영향을 미치기 때문이다(박은미 외, 2012; 성정현 외, 2005).

(1) 전통적 가족개념

김두헌은 가족을 친애의 정으로 접근하기 쉽게 되어 있는 일정한 범위의 혈통관계자의 집단으로서, 한집에 거주하며, 의식과 기타 일상생활을 공동으로 하고 재산을 공동으로 수용하는 집단이라고 정의하였다. 그리고 미국의 인류학자 머독(Murdock, 1949)은 가족은 사회적으로 인정받는 성적 관계를 유지하는 최소한 두 명의 성인 남녀와 한 명 이상의 자녀를 포함한다고 규정하였다. 그러나 그의 정의는 가족구성원 가운데 부부와 자녀만을 중요시하는, 이른바 핵가족에만 치중하는 경향이 있어 다양한 가족유형을 포함하지 못하는 한계점이 있다(최경석 외, 2001). 한편 레비스트라우스

(Levistrauss, 1971)는 가족은 결혼에 의해 형성되고, 부부와 그들의 결혼에 의해 출생한 자녀들로 구성되지만 다른 근친자가 포함될 수 있으며, 가족구성원은 법적 유대, 경제적·종교적 그리고 그 외 다른 권리와 의무, 성적 권리와 금기, 애정, 존경 등 다양한 심리적 감정으로 결합된 것으로 정의하였다(이원숙, 2004).

이들의 개념은 다소 차이가 있으나 대체로 전통적 가족개념에서는 결혼과 혈연을 토대로 이루어진 관계자들의 집단이며, 의식주 해결을 공동으로 하고, 정서적·정신적 유대와 공동체적 생활방식을 갖는 집단으로서, 특히 가족의 양육과 보호, 교육 등의 역할을 강조한다. 그런데 실제 현대사회에서는 가족의 양육 및 보호 등과 관련한 재생산 기능이 약화되는 특성을 보이고 있어 이 시각은 현대사회의 변화에 부합되지 못한다는 문제를 가지고 있다(박은미 외, 2012; 여성한국사회연구소, 2002; 최경석 외, 2001).

(2) 현대적 가족개념

현대적 의미에서의 가족은 심리적·사회적 측면이 강조되며, 전통적 생산중심의 가족에서 정서적 유대감이 보다 중요한 것으로 인정되고 있다(초의수, 2008). 또한 가족에 대해 결혼 및 혈연관계로 이루어지는 가족의 구조와 구성에 대한 협소한 개념으로 파악하기보다 기능적인 측면에 초점을 두어 다양한 가족유형을 포괄할 수 있는 가족에 대한 개념 정의가 시도되고 있다(박은미 외, 2012).

이효재는 가족을 일상적인 생활을 공동으로 영위하는 부부와 자녀들, 그들의 친척, 입양이나 기타 관계로 연대의식을 지닌 공동체 집단이라 하여 비혈연적인 관계라도 연대의식을 갖고 지속적인 관계를 유지하는 집단은 가족으로 볼 수 있다는 광의의 가족개념을 제시하였다. 그리고 미국사회복지사협회는 가족을 자신들 스스로가 가족으로 생각하면서 전통적인 가족의 임무를 수행하는 2인 이상의 사람들이라고 규정하였다(Miller, 1984).

이와 같은 맥락에서 에일러(Eichler)는 가족은 한 명 혹은 그 이상의 자녀를 포함하거나 포함하지 않을 수 있으며(예 무자녀 부부), 이 자녀가 혼인관계에서 태어날 수도 있고 그렇지 않을 수도 있는(예 입양 아동 혹은 배우자가 전혼에서 낳은 자녀) 사회집단이다. 이들 성인관계는 결혼에 근원을 둘 수 있고 그렇지 않을 수도 있다(예 사실혼에 의한 부부). 이들은 같은 거주지에 살 수도 있고 그렇지 않을 수도 있다(예 주말부부). 이들 성인들은 성적으로 동거할 수 있고 그렇지 않을 수도 있으며, 이 관계는 애정, 매력, 경건성, 경외감 같은 사회적으로 패턴화된 감정을 포함하고 있을 수도 있고 그렇지 않을 수도 있다고 정의하였다(Eichler, 1988; Collins et al., 1999).

이상에서 전통적인 가족개념과 현대적인 가족개념을 살펴보았다. 특히 현대적 가족 개념은 사회변화에 따라 대두되고 있는 다양한 형태의 비전통적 가족을 포괄하고자 하는 시도라는 점에서 의의가 있다(이원숙, 2004).

2) 가족복지의 개념

가족복지는 가족의 행복과 안녕을 보장하는 것으로, 가족의 욕구와 문제에 대응하여 가족생활을 보장하고 가족의 기능을 강화하는 것을 목적으로 하는 사회 전체의 조직적인 노력(제도적 · 정책적 · 기술적 서비스 활동)을 의미한다. 하지만 가족복지는 가족이라는 복합성 그리고 사회복지라는 고도의 다양성 때문에 가족복지를 개념적으로 고정화시키는 것은 매우 어렵다. 가족은 사회의 기본 제도로서 모든 문제와 정책에 의해 직 · 간접적으로 영향을 받을 수밖에 없고, 사회복지의 다른 분야인 아동문제 · 노인문제 · 장애인문제 · 여성문제 등의 분야와 중첩되고 구분되기 곤란한 면이 많기 때문이다(이소희 외, 2004).

가족복지의 개념은 사회경제적 · 문화적 조건에 따라 다양하게 의미를 가질 수 있음을 고려하면서, 여러 학자들의 정의를 살펴보면 다음과 같다(박경일 외, 2002).

먼저 펠드만과 쉐르즈(Feldman & Scherz, 1967)는 가족복지란 전체로서의 가족은 물론 그 구성원들의 사회적 기능수행을 효과적으로 증진시킴으로써 가족구성원들 모두에게 행복을 도모하도록 하기 위한 사회복지의 한 분야라고 하였다. 일본 『현대복지학총람(신섭중 외 역, 1995)』에서는 가족복지란 개인생활상의 모든 욕구충족이 그 사람의 가족생활의 양태에 의하여 규정됨에 착안하여, 가족원으로서 개인과 가족집단에의 적응이나 가족생활 그 자체의 유지 및 질적 향상을 도모함을 목적으로 하는 사회복지의 한 분야라고 하였다.

김영모(1996)는 가족의 생활을 강화하고, 가족 내의 관계를 강화시키며, 가족성원의 사회적응 기능을 강화시키기 위하여 정부와 민간이 개입을 행하는 사회적 대책이라고 하였다. 한편 조흥식 외(2001)는 가족복지란 목적 면에서는 국민의 생활권의 기본 이념에 입각하여 가족의 행복을 유지시키고자 하는 것이며, 주체 면에서는 가족을 포함한 사회구성원 전체가 되고, 대상 면에서는 가족구성원 개개인을 포함한 '한 단위로서의 가족 전체'가 되며, 수단 면에서는 제도적·정책적·기술적 서비스 등 조직적인 제반 활동이 되고, 범위 면에서는 사회복지의 한 분야인데 사회복지 개념은 추상적인 목적개념이 아니라 복지라는 목적달성을 위한 현실적인 수단으로서 실체개념을 갖는다고 하였다.

이상을 종합해 보면, 가족복지는 개별 가족구성원 및 가족이 경험하는 문제를 예방하고 해결하되, '한 단위로서의 가족' 이라는 가족 전체성에 주목하면서 가족이 건강하고 행복한 상태로 유지될 수 있도록 정부와 민간기관이 제공하는 제도적·정책적·전문적·기술적 서비스를 총칭하는 포괄적인 개념으로 설명할 수 있다(이소희 외, 2004).

〈표 15-1〉 학자별 가족복지의 정의

학 자	가족복지의 정의
펠드만과 쉐르즈(Feldman & Scherz, 1967)	전체로서의 가족은 물론 그 구성원들의 사회적 기능수행을 효과적으로 증진시킴으로써 가족구성원 모두에게 행복을 도모하도록 하기 위한 사회복지의 한 분야
일본현대복지학총람 (1995)	개인생활상의 모든 욕구충족이 그 삶의 가족생활의 양태에 의해 규정됨에 착안하여 가족원으로서 개인과 가족집단에의 적응이나 가족생활 그 자체의 유지 및 질적 향상을 도모함을 목적으로 하는 사회복지의 한 분야
김영모 (1996)	가족의 생활을 강화하고, 가족 내의 관계를 강화시키며, 가족성원의 사회적응 기능을 강화시키기 위하여 정부와 민간이 개입을 행하는 사회적 대책
조흥식 외 (2001)	① 목적 면 : 국민의 생활권의 기본 이념에 입각하여 가족의 행복유지 ② 주체 면 : 가족을 포함한 사회구성원 전체 ③ 대상 면 : 가족구성원 개개인을 포함한 '한 단위로서의 가족 전체' ④ 수단 면 : 제도적 · 정책적 · 기술적 서비스 등 조직적인 제반 활동 ⑤ 범위 면 : 사회복지의 한 분야

이소희 외 (2004)	가족구성원 개개인의 요구와 문제에 초점을 두기보다 가족의 전체성에 주목하면서 가족과 가족원이 경험하는 문제를 예방하고 해결하여 가족이 건강하고 행복한 상태로 유지될 수 있도록 정부와 민간기관이 제공하는 제도적 · 정책적 · 전문적 · 기술적 서비스의 총칭

2. 가족복지의 필요성 및 목표

1) 가족복지의 필요성

현대사회에서 가족은 사회경제적 변화와 더불어 가족의 관계, 구조, 기능, 역할, 가치관을 비롯하여 가족생활 전반에 걸쳐 많은 변화를 겪고 있다. 가족 내외적인 변화로 인하여 가족은 다양하고 복잡한 가족문제에 직면하고 있으며, 가족문제의 증가는 개인과 사회 모두에게 많은 부담과 부작용을 낳고 있다. 이러한 상황 속에서 그동안 가족이 수행하던 많은 기능은 축소되고 있고 가족복지서비스가 가족기능을 보완 · 대체하게 되어 가족복지의 필요성이 그 어느 때보다 부각되고 있는 실정이다. 이러한 가족복지의 필요성을 살펴보면 다음과 같다(김윤재 외, 2013; 류종훈 외, 2012; 이영주 외, 2015; 최경석 외, 2006).

(1) 가족기능의 약화

현대사회에서 가족은 개인과 사회의 존속을 위해 없어서는 안 될 중요한 기능적 과업을 수행하며 사회와의 관계성이 더욱 긴밀해지고 있으나, 과거 가족이 지닌 주요 기능이 전반적으로 약화되어 스스로의 힘으로는 해결할 수 없는 많은 문제를 안고 있다. 특히 취업모의 증가, 가족규모의 축소, 탈시설화 정책 등의 변화 속에서 가족구성원의 보호와 복지에 대한 가족의 책임은 더욱 강조되고 있다. 즉, 가족의 기능은 약화되었는데, 책임은 오히려 증가되고 있는 것이다. 따라서 가족이 그 책임을 잘 수행할 수 있도록 다양한 가족복지서비스가 제공되어야 한다.

(2) 가족에 대한 개입의 관점 변화

1980년대 이전까지 자유주의 국가에서 가족구성원의 보호는 가족의 책임으로 간주하여 국가가 가족에 개입하는 것이 오히려 문제를 일으킨다는 입장이었지만, 이제는 사회문제 해결에 국가가 개입하는 것을 바람직하지 않게 여기던 신자유주의자들조차도 사회복지제도의 개혁을 추진하며, 가족복지제도의 확대와 활성화 방안을 내세우고, 가족복지 프로그램을 집중 지원하는 정책을 제시하고 있다. 즉, 가족문제에 대한 국가의 적극적 개입으로의 관점변화는 가족복지의 필요성을 더욱 강조하게 되었다.

(3) 다양한 가족형태의 등장과 욕구의 다양화

맞벌이가족, 재혼가족, 한부모가족, 독신가족, 노인단독가족 등 다양한 형태의 가족이 보편적인 가족형태로 자리매김하면서, 이러한 가족을 문제가족으로 접근하던 기존의 가족복지정책으로는 가족의 욕구를 충족시키기 어렵게 되었다. 즉, 현대사회에서 발생되는 다양한 가족형태의 등장과 더불어, 이들 가족의 다양한 욕구를 충족시켜줄 수 있는 가족복지 서비스가 필요하게 되었다.

(4) 사회문제 해결단위로서 가족의 유용성

인간과 사회문제를 해결하는 데 가족이 효율적인 단위라는 사실이 강조되고 있다. 사회의 기본 구성은 가족이기에 가족의 행복이 곧 사회의 행복이 된다는 것이다. 역사적으로 볼 때 사회주의 국가에서 전통적인 가족제도를 대신하는 공동체(콜호츠, 인민공사, 집단농장)를 건설하려던 시도가 있었으나 경제적 비효율성과 아동의 건강한 양육실패로 인해 얼마 못 가서 가족보호정책으로 후퇴하게 되었다. 이는 가족을 부정하던 사회주의 국가에서 가족이 사회체계의 핵심적 단위이자 문제해결을 위한 효과적 단위임을 인정한 사례라 볼 수 있다.

또한 인간의 문제를 해결하고자 하는 접근방법으로 개인을 대상으로 한 개별적인 접근보다 가족을 단위로 한 가족치료(상담)가 문제해결에 보다 효과적이라는 결과가 나온 것도 한 예라고 볼 수 있다. 때문에 통합적 치료접근을 시도하면서 가족치료및 가족복지의 중요성이 대두되었다.

2) 가족복지의 목표

가족복지를 통해 무엇을 실현하고자 하는가?, 즉 가족복지의 목표는 무엇인가? 이 질문에 대한 답이 우리가 가족복지에 관심을 갖는 이유일 것이다. 가족복지가 추구하는 목표는 사회적 산물의 하나로 절대적인 개념은 아니다. 한 사회의 경제, 정치 및 역사적 배경에 따라 그 목표에도 다양한 변화가 있을 수 있다. 그러나 가장 일반적인 목표는 개인과 가족의 복지라 할 수 있고 이에 더하여 자유, 권리보장, 정의, 사회적 통합, 효율성, 평등성 등이 가족복지의 목표가 될 수 있다.

기본적으로 염두에 두어야 할 가족복지의 목표를 개념적으로 구성해 보면 다음과 같다(윤철수 외, 2008).

(1) 가족의 안녕 도모

가족은 사회의 기본 단위로서 인간의 문화전당과 인간으로서의 성장, 발달에 필요한 모든 것을 가르치고 양육하는 일차적이고 기초적인 집단이다. 따라서 가족복지는 개인 및 가족의 안녕을 도모해야 한다. 즉, 가족의 문제와 욕구를 해결하는 것을 목표로 해야 한다.

(2) 가족원 간의 권리보장과 평등

현행의 가족 관련 법률에 제시되고 시행되고 있는 가족정책은 전반적으로 바람직하지만 가족원 간의 권리보장과 평등의 증진이라는 목표를 반영하는 데 아직 미진하다고 할 수 있다. 다양한 가족원 간의 문제(예를 들면, 학대 및 유기 문제 등)를 해결하고 예방할 수 있는 법적 또는 제도적 장치가 가족원의 권리와 평등을 보장하는 데 목표를 둔 정책이 되어야 하며 이에 대한 실천이 이루어져야 한다.

(3) 새로운 가족형태의 인정

산업화와 가치관 등의 변화에 따른 새로운 가족형태의 출현을 인정하고 이를 위한 정책을 시행해야 한다. 즉, 전통적인 직계가족이나 핵가족뿐만 아니라 한부모가족, 재혼가족, 무자녀가족, 동거가족, 노인단독가족, 맞벌이가족, 독신가족 등의 새로이 나타나고 있는 가족형태에 대한 인정과 이들의 기능을 보완하는 정책을 적극적으로 시행해 나가야 한다.

(4) 사회문제의 근본 해결

가족복지는 사회문제 해결에 기여하며, 사회의 변화를 유도할 수 있어야 한다. 사회복지의 시작은 바로 가족의 문제해결이다. 인간이 끊임없이 추구해 온 가치, 즉 평등과 자유의 개념을 실현하는 수단이 되며, 이를 통한 사회변화를 유도할 수 있어야 한다.

3. 가족복지의 대상

가족복지의 대상은 '가족 전체'이다. 기존의 복지는 아동, 청소년, 여성, 노인, 장애인 등 가족구성원 개개인이 그 대상이 되어 왔으므로 이는 엄밀한 의미의 가족복지였다고 할 수 없다. 따라서 가족복지의 대상은 이와는 구별된 '전체로서의 가족'에 대한 접근이 요구되고 있다. 그렇다면 구체적으로 가족의 무엇이 복지의 대상이 되는 것일까? 가족복지의 대상은 가족이 지닌 욕구와 문제라 할 수 있다. 가족의 욕구가 충족되지 않으면 이는 가족의 문제가 되고, 가족의 문제는 사회의 문제가 되므로 욕구와 문제는 밀접한 관련이 있다. 일반적으로 가족복지의 대상은 다음과 같이 가족의 구조, 기능, 가족생활주기에 따라 세 가지 기준으로 분류할 수 있다(김윤재 외, 2013; 윤철수 외, 2008; 이영주 외, 2015).

〈표 15-2〉 가족복지의 대상영역

기 준	대상과 영역
가족구조상의 특성에 따른 대상	미혼모가족, 한부모가족, 이혼 및 재혼 가족, 노인가족, 핵가족 등 다양한 가족의 구조상 특성에 따라 가족의 대상을 규정하고, 각 가족이 지닌 특성에 따라 복지개입을 달리하는 경우
가족기능상의 문제에 따른 대상	학대, 알코올중독이나 약물중독, 청소년비행 및 실직으로 인한 소득의 상실 등 기능상의 결손을 경험하는 가족과 장애로 인한 의료적 · 심리적 문제를 겪고 있는 가족의 경우
가족생활주기에 따라 발생하게 되는 다양한 욕구에 따른 대상	부부만의 시기, 자녀출산 및 양육기, 미취학 아동기, 학령기, 청소년기, 독립기, 중년기, 노년기 등 가족생활주기에 따라 가족구성원인 개개인은 물론 가족 전체가 당면하게 되는 다양한 욕구에 따라 복지개입을 달리하는 경우

그러나 가족복지의 대상은 구체적으로 가족복지가 이루어지는 과정에서 국가의 정책이나 법 그리고 행정조직에 따라 그 대상이 규정된다고 볼 수 있다. 현행 우리나라의 가족복지는 가족을 대상으로 하는 복지의 개념 없이 단순히 가족의 중요성을 선언적으로 강조하면서 서비스의 측면에 있어서는 요보호대상자 중심으로 잔여적 성격의 복지모형을 보이고 있다고 할 수 있다(김혜경 외, 2006).

4. 가족복지의 접근방법

가족복지를 실천하는 방법은 문제의 성격과 해결방법의 특성에 따라 다음과 같이 나누어진다. 첫째, 거시적 방법으로, 가족복지정책과 같은 간접적인 실천방법이다. 이러한 실천적 접근은 ① 가족문제를 사회 전체의 문제로 인식하고, 가족이 전체 사회의 제도적 구조 가운데에 보다 잘 적응할 수 있도록 촉진시켜 주는 각종 방법이며, ② 문제를 가지고 있는 대상집단과의 직접적인 교류와 관계보다는 정책과 행정 차원의 서비스를 말한다.

둘째, 미시적 방법으로, 가족상담, 치료, 개별 및 집단을 대상으로 한 직접적인 실천방법이다. 이러한 실천적 접근은 ① 문제를 가지고 있는 개별가족에 직접적으로 개입함으로써 증상을 완화시켜 주거나 예방하는 각종 방법이며, ② 구체적으로 문제를 가지고 있는 가족에 대한 직접적 개입, 가족보호, 가족생활교육, 가족계획사업, 가족조성서비스, 가족치료, 가족옹호 등의 다양한 직접적인 서비스를 제공하는 것을 말한다.

그러나 두 가지 접근방법은 어떤 수준에서 출발하는가에 대한 시작의 차이일 뿐 가족의 사회적 기능수행의 향상 및 행복을 도모하려는 공동의 목적을 갖는다는 점에서 상호 보완적이다(박석돈 외, 2004).

1) 가족복지정책 중심의 거시적 접근

가족은 사회의 가장 기본적인 제도로서 사회, 문화적으로 다양하게 정의될 뿐만 아니라 가정생활이 각종 사회체계와 밀접하게 연결되어 있기 때문에 국가의 모든 정책은 가족에게 직·간접적 영향을 미치게 된다고 보아도 과언이 아니다.

가족복지정책의 일반적 의미는 정부가 가족을 위해 실시하는 제반 조치로서 가족생활의 유지, 강화를 도모하는 여러 시책이라고 할 수 있다(조추용 외, 2001). 즉, 가족복지정책은 가족의 기능을 지원하고 보충하거나, 가족의 변화를 유도하거나 대리하여 주는 것을 목적으로 거시적·제도적 방안으로 정부가 가족을 위해 시행하는 모든 활동을 의미하는 것이다. 가족 외적 요인인 산업화·현대화에 따른 사회경제적 조건의 변화로 인하여 문제가족이 야기되었다고 보고, 가족이 처한 사회적 조건과 환경을 개선하려고 하는 국가적인 차원의 노력인 것이다. 따라서 가족복지정책은 가족문제를 사회 전체의 제도 및 구조와 관련하여 파악한다(박종삼 외, 2002; 이소희 외, 2004).

가족복지정책의 범주화는 크게 두 가지로 구분된다. 하나는 가족기능을 중심으로 가족복지정책을 범주화하는 것이고, 또 다른 하나는 성인지적 관점에서 가족복지정책을 범주화하는 것이다(박미은 외, 2012; 이영주 외, 2015). 먼저 가족기능 중심의 가족복지정책 범주화에서 가족의 기능은 일반적으로 재생산 기능, 경제적 기능, 사회화 기능, 성적·정서적 기능, 돌봄의 기능으로 구분할 수 있다. 이러한 가족기능에 대응하여 범주화한 가족복지정책의 내용은 〈표 15-3〉과 같다.

〈표 15-3〉 가족기능 중심의 가족복지정책 범주

가족의 기능	관련 가족복지정책
재생산 기능	출산전후휴가, 육아휴직, 방과 후 보호, 양육비 지원, 보육서비스
경제적 기능	가족에 대한 각종 소득공제, 공적연금, 공공부조, 주택부조
사회화 기능	교육비 지원 및 공제
돌봄기능	노인장기요양보험, 간병휴가

출처 : 윤홍식 외(2010) 재구성.

다음으로 성인지적 관점에서 가족복지정책의 범주를 유형화하면 크게 가족영역에서의 부모권 보장과 시장영역에서의 노동권 보장으로 범주화할 수 있다. 부모권 보장을 위한 가족복지정책의 목적은 가족구성원이 가정 내에서 가족구성원을 돌보는데 장애가 되는 요인들을 제거하거나 완화하는 것인 반면, 노동권 보장을 위한 가족복지정책은 가족구성원이 노동시장에서 일하기 위해 장애가 되는 요인을 제거하거나 완화하는 것을 목적으로 한다.

〈표 15-4〉 성인지적 관점의 가족복지정책 범주

가족의 기능	관련 가족복지정책
부모권 보장	모성휴가, 부성휴가, 육아휴직, 아버지 육아휴직 할당제, 양육수당, 양육연금, 주부연금, 가족(아동)수당 등
노동권 보장	공공보육, 방과 후 보육, 직장보육, 노동시간 선택제도 등

2) 가족복지서비스 중심의 미시적 접근

가족복지서비스 중심의 미시적 접근은 가족관계의 곤란 및 사회인으로서의 기능을 수행하지 못하는 가족을 원조대상으로 그 기능을 회복시켜 주는 것이라 할 수 있다. 즉, 미시적 접근은 가족복지의 직접적 접근에 해당하는 것으로, 가족을 대상으로 행해지는 다양한 전문적 사회사업활동을 말한다. 가족이 다양한 생활상의 곤란(예를 들어, 빈곤, 질병, 실업, 가족관계의 붕괴)으로 가족구성원 개개인의 존엄성이 상실되고 가족생활이 중대한 위기에 직면했을 때 이에 개입하여 가족의 문제를 해결하고 가족생활을 강화하기 위한 사회적 활동이라 하겠다.

가족복지서비스는 주로 인간관계에 관한 과학적 지식과 기술에 기반을 둔 전문적 서비스이며, 그것은 가족의 기능회복과 사회적응능력의 향상을 위해 원조하는 것을 의미한다. 가족복지서비스의 대표적인 프로그램을 살펴보면 다음과 같다(김윤재 외, 2013; 박석돈 외, 2004; 윤철수 외, 2008).

(1) 가족에 대한 직접적 개입

가족에 대한 직접적 실천은 가족복지서비스의 가장 대표적인 활동이다. 이는 가족복지기관에서 부부불화, 부모-자녀관계의 문제, 세대 간 갈등과 같은 문제에 대해서 전문사회복지사가 개입하는 것이다. 경우에 따라 단기 혹은 장기로 이루어지는데, 그 주요 방법은 가족 내 개인, 집단, 가족 전체를 대상으로 직접적인 상담을 제공하는 것이다.

(2) 가족보호

가족보호는 가정 내에서 발생하는 각종 장애문제에 대해 보호를 제공해 줌으로써 가족의 역할수행과 능력고취를 향상시키는 기능을 수행하는 것이다. 예를 들면, 발달장애아동을 가진 가족, 치매노인 가족, 만성질환자를 가진 가족 등에 대한 각종 서비스를 말한다.

(3) 가족생활교육

가족생활교육은 가족문제를 미연에 방지한다는 예방 차원과 더 나아가 개인과 가족으로 하여금 현재와 미래의 가족성원들의 능력을 개발하고, 가족생활에 대한 그들의 욕구충족을 통하여 가족생활의 질적 극대화를 실현하는 데 도움을 주기 위하여 가족구성원에게 필요한 자원, 정보, 기술 등을 제공하고 지도하는 과정을 말한다. 가족생활교육의 내용으로는 인간발달, 가족과 사회, 결혼과 성, 부부관계, 부모역할, 자녀와의 의사소통, 가정폭력 예방교육, 노년기 준비교육 등이 있다.

(4) 가족계획사업

가족계획사업은 재생산적 건강보호서비스의 일종으로 임신 전 위험, 임신중절, 성병에 대한 보호, 영양, 자녀 수에 대한 계획, 임신을 위한 서비스 등을 제공함으로써 건강한 가족생활을 하도록 한다.

(5) 가족조성서비스

가족조성서비스는 가족의 내부적인 원인이나 가족을 둘러싼 여러 가지 사회환경 때문에 가족 스스로 가족의 기능을 원활하게 수행하지 못할 때 사회가 가족의 기능 일부를 보충해 주는 서비스로서 가족생활의 강화를 위해 가족복지 분야뿐만 아니라 아동, 노인, 장애인 복지 등의 분야에서도 광범위하게 활용된다. 즉, 가족조성서비스란 가족이 가족구성원을 양육・보호・부양하거나, 가사를 적절히 처리하는 기능을 제대로 수행할 수 없을 때 적절한 도움을 제공하는 것으로 가족생활의 강화를 위해 실시되는 전반적인 서비스 활동이 여기에 포함된다.

(6) 가족치료

가족치료는 가족성원이 자신에게 기대되거나 부여된 기능을 잘 수행하지 못함에 따라 개인 및 가족 관계에 문제가 생기는 경우에 필요하다. 예를 들면, 가족구성원 중 발달지체, 질병, 장애, 이상(異常)적 성격, 실직, 은퇴, 과중한 빚, 주거, 학습부진이나 비진학, 비행, 약물중독, 경제적 무능, 성적 무능 등과 같은 가족이 가지고 있는 모든 장애요소를 가족이 함께 참여함으로써 완화시키고 새로운 형태의 관계를 맺게 함으로써 가족관계를 개선하게 한다. 따라서 가족치료는 개인보다는 가족체계에 초점을 두고, 가족구조의 변화를 초래함으로써 개인의 위치가 변화되고, 개인의 행동과 정신 내적 과정도 변화하는 것을 말한다.

(7) 가족옹호

가족옹호는 지역사회에 필요한 변화를 일으키기 위하여 사람들로 하여금 사회행동의 사명을 가지고 가족욕구에 대한 직접적이고 전문적인 지식을 이용하게 함으로써 가족의 생활조건을 향상시키도록 계획된 전문적 서비스이다.

연습문제

1. 다음 중 현대적 가족개념의 특징으로 볼 수 없는 것은?
   ① 무자녀 부부
   ② 입양아동 혹은 배우자가 전혼에서 낳은 자녀
   ③ 사실혼에 의한 부부
   ④ 주말부부
   ⑤ 3대 이상이 함께 사는 대가족

2. 가족복지의 필요성이 대두된 이유가 아닌 것은?
   ① 가족과 사회관계에 대한 시각의 변화로 가족복지는 현대사회에서 더더욱 필요하게 되었다.
   ② 가족에 대한 개입의 관점변화, 즉 가족구성원의 보호가 국가에서 가족으로 변하였기 때문에 가족복지는 현대사회에서 더더욱 그 필요성이 강조되고 있다.
   ③ 현대사회에서 발생되는 다양한 가족형태의 등장과 욕구의 다양화로 가족복지의 필요성이 강조되었다.
   ④ 개인을 대상으로 한 개별적인 접근보다 가족을 단위로 한 가족치료(상담)가 문제해결에 보다 효과적이라는 결과로 인해 가족 전체의 중요성이 강조되었다.
   ⑤ 과거 가족이 지닌 주요 기능이 전반적으로 약화되어 스스로의 힘으로는 해결할 수 없는 많은 문제를 안고 있는 가족이 증가함에 따라 가족복지의 필요성이 강조되고 있다.

3. 다음 중 가족복지의 목표가 아닌 것은?

① 가족의 안녕 도모
② 가족원 간의 권리보장과 평등
③ 새로운 가족형태의 안정
④ 사회문제의 근본해결
⑤ 가족의 일치된 신앙

4. 가족복지의 대상영역에 대한 설명 중 옳지 않은 것은?

① 광의의 측면에서 가족복지의 대상은 모든 유형의 가족들이 포함된다.
② 협의의 측면에서 가족복지의 대상은 주로 가족생활상의 문제에 봉착하고 있는 위기의 가족이 그 대상이 된다.
③ 가족복지의 대상을 협의로 접근할 경우, 가족문제의 치료적 접근이 간과되는 경향이 있다.
④ 펠드만과 쉐르즈(Feldman & Scherz)는 가족의 생활주기, 즉 결혼의 성립기, 육아기, 노후기로 나누어 가족복지의 대상영역을 설정하였다.
⑤ 미국사회사업사전에서는 스트레스의 원인과 성격에 따라 가족복지의 대상영역을 분류하고 있다.

5. 가족복지서비스 중심의 미시적 접근방법이 아닌 것은?

① 가족에 대한 직접적 개입
② 가족보호
③ 가족옹호
④ 가족치료
⑤ 가족수당

해답 1. ⑤ 2. ② 3. ⑤ 4. ③ 5. ⑤

CHAPTER 16

의료사회복지

1. 의료사회복지의 개념과 필요성 및 특성
2. 의료사회복지와 생태체계학적 관점
3. 의료사회복지의 발전과정
4. 의료사회복지의 기능과 직무

CHAPTER 16

의료사회복지

1. 의료사회복지의 개념과 필요성 및 특성

1) 의료사회복지의 개념

의료사회복지는 사회복지를 실천분야별로 구분하여 볼 때 의료분야에서 이루어지는 사회복지실천을 말한다. 의료사회복지의 등장은 건강의 개념이 발달하면서 인간이 건강의 회복이나 유지를 위해서는 의료적 서비스만으로는 충분하지 않다는 것을 인식하게 되었기 때문이다. 즉, 인간의 건강은 단순한 신체적 질병이나 부상에서의 회복에 국한되는 것이 아니라 생의학적인 접근만으로는 해결할 수 없는 심리적 문제, 사회제도의 모순, 결핍된 자원 등과 같은 사회적·환경적인 문제와 관련되어 있기 때문이다.

의료사회복지는 사회복지의 가치, 지식, 기술, 태도를 의료영역에 응용하여 병원이나 의료기관 등에서 각종 질병의 의학적 치료와 더불어 환자 및 그 가족의 심리적·사회적·경제적인 문제를 해결하거나 원조해 줌으로써 질병의 예방과 건강관리 및 건강회복과 재활의 문제를 포괄적으로 다루는 것을 말한다.

따라서 의료사회복지의 목적은 환자로 하여금 사회에 보다 잘 복귀할 수 있도록 입원 및 외래환자에 대한 사회적·경제적·정서적인 면을 조사, 진단하여 정상적인 가정 및 사회로의 복귀가 가능하도록 환자와 의료환경과의 원활한 상호작용을 돕는 데 있다.

의료사회복지는 이와 같은 목표를 달성하기 위하여 의료기관, 즉 병원, 진료소, 보건기관 및 시설 그리고 사회복지기관과 재활원 등에서 사회복지의 과정을 통하여 다양한 기능을 수행한다. 보건의료기관에서 사회복지의 개입은 빈곤한 환자의 경제적 원조, 질병과 사회환경과의 연관성을 인식시킴으로써 생활환경 개선 그리고 환자의 생・심리・사회적 면의 불가분성에 따라 다학문적 접근을 통하여 진료팀을 활성화해야 한다.

미국사회사업가협회에서는 의료사회복지는 통합적인 의료서비스 제공을 위해 중요한 부분이 되어야 함을 강조하고, 의료사회복지실천의 다섯 가지 목표를 제안하고 있다(Cowles, 2003 : 29).

첫째, 신체적이고 심리사회적인 안녕감을 유지하고 증진하는 것

둘째, 단기와 장기 보호서비스로부터 최대한의 이익을 보장하기 위해 필요한 여건을 증진하는 것

셋째, 신체적 또는 정신적인 질병을 예방하는 것

넷째, 질병이나 장애의 사회적 측면과 정서적인 영향에 관심을 갖고 신체적・심리사회적인 기능을 강화하고 증진하는 것

다섯째, 의료환경과 관련자들 간에 빈번하게 갈등을 겪는 가치 입장차에 대해 윤리적 반응을 증진하는 것

따라서 의료사회복지는 질병에 대한 다각적인 접근방법을 바탕으로 질병을 가진 개인과 환경과의 상호관계에 초점을 두고 의료팀의 일원으로 환자 및 가족의 사회기능 향상을 위해 전문적 실천방법을 활용하여 질병의 예방, 치료 및 재활에 이르기까지 다양한 활동을 수행하는 사회복지의 전문분야라고 정의할 수 있다.

2) 의료사회복지의 필요성

의료사회복지의 필요성은 인간의 건강문제가 불가피하게 사회적・환경적 요인과 관련되어 있다는 것이다. 이러한 관련성은 의료사회복지 영역에서 사회복지사의 정당성을 제시해 주고 있는 있는데 이러한 요인들을 살펴보면 다음과 같다.

첫째, 사회적 · 문화적 · 경제적 조건들은 건강상태와 질병의 예방 및 회복에 중요하며 이들 모두에 영향을 미친다. 예를 들어, 빈곤상태에 있는 사람들은 질병의 치료에서 빈곤으로 인한 치료기회의 상실로 더욱 심한 질병으로 인한 장애를 갖게 되며, 질병의 예방적 보호도 덜 받게 된다. 따라서 사회적 · 문화적 · 경제적 문제를 조정하는 사회복지는 의료와 불가분의 관계에 있다.

둘째, 질병과 관련 있는 행동은 개인이나 가족의 균형을 깨뜨리고 대처기제를 붕괴시킨다. 때문에 질병의 치료에서는 가족구성원 전체에 대한 서비스가 제공되어야 한다. 예를 들어, 환자의 발생은 가족 간의 역할 갈등과 경제적 위기, 심리적 불안을 야기하게 된다. 그러므로 의료사회복지사는 가족을 하나의 체계로 보고 이러한 질병의 발생으로 인한 부작용을 경감시키고 가족구성원들이 질병으로 인해 발생하는 어려움에 잘 적응할 수 있도록 돕는다.

셋째, 사회적 지원과 상담서비스를 동반하지 않고 단지 의학적으로만 치료하는 하는 것은 그 치료가 불완전하며 경우에 따라 치료가 불가능하다. 이는 질병의 원인이 다원적이기 때문에 질병의 어느 한 측면만을 고려한 치료는 효과적일 수 없음을 의미하는 것으로 환자를 전인적 존재로 개인의 신체, 심리, 사회, 환경의 제 측면에 개입하여야 함을 의미하는 것이다. 예를 들어, 의료사회복지사들이 암치료에 대한 두려움을 극복하도록 도와 무리 없이 암치료를 받도록 하는 것 또는 아이를 맡길 곳이 없어 치료를 제대로 받지 못하는 편모가 있을 경우 치료를 받는 동안 아동의 거처를 확보하도록 도와주는 것이다.

넷째, 보건서비스 전달체계는 흔히 접근상의 문제로 의료소비자와 의료제공자가 적절히 연결되지 못하는 경우가 있다. 이는 지역사회에 대한 개입을 통하여 의료서비스가 의료소비자에게 원활하게 제공될 수 있도록 제도와 정책 차원의 접근이 필요하다는 것을 이야기 하는 것으로 의료사회복지사는 지역사회 내의 자원과 환자를 연결시켜 주어야 한다는 것이다.

다섯째, 전문적으로 구성된 다학문적 팀 접근은 복잡한 의료문제를 해결하는 데 효과적이다. 의료사회복지사는 의사, 간호사 및 기타 보건전문직 간의 역할을 분담하여 환자의 전인적 치료에 한 축을 담당하고 있다.

즉, 의료영역에서의 의료사회복지사는 질병에 영향을 주는 사회적 · 문화적 · 경제적 제 조건들을 조정하고 재통합함으로써 질병을 가진 개인이나 가족 또는 지역사회의 의료문제를 해결하기 위해 보건의료팀의 일원으로서 환자에 대한 전인적 접근의 필요성으로부터 출발한다고 할 수 있다.

3) 의료사회복지의 특성

의료사회복지는 사회복지 고유의 목적에 부합하면서도 1차 기관(primary setting)이 아닌 2차 기관(secondary setting)으로서 다음과 같은 특징을 갖고 있다.

첫째, 팀워크 접근이 강조된다. 여타의 전문직과 긴밀한 역할분담과 협조가 필요하다. 즉, 의사, 간호사, 심리사, 물리치료사, 영양사, 행정직원 등과의 협조체계가 중요하다.

둘째, 환자와 가족을 하나의 단위(체계)로 이해해야 한다. 특히 의료영영에서는 환자의 치료와 사회복귀에 있어 가족의 기능은 절대적인 비중을 차지한다. 때문에 사회복지사들은 환자뿐만 아니라 가족의 문제에 개입할 수 있는 준비가 필요하다.

셋째, 입원기간뿐 아니라 입원 전, 퇴원 후에도 서비스가 제공된다. 즉, 의료의 개념이 포괄적으로 바뀌면서 질병을 집중적으로 치료하는 입원기간뿐 아니라 환자의 빠른 회복과 병원 경영의 효율화를 위하여 입원 전 계획과 퇴원 후 사회적 적응과 사회적 기능을 위한 퇴원 후 사후관리 과정이 강조되고 있다.

넷째, 개인에 대한 포괄적 · 전인적 접근(whole patient, total person)이 강조되고 있다. 질병의 발생과 관련된 신체적 측면과 그에 영향을 미치는 심리적 · 사회적 · 환경적 문제 등 환자의 치료에 영향을 미치는 요인들에 대하여 포괄적인 인식과 접근이 필요하다.

이외에도 의료사회복지사들에게 병원이나 의료시설과 지역사회와의 자원교환의 연결자 역할과 지역사회에 존재하는 인적 · 물적 · 공식적 · 비공식적 자원체계의 개발 그리고 개발된 자원체계를 병원 내로 흡수하는 역할, 병원의 의료서비스가 지역사회에 잘 전달될 수 있도록 하는 역할이 강조되고 있다 할 것이다.

2. 의료사회복지와 생태체계학적 관점

사회복지실천에서의 통합적 관점은 환경의 조건과 자원의 맥락에서 인간을 보고자 한다. 이러한 관점은 사회복지의 대상을 환경 속의 인간(person-in-environment), 상황 속의 인간으로 보고 개인과 환경 간의 상호작용 영역의 차원에서 클라이언트의 문제를 규명하며, 그에 대한 해결도 이러한 관점에서 모색하고자 한다. 이러한 환경 속의 인간은 생태체계적 관점(ecological perspective)으로 불리며 흔히 생·심리·사회 모델(bio-psycho-social model)로 인식되고 있다.

1) 생태체계적 관점과 사회복지

생태체계적 관점은 체계론적 이론과 생태적 관점이 합성된 것으로 인간발달 과정을 분석하는 가운데 체계적 관점을 확대하여 생태체계라는 용어를 사용하게 되었다. 이는 인간이 경험하는 문제의 원인을 개인 또는 환경 중 어느 한쪽의 결함으로 보기보다는 개인적 요소와 환경적 요소 등 여러 가지 복합적 요인들 간의 상호작용의 결과로 보는 것이다.

생태체계적 관점은 적응성, 적합성, 호혜성, 적응의 개념이 중시되며, 인간의 환경 적응 정도나 인간과 환경 간에 상호작용 정도에 초점을 맞추고 있다. 여기에서 생태체계적 관점에서의 적응(adaptation)이란 개인 대 환경의 적절한 결합(person : environment fit)을 의미하며, 상호 적합이 잘 이루어진 상태에서는 인간과 환경이 상호 긍정적인 영향을 주고받으면서 상호적응적 기능이 향상되는 반면, 적응이 잘 되지 않은 상태에서는 개인 건강의 파괴와 사회적 기능의 위축 등으로 인해 개인의 성장과 발전이 지체되며, 그에 따라 개인과 상호작용하는 환경도 손상을 입게 된다.

또한 문제의 해결방안을 위한 개입방법을 개인의 변화에서만 찾는 것이 아니라 그 개인의 문제 또는 역기능에 영향을 미치는 주변 사회환경의 변화와 개선과 더불어 이들과의 상호작용에 찾아야 한다는 것이다.

이러한 생태체계적 관점은 사회복지의 실천에서 개인, 환경, 개인과 환경과의 상호작용을 원조영역으로 봄으로써 사회복지사에게 인간과 환경과의 순환적 관계를 포함하고 있는 개인의 문제에 대해서 가능한 모든 면을 살펴볼 수 있도록 도와주며 개인치료 중심의 개입방법에 치우치는 성향을 바로잡을 수 있도록 한다.

2) 생 · 심리 · 사회모델과 의료모델

전통적으로 의료모델에서는 생의학적 접근(biomedical approach) 모델을 준용하고 있는데, 이는 생리학적 증세 등의 절대기준에 의존하며, 질병모델로서 인체 질병의 원인을 병원감염체에 두고 있는 세균이론 및 생의학적 특정 병인학이론과 양립해서 사용된다. 따라서 건강은 질병이 없는 상태, 즉 신체기능에 이상이 없는 상태로 정의된다.

1905년 미국의 메사추세츠병원에서 캐보트(Cabort)는 질병의 근원이 단지 생리적(biological)인 것만이 아니며, 발병과 회복에 사회적 요인이 영향을 미친다고 생각하였고, 이에 환자의 환경적 조건과 생의 여건에 관심을 가지게 되었다.

즉, 치료과정에 환자의 가정환경, 직업, 가족, 걱정거리, 양육상태 등의 필요하다는 것을 알게 되었다. 이에 생 · 심리 · 사회적 모델은 전통적 생의학적 접근에 대한 반성과 아울러 의학적 접근과 사회환경을 질병과정의 결정요인으로 보는 심리사회적인 접근을 조화시키고자 하는 움직임이 태동되면서 등장하게 된 통합모델 중 하나로 환자와 가족을 이해하고 원조하기 위해 그들에게 영향을 미치는 육체적 · 심리적 · 사회적 환경(physical-psychological-social environment)에 대한 관점이 강조되었는데, 이것을 생 · 심리 · 사회적 모델이라고 한다. 이 접근모델의 기본 입장은 질병 또는 질병의 증세와 관련된 변수를 폭넓게 수용하는 것이며 단순히 의학적인 것뿐만 아니라 사회적 · 심리적인 것까지도 포괄한다.

3) 건강과 질병에 대한 의학적 접근과 사회문화적 접근

건강과 질병에 대해서는 다양한 분석이 가능하나, 의학적 접근과 사회문화적 접근 방법으로 구분해 볼 수 있다.

의학적 접근은 건강과 질병의 판단을 위해 절대적인 기준(생리학적 · 심리학적)을 적용하여 생 · 의학적 검사와 진단을 기준으로 건강과 질병 상태를 구분하고 접근하는 것을 말한다. 판단의 주체는 의사 등 전문인력이며, 주로 세균이론, 생 · 의학적 모형 등이 여기에 해당한다.

이에 비해 사회적 기능이나 역할수행 상태 또는 규범으로부터의 일탈 정도에 의존하는 사회문화적 접근 모델에서 판단의 주체는 사회의 주도적 집단 또는 준거집단이며, 주로 심리 · 사회 모형(psycho-social model), 낙인론(labelling theory) 등이 여기에 속한다.

이 두 가지 접근법의 차이는 의학적 접근은 건강과 질병의 기준을 임상적인 검사 결과에 따라 구분하고, 질병의 원인을 제거하여 인간의 생명 연장에 초점을 두고 있으나, 사회문화적 접근은 한 개인이 사회적 환경에의 적응 여부에 관심을 두고 사회 구성원으로서의 기능수행에 초점을 두고 있다.

따라서 의학적 접근에서는 질병의 범주에 포함되더라도 사회문화적 접근에서는 건강의 범주에 포함될 수 있다. 예를 들어, 혈압의 정상적 수치는 80mmHg(이완기)~120mmHg(수축기)이고, 이를 벗어날 경우 고혈압 또는 저혈압이라고 진단한다. 그러나 사회문화적 접근에서는 임상적으로는 혈압이 정상의 범주에 속해 있다하더라도, 그 개인에게 주어진 사회적 환경에 적응에 실패하거나 또는 적응이 불충분하였을 경우는 건강하지 않다고 설명한다.

세계보건기구(WHO)는 건강이란 '완전한 육체적, 정신적, 사회적 그리고 영적 복지의 상태를 말하는 것이다'라고 정의하고 있다. 환자의 신체적 증상은 환자의 심리 · 사회적 기능에까지 영향을 주게 되며 반대로 신체적 증상은 환자의 심리 · 사회적 요인에 의해 발생되기도 한다(예 정신신체증). 그러므로 질병을 가지고 있는 환자를 효과적으로 치료하기 위해서는 신체적인 문제해결과 아울러 정서적 · 사회적 문제들의 해결을 위한 치료방법에도 관심을 가져야 한다. 즉, 단순히 '신체적 증상(disease)'[1]에만 초점을 두고 다루기보다는 불안이나 고통을 경험하는 주관적 상태로서의 '질환(illness)'[2]을 다루는 것이 중요하다. 주관적인 불안이나 고통을 다루어지지 않은 채 '신체적 증상'만을 다루는 상황에서는 환자의 치료에 대한 만족도가 줄어들어 임상적으로 효과를 얻기 어렵다. 때문에 의학적 접근과 사회문화적 접근의 상호보완을 위해 일반체계이론이 의학분야에 도입된 통합적 모형인 생·심리·사회적 모형은 모든 수준에서 조직은 서로 계층적인 관계로 연결되어 있으며, 한 수준에서의 조직의 변화는 여타 수준에서의 조직의 변화를 유발한다고 본다.

3. 의료사회복지의 발전과정

1) 의료사회복지의 기원

의료분야에서의 사회복지의 기원적 활동은 중세의 구빈제도에서 그 역사를 찾아볼 수 있지만, 근대적 의미의 의료사회복지의 기원은 의학의 개념에 사회를 결합한 '사회의학'의 출현에서부터 그 맥을 찾을 수 있다. 즉, 질병을 자연과학의 대상으로만 인식되었던 것에 사회성과 사회적 의미를 부여하게 되면서 18C 후반부터 '의학은 사회과학이다'라는 새로운 사상을 기본으로 출범하게 되었던 것이다. 이러한 활동에서는 빈곤과 질병은 상호불가분의 관계로 인식되었고, 따라서 초기 의료사회복지의 개입은 빈곤 환자와 가족에 대한 경제적인 원조를 중심으로 이루어졌고, 빈곤가정의

1) 신체적 증상(disease) : 생·의학적 개념 차원에서 혈액검사, 혈압측정, 소변검사 등의 생·화학적 검사결과 이상이 있는 상태를 의미한다. 이때 의료의 목적은 이러한 생·의학적 이상을 정상으로 회복시키는 것에 초점을 맞추며 생·의학적 이상을 발견해 내는 데 필요한 장비와 그에 대한 의학적 기술에 초점을 맞추게 된다.

2) 질환(illness) : 사회적 개념 차원에서 주관적인 개념으로 인식하는 것을 말한다. 생·의학적 검사결과와는 무관하게 사회적 역할수행 정도가 정상이면 건강하다고 보는 관점이다. 혈압이 110~160mm/Hg인 성인의 경우, 생·화학적 차원에서는 고혈압이라고 진단할 수 있으나 그가 아무런 문제없이 정상적으로 사회적 역할을 수행하면, 신체적 증상(disease)은 있지만 질환(illness)은 없다고 보는 것이다.

생활환경 개선과 태도 변화를 가져오는 데 초점이 모아졌는데 이러한 초기 의료사회복지는 비조직적인 단체들, 즉 간호사, 부녀봉사단, 정신병환자의 사후지도, 의대생들의 봉사활동 등을 중심으로 이루어졌는데 그 기원적인 활동을 간략히 살펴보면 다음과 같다.

(1) 간호사들의 봉사활동

18C 후반 간호사들이 제공한 사회적·정서적 봉사활동은 의료사회복지의 기원이라 할 수 있다. 당시 간호사들 질병의 보조치료자 역할 이외에 환자의 개인 및 가정의 문제에 개입하여 도움을 주었다. 1869년 뉴욕에서 간호사가 빈곤환자의 가정을 방문하여 가족을 위로하고 퇴원 후에도 환자와 그 가족을 돌봐주는 역할을 담당하였다. 이와 같은 간호사들의 봉사활동은 점차 의료사회복지의 필요성을 인식시키는 역할을 하였다.

(2) 부녀봉사원들의 활동

부녀봉사원들은 1875년 런던의 자선조직협회의 로크(Charles S. Lock) 경의 주도로 조직되었으며 1895년 런던 왕립시립병원(Royal Free Hospital)에서 처음 채택되어 시행되었다. 여기서 가정방문을 통해 생활환경을 조사하고 상담을 실시한 사람들을 우애방문원(friendly visitor)이나 부녀봉사대(lady almoner)라고 불렀다. 이들은 환자들이 자선을 받을 수 있는지의 적격 여부를 사정하고, 결정하기 위하여 사회조사를 실시하고 빈곤한 환자에 대해서는 사회복지기관이나 의료기관에 의료하는 일을 담당하였다.

(3) 정신병 환자의 사후지도

의료사회복지의 중요한 영역인 정신보건사회복지에서 정신질환자의 사후지도를 들 수 있다. 1880년 초 영국에서 정신병원에서 퇴원한 환자의 사후지도서비스가 전개되는데 갈 곳이 없는 불우환자는 위탁가정, 사회복귀시설, 요양원 등에 의뢰하였고, 퇴원한 환자들은 지역사회에 잘 적응할 수 있도록 직장을 알선해 주며, 가정방문을 통하여 필요한 보호와 가족을 지도하였다. 이러한 활동들은 오늘날의 정신보건사회복지의 기초가 되었다.

(4) 의과대학생들의 봉사활동

1902년 존 홉킨스(Johns Hopkins) 대학의 에머슨 박사(Dr. Emerson)는 의과대학생들에게 자선기관에서 봉사활동을 하게 하였다. 이는 환자의 전인적 이해, 즉 질병에 대한 심리·사회·경제적인 것 등 모든 조건의 이해와 영향력을 이해시키기 위함이었다.

이와 같이 의료사회복지의 기원적인 활동들을 특성을 정리해 보면 다음과 같다. 첫째, 빈곤환자에 대한 물질적 지원 및 생환환경 개선의 필요성이 강조되었다. 둘째, 가정방문과 적절한 자원연계 등의 서비스를 제공하였다. 셋째, 질병을 생물학적·심리학적·사회학적 측면의 상호관련성을 이해하려고 하였다.

2) 구미 의료사회복지의 발달

서양의 경우 중세 말부터 종교지도자들이 수도원, 구빈원 등을 설립하여 빈곤자, 노동불가능자, 맹인, 불구자, 노인, 질병자, 고아 등 구호가 필요한 자들을 수용하여 보호를 제공하였다. 이것이 Hospital의 원형이 되었다. 이와 같은 초기의 의료에 대한 사회복지적 개입은 빈곤한 환자나 가족에 대한 경제적 원조와 더불어 시작되었다.

(1) 영국 의료사회복지의 발달

의료사회사업은 19세기 후반에 스위스, 프랑스, 영국 등에서 정신질환자의 사후관리를 위한 사후관리의 형태로 출발하였다. 특히 영국에서는 정신병원에서 퇴원한 환자의 사후관리를 목적으로 한 가정방문이 이미 19세기에 행하여졌고, 1880년에 정신질환사후지도협회가 설립되기도 하였다. 그러나 전문직화된 일은 1895년 스튜어스(Mart Stewart)가 영국 왕실시료병원에 사회복지사가 채용되면서부터이다.

영국에서 최초의 의료사회복지가 시작되었고 오늘날의 개별사회사업(casework)과 지역사회사업조직(community organization)의 모태가 된 자선조직협회는 1869년 ① 자선적 구제의 조직화, ② 걸식생활의 저지, ③ 빈민생활 상태의 개선을 목표로 설립되었다.

(2) 영국 의료사회복지의 개척자들

① 로크(Charles S. Lock)

로크(1849~1923)는 1875년 자선조직협회의의 총간사로서 빈민들을 위한 개혁의 필요성을 주장하였다. 그는 "내가 시민에게 바라는 것은 비문명적 주거지가 있어서는 안 되고, 모든 인간이 자립·자존할 수 있기를 원한다. 현재 시행되고 있는 의료행위는 결국 인간을 빈민이라고 부르기에 알맞게 되어간다"고 말하였다. 그가 주장하는 개혁의 초점은 무질서하게 행해지고 있는 의료체계를 조직화함으로써 병원에 오는 환자를 어떻게 사정할 것인가, 누가 의료비를 지불할 것인가, 누가 무료진료를 받을 적격자인가 등을 체계화시키자는 것이었다. 이후 그의 의견이 받아들여져 왕실시료병원에서는 수련된 사회복지사를 두게 되었다.

② 스튜어트(Mary Stewart)

스튜어트는 당시 자선조직협회의 서기로 근무하고 있으면서 왕실시료병원의 사회복지사로 선출되어 1885년 1월부터 근무를 시작하였다. 그녀는 의료비를 부담할 수 있는 사람이 무료진료의 혜택을 받는 것을 막았고, 구제가 필요한 사람은 구민법의 혜택을 받을 수 있도록 지원하였으며, 실비진료를 받을 수 있는 사람을 소개하였기도 하였다. 이러한 새로운 일을 하는 사람을 부녀봉사원(lady almoner)[3]이라 불렀다. 그녀는 이 일을 통하여 무료진료를 원하는 사람들의 대부분이 비참한 환경에서 생활하고 있음을 알았고 의료사회복지의 필요성을 더욱 확신하게 되었고 병원에 있는 사람들에게도 그녀가 하는 일의 가치를 인식시킬 수가 있었다.

3) Almoner(사회사업부원) : 14세기 초경 수도원 문에서나 왕실관계의 성문에서 빈곤한 자에게 도움을 주는 자를 말하며 그들은 입원 희망자를 허가하거나 거절하는 주요한 권한을 가지고 있었다.

1903년에 처음 Almoner(사회사업부원)가 채용된 지 8년 후 런던의 7개 병원에서 Almoner를 채용하였고 새로운 사람들은 왕실시료병원에서 실습을 하였다.

③ 머드(Edith Mudd)

머드는 1901년 10월 세인트 조지(St. George)병원에 Almoner로 채용되었다. 그녀는 Almoner를 정식 직원으로 확립하는 데 큰 공헌을 하였으며, 그녀의 제안으로 Almoner들은 월 1회씩 왕실시료병원에서 모임을 갖게 되었다. 환자와의 관계도 좋았으며 지역의 위생교육활동에도 관계를 가지고 활약하였으며, 의사들에게 좋은 의료서비스를 위해서는 의사와 의료사회복지 사회복지사의 상호이해와 협력이 중요함을 인식시켰다.

④ 커민스(Aune Cummins)

1905년 세인트 토마스(St. Thomas) 병원의 외과의사로 있던 커민스의 여동생은 병원에 Almoner를 채용하여 서비스할 것을 주장하였다. 이것이 계기가 되어 그녀는 자선조직협회에서 수련을 받은 후 로크 경의 추천으로 세인트 토마스 병원의 Almoner로 일하게 되었다.

커민스가 업무를 시작하였을 때 많은 임금노동자들은 유해한 환경 속에서 궁핍하게 생활하였으며 주변 환경의 불결하므로 질병은 계속 유행하고 결핵은 만연하였다. 이러한 상황에서 그녀는 가장 급선무가 위생교육이라 생각하고, 교육지도나 생활환경의 개선조정을 위해 노력하였다. 이것은 무지와 빈곤에 대한 전쟁이기고 하였다.

그녀는 사회복지사로 최고의 기술을 가지고 조직하는 지적 능력과 감수성이 넘치는 동정심으로 봉사하였고 지역사회의 사람들과 관계를 맺으면서 기부금으로 병동에서 사회복지서비스를 전개할 수 있었으며 결핵환자를 위한 원조활동에 도움을 줄 수 있었다. 커민스는 모든 결핵환자를 사회복지사업부에 의뢰하도록 하였다. 당시 결핵환자를 가정에서 교육·지도하는 것은 매우 어려운 일로 인식되어졌으나 그녀의 노력으로 점차 인식이 변화되었다.

또한 그녀는 의료사회복지의 성공은 의사와 사회복지사 간의 상호이해와 협력에 있다는 것을 믿고, 병원 내에 직원 간의 인간관계를 구축하기 위하여 세심한 주의와 관심을 기울였으며, 독창성과 열의를 가지고 세인트 토마스 병원에 의료사회복지서비스의 조직화를 위하여 노력하였다.

(3) 미국 의료사회복지의 발달

미국에서 근대적 의미의 의료사회복지가 시작된 것은 1905년 매사추세츠 종합 병원(Massachusetts General Hospital) 외래에 캐보트(Dr. Richard Cabort)가 처음으로 사회복지사를 채용하여 시작하면서 각 병원에 사회복지사가 채용되기 시작하였다.

1905~1930년 사이에는 의료를 보다 효과적으로 수행하자는 목표 아래 질병을 동반하는 사회적 빈곤을 구제하려는 시도와 더불어 단지 질병을 치료만이 아니라 그 원인을 조사해서 치료하거나 제거하려는 노력을 하게 되었다. 즉, 특정한 환자의 육체적·정신적 건강에 영향을 주는 제 문제에 대한 철저한 치료와 조사의 중요성이 강조된 것이다.

1919년 종합병원과 정신병원에 근무하는 사회복지사들이 미국병원사회복지사협회를 결성하였고, 1926년 정신보건사회복지사들이 별도로 정신보건사회복지사협회를 만들었다. 그 후 1955년 전국 전국사회복지사협회가 결성되어 통합되었다.

1930년대 세계대공황으로 경제불황에 처하여 사람들은 일상생활에서도 공포·걱정·불안에 떨게 되었고, 이러한 사람들의 정신상태가 신체의 기능에 장애를 준다는 사실이 인식되면서 신체와 정신의 상호 연관성에 대한 연구가 활발해졌다. 이에 의료사회복지의 관심도 환자의 경제적 문제뿐 아니라 사회·심리적인 문제까지 활발해졌다.

따라서 의료사회복지에 정신분석이 도입되어 정신의료사회복지가 발달하게 되어 의료사회복지와 정신보건사회복지가 분리되어 별개의 프로그램을 운영하게 되었다. 정신보건사회복지란 용어는 1931년 시카고 대학의 에보트(Adith Abbot)가 처음으로 사용하였다. 또한 이 시기에 경제적인 어려움은 겪는 빈민에 관심을 갖게 됨으로써 1933년 연방긴급구제법이, 1935년 사회보장법이 성립되어 사회보장·사회복지계획은 확대 강화되었고, 국가는 그 책임에 대하여 많은 부담을 갖게 되었다. 이것은 공중 위생 면에 의료사회복지가 발전하는 동기를 제공하였다. 1940년에는 제2차 세계대전의 영향으로 지체장애인에 대한 재활의 중요성이 강조되면서 국립 및 주립의 직업적 재활정책과 지도계획이 설정되고 전국적으로 발달한 사회복귀시설에 처음 사회복지사가 채용되었다. 1940년 의료사회복지사 의료팀의 한 전문가로 인식되면서『의료사회사업가 잡지』가 발간되었다. 1950년 개별사회사업이 새로운 영역, 즉 절단수술을 받는 사람, 척추장애자 및 심장장애자들에 대한 재활에 새로운 과제를 제시하였다.

1960년대에는 병원에서의 사회복지의 인식이 향상되어 전문직으로서 위치와 자신감을 갖게 되어 병원에서의 의료사회복지사의 역할에 더욱 자율성을 갖게 되었다. 1970~1980년 사이에는 병원에서 의료사회복지사의 역할이 점점 확대되어 다양한 치료상의 기술과 관련이 있는 행동수정, 분석치료, 재활상담, 위기개입, 가족치료 등 기술적인 접근을 하게 되었다. 따라서 가족계획, 태교, 성 상담 등 병원에 오기 전 예방 프로그램이 강조되고, 병원에서는 응급실 프로그램, 임종 전에 이르는 병이나 심한 정서적 장애를 갖는 병을 가진 환자나 그 가족에 대한 사회복지사의 역할이 가치 있는 원조로 부각되었다(Lynn, 1983).

(4) 미국 의료사회복지의 개척자들

① 캐보트(Richard C. Cabort)

캐보트(1868~1939)는 보스톤에 있는 매사추세츠 종합병원의 외래 진료부의 의사가 되면서 미국 대도시의 도시 빈민들을 치료하게 되면서 얻게 된 임상[4]경험을 통하여 질병의 근원이 단지 생리적(biological)인 것만이 아니며, 발병과 회복에 사회적 요인과 깊은 관련이 있다는 것을 깨닫고 환자의 환경적 조건과 생의 여건에 관심을 가지게 되었다.

4) 캐보트는 그가 치료한 소화불량의 아이가 의료적 치료가 완료되었음에도 다시 재발하여 병원에 오는 것을 보고 어머니에 대한 교육지도가 필요함을 인식하게 되었다. 이에 질병의 배후에는 사회환경이 깊이 관여되어 있음을 깨닫고, 치료과정에 환자의 가정환경, 직업, 가족, 걱정거리, 양육상태 등에 대한 지식의 필요성을 역설하였다.

그가 이러한 생각을 하게 된 것은 이전에 보스톤 아동구제협회와 관계하면서 배웠던 전문적 사회복지의 방법과 주립여자산업학교에서 상담의로 근무 시 비행소녀를 다루면서 사람들이 부담하고 있는 사회적 어려운 문제에 대하여 깊은 이해를 갖게 되었기 때문이다. 그는 특히 유능한 사회복지사인 듀슨(Mary Dewson)에게서도 많은 감명을 받았다.

② 펠튼(Garnet I. Pelton)

캐보트는 사회복지에 전문적 경험을 가지고 있는 사람을 매사추세츠 종합병원 외래 진료부에 채용하여 환자의 진단과 치료에 협력하게 할 생각으로 펠튼을 발탁하였다. 데니슨 하우스 인보관(Denison House Settlement)의 간호사로 환자를 돌보며, 활동이 부자유스러운 환자를 위해 외래에 다니고 있어 캐보트나 그 외의 많은 의사들과도 잘 알고 있었고 이 병원의 상황을 잘 파악하고 있었다. 그녀는 주로 결핵환자를 돌보는 일을 담당하였는데 주요 업무는 외래 진료부에 오는 결핵환자들의 결핵에 대한 공포, 무지에 대한 상담뿐 아니라 치료에 대한 의심 때문에 의사의 처방을 이해하지 못하는 환자들과 의사가 장기 요양소에 가도록 권장하여도 가정이나 직업문제 때문에 의사의 지시를 따르지 못하는 환자들을 도와서 적절한 치료를 받도록 하는 것이었다.

6개월 후 그녀는 병으로 퇴직하였으나 펠튼의 업무는 경험 있는 사회복지사 캐논(Miss. Canon)에게 인계되었다.

③ 캐논(Ida M. Cannon)

캐논은 1906년 가을 무렵에 펠튼의 뒤를 이어 메사추세츠 종합병원 외래 진료부에 근무하게 되었다. 메사추세츠 종합병원 외래 진료부는 항상 환자들로 붐비었는데, 여러 유형의 인종과 경제상태가 어려운 사람들이 모였다.

그녀는 1905~1906년 사업보고에서는 그동안 담당하였던 환자의 신체적·정신적·사회적 상태의 관련성에 대해 설명하면서 올바른 진단과 적절한 치료에서 사회복지사의 역할의 중요성에 대해 발표하였다.

이러한 캐보트의 끊임없는 지도와 노력 그리고 캐논 여사의 활약에 의해 모든 병원 내에 전문 사회복지사업 업무가 조직되어 의료사회복지는 서서히 발전하게 되었다. 이상과 같이 캐보트와 캐논은 의료사회복지의 확립과 발전에 커다란 공헌을 하였다.

3) 한국 의료사회복지의 발달

(1) 의료사회복지의 기원

우리나라에서 역사적으로 동서대비원, 혜민국, 활인서 등의 기관에서 빈민의 구제와 가난한 환자의 치료를 감당하였던 것과, 1883년 세브란스에서 여전도회 회원으로 구성된 자원봉사자들이 Lady Almoner(사회사업부원)의 역할을 한 것을 의료사회복지의 기원이라 볼 수 있다.

(2) 의료사회복지의 도입기

현대적 의미의 의료사회복지의 시작은 1950년대 후반부터이다. 1958년 한노병원에서 유니테리언 봉사회가 결핵환자와 그 가정을 위해 인적·물적 자원을 지원하였다. 1959년에는 국립의료원, 원주기독병원 등에서 의료사회복지가 시작되었는데, 주로 빈민 환자들에게 물질적인 원조를 제공하는 것으로 종교단체의 인적·물적 후원 업무가 주를 이루었다.

1962년에는 국립정신병원과 가톨릭 부속 성모병원에서 정신질환자의 진단과 치료 과정에 사회복지사가 참여하였는데 이때에는 병원의 정식직원이 아닌 불안정한 신분에서 업무를 추진하였던 것으로 보여진다.

병원 내 사회사업과나 사회사업실이 정식으로 편성되어 의료사회복지 업무가 시작된 것은 1964년 연세의대 부속 세브란스병원, 1966년 계명의대 부속 동산의료원, 1968년 전주 예수병원, 고려병원, 중앙대 부속병원, 1971년 이화여대 부속병원, 서울기독병원, 안양정신병원, 고려대의대 부속병원, 1975년 성분도 병원, 1976년 가톨릭

의대 부속 산업재해병원, 서울백제병원, 1977년 대구파티마병원, 국립보훈병원의 순이다. 이 시기에는 가정방문과 순회진료를 통하여 환자와 가족의 경제·심리·사회적 문제해결에 힘썼으며 지역사회 의료사회복지사업을 전개하였다. 이후로도 의료사회복지를 시작하는 병원이 계속적으로 늘어나게 되었지만, 초창기에는 의료사회복지에 대한 병원 측의 이해부족 등으로 초기부터 어려움이 많았고, 독립된 부서로 존재하면서도 전문직으로 발전하는 데 어려움이 많았다.

(3) 의료사회복지의 정착기

1973년 9월 20일 대통령령 제6863호(의료법 시행령 제24조 제2항 제5호)로 개정된 의료법 시행령에 '종합병원에는 사회복지사업법의 규정에 의한 사회복지사업 종사자 자격 중에서 환자의 갱생·재활과 사회복귀를 위한 상담 및 지도 업무를 담당하는 요원을 1인 이상 둔다'라고 개정되어 병원 내 의료사회복지 활동이 법적으로 규정되었다. 같은 해 '대한의료사회복지사협회'가 창립되어 의료사회복지사의 전문화와 권익신장을 도모하게 되었다.

1977년 7월 의료보험제도가 실시되면서 정신보건사회복지사들의 치료활동에 대한 보험수가를 청구할 수 있게 되었다. 이는 의료사회복지의 확대에 크게 기여하였는데, 정신과를 중심으로 한 단과병원에서 사회복지사의 채용이 증가하게 되었고, 이후 의료사회복지를 위한 사회사업과가 많은 병원에 신설되어 활발한 활동을 하고 있다.

이후 1978년 부산 한병원, 1979년 부산 메리놀 병원, 1980년 부산 아동병원, 1982년 인제대부속 백병원, 1983년 서울 적십자병원, 영동세브란스병원, 목포 성골롬병원, 마산 고려병원 등에서 의료사회복지가 시작되었다.

1977년 의료보험제도가 시행되면서 의료수요가 급격히 증가함에 따라 의료기관도 급증하였다. 이때 의료 수요와 공급이 급격히 증가하는 과정에서 의료의 질 저하에 대한 우려가 높아졌고, 이에 1981년 '병원표준화 심사'가 도입되었다. 의료사회복지 부문은 1983년 이 병원표준화 심사제도에 포함되었는데 이는 의료사회복지사업에 대한 인식을 확대할 계기가 되었다.

1992년에는 의료보험 요양급여 기준 진료수가 기준(골수이식 기관 인정 등 기준-인력·시설 및 장비 기준 제3항 제3호)에 '훈련된 간호사, 사회복지사, 영양사, 기타 필요 인력이 상근하여야 한다'고 규정함으로써 골수이식 과정에 사회복지사의 참여를 제도화하였고, 1994년에는 3개 항목에 대하여 재활의학적 사회사업수가가 보험으로 인정됨으로써 재활의학과에 대한 사회복지의 개입 필요성이 강조되었고, 1995년에는 의료기관 서비스평가제도는 의료사회사업서비스의 질 보장 필요성을 강조하였고, 1999년에는 「장기 등 이식에 관한 법률」 시행령에 사회복지사가 규정됨으로써, 의료사회복지사의 업무영역을 확대하게 되었다.

4. 의료사회복지의 기능과 직무

의료사회복지는 병원이나 의료기관 등에서 질병의 의학적 치료와 함께 환자 및 그 가족의 심리적·사회적·경제적 문제를 해결하거나 원조해 줌으로써 환자의 건강 회복이나 재활을 돕는 총체적 과정으로 보건·의료에 있어서 중요한 영역이다. 최근 보건·의료서비스는 질병의 치료와 예방뿐만 아니라 재활을 포함하는 포괄적인 서비스로 확대되면서 의료사회복지의 기능과 의료사회복지사의 역할의 중요성은 더욱 커지고 있다(권육상 외, 2003).

1) 의료사회복지의 기능

(1) 의료팀의 구성

의료사회복지의 전인적인 존재(total person)로 환자보호와 통합적인 보건의료서비스를 제공하기 위해서 의사를 중심으로 간호사, 사회복지사, 물리치료사, 작업치료사, 언어치료사, 임상심리사 등 다학문적 의료팀이 구성되어야 한다. 의료사회복지사는 환자의 개인적·가족적·사회적·경제적 문제에 대해 사정·평가하여 구성원 상호간에 협동적인 치료계획을 세운다.

(2) 사례발견 및 선정

의료사회복지서비스를 필요로 하는 환자를 확인하고 서비스 제공에 대한 조정을 하기 위해서는 환자의 진료과정에서 개인 정보를 수정하여 사정·평가하고 가족이나 직장 및 지역사회 관계자와 함께 협조체계를 유지하여야 한다.

특히 경제적 문제가 있는 환자에게는 무료진료 여부를 사정하고 요보호환자에 대한 제도적 차원의 활용방안 및 추후계획, 만성병, 정신병환자와 그 가족에게 대한 의료복지서비스, 정신질환 및 신체적 재활을 요하는 환자에게는 정신·신체재활서비스를 제공하여야 한다.

(3) 심리·사회적 사정

환자의 심리·사회적 사정은 현재의 건강상태를 파악하고 전인적·체계적 의미 있는 자료를 조직하는 과정으로 환경 속에서의 환자에 대한 이해라는 목적과 함께 의료사회복지의 중요한 기능이라 할 수 있다.

사정은 주로 면접에 의해 이루어지는데 사정할 때는 정서적으로 건강한 사람이라도 재난에 대처하는 데 원조가 필요하다는 것을 인식시켜야 한다. 또한 가족들의 영향력이 크기 때문에 문제를 해결하고 스트레스를 중재하도록 가족의 의사소통, 의사결정 등이 중요하다.

(4) 사회·문화적 사정

사회·문화적 사정은 건강과 질병에 대한 환자의 신념체계에 대한 영향을 고려하여 그가 속해 있는 사회, 문화, 종교, 지역사회의 한 개인으로서 이해하는 것을 기본으로 해야 한다. 왜냐하면 사정에 응하는 환자의 반응은 그들이 속한 문화적인 틀에 의해 형성되기 때문이다. 따라서 의료사회복지사는 자신의 사회문화적 배경과 가치를 알아야 하고 또한 자신의 행동에 영향을 미치는 사회문화를 이해하며 환자와 문화권과 서로 어떻게 상호작용하고 있는지를 알아야 효과적인 의사소통을 할 수 있다.

(5) 프로그램의 계획

보건·의료기관은 다양한 전문분야로 이루어져 있기 때문에 의료사회복지사는 전문적인 지식과 경험을 바탕으로 보건의료의 전달체계와 병원의 제 위원회 활동 등 병원의 행정제도에 참여하여 병원의 구조나 설비 등 비합리적인 부분들과 보건 및 사회복지적인 서비스를 위한 새로운 프로그램 개발에 적극적으로 참여한다.

(6) 지역사회 자원과의 연결

의료사회사업의 기능에 있어서 중요한 것 중에 하나가 지역사회의 사회복지기관이나 의료기관 및 행정 당국과의 유기적인 관계를 통하여 진료·예방사업의 다양화와 양질의 서비스를 지역주민에게 제공할 수 있도록 지역사회 자원을 동원하고 조직하는 활동이다.

(7) 교육 프로그램 및 조사연구 참여

보건·의료기관의 규모에 따라 사회복지학과뿐 아니라 의대 및 간호학과 실습생을 대상으로 보건의료팀의 일원으로서의 의료사회복지사의 기능과 역할에 대한 교육을 실시한다.

한편 사회복지활동을 필요로 하는 수요를 측정하고 이러한 요구에 따라 새로운 프로그램을 개발하고 병원행정이나 정부의 보건·의료 정책에 합리적인 기초자료를 탐색하여 문제점과 개선방안을 제시하며, 역학적인 조사에도 참여하여 의료적인 상황을 객관적으로 진단·평가하기도 한다.

2) 의료사회복지사의 역할

(1) 개별 의료사회복지사의 역할

환자와 밀접한 대인관계를 조성하여 의료를 방해하고 있는 사회적 · 심리적 · 경제적 문제 또는 가족이나 직업 등의 문제를 환자와 함께 명백히 하여 스스로 돕는 일을 한다. 즉, 질병으로 야기된 그들의 생활기능의 저하 또는 마비에 대한 회복을 돕고 질병이나 문제 대처해 나가는 능력을 기르는 것이 개별 사회복지사의 역할이다.

(2) 의료팀으로서의 역할

첫째, 환자의 생활력의 청취나 사회환경 조사를 통하여 질병에 관련된 심리적 · 사회적 요인을 사정하여 의사의 진료와 사회복귀나 퇴원계획을 위한 자료를 제공한다.

둘째, 질병으로 인하여 형성된 환자와 가족 간의 심리적 · 사회적 상황의 변화를 의료팀에게 알려 의료의 효과를 높이도록 한다.

셋째, 병의 증세와 치료방침을 환자와 그 가족에게 충분히 이해시켜 그들이 진료에 대해 취할 자세를 교육한다.

(3) 심리 · 사회적 상담가로서의 역할

질병으로 인해서 발생하는 심리 · 사회적인 문제는 의료서비스에 있어 많은 어려움을 발생시키므로 환자 스스로가 안정감, 자신감 그리고 용기를 갖도록 지지적 역할을 한다.

특히 환자와 가족이 질병과 환경의 변화로 겪게 되는 문제, 즉 가족이나 친지들로부터의 격리에 따른 스트레스나 치료동기의 저하, 의존성 증가, 죽음에 대한 두려움, 수술 후 재발 우려, 합병증의 염려 등 심리 · 사회적 문제들을 평가하고 상당하는 개입과정이 중요하다.

(4) 협의진료 활동

타 진료 부서와의 협의진료 의뢰에 의해 진료과정에 참여하여 여러 전문팀과의 협의를 통해 환자에게 가장 적절한 치료계획을 결정하여 개입하며 각 전문가팀 간의 조정자 역할을 한다.

(5) 경제적인 지원 및 자원동원자의 역할

경제적인 문제로 인하여 치료에 어려움이 따르는 환자에게 병원의 자선기금 또는 단체의 후원금, 개별 후원금을 동원하여 치료비 및 재활용품을 지원한다. 또한 의료적 치료나 재활치료 과정에서 인적 · 물적 · 제도적 · 법적인 자원을 해결하기 위해서 지역사회의 공 · 사적인 자원을 조직화하고 동원한다.

(6) 재활의료팀으로서의 역할

재활의료팀의 일원으로 장애가 발생하거나 재활과정에서 파생될 수도 있는 자기 중심적, 비사회적, 퇴행적, 자폐적, 정서적 불안 등을 치료하거나 교정 및 생활지도를 하여 사회기능 회복이나 잠재기능을 개발하도록 돕는다.

3) 의료사회복지사의 표준직무

(1) 직무표준화의 기본 원칙

바틀렛(Harriett M. Bartlett, 1970)은 어떠한 사회복지의 실무에도 적용될 수 있는 사회사업의 원칙을 제시하였는데 그 내용을 요약해 보면 다음과 같다.

첫째, 사회사업 어떠한 실천분야에서도 적절한 역할을 수행하기 위해서는 그 분야에 문제해결을 위하여 계획된 프로그램상의 인간의 욕구 또는 상황의 심리 · 사회적인 측면을 이해하여만 한다.

둘째, 사회사업은 해당 기관과 그 기관에서 각 프로그램으로 해결하려는 욕구에 대한 초점과 일반적으로 목적을 같이 한다.

셋째, 사회사업은 자체의 목표를 갖고 있다. 즉, 자체의 독특한 주체성이 허용되지 않는 환경에서는 효과적으로 기능할 수 없다.

넷째, 사회사업서비스는 특별한 분야에 대한 중심적인 관심과 서비스의 성격적인 문제에 대한 심리·사회적인 측면에 초점을 둔다.

다섯째, 사회사업서비스는 기관 내의 보호와 또는 그 밖의 방법으로 프로그램이 개인과 집단에게 제공된다.

여섯째, 의료사회복지사는 사회사업활동의 모든 주요 단계에서 기관의 행정 및 전문직의 직원과 협력한다.

(2) 의료사회복지사 표준직무

① 심리·사회·정서적 문제해결

- 심리·사회적·정신적 문제의 원인조사 및 평가
- 개인, 가족 및 사회적 역사 및 배경조사
- 치료계획에 의한 개별치료 및 상담
- 집단치료 및 집단활동 지도
- 환자와 환자가족의 교육

② 경제적 문제해결

- 경제력 조사 및 사정
- 진료비 감면 및 체납환자 해결
- 사회보장 및 법적 제도에 대한 정보 제공과 지원
- 병원 내 자원을 이용한 진료비 지원
- 후원자 및 후원단체를 통한 병원 외적 자원과의 연결

③ 지역사회 자원연결

- 지역사회의 새로운 자원 개발 및 연결망 조성
- 자원활용 상담
- 자원동원 및 모금활동

④ 사회복귀 및 재활 문제해결

- 퇴원계획 상담지도
- 재활계획 상담지도
- 추후치료 및 자가치료 지원(가정방문 및 외래상담 등)
- 직업재활 상담지도
- 회복상태 및 사회적응도 평가
- 사회생활 훈련지도

⑤ 팀접근 업무

- 회진 참여
- 타 부서와의 사례회의
- 질병에 의한 고위험 환자의 조기발견
- 사례분석 평가

⑥ 행정업무

- 보고서 및 업무일지 작성
- 문서 수발
- 의료사회복지 부서의 운영회의
- 실적통계 및 분석평가
- 사업계획 수립

⑦ 교육 및 연구조사

- 실습생 지도
- 직원교육
- 임상회의 및 학술회 참석
- 의료사회복지사업 연구 및 조사활동

⑧ 기타

- 자원봉사자 관리 및 지도
- 무료혈액 공혈업무
- 환자복지시설 운영관리 및 계획
- 입·퇴원 절차지도
- 의료사회복지사협회 활동참여

연습문제

1. 의료사회복지에서 환자에 대한 관점이 아닌 것은?
① 생태체계적 관점
② 생 · 심리 · 사회 모델
③ 생의학적 접근
④ 포괄적 · 전인적 접근
⑤ 환경 속의 인간

2. 의료사회복지의 발전과정에 대한 설명 중 바르지 않는 것은?
① 18C 후반 간호사들이 제공한 사회적 · 정서적 봉사활동을 의료사회복지의 기원이라 볼 수 있다.
② 부녀봉사원들은 환자들의 자선수급 여부를 사정하였다.
③ 정신질환자에 대한 사후지도는 정신보건사회복지 영역에서의 기원적 활동이다.
④ 현대적 의미의 의료사회복지는 영국에서 부녀봉사원들의 활동이다.
⑤ 우리나라에서는 의료사회복지사 활동의 법적 규정을 제정하는 것이 시급한 과제이다.

3. 의료사회복지의 특성에 대한 설명이 아닌 것은?
① 다학문적 팀 접근이 중요하다.
② 1차 기관의 특성을 가지고 있다.
③ 환자와 가족을 하나의 단위(체계)로 본다.
④ 입원기간 중 집중치료에 대한 서비스만 강조되고 있다.
⑤ 의료기관과 지역사회와의 연결자 역할이 필요하다.

4. 다음이 설명하는 것은 의료사회복지의 기능 중 무엇인가?

> 환자의 현재의 건강상태를 파악하고 전인적 · 체계적 의미 있는 자료를 조직하는 과정으로 환경 속에서의 환자에 대한 이해라는 목적과 함께 의료사회복지의 중요한 기능이라 할 수 있다.

① 사회문화적 사정
② 사례발견 및 선정
③ 프로그램의 계획
④ 심리사회적 사정
⑤ 지역사회 자원과의 연결

5. 의료사회복지사의 표준 직무가 아닌 것은?

① 사례분석평가
② 환자의 생리적 기능 평가
③ 의과대학, 간호과 실습생 지도
④ 퇴원계획 상담지도
⑤ 사회보장 및 법적 제도에 대한 정보제공과 지원

해 답 1. ③ 2. ⑤ 3. ④ 4. ④ 5. ②

CHAPTER 17

정신보건사회복지

1. 정신보건사회복지의 개념
2. 정신보건사회복지의 기능과 역할
3. 정신보건사회복지적 지식과 기술
4. 정신보건사회복지의 구성요소

CHAPTER 17

정신보건사회복지

1. 정신보건사회복지의 개념

1) 정신보건사회복지의 의의

정신보건사회복지(psychiatric social work)는 정신의학과 사회복지학의 창조적 결합이라는 학문적 배경을 가지고 있다. 그래서 정신보건사회복지를 배우려면 이 두 가지 학문에 정통해야 한다. 정신의학에서는 정신질환(mental illness)과 그 증상에 대한 이해를 배우고, 이를 사회복지학을 통해 정신장애(mental handicap) 회복과 재활의 실천방법을 접목시킨다. 정신질환의 문제는 그 특성상 만성적이고 중증인 경우가 많아서 단순히 치료현장에서 정신과적 증상(psychiatric symptom)을 줄여주는 것 이상으로 정신과 환자의 사회복귀에 대한 체계적인 원조가 필요하다(권진숙 외, 2009; 김기태 외, 2013).

전통적인 형태의 정신보건사회복지는 주로 정신병원에서 이루어지는 치료활동을 넘어, 지역사회 중심의 정신사회재활을 효과적으로 원조하는 형태도 다변화되고 있다. 그리고 가족에 대한 사회적 원조의 중요성도 점차 높아지고 있고 정신장애인의 예방과 재활 및 사회복귀에 대한 사회적 관심이 높아지게 되면서 정신보건사회복지에 대한 사회적 수요는 점차 늘어나고 있다. 따라서 정신보건사회복지사는 정신보건 영역에서 치료와 재활에서 매우 중요한 역할을 하고 있으며, 정신과 환자의 성공적인 증상개선과 사회복귀를 돕는 정신과 치료팀의 필수적인 존재라고 할 수 있다(이영호 외, 2010).

우리나라의 경우에는 1980년대 초반까지 무허가 시설에서 정신장애인의 인권이 침해되는 경우가 많았고, 시설병으로 대별되는 병원입원의 장기화와 그로 인한 사회와 격리되는 등 많은 문제점이 노출되었다. 이것은 우리 사회가 가지고 있는 정신장애인에 대한 뿌리 깊은 편견과 이해의 부족과 관련된 사회문제였다고 할 수 있다(서동우, 2001). 그런데 90년대 들어 정신장애인의 인권침해의 사례들이 방송매체를 통해서 소개되면서 사회 각계각층의 사람들이 문제의 심각성을 인식하기 시작하였다. 1995년도에 제정된 정신보건법은 이런 사회적 배경과 맥을 같이 한다.

정신보건법의 제정은 사회복지 영역에도 상당히 큰 영향을 미치게 되었다. 이 법으로 말미암아 정신보건전문요원의 자격제도가 신설되게 되었고 정신보건 영역에서 사회복지사의 활동이 보다 활발하게 진행되게 되는 계기가 마련되었다. 여러 문헌에서 밝히고 있는 정신보건사회복지의 의의를 정리하면, 다음의 세 가지로 구분할 수 있다.

(1) 전인격적인 치료환경 조성에 이바지

고프만(Goffman, 1961)은 정신병원에 입원하여 있는 사람들에 대한 비인간적인 처우는 자아정체감과 인간으로서의 존엄성을 박탈하는 것이라고 비판한 바 있다(Sands, 1991 : 113). 그리고 윙(Wing, 1962 : 38-51)은 정신병원이 정신장애인에게 더 많은 의존성을 조장하고 있다고 주장하였다. 그는 "장기간의 입원은 퇴원에 대한 환자들의 부정적인 태도를 양산시킨다"고 말하면서 정신장애인에 대해 최소한의 제한적인 환경을 제공되어야 한다고 주장하였다.

그런 점에서 보면, 정신보건사회복지는 사회과학적 시각에서 전인격적인 치료환경을 조성하는 데 기여할 수 있다. 오늘날 의료시설이 직면하고 있는 제반 사회적 환경들을 살펴보면, 정신과 의사 1인만의 노력으로 환자를 전인격적으로 진료하기란 쉽지 않아 보인다. 건강보험의 확대로 인하여 의료수요가 급증하고 의사 1인당 환자를 진료할 수 있는 절대적인 시간이 부족한 것이 좋은 예가 된다. 정신과 의사들이 정신치료보다는 당장에 효과가 잘 드러나는 약물치료에 과도하게 의존하는 경우들이 대표적인 예가 될 것이다. 정신보건사회복지사는 치료팀의 일원으로서 정신과 의사와 함께, 치료의 역할과 책임을 분담하여 수행함으로써, 전인격적인 치료환경을 조성하는 데 큰 역할을 담당하고 있다.

(2) 정신장애인의 성공적인 사회적응 원조

정신장애의 특성은 회복이 더디며 만성화의 경향을 보인다. 정신장애의 성공적인 치료를 위해서는 무엇보다 환자의 증상을 완화시키는 것도 중요하다. 그에 못지 않게 정신과 치료를 받은 환자가 성공적으로 사회에 재적응할 수 있도록 지속적인 원조를 제공하는 노력들도 중요하다. 정신장애인의 사회복귀를 성공적으로 이끌어 내기 위해서는 가족들의 도움이 없이는 불가능하다. 그리고 정신장애인이 사회복귀를 함에 있어서 지역사회의 자원을 적절하게 활용하는 것도 중요하다. 그런 점에서 볼 때 정신보건사회복지사는 정신장애인의 가족을 위해 효과적으로 개입할 수 있는 이론적 지식과 실천기술을 지니고 있다. 아울러 지역사회의 자원동원과 연계에 관하여서도 탁월한 능력을 발휘할 수 있을 것으로 보인다.

(3) 정신장애인의 정신사회재활 도모

최근 정신장애의 증상중심의 치료에서 정신장애인의 지역사회로의 적응과 대처기제의 향상을 위한 다양한 정신사회재활기법들이 국내에 소개되고 있다. 많은 실천가들이 이러한 정신사회재활서비스를 제공하고 있다. 이러한 재활에 대한 욕구는 점점 증가할 것이어서, 정신사회재활의 필요성 또한 점점 증가할 것이다. 정신보건사회복지는 정신장애인들이 최소한의 제한적인 환경(least restrictive environment) 속에서 사회적으로 가치 있는 역할(socially valued role)을 다할 수 있도록 정신장애인의 재활을 효과적으로 도울 수 있는 최적의 전문가이다(Wolfensberger, 1972 : 28).

2) 정신보건사회복지의 정의

정신보건사회복지의 정의와 관련하여 많은 학자들이 각자의 관점에 따라 다양한 정의를 제시하고 있다. 정신보건사회복지는 그 업무와 활동을 어떻게 규정하느냐에 따라 활동영역이나 실천기술과 개입방법 등이 다를 수 있다. 이처럼 정신보건사회복지에 대한 정의는 특정 사회의 문화와 가치에 따라서도 어느 정도 차이가 있을 수 있다.

오키페(O'Keefe, 1960 : 451-460)에 따르면, 정신보건사회복지는 "지역사회 내의 정신위생(mental hygiene)을 향상시키기 위한 사업과 정신장애인을 위하여 봉사하는 데 그 목적이 있다고 규정하고 있다. 이때 사회복지사의 활동은 정신병원이나 기타의 정신보건기관에서 정신과 의사와 임상심리사, 간호사 등을 포함하는 치료팀(therapeutic team)에 의해 이루어지는 임상적 서비스"로 정의된다.

미국의 사회복지사협회(NASW)에서 발간한 사회사업사전(social work dictionary)에 따르면, 정신보건사회복지란 "정신보건세팅에서 이루어지는 사회사업"이라고 규정하고 있다. 또한 정신보건사회복지사[1]는 정신질환자에게 정신분석치료와 사회복지서비스를 제공하고 정신과 의사 및 다른 전문가 집단과 팀(team)을 이루어 서로 협조하며 환자와 가족들과의 관계에서는 치료동맹(working alliance) 관계를 맺고서 일을 한다고 규정하고 있다(Barker, 1995 : 300).

김규수(2000)는 정신보건사회복지란 "정신적 · 정서적 장애로 어려움을 겪고 있는 사람들의 치료 및 재활, 문제에 대한 조기 개입과 예방을 통하여 국민건강 증진을 목적으로 정신보건의료기관, 사회복귀시설, 정신요양시설, 지역사회시설 등에서 실시하는 사정, 치료, 재활, 예방의 모든 사회복지 접근방법"이라고 정의하였다.

이상 정신보건사회복지에 관한 학자들의 정의를 종합하여 정리해 보면, 정신보건사회복지란 "정신장애인의 증상회복 및 재활을 목적으로 하며 정신보건기관에서 사회사업실천 방법과 기술을 활용하여 클라이언트의 증상치료와 재활을 원조하는 다

1) 미국에서는 정신보건사회복지사를 Psychiatric social worker 혹은 Clinical social worker 혹은 Mental health social worker 혹은 Soical worker in mental health 등 다양한 용어로 혼용하여 부르고 있음

양한 사회복지실천 분야 중의 하나"라고 정의할 수 있다.

정신보건사회복지는 다시 두 가지 영역으로 세분화될 수 있다. 첫째 정신과 치료를 중심으로 하는 정신보건사회복지가 있다. 이는 정신병원을 중심으로 한 정신의료기관에서 이루어지는 사회복지실천을 의미하며, 이때에는 주로 다학제 간의 팀과의 협동관계가 중시된다. 둘째, 지역사회를 중심으로 한 정신보건사회복지가 있다. 이는 정신과 치료를 받고 나서 정신병원 혹은 정신요양원을 퇴원한 정신장애인들이 지역사회에 보다 잘 적응할 수 있도록 재발예방과 사후치료, 사회복귀를 촉진시키는 활동이 중시된다. 주로 정신건강증진센터, 사회복귀시설, 직업재활시설, 알코올상담센터, 그룹홈, 중간의 집 등이 여기에 해당된다.

3) 정신보건사회복지의 대상

오늘날 '정신보건'이란 용어는 병리적인 것만을 내포하지 않고 정신장애인의 정서적 안녕(emotional well-being)을 확보하고, 정신장애인의 불안과 정신과적 증상(psychotic symptom)들로부터 자유롭게 만들고, 정신장애인이 사회에서 정상적으로 생활이 가능하도록 돕는 의미로 받아들여지고 있다(Dybwad, 1982 : 66). 또한 정신보건이란 용어에는 정신장애인이 건강한 인간관계를 형성할 수 있도록 도와줌으로써 정신장애인이 일상생활에서 직면하게 되는 스트레스와 일반적인 요구사항들에 대한 대처능력을 향상할 수 있도록 도와주는 의미도 포함되어 있다(Goldenson, 1986 : 451).

이처럼 정신보건사회복지도 전체 국민의 정신건강을 증진하고 정신장애의 유병률을 감소시키기 위해 제공되는 예방적 기능을 지니고 있다(Alice, 1995 : 1705). 넓은 의미에서 볼 때 정신보건사회복지의 대상은 넓게는 전체 국민을 대상으로 하기 때문에 예방적 관점을 지향한다. 좁은 의미에서는 개입의 대상을 정신장애인에 국한하여 개입하는 것을 강조하므로 치료적 관점을 지향한다. 그런데 좁은 의미에서의 정신장애의 개념을 정의할 때 나타나는 문제점은 정신장애가 단순히 병리학적인 용어로 규정되는 것이 아니라 사회·문화적 배경과 역사적 진행과정에 따라 그 의미가 변할 수 있는 사회·역사적 개념으로 파악하기 어려다는 점이다(문인숙·양옥경, 1999 : 33-36).

정신장애를 이해하기 위해서는 정신장애와 유사한 용어를 구분하여 이해하는 것이 필요하다. '정신장애(mental handicap)'란 용어와 비슷한 의미로 쓰이는 용어로는 '정신질환(mental illness)'과 '정신병(psychosis)'이 있다.

① 정신병(psychosis) : 일반인들이 가장 널리 사용하는 용어로서 정신적으로 이상이 있다고 생각되는 모든 것을 지칭하는 등 포괄적인 의미를 갖지만, 사실상은 특수한 증상을 가리키는 것으로 기질적이거나 기능적인 증상을 일컫는 제한적인 의미를 지닌다.

② 정신질환(mental illness) : 질병의 개념을 강화시킨 용어로서 정신병적(psychotic)이고, 신경증적(neurotic)인 것 모두를 포함하고 있다.

③ 정신장애(mental handicap) : 정신병과 정신질환의 개념을 포괄하는 용어로서 개인이 어떤 특정한 사고능력을 개발할 수 없는 것을 의미한다. 이것은 정서나 행동이 병리학적으로 손상되고, 특정한 행동을 수행함에 있어서 사회적으로도 불리한 위치에 처한 상태를 의미한다. 정신장애는 질병의 증상이 없어진 후에도 그 후유증으로 인하여 질병 이전의 상태로 원상복귀가 되지 못하는 경우에도 해당되는데 만성정신장애가 여기에 해당된다(Butler & Pritchard, 1992 : 6).

반면 장애인복지법에서 규정하는 '정신적 장애'는 크게 '정신장애(mental disorder)'와 '지적장애(mental retardation)'로 구분된다. 장애인복지법에 규정된 '정신적 장애'란 통상 만성정신장애를 지칭하는 것으로 만성적인 정신장애(발달장애 포함)와 지적장애 모두를 포함한다. 정신장애인이란 단어가 담고 있는 의미는 정신질환자 일반으로서 '정신보건법'의 대상자를 의미함과 동시에, 만성정신질환자의 경우에는 '장애인'이라는 개념도 내포하고 있어 장애인복지법의 적용대상도 된다는 이야기이다.

이런 정신보건서비스 대상에 대한 개념을 법제도적인 측면에서 고찰해 보면, 만성정신장애인의 경우에는 장애인복지법의 일차대상자로 규정되고, 그 외의 정신질환자는 정신보건법의 대상자로서 규정되므로, 넓은 의미에서는 전체 국민을 대상으로 하는 정신보건정책의 일환으로서 정신보건서비스의 대상이 됨을 알 수 있다. 그런

면에서 볼 때 정신장애는 신체장애와 깊은 연관성을 가진다. 그 연관성은 다음 세 가지로 요약할 수 있다.

첫째, 정신장애는 만성적 특성을 가진다. 정신장애인을 위한 적절한 제도적 보완 장치가 없는 사회적 현실은 정신장애인의 장기적인 입원으로 인한 지역사회 격리를 야기시킨다. 또한 일상생활의 기능적・경제적 장애를 심화시켜 만성정신장애를 초래할 수 있다(강경혜 외, 1995 : 79).

둘째, 재활서비스 체계의 방향이 동일하다. 사회통합과 정상화라는 지역사회 중심의 재활 관점에서 볼 때, 정신장애와 신체장애 사이에 차이가 있을 수 없다는 것이다.

셋째, 국제보건기구(WHO)에서 제시한 장애분류안[2)]에 따른 여섯 가지 장애인의 범주를 생각해 볼 때 정신장애인은 신체장애인과 더불어 동질적인 성격을 지닌다고 볼 수 있다.

2. 정신보건사회복지의 기능과 역할

정신보건사회복지의 기능과 개입방향은 정신장애인의 정상화와 사회통합을 위한 회복과 재활 그리고 정신장애인들에게 보다 질 높고 포괄적이며 지역사회로의 통합적인 서비스를 제공하는 데 있다(Manning, 1998; Rapp, 1998; Taylor & Bentley, 2000). 이는 궁극적으로 정신장애인의 삶의 질의 향상에 이바지할 수 있을 것이라는 기본적인 가정에서 출발한다(이용표, 2000; 배성우・김이영, 2005).

이러한 정신보건사회복지의 목적을 달성하기 위하여 그간 정신보건사회복지사들은 스스로의 전문화와 자질 향상을 위하여 부단한 노력을 기울여 왔다. 이러한 노력들은 1993년 '한국정신의료사회사업학회'의 창립과 더불어 1996년 '정신보건사회복지사' 자격제도의 신설로 이어지고, 정신보건사회복지의 제도적 정착과 상시적인 슈

2) 이 분류안에 따르면 장애인의 대상으로 ① 운동 및 감각장애(motor or sensory disability), ② 정신지체(mental retardation), ③ 정신질환(mental illness), ④ 만성 알코올 및 약물남용(chronic alcohol and drug abuse), ⑤ 만성 심혈관 및 폐질환, 만성 위장 손상, 피부질환, 암, 만성통증(chronic cardiovascular and pulmonary diseases, chronic gastrointestinal impairments, skin disease, cancer, and chronic pain), ⑥ 노인(elderly)을 포함시킬 것을 권장한다.

퍼비전 체계의 확립 및 정신보건사회복지사 수련제도의 확립과 정신보건사회복지사 보수교육제도의 정착 등 가시적인 성과로 이어지고 있다.

최근에 들어서는 정신보건사회복지사의 활동도 초기의 정신병원 중심의 활동에서 지역사회 중심의 활동 등 다양한 형태로 전개되고 있다. 그리하여 2011년 12월 전국적으로 2,298명의 정신보건전문요원이 정신보건기관에 종사하고 있고, 이 중 672명의 정신보건사회복지사가 활동하고 있다(중앙정신보건사업지원단, 2012). 그리고 정신보건사회복지사는 정신병원과 지역사회정신보건기관에서 전문적인 역할을 수행하면서 많은 기술들을 사용하고 있는데, 그 역할들을 정리하면 다음과 같다(Popple & Leighninger, 1996 : 393-395).

① 치료자(상담가)의 역할

일반적으로 정신보건사회복지사가 가장 많이 수행하는 역할이라고 말할 수 있다. 전통적인 정신보건사회복지의 개입모형에 의하여 개별사회사업가(case worker) 혹은 집단사회사업가(group worker)의 역할이 이에 해당된다.

② 사례관리자 역할

정신보건사회복지사는 클라이언트의 욕구(needs)와 문제(problem) 그리고 신경정신과적 증상(neuro-psychotic symptom)을 사정하고, 클라이언트의 욕구와 문제에 부합하는 서비스와 프로그램에 조정한다. 필요시에는 타 기관과 연계하고 클라이언트의 문제에 적절하게 개입할 수 있는 기관에 클라이언트를 의뢰할 수 있다. 그리고 클라이언트가 적당한 자원이나 도움을 받을 수 있도록 사후관리를 하는 것 등 포괄적인 역할을 수행할 수 있다.

③ 계획, 행정, 지도감독자의 역할

정신보건사회복지사들은 클라이언트의 권리를 보장하고 서비스를 개선하기 위하여 입법과 프로그램 변화를 위해 옹호하는 역할을 수행한다. 또한 다른 사회복지사들을 지도, 감독하고, 프로그램을 시행하고, 기관의 선두에 서서 활동한다.

정신보건사회복지사의 기능과 역할은 크게 기관의 종류와 유형에 따라 다르다고 볼 수 있다. 정신의료기관의 경우에는 입원환자를 중심으로 그들의 정신과적 증상과 질환을 단기적으로 치료하여 퇴원시키는 데 초점을 둔다. 반면에 사회복귀시설 및 지역사회정신건강증진센터의 기능은 정신장애인이 집에 거주하면서, 정신사회재활과 사회복귀를 촉진시키는 데 초점을 둔다. 정신요양시설은 저렴한 비용으로 만성정신장애인을 입소시켜 그들의 요양과 사회복귀촉진을 위한 생활훈련을 제공하는 등의 보호기능을 담당한다(표 17－1 참조).

〈표 17-1〉 정신보건사회복지사의 기능과 역할

종 류	내 용	
정신 의료 기관	입원평가 과정	입원 사정 및 계획, 심리사회적 사정(개인력, 가족력, 사회력 조사), 사회조사 및 사회사업지도, 가족상담 및 교육, 사례회의(case conference) 등
	치료 과정	개별면담, 집단활동요법, 일반집단치료, 건강보험 청구, 재활요법(사회기술훈련, 인지행동치료 등), 프로그램 개발과 평가, 가족상담 및 가족교육, 싸이코드라마, 환경치료, 현실치료, 생활훈련, 가정방문, 지역사회 자원 동원 및 후원자 연결, 자원연계, 자원봉사자 모집 및 교육, 실습지도 등
	퇴원 과정	퇴원계획 및 재활계획 상담 및 지도, 환자의 욕구 및 사회적응 평가, 사회복귀와 재활을 위한 지역사회기관 연결, 사후지도 등
사회 복귀 시설	재활계획상담, 사회복귀촉진을 위한 상담과 원조, 사회기술 및 적응훈련, 직업훈련과 취업에 관한 지도, 가족교육 · 상담, 정신장애인 가족모임 운영, 가정방문지도, 위기개입, 지역사회 자원 동원과 후원조직 개발, 정신건강교육, 의료기관 및 지역사회기관과의 연계 등	
정신 보건 센터	지역주민의 정신건강 증진을 위한 계몽활동, 정신보건에 관한 조사연구활동, 정신보건에 관한 자문과 교육, 지역사회 관련 기관들과의 연락 및 협조, 지역사회 자원의 개발 및 활용, 의료기관이나 상담기관으로의 의뢰 및 알선, 가정방문 지도 및 상담사업, 정신장애인의 조기발견과 예방사업 등	
정신 요양 시설	생활훈련, 개별상담, 집단활동 프로그램 운영, 생활훈련, 가족상담 및 가정방문, 무연고자를 위한 후원자 연결, 지역사회 자원 동원과 연결, 대인관계기술훈련, 작업능력의 강화, 기초생활수급자의 권리옹호 등	

3. 정신보건사회복지적 지식과 기술

정신보건사회복지사의 업무는 개별치료와 집단치료, 사례관리, 클라이언트 권익옹호활동, 자원동원, 지역사회 조직과 지역사회 계획, 예방교육 등의 다양한 업무를 수행하고 있다(Dubois & Miley, 1996 : 372-373). 정신보건사회복지사가 이러한 다양한 업무와 역할을 충실히 이행해 나가기 위해서는 다음과 같은 지식과 기술이 필수적으로 요구된다.

① 정신과적 증상에 대한 정확한 이해를 가지기 위해서 DSM-5의 진단체계를 정확하게 이해해야 한다. 그것은 클라이언트의 증상에 대한 정확한 진단적 사정능력과 지식을 향상시킬 수 있다.

② 정신보건정책에 관한 법률적 지식을 지녀야 클라이언트를 위한 실질적인 옹호활동을 전개할 수 있어야 한다. 이를 위해 클라이언트가 충분히 임파워먼트(empowerment) 할 수 있도록 도와주어야 한다.

③ 클라이언트의 비밀보장과 권익보호 및 인권을 보장하기 위하여 윤리적이고 법적인 문제에 대해 민감하여야 하여야 한다.

④ 클라이언트의 자살이나 정신과적 이상행동, 폭력적이거나 공격적인 행동과 같은 문제들을 다루는 데 필요한 지식을 갖추고 있어야 한다.

⑤ 사회복지사는 클라이언트에게 개입할 때에 의료적 모델(medical model)에 입각하여 문제중심의 시각으로 접근하는 것을 지양해야 한다. 클라이언트의 강점(strength)을 많이 발견하고, 이러한 강점들을 살려서 그들의 재활과 사회복귀가 가능하도록 노력하는 등 긍정심리학(positive psychology)의 관점을 가질 필요가 있다.

⑥ 사회복지실천은 환경 속의 인간의 관점(person-in-environment)을 지향하므로, 사회복지사는 클라이언트를 둘러싼 환경을 정확히 사정하고 평가할 수 있는 지식을 가져야 한다. 이를 통하여 클라이언트와 가족들의 문제에 대해서도 보다 효과적으로 개입할 수 있어야 한다.

4. 정신보건사회복지의 구성요소

정신보건사회복지의 구성요소는 펄만(Perlman, 1975)의 사회복지실천의 구성요소의 설명을 기반으로 표현할 수 있다. 펄만(Perlman, 1975)의 정의에 기초하여 볼 때, 정신보건사회복지는 7P로 설명할 수 있다. 먼저 개입대상으로서 사람(person)이 있어야 하고, 그 사람은 분명 어떠한 정신과적 문제(problem)가 있으며, 그러한 문제를 치료하는 일정한 장소(place)에서 일정한 목적(purpose)을 가지고 개입하는 과정(process)이 진행되는 개념이라고 할 수 있다. 그리고 클라이언트와 함께 하는 과정을 진행하는 전문가(professional)가 있어야 하며, 전문가는 일정한 서비스의 제공물(provision)을 전달할 수 있어야 할 것이다(김기태 외, 2013).

1) 사람(Person)

정신보건사회복지의 전통적인 대상은 흔히 정신질환자 혹은 정신장애인이라고 표현할 수 있다. 이들은 대개 자신의 삶의 영역에서 정신적으로, 정서적으로, 사회적으로 여러 가지 측면에서 전문적인 원조가 필요한 사람들이다. 생태체계적인 관점에서 보면, 이들은 자신을 둘러싼 사회체계에 적응하는 데 상당한 어려움을 가지고 있는 경우가 많다. 스트레스에도 다소 취약한 존재이기도 하다. 정신보건사회복지의 대상은 이러한 생활상의 어려움들로 인하여 전문적인 원조를 받을 필요가 있다고 하여 정신보건기관을 찾거나 그럴 필요가 있다고 발견되어 정신보건기관을 찾아오는 정신장애인이라고 할 수 있다. 이들을 우리는 소위 클라이언트(client)라고 부르고 있으며, 최근에는 의료소비자의 권익을 강조하는 경향으로 인하여 이들을 고객(customer)이라고 부르기도 한다.

2) 문제(Problem)

정신보건사회복지의 대상자들이 가지고 있는 문제들은 대표적으로 신체적 문제와 신경·정신적 문제, 심리적 문제, 사회적 문제 등으로 대별된다. 정신보건사회복지의 대상자들은 그들이 가지고 있는 정신과적 증상으로 인하여, 각종 다양한 신체적 질환을 동반하고 있는 경우가 많다. 언제든지 재발의 우려가 있는 정신과적 증상(psychotic symptom)과 관련한 신경·정신적 문제, 다른 일반인에 비해 스트레스에 상대적으로 취약하다. 그래서 자신을 둘러싼 환경의 압력으로 인해 성격적으로도 왜곡되고 건강하지 못하여 나타나는 심리적인 문제, 사회적으로 건강한 인간관계를 형성하는 데 어려움을 가지는 경우가 많다. 이것이 정신장애인이 가지고 있는 문제의 대표적인 유형이라고 할 수 있다.

3) 장소(Place)

과거에는 정신보건사회복지의 실천은 대부분 정신병(의)원에만 국한되어 이루어져 왔으나, 1995년 정신보건법이 제정된 이후로 최근에는 지역사회 중심의 정신보건사회복지가 활성화되면서 실천기관의 유형과 장소도 다양해졌다. 현재 우리나라의 정신보건사회복지의 실천은 정신병(의)원과 정신요양원을 중심으로 하는 입원중심의 정신보건기관과 지역사회 중심형의 정신보건기관 등으로 다양하게 전개되고 있다.

4) 목적(Puprose)

정신보건사회복지는 환청이나 망상, 알코올중독 등의 증상으로 인하여 정신장애인의 정신기능을 회복하는 것을 돕는 데 일차적인 목적을 두고 있다. 또한 정신보건사회복지는 정신장애인들이 정상적으로 사회생활을 영위하는 데 불이익을 당하지 않고 사회에 잘 적응할 수 있도록 적극적으로 돕는다. 이들의 정신건강을 촉진시키기 위하여 지역사회 내에서 다양한 참여를 보장하는 것은 물론이고 정신장애인의 삶의 질을 향상시키는 데 최종목적을 두고 있다.

5) 과정(Process)

정신보건사회복지의 실천과정은 대개 초기-중기-종결단계를 걸쳐서 진행된다. 초기단계에서는 심리사회적 사정을 통하여 클라이언트의 주요 문제(chief complaint)와 개인력, 가족력, 클라이언트의 강점과 약점 등을 파악하여 클라이언트의 증상에 맞는 치료계획을 세우는 것이 중시된다. 그 과정에서 클라이언트와의 신뢰관계를 형성하는 것이 중요하다.

중기단계에서는 클라이언트를 위해서 애초에 세웠던 치료계획을 실행하는 단계를 말한다. 이때 클라이언트의 심리사회적 문제와 정신과적 증상의 회복, 재활 그리고 사회복귀를 도모할 수 있도록 하는 등 전문적인 원조가 이루어진다.

종결단계에서는 클라이언트가 전문가의 도움이 없이도 증상관리를 잘하고 사회적응을 잘 할 수 있다고 판단될 때 클라이언트와의 아름다운 이별을 준비하는 단계이다. 이때 사회복지사는 클라이언트가 갑작스러운 사례종결로 인하여 상실감을 갖지 않도록 사례종결에 대하여 미리 알려주어야 하며, 필요하다면 언제든지 사후지도가 가능함을 인식시켜 주는 것이 중요하다.

6) 전문가(Professional)

정신보건 영역에서 활동하는 전문가로는 정신과 의사, 정신보건전문요원 등이 있다. 정신보건사회복지사는 클라이언트의 문제해결이나 원조관계를 형성하는 가운데, 클라이언트를 존중하는 태도를 취한다. 전문가로서 성장하고 발전하기 위해서는 무엇보다 높은 자존감이 있어야 할 것이고 성장과 발전에 대한 끊임없는 노력이 필요하다. 그리고 지속적으로 자기성찰의 노력을 통해 먼저 자신을 이해하는 반성적 고찰의 태도를 지니는 것도 매우 중요하다.

7) 서비스 제공(Provision)

이것은 정신보건서비스 전반의 질적 향상을 위한 서비스와 정책과 클라이언트의 문제해결을 위해 필요한 자원을 동원하는 것 모두를 포함한다. 또한 클라이언트의 욕구와 기능에 부합하는 적절한 형태의 정신보건서비스를 계획하고 지원하는 일은 성공적인 정신보건사회복지실천을 이끄는 지름길이 된다.

연습문제

1. 다음 중 정신보건사회복지의 구성요소가 아닌 것은?
   ① 사람 ② 치료
   ③ 장소 ④ 과정
   ⑤ 목적

2. 우리나라 정신보건법이 최초로 제정된 때는 언제인가?
   ① 1985년도 ② 1990년도
   ③ 1995년도 ④ 1999년도
   ⑤ 2000년도

3. 다음 중 지역사회정신보건기관이 아닌 것은?
   ① 정신요양시설 ② 사회복귀시설
   ③ 정신보건센터 ④ 그룹홈
   ⑤ 중간의 집

4. 다음 중 용어와 설명이 틀리게 연결된 것은?
   ① 정신장애 – mental handicap
   ② 정신병 – psychosis
   ③ 정신질환 – mental illness
   ④ 정신보건 – mental disorder
   ⑤ 정신과적 증상 – psychotic symptom

5. 다음 중 정신보건사회복지사의 역할이 아닌 것은?

① 치료자의 역할 ② 계획가의 역할

③ 사례관리자의 역할 ④ 행정가의 역할

⑤ 평가자의 역할

해답 1. ② 2. ③ 3. ① 4. ④ 5. ⑤

부 록

〈사회복지사업법〉

부 록

사회복지사업법

[시행 2016.2.3][법률 제13996호, 2016.2.3., 일부개정]

제1장 총칙 〈개정 2011.8.4.〉

제1조(목적) 이 법은 사회복지사업에 관한 기본적 사항을 규정하여 사회복지를 필요로 하는 사람에 대하여 인간의 존엄성과 인간다운 생활을 할 권리를 보장하고 사회복지의 전문성을 높이며, 사회복지사업의 공정 · 투명 · 적정을 도모하고, 지역사회복지의 체계를 구축함으로써 사회복지의 증진에 이바지함을 목적으로 한다. 〈개정 2012.1.26.〉

[전문개정 2011.8.4.]

제1조의2(기본 이념) ① 사회복지를 필요로 하는 사람은 누구든지 자신의 의사에 따라 서비스를 신청하고 제공받을 수 있다.

② 사회복지법인 및 사회복지시설은 공공성을 가지며 사회복지사업을 시행하는 데 있어서 공공성을 확보하여야 한다.

③ 사회복지사업을 시행하는 데 있어서 사회복지를 제공하는 자는 사회복지를 필요로 하는 사람의 인권을 보장하여야 한다.

[본조신설 2012.1.26.]

제2조(정의) 이 법에서 사용하는 용어의 뜻은 다음과 같다. 〈개정 2011.8.4., 2012.1.26., 2014.5.20.〉

1. "사회복지사업"이란 다음 각 목의 법률에 따른 보호 · 선도(善導) 또는 복지에 관한 사업과 사회복지상담, 직업지원, 무료숙박, 지역사회복지, 의료복지, 재가복지(在家福祉), 사회복지관 운영, 정신질환자 및 한센병력자의 사회복귀에 관한 사업 등 각종 복지사업과 이와 관련된 자원봉사활동 및 복지시설의 운영 또는 지원을 목적으로 하는 사업을 말한다.

   가. 국민기초생활 보장법

   나. 아동복지법

   다. 노인복지법

   라. 장애인복지법

   마. 한부모가족지원법

바. 영유아보육법
사. 「성매매방지 및 피해자보호 등에 관한 법률」
아. 정신보건법
자. 「성폭력방지 및 피해자보호 등에 관한 법률」
차. 입양특례법
카. 「일제하 일본군위안부 피해자에 대한 생활안정지원 및 기념사업 등에 관한 법률」
타. 사회복지공동모금회법
파. 「장애인 · 노인 · 임산부 등의 편의증진 보장에 관한 법률」
하. 「가정폭력방지 및 피해자보호 등에 관한 법률」
거. 「농어촌주민의 보건복지증진을 위한 특별법」
너. 「식품기부 활성화에 관한 법률」
더. 의료급여법
러. 기초연금법
머. 긴급복지지원법
버. 다문화가족지원법
서. 장애인연금법
어. 「장애인활동 지원에 관한 법률」
저. 「노숙인 등의 복지 및 자립지원에 관한 법률」
처. 「보호관찰 등에 관한 법률」
커. 장애아동 복지지원법
터. 「발달장애인 권리보장 및 지원에 관한 법률」

2. "지역사회복지"란 주민의 복지증진과 삶의 질 향상을 위하여 지역사회 차원에서 전개하는 사회복지를 말한다.
3. "사회복지법인"이란 사회복지사업을 할 목적으로 설립된 법인을 말한다.
4. "사회복지시설"이란 사회복지사업을 할 목적으로 설치된 시설을 말한다.
5. "사회복지관"이란 지역사회를 기반으로 일정한 시설과 전문인력을 갖추고 지역주민의 참여와 협력을 통하여 지역사회의 복지문제를 예방하고 해결하기 위하여 종합적인 복지서비스를 제공하는 시설을 말한다.
6. "사회복지서비스"란 국가 · 지방자치단체 및 민간 부문의 도움을 필요로 하는 모든 국민에게 상담, 재활, 직업 소개 및 지도, 사회복지시설의 이용 등을 제공하여 정상적인 사회생활이 가능하도록 제도적으로 지원하는 것을 말한다.
7. "보건의료서비스"란 국민의 건강을 보호 · 증진하기 위하여 보건의료인이 하는 모든 활동을 말한다.

[전문개정 2011.8.4.]

제3조(다른 법률과의 관계) ① 사회복지사업의 내용 및 절차 등에 관하여 제2조 제1호 각 목의 법률에 특별한 규정이 있는 경우를 제외하고는 이 법에서 정하는 바에 따른다.

② 제2조 제1호 각 목의 법률을 개정하는 경우에는 이 법에 부합하도록 하여야 한다.

[전문개정 2011.8.4.]

제4조(복지와 인권증진의 책임) ① 국가와 지방자치단체는 사회복지서비스를 증진하고, 서비스를 이용하는 사람에 대하여 인권침해를 예방하고 차별을 금지하며 인권을 옹호할 책임을 진다. 〈개정 2012.1.26.〉

② 국가와 지방자치단체는 사회복지서비스와 보건의료서비스를 함께 필요로 하는 사람에게 이들 서비스가 연계되어 제공되도록 노력하여야 한다.

③ 국가와 지방자치단체, 그 밖에 사회복지사업을 하는 자는 사회복지를 필요로 하는 사람에 대하여 그 사업과 관련한 상담, 작업치료(作業治療), 직업훈련 등을 실시하고 필요한 경우에는 주민의 복지욕구를 조사할 수 있다.

④ 국가와 지방자치단체는 도움을 필요로 하는 국민이 본인의 선호와 필요에 따라 적절한 사회복지서비스를 제공받을 수 있도록 사회복지서비스 수요자 등을 고려하여 사회복지시설이 균형 있게 설치되도록 노력하여야 한다.

⑤ 국가와 지방자치단체는 민간 부문의 사회복지 증진활동이 활성화되고 국가 및 지방자치단체의 사회복지사업과 민간 부문의 사회복지 증진활동이 원활하게 연계될 수 있도록 노력하여야 한다.

⑥ 국가와 지방자치단체는 사회복지를 필요로 하는 사람의 인권이 충분히 존중되는 방식으로 사회복지서비스를 제공하고 사회복지와 관련된 인권교육을 강화하여야 한다. 〈신설 2012.1.26.〉

⑦ 국가와 지방자치단체는 사회복지서비스를 이용하는 사람이 긴급한 인권침해 상황에 놓인 경우 신속히 대응할 체계를 갖추어야 한다. 〈신설 2012.1.26.〉

⑧ 국가와 지방자치단체는 시설 거주자 또는 보호자의 희망을 반영하여 지역사회보호체계에서 서비스가 제공될 수 있도록 노력하여야 한다. 〈신설 2012.1.26.〉

⑨ 국가와 지방자치단체는 사회복지서비스를 필요로 하는 사람들에게 사회복지서비스의 실시에 대한 정보를 제공하여야 한다. 〈신설 2012.1.26.〉

[전문개정 2011.8.4.]

[제목개정 2012.1.26.]

제5조(인권존중 및 최대 봉사의 원칙) 이 법에 따라 복지업무에 종사하는 사람은 그 업무를 수행할 때에 사회복지를 필요로 하는 사람을 위하여 인권을 존중하고 차별 없이 최대로 봉사하여야 한다. 〈개정 2012.1.26.〉

[전문개정 2011.8.4.]

[제목개정 2012.1.26.]

제6조(시설 설치의 방해 금지) ① 누구든지 정당한 이유 없이 사회복지시설의 설치를 방해하여서는

아니 된다.

② 시장(「제주특별자치도 설치 및 국제자유도시 조성을 위한 특별법」 제11조 제2항에 따른 행정시장을 포함한다. 이하 같다) · 군수 · 구청장(자치구의 구청장을 말한다. 이하 같다)은 정당한 이유 없이 사회복지시설의 설치를 지연시키거나 제한하는 조치를 하여서는 아니 된다. 〈개정 2015.7.24.〉

[전문개정 2011.8.4.]

제6조의2(사회복지업무의 전자화) ① 국가와 지방자치단체는 사회복지업무를 전자적으로 처리할 수 있도록 필요한 시책을 마련하여야 한다.

② 보건복지부장관은 사회복지업무에 필요한 각종 자료 또는 정보의 효율적 처리와 기록 · 관리업무의 전자화를 위하여 정보시스템을 구축 · 운영할 수 있다.

③ 보건복지부장관은 제2항에 따른 정보시스템을 구축 · 운영하는 데 필요한 자료로서 다음 각 호의 어느 하나에 해당하는 자료를 수집 · 관리 · 보유할 수 있으며 관련 기관 및 단체에 필요한 자료의 제공을 요청할 수 있다. 이 경우 요청을 받은 기관 및 단체는 정당한 사유가 없으면 그 요청에 따라야 한다. 〈개정 2012.1.26.〉

1. 제33조의2에 따라 사회복지서비스를 신청할 때 신청인이 제출하는 자료
2. 제33조의3에 따라 조사하는 자료
3. 제33조의4에 따라 결정하는 서비스 제공의 실시 여부 및 그 유형에 관한 자료
4. 제33조의5에 따라 수립하는 서비스 제공 계획 및 평가에 관한 자료
5. 제33조의6 및 제33조의7에 따라 실시하는 서비스 제공에 관한 자료
6. 그 밖에 이 법에 따른 사회복지사업을 하는 데에 필요한 자료로서 보건복지부령으로 정하는 자료

④ 지방자치단체의 장은 사회복지사업을 수행할 때 관할 복지행정시스템과 제2항에 따른 정보시스템을 전자적으로 연계하여 활용하여야 한다.

⑤ 사회복지법인의 대표이사와 사회복지시설의 장은 국가와 지방자치단체가 실시하는 사회복지업무의 전자화 시책에 협력하여야 한다.

[전문개정 2011.8.4.]

제6조의3(정보시스템 운영 전담기구 설립) ① 보건복지부장관은 제6조의2 제2항에 따른 정보시스템을 효율적으로 운영하기 위하여 그 운영에 관한 업무를 수행하는 전담기구를 설립할 수 있다.

② 제1항에 따른 전담기구는 법인으로 한다.

③ 보건복지부장관은 제1항에 따른 전담기구의 설립 · 운영에 필요한 비용을 지원할 수 있다.

④ 제1항에 따른 전담기구에 관하여 이 법에서 규정한 사항 외에는 민법 중 재단법인에 관한 규정을 준용한다.

⑤ 제1항에 따른 전담기구의 설립 및 운영 등에 필요한 사항은 대통령령으로 정한다.

[전문개정 2011.8.4.]

제7조(사회복지위원회) ① 사회복지사업에 관한 중요 사항과 「사회보장급여의 이용 · 제공 및 수급권

자 발굴에 관한 법률」에 따른 지역사회보장계획을 심의하거나 건의하기 위하여 특별시 · 광역시 · 도 · 특별자치도(이하 "시 · 도"라 한다)에 사회복지위원회를 둔다. 〈개정 2014.12.30.〉

② 사회복지위원회의 위원은 다음 각 호의 어느 하나에 해당하는 사람 중에서 특별시장 · 광역시장 · 도지사 · 특별자치도지사(이하 "시 · 도지사"라 한다)가 임명하거나 위촉한다.

1. 사회복지 또는 보건의료에 관한 학식과 경험이 풍부한 사람
2. 사회복지법인의 대표자
3. 사회복지사업을 하는 비영리법인 또는 단체의 대표자
4. 사회복지를 필요로 하는 사람의 이익 등을 대표하는 사람
5. 제7조의2에 따른 지역사회복지협의체의 대표자
6. 공익단체(비영리민간단체 지원법 제2조에 따른 비영리민간단체를 말한다. 이하 같다)에서 추천한 사람
7. 사회복지공동모금회법 제14조에 따른 사회복지공동모금지회에서 추천한 사람

③ 다음 각 호의 어느 하나에 해당하는 사람은 사회복지위원회의 위원이 될 수 없다. 〈개정 2011.8.4., 2012.1.26.〉

1. 미성년자
2. 금치산자 또는 한정치산자
3. 파산선고를 받고 복권되지 아니한 사람
4. 법원의 판결에 따라 자격이 상실되거나 정지된 사람
5. 금고 이상의 실형을 선고받고 그 집행이 끝나거나(집행이 끝난 것으로 보는 경우를 포함한다) 집행이 면제된 날부터 3년이 지나지 아니한 사람
6. 금고 이상의 형의 집행유예를 선고받고 그 유예기간 중에 있는 사람
7. 제5호 및 제6호에도 불구하고 사회복지사업 또는 그 직무와 관련하여 아동복지법 제71조, 「보조금 관리에 관한 법률」 제40조부터 제42조까지 또는 형법 제28장 · 제40장(제360조는 제외한다)의 죄를 범하거나 이 법을 위반하여 다음 각 목의 어느 하나에 해당하는 사람
   가. 100만원 이상의 벌금형을 선고받고 그 형이 확정된 후 5년이 지나지 아니한 사람
   나. 형의 집행유예를 선고받고 그 형이 확정된 후 7년이 지나지 아니한 사람
   다. 징역형을 선고받고 그 집행이 끝나거나(집행이 끝난 것으로 보는 경우를 포함한다) 집행이 면제된 날부터 7년이 지나지 아니한 사람
8. 제5호부터 제7호까지의 규정에도 불구하고 「성폭력범죄의 처벌 등에 관한 특례법」 제2조의 성폭력범죄(「성폭력범죄의 처벌 등에 관한 특례법」 제2조 제1항 제1호는 제외한다) 또는 「아동 · 청소년의 성보호에 관한 법률」 제2조 제2호의 아동 · 청소년대상 성범죄를 저지른 사람으로서 형 또는 치료감호를 선고받고 확정된 후 그 형 또는 치료감호의 전부 또는 일부의 집행이 끝나거나(집행이 끝난 것으로 보는 경우를 포함한다) 집행이 유예 · 면제된 날부터 10년이 지나지 아니한 사람

④ 사회복지위원회의 조직 · 운영에 필요한 사항은 보건복지부령으로 정하는 바에 따라 해당 시 · 도의 조례로 정한다.

[전문개정 2011.8.4.]

제7조의2(지역사회복지협의체) ① 관할지역의 사회복지사업에 관한 중요 사항과 「사회보장급여의 이용 · 제공 및 수급권자 발굴에 관한 법률」에 따른 지역사회보장계획을 심의하거나 건의하고, 사회복지 · 보건의료 관련 기관 · 단체가 제공하는 사회복지서비스 및 보건의료서비스의 연계 · 협력을 강화하기 위하여 특별자치도 또는 시(「제주특별자치도 설치 및 국제자유도시 조성을 위한 특별법」 제10조 제2항에 따른 행정시를 포함한다. 이하 같다) · 군 · 구(자치구를 말한다. 이하 같다)에 지역사회복지협의체를 둔다. 〈개정 2014.12.30., 2015.7.24.〉

② 지역사회복지협의체의 위원은 다음 각 호의 어느 하나에 해당하는 사람 중에서 특별자치도지사 또는 시장 · 군수 · 구청장이 임명하거나 위촉한다.

1. 사회복지 또는 보건의료에 관한 학식과 경험이 풍부한 사람
2. 사회복지사업을 하는 기관 · 단체의 대표자
3. 보건의료사업을 하는 기관 · 단체의 대표자
4. 공익단체에서 추천한 사람
5. 사회복지업무 또는 보건의료업무를 담당하는 공무원

③ 지역사회복지협의체의 업무를 효율적으로 수행하기 위하여 지역사회복지협의체에 실무협의체를 둔다.

④ 지역사회복지협의체 및 실무협의체의 조직 · 운영에 필요한 사항은 보건복지부령으로 정하는 바에 따라 시 · 군 · 구의 조례(「제주특별자치도 설치 및 국제자유도시 조성을 위한 특별법」 제10조 제2항에 따른 행정시의 경우에는 특별자치도의 조례를 말한다. 이하 같다)로 정한다. 〈개정 2015.7.24.〉

⑤ 지역사회복지협의체의 위원에 대하여는 제7조 제3항을 준용한다. 이 경우 "사회복지위원회"는 "지역사회복지협의체"로 본다.

[전문개정 2011.8.4.]

제8조(복지위원) ① 시장 · 군수 · 구청장은 읍 · 면 · 동의 사회복지사업을 원활하게 수행하기 위하여 읍 · 면 · 동 단위로 복지위원을 위촉하여야 한다.

② 복지위원은 명예직으로 하되, 예산의 범위에서 수당을 지급할 수 있다.

③ 복지위원의 자격, 직무, 위촉절차 등에 관하여 필요한 사항은 보건복지부령으로 정하는 바에 따라 시 · 군 · 구의 조례로 정한다.

[전문개정 2011.8.4.]

제9조(사회복지 자원봉사활동의 지원 · 육성) ① 국가와 지방자치단체는 사회복지 자원봉사활동을 지원 · 육성하기 위하여 다음 각 호의 사항을 실시하여야 한다.

1. 자원봉사활동의 홍보 및 교육

2. 자원봉사활동 프로그램의 개발 · 보급

3. 자원봉사활동 중의 재해에 대비한 시책의 개발

4. 그 밖에 자원봉사활동의 지원에 필요한 사항

② 국가와 지방자치단체는 제1항 각 호의 사항을 효율적으로 수행하기 위하여 사회복지법인이나 그 밖의 비영리법인 · 단체에 이를 위탁할 수 있다.

[전문개정 2011.8.4.]

제10조(지도 · 훈련) ① 보건복지부장관은 이 법이나 그 밖의 사회복지 관련 법률의 시행에 관한 사무에 종사하는 공무원과 사회복지사업에 종사하는 사람의 자질 향상을 위하여 인권교육 등 필요한 지도와 훈련을 할 수 있다. 〈개정 2012.1.26.〉

② 제1항의 훈련에 필요한 사항은 보건복지부령으로 정한다.

[전문개정 2011.8.4.]

제11조(사회복지사 자격증의 발급 등) ① 보건복지부장관은 사회복지에 관한 전문지식과 기술을 가진 사람에게 사회복지사 자격증을 발급할 수 있다.

② 제1항에 따른 사회복지사의 등급은 1급 · 2급 · 3급으로 하고 등급별 자격기준 및 자격증의 발급 절차 등은 대통령령으로 정한다.

③ 사회복지사 1급 자격증을 받으려는 사람은 국가시험에 합격하여야 한다.

④ 보건복지부장관은 제2항에 따른 사회복지사 자격증을 발급받거나 재발급받으려는 사람에게 보건복지부령으로 정하는 바에 따라 수수료를 내게 할 수 있다.

[전문개정 2011.8.4.]

제11조의2(사회복지사의 결격사유) 다음 각 호의 어느 하나에 해당하는 사람은 사회복지사가 될 수 없다.

1. 금치산자 또는 한정치산자
2. 금고 이상의 형을 선고받고 그 집행이 끝나지 아니하였거나 그 집행을 받지 아니하기로 확정되지 아니한 사람
3. 법원의 판결에 따라 자격이 상실되거나 정지된 사람
4. 마약 · 대마 또는 향정신성의약품의 중독자

[전문개정 2011.8.4.]

제12조(국가시험) ① 제11조 제3항에 따른 국가시험은 보건복지부장관이 시행하되, 시험의 관리는 대통령령으로 정하는 바에 따라 시험관리능력이 있다고 인정되는 관계 전문기관에 위탁할 수 있다.

② 보건복지부장관은 제1항에 따라 국가시험의 관리를 위탁하였을 때에는 그에 드는 비용을 예산의 범위에서 보조할 수 있다.

③ 제1항에 따라 시험의 관리를 위탁받은 기관은 보건복지부장관의 승인을 받아 정한 금액을 응시수수료로 받을 수 있다.

④ 시험과목, 응시자격 등 시험의 실시에 필요한 사항은 대통령령으로 정한다.
[전문개정 2011.8.4.]

제13조(사회복지사의 채용 및 교육 등) ① 사회복지법인 및 사회복지시설을 설치 · 운영하는 자는 대통령령으로 정하는 바에 따라 사회복지사를 그 종사자로 채용하여야 한다. 다만, 대통령령으로 정하는 사회복지시설은 그러하지 아니하다.
② 보건복지부장관은 사회복지사의 자질 향상을 위하여 필요하다고 인정하면 사회복지사에게 교육을 받도록 명할 수 있다. 다만, 사회복지법인 또는 사회복지시설에 종사하는 사회복지사는 정기적으로 인권에 관한 내용이 포함된 보수교육(補修敎育)을 받아야 한다. 〈개정 2012.1.26.〉
③ 사회복지법인 또는 사회복지시설을 운영하는 자는 그 법인 또는 시설에 종사하는 사회복지사에 대하여 제2항 단서에 따른 교육을 이유로 불리한 처분을 하여서는 아니 된다.
④ 보건복지부장관은 제2항에 따른 교육을 보건복지부령으로 정하는 기관 또는 단체에 위탁할 수 있다.
⑤ 제2항에 따른 교육의 기간 · 방법 및 내용과 제4항에 따른 위탁 등에 관하여 필요한 사항은 보건복지부령으로 정한다.
[전문개정 2011.8.4.]

제14조(사회복지 전담공무원) ① 사회복지사업에 관한 업무를 담당하게 하기 위하여 시 · 도, 시 · 군 · 구 및 읍 · 면 · 동 또는 제15조에 따른 복지사무 전담기구에 사회복지 전담공무원(이하 "복지전담공무원"이라 한다)을 둘 수 있다.
② 복지전담공무원은 사회복지사 자격을 가진 사람으로 하며, 그 임용 등에 필요한 사항은 대통령령으로 정한다.
③ 복지전담공무원은 그 관할지역에서 사회복지를 필요로 하는 사람 등에 대하여 항상 그 생활실태 및 가정환경 등을 파악하고, 사회복지에 관하여 필요한 상담과 지도를 한다.
④ 관계 행정기관과 사회복지시설을 설치 · 운영하는 자는 복지전담공무원의 업무수행에 협조하여야 한다.
⑤ 국가는 복지전담공무원의 보수 등에 드는 비용의 전부 또는 일부를 보조할 수 있다.
[전문개정 2011.8.4.]

제15조(복지사무 전담기구의 설치) ① 사회복지사업에 관한 업무를 효율적으로 운영하기 위하여 필요한 경우 시 · 군 · 구 또는 읍 · 면 · 동에 복지사무를 전담하는 기구를 따로 설치할 수 있다.
② 제1항에 따른 복지사무 전담기구의 사무 범위 및 조직과 그 밖에 필요한 사항은 해당 시 · 군 · 구의 조례로 정한다.
[전문개정 2011.8.4.]

제15조의2(사회복지의 날) ① 국가는 국민의 사회복지에 대한 이해를 증진하고 사회복지사업 종사자의 활동을 장려하기 위하여 매년 9월 7일을 사회복지의 날로 하고, 사회복지의 날부터 1주간을 사

회복지주간으로 한다.

② 국가와 지방자치단체는 사회복지의 날의 취지에 적합한 행사 등 사업을 하도록 노력하여야 한다.

[전문개정 2011.8.4.]

제1장의2 삭제 〈2014.12.30.〉

제15조의3 삭제 〈2014.12.30.〉

제15조의4 삭제 〈2014.12.30.〉

제15조의5 삭제 〈2014.12.30.〉

제15조의6 삭제 〈2014.12.30.〉

제2장 사회복지법인 〈개정 2011.8.4.〉

제16조(법인의 설립허가) ① 사회복지법인(이하 이 장에서 "법인"이라 한다)을 설립하려는 자는 대통령령으로 정하는 바에 따라 시·도지사의 허가를 받아야 한다.

② 제1항에 따라 허가를 받은 자는 법인의 주된 사무소의 소재지에서 설립등기를 하여야 한다. 〈개정 2012.1.26.〉

[전문개정 2011.8.4.]

제17조(정관) ① 법인의 정관에는 다음 각 호의 사항이 포함되어야 한다.

1. 목적
2. 명칭
3. 주된 사무소의 소재지
4. 사업의 종류
5. 자산 및 회계에 관한 사항
6. 임원의 임면(任免) 등에 관한 사항
7. 회의에 관한 사항
8. 수익(收益)을 목적으로 하는 사업이 있는 경우 그에 관한 사항
9. 정관의 변경에 관한 사항
10. 존립시기와 해산사유를 정한 경우에는 그 시기와 사유 및 남은 재산의 처리방법
11. 공고 및 공고방법에 관한 사항

② 법인이 정관을 변경하려는 경우에는 시·도지사의 인가를 받아야 한다. 다만, 보건복지부령으로 정하는 경미한 사항의 경우에는 그러하지 아니하다.

[전문개정 2011.8.4.]

제18조(임원) ① 법인은 대표이사를 포함한 이사 7명 이상과 감사 2명 이상을 두어야 한다. 〈개정 2012.1.26.〉

② 법인은 제1항에 따른 이사 정수의 3분의 1(소수점 이하는 버린다) 이상을 다음 각 호의 어느 하나에 해당하는 기관이 제7조 제2항 각 호(제2호, 제3호 및 제5호를 제외한다)의 어느 하나에 해당하는 사람 중 2배수로 추천한 사람 중에서 선임하여야 한다. 〈개정 2012.1.26.〉

1. 제7조에 따른 사회복지위원회
2. 제7조의2에 따른 지역사회복지협의체

③ 이사회의 구성에 있어서 대통령령으로 정하는 특별한 관계에 있는 사람이 이사 현원(現員)의 5분의 1을 초과할 수 없다. 〈개정 2012.1.26.〉

④ 이사의 임기는 3년으로 하고 감사의 임기는 2년으로 하며, 각각 연임할 수 있다. 〈개정 2012.1.26.〉

⑤ 외국인인 이사는 이사 현원의 2분의 1 미만이어야 한다. 〈개정 2012.1.26.〉

⑥ 법인은 임원을 임면하는 경우에는 보건복지부령으로 정하는 바에 따라 지체 없이 시 · 도지사에게 보고하여야 한다. 〈개정 2012.1.26.〉

⑦ 감사는 이사와 제3항에 따른 특별한 관계에 있는 사람이 아니어야 하며, 감사 중 1명은 법률 또는 회계에 관한 지식이 있는 사람 중에서 선임하여야 한다. 다만, 대통령령으로 정하는 일정 규모 이상의 법인은 시 · 도지사의 추천을 받아 「주식회사의 외부감사에 관한 법률」 제3조 제1항에 따른 감사인에 속한 사람을 감사로 선임하여야 한다. 〈신설 2012.1.26.〉

[전문개정 2011.8.4.]

[시행일 : 2013.1.27.] 제18조 제1항, 제18조 제2항, 제18조 제7항

제19조(임원의 결격사유) ① 다음 각 호의 어느 하나에 해당하는 사람은 임원이 될 수 없다. 〈개정 2012.1.26.〉

1. 제7조 제3항 각 호의 어느 하나에 해당하는 사람
2. 제22조에 따른 해임명령에 따라 해임된 날부터 5년이 지나지 아니한 사람
3. 사회복지분야의 6급 이상 공무원으로 재직하다 퇴직한 지 2년이 경과하지 아니한 사람 중에서 퇴직 전 3년 동안 소속하였던 기초자치단체가 관할하는 법인의 임원이 되고자 하는 사람

② 임원이 제1항 각 호의 어느 하나에 해당하게 되었을 때에는 그 자격을 상실한다.

[전문개정 2011.8.4.]

제20조(임원의 보충) 이사 또는 감사 중에 결원이 생겼을 때에는 2개월 이내에 보충하여야 한다.

[전문개정 2012.1.26.]

제21조(임원의 겸직 금지) ① 이사는 법인이 설치한 사회복지시설의 장을 제외한 그 시설의 직원을 겸할 수 없다.

② 감사는 법인의 이사, 법인이 설치한 사회복지시설의 장 또는 그 직원을 겸할 수 없다.

[전문개정 2011.8.4.]

제22조(임원의 해임명령) ① 시 · 도지사는 임원이 다음 각 호의 어느 하나에 해당할 때에는 법인에 그 임원의 해임을 명할 수 있다. 〈개정 2012.1.26.〉

1. 시 · 도지사의 명령을 정당한 이유 없이 이행하지 아니하였을 때
2. 회계부정이나 인권침해 등 현저한 불법행위 또는 그 밖의 부당행위 등이 발견되었을 때
3. 법인의 업무에 관하여 시 · 도지사에게 보고할 사항에 대하여 고의로 보고를 지연하거나 거짓으로 보고를 하였을 때
4. 제18조 제2항 · 제3항 또는 제7항을 위반하여 선임된 사람
5. 제21조를 위반한 사람
6. 제22조의2에 따른 직무집행 정지명령을 이행하지 아니한 사람
7. 그 밖에 이 법 또는 이 법에 따른 명령을 위반하였을 때

② 제1항에 따른 해임명령은 시 · 도지사가 해당 법인에게 그 사유를 들어 시정을 요구한 날부터 15일이 경과하여도 이에 응하지 아니한 경우에 한한다. 다만, 시정을 요구하여도 시정할 수 없는 것이 명백하거나 회계부정, 횡령, 뇌물수수 등 비리의 정도가 중대한 경우에는 시정요구 없이 임원의 해임을 명할 수 있으며, 그 세부적 기준은 대통령령으로 정한다. 〈신설 2012.1.26.〉

[전문개정 2011.8.4.]

제22조의2(임원의 직무집행 정지) ① 시 · 도지사는 제22조에 따른 해임명령을 하기 위하여 같은 조 제1항 각 호의 사실 여부에 대한 조사나 감사가 진행 중인 경우 및 해임명령 기간 중인 경우에는 해당 임원의 직무집행을 정지시킬 수 있다.

② 시 · 도지사는 제1항에 따른 임원의 직무집행 정지사유가 소멸되면 즉시 직무집행 정지명령을 해제하여야 한다.

[본조신설 2012.1.26.]

제22조의3(임시이사의 선임) ① 법인이 제20조에 따른 기간 내에 결원된 이사를 보충하지 아니하여 법인의 정상적인 운영이 어렵다고 판단되는 경우 시 · 도지사는 지체 없이 이해관계인의 청구 또는 직권으로 임시이사를 선임하여야 한다.

② 임시이사는 제1항에 따른 사유가 해소될 때까지 재임한다.

③ 시 · 도지사는 임시이사가 선임되었음에도 불구하고 해당 법인이 정당한 사유 없이 이사회 소집을 기피할 경우 이사회 소집을 권고할 수 있다.

④ 제1항에 따른 임시이사의 선임 등에 필요한 사항은 보건복지부령으로 정한다.

[본조신설 2012.1.26.]

제22조의4(임시이사의 해임) ① 시 · 도지사는 다음 각 호의 어느 하나에 해당하는 경우 이해관계인의 청구 또는 직권으로 임시이사를 해임할 수 있다. 이 경우 제2호부터 제4호까지의 규정에 따라 임시이사를 해임하는 때에는 지체 없이 그 후임자를 선임하여야 한다.

1. 임시이사 선임사유가 해소된 경우
2. 임시이사가 제7조 제3항 각 호의 어느 하나에 해당하는 경우
3. 임시이사가 직무를 태만히 하여 법인의 정상화가 어려운 경우
4. 임시이사가 제22조 제1항 각 호의 어느 하나에 해당하는 경우

② 법인은 제1항에 따라 해임된 임시이사를 이사로 선임할 수 없다.

[본조신설 2012.1.26.]

제23조(재산 등) ① 법인은 사회복지사업의 운영에 필요한 재산을 소유하여야 한다.

② 법인의 재산은 보건복지부령으로 정하는 바에 따라 기본재산과 보통재산으로 구분하며, 기본재산은 그 목록과 가액(價額)을 정관에 적어야 한다.

③ 법인은 기본재산에 관하여 다음 각 호의 어느 하나에 해당하는 경우에는 시 · 도지사의 허가를 받아야 한다. 다만, 보건복지부령으로 정하는 사항에 대하여는 그러하지 아니하다.

1. 매도 · 증여 · 교환 · 임대 · 담보제공 또는 용도변경을 하려는 경우
2. 보건복지부령으로 정하는 금액 이상을 1년 이상 장기차입(長期借入)하려는 경우

④ 제1항에 따른 재산과 그 회계에 관하여 필요한 사항은 보건복지부령으로 정한다.

[전문개정 2011.8.4.]

제24조(재산 취득 보고) 법인이 매수 · 기부채납(寄附採納), 후원 등의 방법으로 재산을 취득하였을 때에는 지체 없이 이를 법인의 재산으로 편입조치하여야 한다. 이 경우 법인은 그 취득사유, 취득재산의 종류 · 수량 및 가액을 매년 시 · 도지사에게 보고하여야 한다.

[전문개정 2011.8.4.]

제25조(회의록의 작성 및 공개 등) ① 이사회는 다음 각 호의 사항을 기재한 회의록을 작성하여야 한다. 다만, 이사회 개최 당일에 회의록 작성이 어려운 사정이 있는 경우에는 안건별로 심의 · 의결 결과를 기록한 회의조서를 작성한 후 회의록을 작성할 수 있다.

1. 개의, 회의 중지 및 산회 일시
2. 안건
3. 의사
4. 출석한 임원의 성명
5. 표결 수
6. 그 밖에 대표이사가 작성할 필요가 있다고 인정하는 사항

② 회의록 및 회의조서에는 출석임원 전원이 날인하되 그 회의록 또는 회의조서가 2매 이상인 경우에는 간인(間印)하여야 한다.

③ 제1항 단서에 따라 회의조서를 작성한 경우에는 조속한 시일 내에 회의록을 작성하여야 한다.

④ 법인은 회의록을 공개하여야 한다. 다만, 대통령령으로 정하는 사항에 대하여는 이사회의 의결로 공개하지 아니할 수 있다.

⑤ 회의록의 공개에 관한 기간 · 절차, 그 밖에 필요한 사항은 대통령령으로 정한다.

[본조신설 2012.1.26.]

제26조(설립허가 취소 등) ① 시 · 도지사는 법인이 다음 각 호의 어느 하나에 해당할 때에는 기간을 정하여 시정명령을 하거나 설립허가를 취소할 수 있다. 다만, 제1호 또는 제7호에 해당할 때에는 설립허가를 취소하여야 한다. 〈개정 2012.1.26.〉

1. 거짓이나 그 밖의 부정한 방법으로 설립허가를 받았을 때
2. 설립허가 조건을 위반하였을 때
3. 목적 달성이 불가능하게 되었을 때
4. 목적사업 외의 사업을 하였을 때
5. 정당한 사유 없이 설립허가를 받은 날부터 6개월 이내에 목적사업을 시작하지 아니하거나 1년 이상 사업실적이 없을 때
6. 법인이 운영하는 시설에서 반복적 또는 집단적 성폭력범죄가 발생한 때
7. 법인 설립 후 기본재산을 출연하지 아니한 때
8. 제18조 제1항의 임원정수를 위반한 때
9. 제18조 제2항을 위반하여 이사를 선임한 때
10. 제22조에 따른 임원의 해임명령을 이행하지 아니한 때
11. 그 밖에 이 법 또는 이 법에 따른 명령이나 정관을 위반하였을 때

② 법인이 제1항 각 호(제1호 및 제7호는 제외한다)의 어느 하나에 해당하여 설립허가를 취소하는 경우는 다른 방법으로 감독목적을 달성할 수 없거나 시정을 명한 후 6개월 이내에 법인이 이를 이행하지 아니한 경우로 한정한다. 〈개정 2012.1.26.〉

[전문개정 2011.8.4.]

제27조(남은 재산의 처리) ① 해산한 법인의 남은 재산은 정관으로 정하는 바에 따라 국가 또는 지방자치단체에 귀속된다.

② 제1항에 따라 국가 또는 지방자치단체에 귀속된 재산은 사회복지사업에 사용하거나 유사한 목적을 가진 법인에 무상으로 대여하거나 무상으로 사용 · 수익하게 할 수 있다. 다만, 해산한 법인의 이사 본인 및 그와 대통령령으로 정하는 특별한 관계에 있는 사람이 이사로 있는 법인에 대하여는 그러하지 아니하다.

[전문개정 2011.8.4.]

제28조(수익사업) ① 법인은 목적사업의 경비에 충당하기 위하여 필요할 때에는 법인의 설립목적 수행에 지장이 없는 범위에서 수익사업을 할 수 있다.

② 법인은 제1항에 따른 수익사업에서 생긴 수익을 법인 또는 법인이 설치한 사회복지시설의 운영 외의 목적에 사용할 수 없다.

③ 제1항에 따른 수익사업에 관한 회계는 법인의 다른 회계와 구분하여 회계처리하여야 한다.

[전문개정 2011.8.4.]

제29조 삭제 〈1999.4.30.〉

제30조(합병) ① 법인은 시 · 도지사의 허가를 받아 이 법에 따른 다른 법인과 합병할 수 있다. 다만, 주된 사무소가 서로 다른 시 · 도에 소재한 법인 간의 합병의 경우에는 보건복지부장관의 허가를 받아야 한다.

② 제1항에 따라 법인이 합병하는 경우 합병 후 존속하는 법인이나 합병으로 설립된 법인은 합병으로 소멸된 법인의 지위를 승계한다.

[전문개정 2011.8.4.]

제31조(동일명칭 사용 금지) 이 법에 따른 사회복지법인이 아닌 자는 사회복지법인이라는 명칭을 사용하지 못한다.

[전문개정 2011.8.4.]

제32조(다른 법률의 준용) 법인에 관하여 이 법에서 규정한 사항을 제외하고는 민법과 「공익법인의 설립 · 운영에 관한 법률」을 준용한다.

[전문개정 2011.8.4.]

제33조(사회복지협의회) ① 사회복지에 관한 다음 각 호의 업무를 수행하기 위하여 전국 단위의 한국사회복지협의회(이하 "중앙협의회"라 한다)와 시 · 도 단위의 시 · 도 사회복지협의회(이하 "시 · 도협의회"라 한다)를 두며, 필요한 경우에는 시 · 군 · 구 단위의 시 · 군 · 구 사회복지협의회(이하 "시 · 군 · 구협의회"라 한다)를 둘 수 있다. 〈개정 2012.1.26.〉

1. 사회복지에 관한 조사 · 연구 및 정책 건의
2. 사회복지 관련 기관 · 단체 간의 연계 · 협력 · 조정
3. 사회복지 소외계층 발굴 및 민간사회복지자원과의 연계 · 협력
4. 대통령령으로 정하는 사회복지사업의 조성 등

② 중앙협의회, 시 · 도협의회 및 시 · 군 · 구협의회는 이 법에 따른 사회복지법인으로 하되, 제23조 제1항은 적용하지 아니한다.

③ 중앙협의회의 설립 및 운영 등에 관한 허가, 인가, 보고 등에 관하여 제16조 제1항, 제17조 제2항, 제18조 제6항 · 제7항, 제22조, 제23조 제3항, 제24조, 제26조 제1항 및 제30조 제1항을 적용할 때에는 "시 · 도지사"는 "보건복지부장관"으로 본다. 〈개정 2012.1.26.〉

④ 중앙협의회, 시 · 도협의회 및 시 · 군 · 구협의회의 조직과 운영 등에 필요한 사항은 대통령령으로 정한다.

[전문개정 2011.8.4.]

제2장의2 사회복지서비스의 실시 〈신설 2003.7.30.〉

제33조의2(사회복지서비스의 신청) ① 사회복지서비스를 필요로 하는 사람(이하 "보호대상자"라 한다)과 그 친족, 그 밖의 관계인은 관할 시장 · 군수 · 구청장에게 보호대상자에 대한 사회복지서비스의 제공(이하 "서비스 제공"이라 한다)을 신청할 수 있다. 〈개정 2012.1.26.〉

② 시 · 군 · 구 복지담당공무원은 이 법에 따른 보호대상자가 누락되지 아니하도록 하기 위하여 관할지역에 거주하는 보호대상자의 서비스 제공을 직권으로 신청할 수 있다. 이 경우 보호대상자의 동의를 받아야 하며, 동의를 받은 경우에는 보호대상자가 신청한 것으로 본다. 〈개정 2012.1.26.〉

③ 시장 · 군수 · 구청장은 제1항에 따른 서비스 제공 신청을 받거나 제2항에 따른 직권신청의 동의를 받을 때 보호대상자에게 제33조의3 제1항 및 제4항에 따라 조사하거나 제공받는 자료 또는 정보에 관하여 다음 각 호의 사항을 고지하여야 한다. 〈개정 2012.1.26.〉

1. 법적 근거, 이용 목적 및 범위
2. 이용방법
3. 보유기간 및 파기방법

④ 제1항부터 제3항까지의 규정에 따른 보호의 신청 및 고지 방법 등에 관하여 필요한 사항은 보건복지부령으로 정한다.

[전문개정 2011.8.4.]

제33조의3(복지요구의 조사) ① 시장 · 군수 · 구청장은 제33조의2에 따른 서비스 제공 신청을 받으면 복지담당공무원에게 다음 각 호의 사항을 조사하게 한다. 다만, 상담을 신청받은 경우나 그 밖에 보건복지부령으로 정하는 사유에 해당하는 경우에는 그러하지 아니하다. 〈개정 2012.1.26.〉

1. 신청인의 복지요구와 관련된 사항이나 그 밖에 신청인에게 필요하다고 인정되는 사회복지서비스 및 보건의료서비스에 관한 사항
2. 보호대상자 및 그 부양의무자(국민기초생활 보장법에 따른 부양의무자를 말한다. 이하 같다)의 소득 · 재산 · 근로능력 및 취업 상태에 관한 사항
3. 보호대상자 및 그 부양의무자에 대하여 제2조 제1호 각 목의 법률에 따라 실시되는 급여, 사회복지서비스 및 보건의료서비스 중 보건복지부령으로 정하는 수혜이력에 관한 사항
4. 그 밖에 보호 실시 여부를 결정하기 위하여 필요하다고 인정하는 사항

② 시장 · 군수 · 구청장은 제1항에 따른 조사의 목적으로 자료를 확보하기 위하여 신청인 또는 보호대상자와 그 부양의무자에게 필요한 자료의 제출을 요구할 수 있다.

③ 제1항에 따른 조사 및 정보의 제공에 필요한 사항에 관하여는 국민기초생활 보장법 제22조 제3항, 제5항부터 제8항까지 및 제23조를 준용한다.

④ 보건복지부장관이나 지방자치단체의 장이 제1항에 따른 조사를 하기 위하여 금융 · 국세 · 지방세 · 토지 · 건물 · 건강보험 · 국민연금 · 고용보험 · 산재보험 · 출입국 · 병무 · 보훈급여 · 교정(矯

正) · 가족관계증명 등 대통령령으로 정하는 관련 전산망 또는 자료를 이용하려는 경우에는 관계 기관의 장에게 협조를 요청할 수 있다. 이 경우 관계 기관의 장은 정당한 사유가 없으면 요청에 따라야 한다.

⑤ 제1항에 따른 조사과정에서 보호대상자에게 의견을 진술할 기회를 제공하여야 한다. 〈신설 2012.1.26.〉

[전문개정 2011.8.4.]

제33조의4(서비스 제공의 결정) ① 시장 · 군수 · 구청장은 제33조의3에 따른 조사를 하였을 때에는 서비스 제공의 실시 여부와 그 유형을 결정하여야 한다. 〈개정 2012.1.26.〉

② 시장 · 군수 · 구청장은 제1항에 따른 서비스 제공의 실시 여부와 그 유형을 결정하려는 경우에는 보호대상자와 그 친족, 복지담당공무원 및 지역의 사회복지사업 · 보건의료사업 관련 기관 · 단체의 의견을 들을 수 있다. 〈개정 2012.1.26.〉

③ 시장 · 군수 · 구청장은 제1항에 따라 서비스 제공의 실시 여부와 그 유형을 결정하였을 때에는 이를 서면이나 전자문서로 신청인에게 알려야 한다. 〈개정 2012.1.26.〉

[전문개정 2011.8.4.]

[제목개정 2012.1.26.]

제33조의5(보호대상자별 서비스 제공 계획의 수립 등) ① 시장 · 군수 · 구청장은 보호대상자에 대하여 서비스 제공을 실시하기로 결정하였을 때에는 필요한 경우 지역사회복지협의체의 의견을 들어 다음 각 호의 사항이 포함된 보호대상자별 서비스 제공 계획을 작성하여야 한다. 이 경우 보호대상자 또는 그 친족의 의견을 고려하여야 한다. 〈개정 2012.1.26.〉

1. 사회복지서비스 및 보건의료서비스의 유형 · 방법 · 수량 및 제공기간
2. 제1호에 따른 서비스를 제공할 기관 또는 단체
3. 같은 보호대상자에 대하여 제1호에 따른 서비스를 제공하여야 할 기관 또는 단체가 둘 이상인 경우에는 기관 또는 단체 간의 연계방법

② 시장 · 군수 · 구청장은 보호대상자에 대한 사회복지서비스 실시결과를 정기적으로 평가하고 필요한 경우 보호대상자별 서비스 제공 계획을 변경할 수 있다. 〈개정 2012.1.26.〉

③ 제1항에 따른 보호대상자별 서비스 제공 계획의 작성 등에 필요한 사항은 보건복지부령으로 정한다. 〈개정 2012.1.26.〉

[전문개정 2011.8.4.]

[제목개정 2012.1.26.]

제33조의6(서비스 제공의 실시) ① 시장 · 군수 · 구청장은 제33조의5에 따라 작성된 보호대상자별 서비스 제공 계획에 따라 서비스 제공을 실시하여야 한다. 〈개정 2012.1.26.〉

② 시장 · 군수 · 구청장은 긴급히 서비스 제공을 실시할 필요가 있는 경우 등 보건복지부장관이 인정하는 경우에는 이 장의 규정에 따른 절차의 일부를 생략할 수 있다. 〈개정 2012.1.26.〉

[전문개정 2011.8.4.]

[제목개정 2012.1.26.]

제33조의7(서비스 제공의 방법) ① 보호대상자에 대한 서비스 제공은 현물(現物)로 제공하는 것을 원칙으로 한다. 〈개정 2012.1.26.〉

② 시장 · 군수 · 구청장은 국가 또는 지방자치단체 외의 자로 하여금 제1항의 서비스 제공을 실시하게 하는 경우에는 보호대상자에게 사회복지서비스 이용권(이하 "이용권"이라 한다)을 지급하여 국가 또는 지방자치단체 외의 자로부터 그 이용권으로 서비스 제공을 받게 할 수 있다. 〈개정 2012.1.26.〉

③ 삭제 〈2011.8.4.〉

[전문개정 2011.8.4.]

[제목개정 2012.1.26.]

제33조의8(정보의 파기) 보건복지부장관 및 시장 · 군수 · 구청장은 제33조의3 제2항부터 제4항까지의 규정에 따라 조사하거나 제공받은 정보 중 보호대상자가 아닌 사람의 정보는 5년을 초과하여 보유할 수 없다. 이 경우 정보의 보유기한이 지나면 지체 없이 이를 파기하여야 한다.

[전문개정 2011.8.4.]

제3장 사회복지시설 〈개정 2011.8.4.〉

제34조(사회복지시설의 설치) ① 국가나 지방자치단체는 사회복지시설(이하 "시설"이라 한다)을 설치 · 운영할 수 있다. 〈개정 2011.8.4.〉

② 국가 또는 지방자치단체 외의 자가 시설을 설치 · 운영하려는 경우에는 보건복지부령으로 정하는 바에 따라 시장 · 군수 · 구청장에게 신고하여야 한다. 다만, 제40조에 따라 폐쇄명령을 받고 3년이 지나지 아니한 자는 시설의 설치 · 운영 신고를 할 수 없다. 〈개정 2011.8.4., 2012.1.26.〉

③ 시설을 설치 · 운영하는 자는 보건복지부령으로 정하는 재무 · 회계에 관한 기준에 따라 시설을 투명하게 운영하여야 한다. 〈신설 2011.8.4.〉

④ 제1항에 따라 국가나 지방자치단체가 설치한 시설은 필요한 경우 사회복지법인이나 비영리법인에 위탁하여 운영하게 할 수 있다. 〈개정 2011.8.4., 2012.1.26.〉

⑤ 제4항에 따른 위탁운영의 기준 · 기간 및 방법 등에 관하여 필요한 사항은 보건복지부령으로 정한다. 〈개정 2011.8.4., 2012.1.26.〉

[제목개정 2011.8.4.]

제34조의2(시설의 통합 설치 · 운영 등에 관한 특례) ① 이 법 또는 제2조 제1호 각 목의 법률에 따른 시설을 설치 · 운영하려는 경우에는 지역 특성과 시설분포의 실태를 고려하여 이 법 또는 제2조 제1호 각 목의 법률에 따른 시설을 통합하여 하나의 시설로 설치 · 운영하거나 하나의 시설

에서 둘 이상의 사회복지사업을 통합하여 수행할 수 있다. 이 경우 국가 또는 지방자치단체 외의 자는 통합하여 설치 · 운영하려는 각각의 시설이나 사회복지사업에 관하여 해당 관계 법령에 따라 신고하거나 허가 등을 받아야 한다.

② 제1항에 따라 둘 이상의 시설을 통합하여 하나의 시설로 설치 · 운영하거나 하나의 시설에서 둘 이상의 사회복지사업을 통합하여 수행하는 경우 해당 시설에서 공동으로 이용하거나 배치할 수 있는 시설 및 인력 기준 등은 보건복지부령으로 정한다.

[본조신설 2011.8.4.]

[종전 제34조의2는 제34조의3으로 이동 〈2011.8.4.〉]

제34조의3(보험가입 의무) ① 시설의 운영자는 다음 각 호의 손해배상책임을 이행하기 위하여 손해보험회사의 책임보험에 가입하거나 「사회복지사 등의 처우 및 지위 향상을 위한 법률」 제4조에 따른 한국사회복지공제회의 책임공제에 가입하여야 한다. 〈개정 2012.1.26., 2012.5.23., 2013.6.4.〉

1. 화재로 인한 손해배상책임
2. 화재 외의 안전사고로 인하여 생명 · 신체에 피해를 입은 보호대상자에 대한 손해배상책임

② 국가나 지방자치단체는 예산의 범위에서 제1항에 따른 책임보험 또는 책임공제의 가입에 드는 비용의 전부 또는 일부를 보조할 수 있다. 〈개정 2012.1.26.〉

③ 제1항에 따라 책임보험이나 책임공제에 가입하여야 할 시설의 범위는 대통령령으로 정한다. 〈개정 2012.1.26.〉

[전문개정 2011.8.4.]

[제34조의2에서 이동, 종전 제34조의3은 제34조의4로 이동 〈2011.8.4.〉]

제34조의4(시설의 안전점검 등) ① 시설의 장은 시설에 대하여 정기 및 수시 안전점검을 실시하여야 한다.

② 시설의 장은 제1항에 따라 정기 또는 수시 안전점검을 한 후 그 결과를 시장 · 군수 · 구청장에게 제출하여야 한다.

③ 시장 · 군수 · 구청장은 제2항에 따른 결과를 받은 후 필요한 경우에는 시설의 운영자에게 시설의 보완 또는 개수(改修) · 보수를 요구할 수 있으며, 이 경우 시설의 운영자는 요구에 따라야 한다.

④ 국가나 지방자치단체는 예산의 범위에서 제1항부터 제3항까지의 규정에 따른 안전점검, 시설의 보완 및 개수 · 보수에 드는 비용의 전부 또는 일부를 보조할 수 있다.

⑤ 제1항부터 제4항까지의 규정에 따른 정기 또는 수시 안전점검을 받아야 하는 시설의 범위, 안전점검 시기, 안전점검기관 및 그 절차는 대통령령으로 정한다.

[전문개정 2011.8.4.]

[제34조의3에서 이동 〈2011.8.4.〉]

제34조의5(사회복지관의 설치 등) ① 제34조 제1항과 제2항에 따른 시설 중 사회복지관은 지역사회의 특성과 지역주민의 복지욕구를 고려하여 서비스 제공 등 지역복지 증진을 위한 사업을 실시할

수 있다.

② 사회복지관은 모든 지역주민을 대상으로 사회복지서비스를 실시하되, 다음 각 호의 지역주민에게 우선 제공하여야 한다.

1. 국민기초생활 보장법에 따른 수급자 및 차상위계층
2. 장애인, 노인, 한부모가족 및 다문화가족
3. 직업 및 취업 알선이 필요한 사람
4. 보호와 교육이 필요한 유아 · 아동 및 청소년
5. 그 밖에 사회복지관의 사회복지서비스를 우선 제공할 필요가 있다고 인정되는 사람

③ 그 밖에 사회복지관의 설치 · 운영 · 사업 등에 필요한 사항은 보건복지부령으로 정한다.

[본조신설 2012.1.26.]

제35조(시설의 장) ① 시설의 장은 상근(常勤)하여야 한다.

② 다음 각 호의 어느 하나에 해당하는 사람은 시설의 장이 될 수 없다. 〈개정 2012.1.26.〉

1. 제7조 제3항 각 호의 어느 하나에 해당하는 사람
2. 제22조에 따른 해임명령에 따라 해임된 날부터 5년이 지나지 아니한 사람
3. 사회복지분야의 6급 이상 공무원으로 재직하다 퇴직한 지 2년이 경과하지 아니한 사람 중에서 퇴직 전 3년 동안 소속하였던 기초자치단체가 관할하는 시설의 장이 되고자 하는 사람

[전문개정 2011.8.4.]

제35조의2(종사자) ① 사회복지법인과 사회복지시설을 설치 · 운영하는 자는 시설에 근무할 종사자를 채용할 수 있다.

② 다음 각 호의 어느 하나에 해당하는 사람은 사회복지법인 또는 사회복지시설의 종사자가 될 수 없다.

1. 제7조 제3항 제7호 또는 제8호에 해당하는 사람
2. 제1호에도 불구하고 종사자로 재직하는 동안 시설이용자를 대상으로 「성폭력범죄의 처벌 등에 관한 특례법」 제2조에 따른 성폭력범죄 및 「아동 · 청소년의 성보호에 관한 법률」 제2조 제2호에 따른 아동 · 청소년대상 성범죄를 저질러 금고 이상의 형 또는 치료감호를 선고받고 그 형이 확정된 사람

[본조신설 2012.1.26.]

제36조(운영위원회) ① 시설의 장은 시설의 운영에 관한 다음 각 호의 사항을 심의하기 위하여 시설에 운영위원회를 두어야 한다. 다만, 보건복지부령으로 정하는 경우에는 복수의 시설에 공동으로 운영위원회를 둘 수 있다. 〈개정 2012.1.26.〉

1. 시설운영계획의 수립 · 평가에 관한 사항
2. 사회복지 프로그램의 개발 · 평가에 관한 사항
3. 시설 종사자의 근무환경 개선에 관한 사항

4. 시설 거주자의 생활환경 개선 및 고충 처리 등에 관한 사항
5. 시설 종사자와 거주자의 인권보호 및 권익증진에 관한 사항
6. 시설과 지역사회의 협력에 관한 사항
7. 그 밖에 시설의 장이 운영위원회의 회의에 부치는 사항

② 운영위원회의 위원은 다음 각 호의 어느 하나에 해당하는 사람 중에서 관할 시장 · 군수 · 구청장이 임명하거나 위촉한다. 〈신설 2012.1.26.〉

1. 시설의 장
2. 시설 거주자 대표
3. 시설 거주자의 보호자 대표
4. 시설 종사자의 대표
5. 해당 시 · 군 · 구 소속의 사회복지업무를 담당하는 공무원
6. 후원자 대표 또는 지역주민
7. 공익단체에서 추천한 사람
8. 그 밖에 시설의 운영 또는 사회복지에 관하여 전문적인 지식과 경험이 풍부한 사람

③ 시설의 장은 다음 각 호의 사항을 제1항에 따른 운영위원회에 보고하여야 한다. 〈신설 2012.1. 26.〉

1. 시설의 회계 및 예산 · 결산에 관한 사항
2. 후원금 조성 및 집행에 관한 사항
3. 그 밖에 시설운영과 관련된 사건 · 사고에 관한 사항

④ 그 밖에 운영위원회의 조직 및 운영에 관한 사항은 보건복지부령으로 정한다. 〈개정 2012.1. 26.〉

[전문개정 2011.8.4.]

제37조(시설의 서류 비치) 시설의 장은 후원금품대장 등 보건복지부령으로 정하는 서류를 시설에 갖추어 두어야 한다.

[전문개정 2011.8.4.]

제38조(시설의 휴지 · 재개 · 폐지 신고 등) ① 제34조 제2항에 따른 신고를 한 자는 지체 없이 시설의 운영을 시작하여야 한다.

② 시설의 운영자는 그 운영을 일정 기간 중단하거나 다시 시작하거나 시설을 폐지하려는 경우에는 보건복지부령으로 정하는 바에 따라 시장 · 군수 · 구청장에게 신고하여야 한다.

③ 시장 · 군수 · 구청장은 제2항에 따라 시설 운영이 중단되거나 시설이 폐지되는 경우에는 보건복지부령으로 정하는 바에 따라 시설 거주자의 권익을 보호하기 위하여 다음 각 호의 조치를 하여야 한다. 〈개정 2012.1.26.〉

1. 시설 거주자가 다른 시설을 선택할 수 있도록 하고 그 이행을 확인하는 조치
2. 시설 거주자가 이용료 · 사용료 등의 비용을 부담하는 경우 납부한 비용 중 사용하지 아니한 금액을 반환하게 하고 그 이행을 확인하는 조치

3. 보조금 · 후원금 등의 사용 실태 확인과 이를 재원으로 조성한 재산 중 남은 재산의 회수조치
4. 그 밖에 시설 거주자의 권익보호를 위하여 필요하다고 인정되는 조치

④ 시설 운영자가 제2항에 따라 시설운영을 재개하려고 할 때에는 보건복지부령으로 정하는 바에 따라 시설 거주자의 권익을 보호하기 위하여 다음 각 호의 조치를 하여야 한다. 〈신설 2012.1.26.〉

1. 운영 중단 사유의 해소
2. 향후 안정적 운영계획의 수립
3. 그 밖에 시설 거주자의 권익보호를 위하여 보건복지부장관이 필요하다고 인정하는 조치

⑤ 제1항과 제2항에 따른 시설 운영의 개시 · 중단 · 재개 및 시설 폐지의 신고 등에 관하여 필요한 사항은 보건복지부령으로 정한다 〈신설 2012.1.26.〉

[전문개정 2011.8.4.]

제39조 삭제 〈1999.4.30.〉

제40조(시설의 개선, 사업의 정지, 시설의 폐쇄 등) ① 보건복지부장관, 시 · 도지사 또는 시장 · 군수 · 구청장은 시설이 다음 각 호의 어느 하나에 해당할 때에는 그 시설의 개선, 사업의 정지, 시설의 장의 교체를 명하거나 시설의 폐쇄를 명할 수 있다. 〈개정 2012.1.26.〉

1. 시설이 설치기준에 미달하게 되었을 때
2. 사회복지법인 또는 비영리법인이 설치 · 운영하는 시설의 경우 그 사회복지법인 또는 비영리법인의 설립허가가 취소되었을 때
3. 설치목적이 달성되었거나 그 밖의 사유로 계속하여 운영될 필요가 없다고 인정할 때
4. 회계부정이나 불법행위 또는 그 밖의 부당행위 등이 발견되었을 때
5. 제34조 제2항에 따른 신고를 하지 아니하고 시설을 설치 · 운영하였을 때
6. 제36조 제1항에 따른 운영위원회를 설치하지 아니하거나 운영하지 아니하였을 때
7. 정당한 이유 없이 제51조 제1항에 따른 보고 또는 자료 제출을 하지 아니하거나 거짓으로 하였을 때
8. 정당한 이유 없이 제51조 제1항에 따른 검사 · 질문을 거부 · 방해하거나 기피하였을 때
9. 시설에서 「성폭력범죄의 처벌 등에 관한 특례법」 제2조 제1항 제3호부터 제5호까지의 성폭력범죄 또는 「아동 · 청소년의 성보호에 관한 법률」 제2조 제3호의 아동 · 청소년대상 성폭력범죄가 발생한 때
10. 1년 이상 시설이 휴지상태에 있어 시장 · 군수 · 구청장이 재개를 권고하였음에도 불구하고 재개하지 아니한 때

② 제1항에 따른 사업의 정지 및 시설의 폐쇄 명령을 받은 경우에는 제38조 제3항을 준용한다.

③ 제1항에 따른 행정처분의 세부적인 기준은 그 위반행위의 유형과 위반 정도 등을 고려하여 보건복지부령으로 정한다.

[전문개정 2011.8.4.]

제41조(시설 수용인원의 제한) 각 시설의 수용인원은 300명을 초과할 수 없다. 다만, 대통령령으로

정하는 경우에는 그러하지 아니하다.
[전문개정 2011.8.4.]

제3장의2 재가복지 〈신설 2003.7.30.〉

제41조의2(재가복지서비스) ① 국가나 지방자치단체는 보호대상자가 다음 각 호의 어느 하나에 해당하는 재가복지서비스를 제공받도록 할 수 있다.

1. 가정봉사서비스 : 가사 및 개인활동을 지원하거나 정서활동을 지원하는 서비스
2. 주간 · 단기 보호서비스 : 주간 · 단기 보호시설에서 급식 및 치료 등 일상생활의 편의를 낮 동안 또는 단기간 동안 제공하거나 가족에 대한 교육 및 상담을 지원하는 서비스

② 시장 · 군수 · 구청장은 제33조의5에 따른 보호대상자별 서비스 제공 계획에 따라 보호대상자에게 사회복지서비스를 제공하는 경우 시설 입소에 우선하여 제1항 각 호의 재가복지서비스를 제공하도록 하여야 한다. 〈개정 2012.1.26.〉
[전문개정 2011.8.4.]

제41조의3(보호대상자의 보호자에 대한 지원) 국가나 지방자치단체는 제33조의4에 따라 서비스 제공이 결정된 보호대상자를 자신의 가정에서 돌보는 사람에 대하여 보건복지부령으로 정하는 바에 따라 그 보호자의 부담을 줄이기 위한 상담을 실시하거나 금전적 지원 등을 할 수 있다. 〈개정 2012.1.26.〉
[전문개정 2011.8.4.]

제41조의4(가정봉사원의 양성) 국가나 지방자치단체는 재가복지서비스를 필요로 하는 가정 또는 시설에서 보호대상자가 일상생활을 하기 위하여 필요한 각종 편의를 제공하는 가정봉사원을 양성하도록 노력하여야 한다.
[전문개정 2011.8.4.]

제4장 보칙 〈개정 2011.8.4.〉

제42조(보조금 등) ① 국가나 지방자치단체는 사회복지사업을 하는 자 중 대통령령으로 정하는 자에게 운영비 등 필요한 비용의 전부 또는 일부를 보조할 수 있다. 〈개정 2016.2.3.〉

② 제1항에 따른 보조금은 그 목적 외의 용도에 사용할 수 없다.

③ 국가나 지방자치단체는 제1항에 따라 보조금을 받은 자가 다음 각 호의 어느 하나에 해당할 때에는 이미 지급한 보조금의 전부 또는 일부의 반환을 명할 수 있다. 다만, 제1호 및 제2호의 경우에는 반환을 명하여야 한다. 〈개정 2016.2.3.〉

1. 거짓이나 그 밖의 부정한 방법으로 보조금을 받았을 때

2. 사업목적 외의 용도에 보조금을 사용하였을 때

3. 이 법 또는 이 법에 따른 명령을 위반하였을 때

④ 제1항에 따른 보조금과 관련하여 이 법에서 규정한 사항 외에는 「보조금 관리에 관한 법률」 및 지방재정법을 따른다. 〈신설 2016.2.3.〉

[전문개정 2011.8.4.]

제42조의2(국유 · 공유 재산의 우선매각) 국가나 지방자치단체는 사회복지사업과 관련한 시설을 설치하거나 사업을 육성하기 위하여 필요하다고 인정하면 국유재산법과 공유재산 및 물품 관리법에도 불구하고 사회복지법인 또는 사회복지시설에 국유 · 공유 재산을 우선매각하거나 임대할 수 있다.

[전문개정 2011.8.4.]

제42조의3(지방자치단체에 대한 지원금) ① 보건복지부장관은 시 · 도지사 및 시장 · 군수 · 구청장에게 사회복지사업의 수행에 필요한 비용을 지원할 수 있다. 〈개정 2008.2.29., 2010.1.18.〉

② 보건복지부장관은 「사회보장급여의 이용 · 제공 및 수급권자 발굴에 관한 법률」 제39조에 따른 평가결과를 반영하여 제1항에 따른 지원을 할 수 있다. 〈개정 2008.2.29., 2010.1.18., 2014.12.30.〉

③ 제1항에 따른 지원금의 지급기준 · 지급방법 등에 관하여 필요한 사항은 보건복지부령으로 정한다. 〈개정 2008.2.29., 2010.1.18.〉

[본조신설 2007.12.14.]

제43조(시설의 서비스 최저기준) ① 보건복지부장관은 시설에서 제공하는 서비스의 최저기준을 마련하여야 한다.

② 시설 운영자는 제1항의 서비스 최저기준 이상으로 서비스 수준을 유지하여야 한다.

③ 제1항의 서비스 기준 대상시설과 서비스 내용 등에 관하여 필요한 사항은 보건복지부령으로 정한다.

[본조신설 2012.1.26.]

[종전 제43조는 제43조의2로 이동 〈2012.1.26.〉]

제43조의2(시설의 평가) ① 보건복지부장관과 시 · 도지사는 보건복지부령으로 정하는 바에 따라 시설을 정기적으로 평가하고, 그 결과를 공표하거나 시설의 감독 · 지원 등에 반영할 수 있으며 시설 거주자를 다른 시설로 보내는 등의 조치를 할 수 있다.

② 보건복지부장관이나 시 · 도지사는 제1항의 평가결과에 따라 시설 거주자를 다른 시설로 보내는 경우에는 제38조 제3항의 조치를 하여야 한다.

[전문개정 2012.1.26.]

[제43조에서 이동 〈2012.1.26.〉]

제44조(비용의 징수) 이 법에 따른 복지조치에 필요한 비용을 부담한 지방자치단체의 장이나 그 밖에 시설을 운영하는 자는 그 혜택을 받은 본인 또는 그 부양의무자로부터 대통령령으로 정하는 바에

따라 그가 부담한 비용의 전부 또는 일부를 징수할 수 있다.

[전문개정 2011.8.4.]

제45조(후원금의 관리) ① 사회복지법인의 대표이사와 시설의 장은 아무런 대가 없이 무상으로 받은 금품이나 그 밖의 자산(이하 "후원금"이라 한다)의 수입 · 지출 내용을 공개하여야 하며 그 관리에 명확성이 확보되도록 하여야 한다. 〈개정 2012.1.26.〉

② 후원금에 관한 영수증 발급, 수입 및 사용결과 보고, 그 밖에 후원금 관리 및 공개 절차 등 구체적인 사항은 보건복지부령으로 정한다. 〈개정 2012.1.26.〉

[전문개정 2011.8.4.]

제46조(한국사회복지사협회) ① 사회복지사는 사회복지에 관한 전문지식과 기술을 개발 · 보급하고, 사회복지사의 자질 향상을 위한 교육훈련을 실시하며, 사회복지사의 복지증진을 도모하기 위하여 한국사회복지사협회(이하 "협회"라 한다)를 설립한다.

② 제1항에 따른 협회는 법인으로 하되, 협회의 조직과 운영 등에 필요한 사항은 대통령령으로 정한다.

③ 협회에 관하여 이 법에서 규정한 사항을 제외하고는 민법 중 사단법인에 관한 규정을 준용한다.

[전문개정 2011.8.4.]

제47조(비밀누설의 금지) 사회복지사업 또는 사회복지업무에 종사하였거나 종사하고 있는 사람은 그 업무수행 과정에서 알게 된 다른 사람의 비밀을 누설하여서는 아니 된다.

[전문개정 2011.8.4.]

제48조(압류 금지) 이 법 및 제2조 제1호 각 목의 법률에 따라 지급된 금품과 이를 받을 권리는 압류하지 못한다.

[전문개정 2011.8.4.]

제49조(청문) 보건복지부장관, 시 · 도지사 또는 시장 · 군수 · 구청장은 제26조 또는 제40조에 따른 허가의 취소 또는 시설의 폐쇄를 하려면 청문을 하여야 한다.

[전문개정 2011.8.4.]

제50조(포상) 정부는 사회복지사업에 관하여 공로가 현저하거나 모범이 되는 자에게 포상(褒賞)을 할 수 있다.

[전문개정 2011.8.4.]

제51조(지도 · 감독 등) ① 보건복지부장관, 시 · 도지사 또는 시장 · 군수 · 구청장은 사회복지사업을 운영하는 자의 소관 업무에 관하여 지도 · 감독을 하며, 필요한 경우 그 업무에 관하여 보고 또는 관계 서류의 제출을 명하거나, 소속 공무원으로 하여금 사회복지법인의 사무소 또는 시설에 출입하여 검사 또는 질문을 하게 할 수 있다.

② 사회복지법인의 주된 사무소의 소재지와 시설의 소재지가 같은 시 · 도 또는 시 · 군 · 구에 있지 아니한 경우 그 시설의 업무에 관하여는 시설 소재지의 시 · 도지사 또는 시장 · 군수 · 구청장이 지

도 · 감독 등을 한다. 이 경우 지도 · 감독 등을 위하여 필요할 때에는 사회복지법인의 업무에 대하여 사회복지법인의 주된 사무소 소재지의 시 · 도지사 또는 시장 · 군수 · 구청장에게 협조를 요청할 수 있다.

③ 제2항에 따른 지도 · 감독 등에 관하여 따로 지방자치단체 간에 협약을 체결한 경우에는 제2항에도 불구하고 협약에서 정한 시 · 도지사 또는 시장 · 군수 · 구청장이 지도 · 감독 등의 업무를 수행한다.

④ 제1항에 따라 검사 또는 질문을 하는 관계 공무원은 그 권한을 표시하는 증표를 지니고 이를 관계인에게 보여주어야 한다.

⑤ 보건복지부장관 또는 시 · 도지사는 지도 · 감독을 실시한 후 제26조 및 제40조에 따른 행정처분 등을 한 경우에는 처분 대상인 법인 또는 시설의 명칭, 처분사유, 처분내용 등 처분과 관련된 정보를 대통령령으로 정하는 바에 따라 공표할 수 있다. 〈신설 2012.1.26.〉

⑥ 지도 · 감독 기관은 사회복지사업을 운영하는 자의 소관업무에 대한 지도 · 감독에 있어 필요한 경우 촉탁할 수 있으며 촉탁받은 자의 업무범위와 권한은 대통령령으로 정한다. 〈신설 2012.1.26.〉

[전문개정 2011.8.4.]

제52조(권한의 위임 또는 위탁) ① 이 법에 따른 보건복지부장관 또는 시 · 도지사의 권한은 대통령령으로 정하는 바에 따라 그 일부를 시 · 도지사 또는 시장 · 군수 · 구청장에게 위임할 수 있다.

② 보건복지부장관은 이 법에 따른 업무의 일부를 대통령령으로 정하는 바에 따라 제6조의3 제1항에 따른 전담기구, 사회복지 관련 기관 또는 단체에 위탁할 수 있다.

[전문개정 2011.8.4.]

제5장 벌칙 〈개정 2011.8.4.〉

제53조(벌칙) 다음 각 호의 어느 하나에 해당하는 자는 5년 이하의 징역 또는 1천500만 원 이하의 벌금에 처한다.

1. 제23조 제3항을 위반한 자
2. 제42조 제2항을 위반한 자

[전문개정 2011.8.4.]

제53조의2 삭제 〈2014.12.30.〉

제53조의3 삭제 〈2014.12.30.〉

제54조(벌칙) 다음 각 호의 어느 하나에 해당하는 자는 1년 이하의 징역 또는 1천만 원 이하의 벌금에 처한다.

1. 제6조 제1항을 위반한 자
2. 제28조 제2항을 위반한 자

3. 제34조 제2항에 따른 신고를 하지 아니하고 시설을 설치 · 운영한 자
4. 정당한 이유 없이 제38조 제3항(제40조 제2항에서 준용하는 경우를 포함한다)에 따른 시설 거주자 권익 보호조치를 기피하거나 거부한 자
5. 정당한 이유 없이 제40조 제1항에 따른 명령을 이행하지 아니한 자
6. 제47조를 위반한 자
7. 정당한 이유 없이 제51조 제1항에 따른 보고를 하지 아니하거나 거짓으로 보고한 자, 자료를 제출하지 아니하거나 거짓 자료를 제출한 자, 검사 · 질문을 거부 · 방해 또는 기피한 자

[전문개정 2011.8.4.]

제55조(벌칙) 제13조를 위반한 자는 300만 원 이하의 벌금에 처한다.

[전문개정 2011.8.4.]

제56조(양벌규정) 법인의 대표자나 법인 또는 개인의 대리인 · 사용인, 그 밖의 종업원이 그 법인 또는 개인의 업무에 관하여 제53조, 제54조 및 제55조의 위반행위를 하면 그 행위자를 벌하는 외에 그 법인 또는 개인에게도 해당 조문의 벌금형을 과(科)한다. 다만, 법인 또는 개인이 그 위반행위를 방지하기 위하여 해당 업무에 관하여 상당한 주의와 감독을 게을리하지 아니한 경우에는 그러하지 아니하다. 〈개정 2014.12.30.〉

[전문개정 2011.8.4.]

제57조(벌칙 적용 시의 공무원 의제) 제12조 제1항 또는 제52조 제2항에 따라 위탁받은 업무를 수행하는 제6조의3 제1항에 따른 전담기구, 사회복지 관련 기관 또는 단체 임직원은 형법 제129조부터 제132조까지의 규정을 적용할 때에는 공무원으로 본다.

[전문개정 2011.8.4.]

제58조(과태료) ① 제13조 제2항 단서 및 제3항, 제18조 제6항, 제24조, 제31조, 제34조의3, 제34조의4, 제37조, 제38조 제1항 · 제2항 또는 제45조를 위반한 자에게는 300만 원 이하의 과태료를 부과한다. 〈개정 2012.1.26.〉

② 제33조의3 제1항 각 호에 따른 서류, 그 밖에 소득 · 재산 등에 관한 자료를 정당한 사유 없이 제출하지 아니하거나 거짓 자료를 제출한 자 또는 조사 · 질문을 기피 · 거부 · 방해하거나 거짓 답변을 한 자에게는 20만 원 이하의 과태료를 부과한다.

③ 제1항 또는 제2항에 따른 과태료는 대통령령으로 정하는 바에 따라 보건복지부장관, 시 · 도지사 또는 시장 · 군수 · 구청장이 부과 · 징수한다.

[전문개정 2011.8.4.]

부칙 〈제13996호, 2016.2.3.〉

이 법은 공포 후 6개월이 경과한 날부터 시행한다. 다만, 제2조 제1호 퍼목의 개정규정은 공포 후 1년이 경과한 날부터 시행하고, 제42조의 개정규정은 공포한 날부터 시행한다.

참고문헌

강경혜 외(1995). 성인장애인을 위한 취업 프로그램 모형 개발. 태화임상 사회사업연구, 제2호. 태화기독교사회복지관.

강흥구(1995). 의료환경의 변화와 의료사회복지실천의 과제. 사회복지, 봄호.

강흥구(2004). 의료사회복지실천론. 서울 : 현학사.

강흥구 · 이상진 · 박미정(2003). 의료사회복지실천의 표준, 기준 지표에 관한 연구. 대한의료사회복지사협회.

고승덕 외(2003). 사회복지개론. 서울 : 교문사.

공계순 외(2003). 아동복지론. 서울 : 학지사.

공세권 외(1995). 가족정책의 기본골격과 접근방안. 서울 : 한국보건사회연구.

구자헌(1972). 한국사회복지사. 서울 : 한국사회복지연구소.

국민연금관리공단(1998). 국민연금10년사.

권구영(2006). "정신의료기관의 사회복지사들의 처우 및 역할강화에 관한토론". 정신보건 영역별 사회복지사의 처우 및 역량강화, 한국정신보건사회사업학회 2006년 춘계학술대회 자료집, 21-28.

권오구(1999). 사회복지발달사. 서울 : 홍익재.

권육상(2003). 의료사회사업론. 서울 : 유풍출판사.

권이종(1996). 청소년학개론. 경기 : 교육과학사.

권진숙 · 김정진 · 전석균 · 성준모(2009). 정신보건복지론. 경기 : 공동체.

김규수(2000). 정신보건사회사업실천론. 서울 : 형설출판사.

김규수(2005). 의료사회복지실천론. 서울 : 형설출판사.

김근홍 · 박영란 · 이정규(2005). 사회문제와 사회복지. 경기 : 학현사.

김기원(2000). 공공부조론. 서울 : 학지사.

김기원(2001). 사회복지조사론. 서울 : 나눔의 집.

김기태 외(2002). 사회복지실천론. 서울 : 양서원.

김기태 · 박병현 · 최송식(1999). 사회복지의 이해. 서울 : 박영사.

김기태 · 황성동 · 최송식 · 박봉길 · 최말옥(2013). 정신보건복지론. 경기 : 양서원.

김기환(1999). 사회복지관의 학교사회사업 성과와 발전 방향. 학교사회사업학. 학교사회사업학회.

김동국 편(1986). 사회복지사. 서울 : 집현전.
김동국(1996). 서양사회복지사론. 서울 : 유풍출판사.
김만두(1982). 현대사회복지총론. 서울 : 홍익재.
김미곤(1997). 최저생계비 계측현황과 정책과제. 서울 : 한국보건사회연구.
김미혜 외(1995). 양성평등이 보장되는 복지사회. 서울 : 미래인력연구센터.
김범수(2004). 지역사회복지의 이해. 서울 : 현학사.
김상균 외(1997). 학생비행 예방 및 선도를 위한 복지 프로그램 개발에 관한 연구. 서울대학교 사회복지연구소.
김성경 외(2005). 아동복지론. 경기 : 양서원.
김성옥 외(2003). 사회복지개론. 서울 : 현학사.
김성이(1993). 청소년복지의 개념과 의의. 청소년복지론. 한국청소년개발원.
김성천(1991). 한국 여성복지정책의 유형분석에 관한 연구. 여성연구, 제9권 봄호. 한국여성개발원.
김성천 · 서명선(1993). 여성학과 사회복지. 서울 : 한울.
김수신 · 정홍익(1996). 사회복지행정론. 서울 : 한국방송대학교출판부.
김영모(1996). 가족복지사업의 평가연구. 사회복지연구, 창간호. 중앙대사회복지학회.
김영모(2001). 지역사회복지론. 서울 : 고헌출판부.
김영석(2002). 사회조사방법론 – SPSS WIN 통계분석. 서울 : 나남출판.
김영순(2007). "사회투자국가가 우리의 대안인가". 경제와 사회, 74, 84-113, 한국산업사회학회.
김영종(1998). 사회복지행정. 서울 : 학지사.
김용득 · 유동철 편(1999). 한국장애인복지의 이해. 서울 : 인간과 복지.
김응렬(2001). 사회조사방법론의 이해. 서울 : 고려대학교출판부.
김익균(2003). 가족복지론. 서울 : 교문사
김종옥 · 권중돈(1993). 집단사회사업방법론. 서울 : 홍익재.
김중대(1989; 1992). 장애인복지론. 서울 : 홍익출판사.
김형식 · 이영철 · 신준섭(2001). 사회복지행정론. 서울 : 동인.
남상만 외(1997). 장애인복지개론. 서울 : 홍익재.
남세진 외(1995). 한국사회복지론. 서울 : 나남출판.
남세진(1997). 한국 사회복지의 선택. 서울 : 나남출판.
남일재 외(2004). 사회복지행정론. 서울 : 현학사.
남일재(1992). 맹자의 정치사상. 동아대학교 대학원 박사학위논문.
노병일(1999). 사회보장론. 서울 : 대학출판사.

대한교육연합회(1986). "청소년행동성향에 관한 연구".

대한민국정부(2010). 새로마지플랜 2015 : 저출산 · 고령사회 기본계획.

문인숙 · 양옥경(1999). 정신장애와 사회사업. 서울 : 일신사.

문재우 외(2004). 사회복지개론. 서울 : 계축문화사.

문진영(2000). 국민기초생활보장법 제정의 쟁점과 운영방안에 관한 연구. 사회복지학주최 포럼 발표논문.

문창진(1997). 보건의료사회학. 서울 : 신광출판사.

박경일 외(2000). 사회복지학강의. 서울 : 양서원.

박능후(2000). 소득분배 개선을 위한 복지정책. 소득분배 개선을 위한 정책토론회 자료집.

박봉길 외(2001). 현대사회복지학. 서울 : 양서원.

박석돈 외(2004). 사회복지학개론. 서울 : 삼우사.

박석돈(2004). 노인복지론. 서울 : 삼우사.

박순일 · 박능후 · 강성호(1999). 경제위기 이후의 한국의 빈곤실태 및 특징. 한국보건사회연구원 워크숍 발표자료.

박옥희(2001). 장애인복지론. 서울 : 학문사.

박우순(1996). 현대조직론. 서울 : 법문사.

박차상 외(2003). 한국노인복지론. 서울 : 학지사.

배규한 · 이태림 · 이기재(2000). 조사방법론과 사회통계. 서울 : 데이터솔루션.

배성우 · 김이영(2005). 사회복귀시설에서 제공한 서비스가 정신장애인의 삶의 질에 미치는 효과의 종단적 검증. 정신보건과 사회사업, 20 : 69-94.

변화순(1989). 한국가족정책에 관한 종합적 연구. 여성연구, 7(1). 한국여성개발원.

보건복지가족부(2008). 통계길잡이.

______________(2009). 2008년도 노인실태조사 : 전국 노인생활실태 및 복지욕구조사.

보건복지가족부 · 서울대학교병원(2009). 2008년 치매노인유병률 조사.

보건복지부(2005). 2005년 정신보건전문요원 수련기관 지정 및 정원조정(안). 보건복지부 건강증진국 정신보건팀 내부자료.

__________(2005). 노인복지사업지침.

__________(2006). 사회복지공통업무지침.

__________(2010). 노인보건복지사업안내.

봉민근(1997). 사회복지정책론. 서울 : 학문사.

사회보장심의위원회 역(1966). *Social Insurance and Allied Services*. Reported by William Beveridge (1942). 사회보험과 관련사업. 서울 : 시사문화사.

사회복지대백과사전(1999). 서울 : 나눔의 집.
서동우(2001). 지역정신보건사업 기술지원단 사업보고서. 한국보건사회연구원.
성규탁(1985; 1992). 사회복지행정조직론. 서울 : 박영사.
성민선 외(2004). 학교사회복지의 이론과 실제. 서울 : 학지사.
성영혜 · 김연진(2002). 아동복지 이론과 실제. 서울 : 동문사.
성정현 외(2005). 가족복지론. 경기 : 양서원.
손아련(1999). 학교사회복지의 효과적인 발전방안. 세종대학교 대학원 석사학위논문.
송광성 외(1992). 정학 · 퇴학청소년선도방안연구.
송근원 · 김태성(1995). 사회복지정책론. 서울 : 나남출판.
신복기 외(2002). 사회복지행정론. 서울 : 양서원.
신섭중 외 역(1995). 일본현대복지학총람. 서울 : 대학출판사.
신섭중(1989). 사회보장정책론. 서울 : 대학출판사.
______(1993). 한국사회복지정책론. 서울 : 대학출판사.
______(1998). 사회보장정책론. 서울 : 대학출판사.
안병철(1997). 사회변동과 가족. 서울 : 미래인력센터.
안해균(1997). 정책학원론. 서울 : 다산출판사.
앤서니 기든스 저(1999). 한상진 · 박찬욱 공역. 제3의 길. 서울 : 생각의나무.
양정하 외(2003). 사회복지조사방법론. 서울 : 현학사.
양정하 외(2008). 사회보장론. 경기 : 공동체.
양정하(1992). 복지국가의 위기와 그 재편전략에 관한 연구. 부산대학교 대학원 박사학위논문.
양정하(2004). 사회복지발달사. 서울 : 현학사.
엄명용 외(2000). 사회복지실천의 이해. 서울 : 학지사.
여성한국사회연구소(2002). 변화하는 한국가족의 삶 알기. 가족과 한국사회. 서울 : 경문사.
예방의학과 공중보건 편집위원회(1992). 예방의학과 공중보건. 서울 : 계축문화사.
오영재 · 백경숙 · 조선화(2001). 뉴밀레니엄시대의 청소년복지론. 서울 : 양지.
오정수 · 류진석(2004). 지역사회복지론. 서울 : 학지사.
오혜경(1998). 장애인복지학 입문. 서울 : 아시아미디어리서치.
______(1999). 장애인과 사회복지실천. 서울 : 아시아미디어리서치.
원석조(2001). 사회복지 역사의 이해. 서울 : 양서원.
유성호 외(2002). 노인복지론. 서울 : 아시아미디어리서치.
유수현(1980). 의료사회사업의 임상서비스에 관한 연구. 상지대논문집, 제3집.
______(2003). 우리나라 정신보건사회사업과 학회의 미래. 우리나라 정신보건사회사업과 학

회의 과거, 현재 그리고 미래, 한국정신보건사회사업학회 추계학술대회 자료집.
윤현숙・김연옥・황숙연(2001). 의료사회사업론. 서울 : 나남출판.
이경은(1998). 학교생활 부적응 유형과 요인에 따른 학교사회복지서비스 욕구에 관한 연구. 대구대학교 대학원 박사학위논문.
이광재(2002). 의료사회사업원론. 서울 : 인간과 복지.
이봉철(2001). "인권・청소년 그리고 청소년권" 청소년권과 사회적 불평등. 한국청소년연구원.
이성규(2000). 사회통합과 장애인 복지정치. 서울 : 나남출판.
이성희(2001). 청소년 문제해결을 위한 지역사회중심의 모델에 관한 연구. 대구대학교 대학원 박사학위논문.
이소희 외(2004). 사회복지개론. 서울 : 교문사.
이숙종 외(1997). 아동복지의 이해. 서울 : 학문사.
이영호 외 공저(2006). 정신보건사회사업의 이해. 서울 : 학지사.
이영호・심경순・김태준(2010). 정신보건사회복지의 이해. 서울 : 학지사.
이옥분(1994). 청소년지도자의 역할과 과제. 청소년의 이해와 지도자의 역할. 문화체육부.
이용교(1999). 청소년복지. 청소년학 총론. 한국청소년학회.
이용표.(2000). 지역사회 정신보건 프로그램이 정신장애인의 재활효과에 미치는 영향. 한국정신보건사회사업학회 춘계학술대회.
이원숙(2004). 가족복지론. 서울 : 학지사.
이은화 외(1999). 유아를 위한 복지의 이론과 실제. 서울 : 창지사.
이종복・이소희・오영재・이명숙・이용교・방은령(2001). 현대청소년복지론. 서울 : 양서원.
이종열(1984). 정책학원론. 서울 : 대왕사.
이주영(1999). 여성복지법제의 개선방안에 관한 연구－여성복지서비스법제를 중심으로. 서울대학교 대학원 박사학위논문.
이철위(1991). 청소년건전육성을 위한 지역사회참여방안. 밝은 사회 건전한 청소년.
이택룡・노무지(2001). 지역사회복지론. 서울 : 양서원.
이현주 외(1999). 저소득층 보건복지욕구 기초자료 분석. 한국보건사회연구원.
이혜경(1996). 여성의 사회참여와 사회보장. 사회보장학회 추계학술발표회집.
이혜원(1998). 노인복지론. 서울 : 유풍출판사.
임희섭(1983). 한국에 있어서의 빈곤문제. 사회적 평등과 발전. 서울 : 정음사.
자크 아탈리(2005). 이효숙 역. 호모 노마드 유목하는 인간. 서울 : 웅진닷컴.
장애우권익문제연구소(2001). 장애우복지개론. 서울 : 나눔의 집.
장인협(1986). 사회복지개론. 서울 : 서울대학교출판부.

장인협 · 오정수(2001). 아동 · 청소년복지론. 서울 : 서울대학교출판부.

장인협 · 이정호(1992). 사회복지행정. 서울 : 서울대학교출판부.

전용호(2000). 장애인복지론. 서울 : 학문사.

전재일 외(2002; 2005). 사회복지개론. 서울 : 형설출판사.

전재일 · 권복순 · 조운희 · 이경은 · 이성국(1997). 학교사회복지. 사회복지개발연구원출판부.

전재일 · 김상규(1996). 사회복지론. 서울 : 형설출판사.

전준우(1988). 가족복지론. 서울 : 홍익출판사.

정무성(1997). 지역사회복지 실천모델에 관한 이론적 고찰. 지역사회복지 실현을 위한 이론과 실천적 과제. 1997년 한국사회복지학회 추계학술대회 자료집.

정부혁신지방분권위원회(2004). 바람직한 가족 · 아동 · 청소년 행정의 방향. 공청회자료.

정순민(1989). 장애인의 재활 · 복지. 서울 : 중앙경제사.

정영숙 · 이현지(2003). 장애인복지론. 서울 : 현학사.

정인흥(1976). 정치사상가평전. 서울 : 박영사.

정정길(1989). 정책학원론. 서울 : 대명출판사.

조은정 외(2005). 아동복지론. 서울 : 교문사.

조휘일(2005). 사회복지실천기술론. 경기 : 학현사.

조흥식 외(2000). 여성복지학. 서울 : 학지사.

조흥식 외(2001). 도시 빈곤가족에 대한 사회사업실천에 관한 연구. 한국사회복지학, 제18호.

중앙대학교 사회복지학과 편(1993). 한국 사회보장제도의 재조명. 서울 : 한국복지정책연구소출판부.

중앙일보(1997). 1995. 5. 17., 1996. 1. 29., 1996. 6. 27., 1996. 10. 7., 윤정광. 학교사회복지 제도의 도입과 활성화방안에 대한 견해 및 교육부의 추진내용 : 건전한 교육환경 조성을 위한 학교사회복지 도입방안. 「학교사회복지」 대토론회.

중앙정신보건사업지원단(2012). 정신보건시설 종류별 정신보건 상임인력 현황. 중앙정신보건사업지원단 사업보고서.

지 윤(1964). 사회사업사. 서울 : 정신사.

채구묵(2001). 사회복지조사방법론. 서울 : 양서원.

최경석 외(2001). 한국 가족복지의 이해. 서울 : 인간과 복지.

최선화 외(1999). 사회문제와 사회복지. 서울 : 양서원.

최성재(1990). 절대빈곤층의 현황과 그 대책. 한국논단, 12월호.

______(1994). 사회정책과 가족. 한국가족학회(편). 현대가족과 사회. 서울 : 교육과학사.

최성재 · 남기민(1993). 사회복지행정론. 경기 : 나남출판.

최옥채(1999). 사회복지실천론. 서울 : 인간과 복지.

최익한(1947). 조선의 사회정책사. 서울 : 박문각.

최일섭 · 류진석(2002). 지역사회복지론. 서울 : 서울대학교출판부.

통계청(2004). 고령자통계.

______(2007). 장래추계 인구 · 가구자료.

______(2008). 고령자통계.

______(2009). 고령자통계.

______(2010). 고령자통계.

______(2013). 고령자통계.

______(2014). 고령자통계.

______(2015). 고령자통계.

표갑수(2002). 아동청소년복지론. 서울 : 나남출판.

하상락 편(1989). 한국사회복지사론. 서울 : 박영사.

한국보건사회연구원(2004). 2004년 전국노인생활실태 욕구조사.

한국보건사회연구원(2014). 2014년도 노인실태조사. 보건복지부.

한국복지연구원 편(2000). 한국사회복지연감. 서울 : 유풍출판사.

한국사회과학연구소 사회복지연구실(1998). 한국 사회복지의 현황과 쟁점. 서울 : 인간과 복지.

한국사회복지연구회 역(1987). 사회복지의 사상. 서울 : 이론과 실천.

______________________(1988). 사회복지의 역사. 서울 : 이론과 실천.

한국여성개발원(1990). 여성복지법제에 관한 연구. 서울 : 한국여성개발원.

______________(1997). 여성복지전달체계의 기능강화방안에 관한 연구. 서울 : 한국여성개발원.

한국여성학연구회(1998). 여성학의 이해. 서울 : 경문사.

한국재활재단 편(1997). 한국장애인복지변천사. 서울 : 양서원.

한국정신보건사회복지사협회(2006). http://kamhsw.or.kr/

한국청소년개발원(1994). 청소년복지론. 인간과 복지.

한국청소년연구원(1989). 지역중심 청소년육성 모형개발을 위한 실태조사연구.

________________(1992). 지방자치제하 청소년 행정체계의 활성화 방안.

________________(1993). 외국의 청소년복지정책연구.

한인영 · 최현미(2000). 의료사회사업실천론. 서울 : 유풍출판사.

한인영 · 최현미 · 장수미(2006). 의료사론. 서울 : 학지사.

한인영 · 홍순혜 · 김혜란 · 김기환(1997). 학교와 사회복지. 서울 : 학문사.

함세남 외(2001). 사회복지 역사와 회복지실천철학. 서울 : 학지사.

현외성 · 윤은경 외(2002). 노인케어론. 서울 : 양서원.

현외성 · 윤은경 외(2005). 한국노인복지강론. 서울 : 유풍출판사.
홍봉선 외(2002). 청소년복지론. 서울 : 양서원.
홍봉선 · 남미애(2000). 청소년복지론. 서울 : 양서원.
황의경 · 배광웅(1991). 심신장애인재활복지론. 서울 : 홍익재.
황인옥 · 남일재 · 양정하(2003). 현대사회복지법제론. 서울 : 나눔의 집.

角田 豊 · 小倉襄二 編(1974). 現代社會保障小辭典. 京都 : 法律文化社.
岡本民夫 他 編(1990). 社會福祉援助技術總論. ミネルバー出版社.
健康保險組合連合會 編(1989). 社會保障年鑑. 東京 : 東洋經濟新聞社.
京極高宣 他 編(2000). 社會福祉援助技術總論. 全國社會福祉協議會.
籠山 京 · 江口英一 · 田中 壽(1968). 公的扶助制度比較硏究. 東京 : 光生館.
社會保障事典編輯委員會(1979). 社會保障事典. 東京 : 大月書店.
山本正淑 · 小山路男 編(1975). 社會保障敎室. 東京 : 有斐閣.
小山路男(1979). 西洋社會事業論. 東京 : 光生館.
小倉襄二(1976). 公的扶助. 京都 : ミネルバ書房.
小倉襄二 · 小松源助 · 高島 進 編(1973). 社會福祉の基礎知識. 東京 : 有斐閣.
鹽野谷祐一(1973). 福祉經濟の理論. 東京 : 日本經濟新聞社.
荒木誠之(1974). 現代の社會保障. 東京 : 同文舘.

Alfred Kahn(1979). *Social Policy and Social Services*. New York : Random House.
Alice, P. L.(1995). *Encyclopedia of Social Work*(19th Edition). Washington DC : NASW Press.
Allen-Meares, P.(1977). "Analysis of Tasks in School Social Work". *Social Work*, pp. 196-201.
______________(1994). "Social Work Service in school : A National Study of Entry-Level Tasks". *Social Work*.
Allen-Mears, P., Washing, R. O., & B. L.(1986). *Social Work Service in Schools*. Englewood Ciffs, NJ : Prentice-Hall, pp. 215-221.
American Hospital Association(1961). *Essentials of Social Service Department in Hospitals and Related*. Joint Committee of the Hospital Association and the National Association of Social Workers.
Anderson, J.(1972). "Models of School Social Work Practice". in Sarri and Maple, eds., *The School in the Community*.
Anderson, R. J.(1980). "Editorial Comments". *Social Work in Education, 2*(3), April.

Anthony Giddens(1998). *The Third Way : The Renewal of Social Democracy*. Polity Press.

Babbie, E.(1973). *Survey Research Methods*. Wadsworth.

Barker, L.(1995). *Social Work Dictionary*(3rd ed). Washington, DC : NASW Press.

Barker, R. L.(1995). *The Social Work Dictionary*(3rd ed.). NASW Press.

Bartlett, H. M(1970). The Common Base of Social work Practice. National Association of Social Workers.

Beveridge. W.(1942). *Social Insurance and Allied Services*.

Bickenback, Jerome E.(1993). *Physical Disability and Social Policy*. Buffalo, New York : University of Toronto Press.

Biestek, F. P.(1957). *The Casework Relationship*. Chicago : Loyola University Press.

Boehm, W. W.(1958). "The Nature of Social Work". *Social Work, 3*(2). pp. 10-18.

Bruce L. Gates(1980). *Social Program Administration : The Implementation of Social Policy*. Englewood Cliffs, NJ : Prentice-Hall.

Bruce, M.(1961). *The Coming of the Welfare State*. London : B. T. Batsford.

Butler, A., & Pritchard, C.(1992). Social Work and Mental Illness. British Association of Social Workers. London : Macmillan Education Ltd.

Butrym, Z. T.(1976). *The Nature of Social Work*. Macmillan Press.(川田譽音 譯, 1986, ソーシャルワークとは なにか, 川島書店)

Campbell, D., & J. Stanley(1963). *Experimental and Quasi-Experimental Designs for Research*. Chicago : Rand Mcnally College Publishing Co.

Charles S. Prigmorem & Charles R. Atherton(1979). *Social Welfare Policy : Analysis and Formulation*. Lexiton : D. C. Health and Company.

Cobb, R. W., & Elder, C. D.(1983). *Participation in American Politics : Dynamics of Agenda Building*. Boltimore : The John Hopkins University Press.

Collins, D., Jordan, C., & Coleman, H.(1999). *An Introduction to Family Social Work*. F, E. Peacock Publishers, Inc.

Compton, B. R, & Galaway B.(1984). *Social Work Processes*(Chicago : The Dorsey Press), pp. 323-324.

Costin L.(1975). "School social work practice : A New Model". *Social Work*.

Costin, L. B.(1987). *School Social Work*. In A Minahan(Ed.-in-chief), *Encyclopedia of Social work*(18th ed., vol. 2). NASW.

Cowles, L.(2003). *Social work in the Health Field : A Care Perspective*(2nd ed.). The Haworth

Social Work Pra ctices Press.

Despouy, L.(1991). *Human Rights and Disability*. New York : United Nations Economic and Social Council.

Diana DiNitto, & Thomas Dye(a)(1983). *Social Welfare : Politics and Policy*. New Jersey : Prentice-Hall.

______________________________(b)(1987). *Social Welfare : Politics and Public Policy*. New Jersey : Prentice-Hall.

______________________________(c)(1995). *Social Welfare : Politics and Public Policy*. Boston : Allyn and Bacon.

Dolgoff, R., & Feldstein, D.(1984). *Understanding Social Welfare*. New York : Longman.

Downs, S. W., L. B. Costin, & E. J. McFadden.(2000). *Child welfare and family services : policies and practice*(6th ed.). Boston : Allyn and Bacon

Dubois, B., and Miley, K.(1996). *Social Work An Empowering Profession*. Boston : Allyn & Bacon.

Dybwad, G.(1982). "The Law and Mental Health in Community Services". *Mental Health Services in Transition*. NY : Human Science Inc.

Feldman F. L., & Scherz F. H.(1967). *Family Social Welfare*. Chicago : Aldine Publishing Co.

Franklin, C., McNeil, J, S., & Wright Jr, R.(1990). "School social works : findings from an alternative school for dropouts". *Social Work in Education, 12*(3).

Fredericksen, H., & Mulligan, R. A.(1972). *The child and his welfare*. San Francisco, CA : W.H. Freeman & Company.

Freeman, E.(1994). "School Social Work Overview". *Encyclopedia of Social Work*(19th ed.). NASW, pp. 2087-2099.

Germain, C. B(1980). Social Work Identity, Competence, and Autonomy : The Ecological Perspective. *Social Work in Health Care* 6(1), 1-10.

Germain, C. B(1984). *Illness and the Sick Role as Context for Social Work in Social Work Practice in Health Care*. The Free Press.

Germain, W. E.(1969). "B Constructs for an Integrative and Generative Conception of Social Work". In G. Hearn(ED), *The General System Approach : Contribution Toward Holistic Conception on social work*. New york : Council on Social Work Education.

Gibelman, M.(1993). "School Social Workers, Counselers, and Psychologists in Collaboration : Ashared agenda". *Social Work in Education, vol. 15*(1), pp. 45-53.

Goffman, E.(1961). *Asylums : Essays on the social situation of mental patients and other inmates*. N

Y : Doubleday/ Anchor.

Goldenson, R. A.(1986). *Longman dictionary of Psychology and Psychiatry*. NY : Longman.

Gordon, L.(ed.)(1990). *Women, the State and Welfare*. Madison, University of Wisconsin Press.

Gordon, M.(1994). *Social Security Policies in Industrial Counties*. New York : Cambridge Univ. Press.

Gulick, L. & L. Urwick.(1966). *Papers on the Science of Administration*. New York : John Wiley.

Hasenfeld, Y.(1983). *Human Service Organizations*. Englewood Cliffs, New Jersey : Prentice-Hall.

__________(1985). 사회복지행정조직론. 성규탁 역. 서울 : 박영사.

__________(1992). *Human Services as Complex Organizations*. Newbury Park. London : Sage.

Hill, M.(1980). *Understanding Social Policy*. Oxford : Basil Blackwell.

ILO(1984). *Into the Twenty-First Century : The Development of Social Security*. Geneva : ILO.

Jastrow Charles(1982). *Introduction to Social Welfare Institution : social problems, services and current issue*. Homword, The Dorsey Press.

Johnson, A.(1965). "Social Work Practice in Schools". *Encyclopedia of Social work*(New York : NASW).

Johnson, L. C.(1998). *Social Work Practice : A Generalist Approach*(4th ed.). Needham Heights, MA : Allyn & Bacon.

Jordon, B.(1978). *Freedom and the Welfare State*. London : RKP.

Joseph S. Wholey et al.(1970). *Federal Evaluation Policy*. Washington : Urban Institute.

kadushin, A.(1988). *Child welfare services*(4th ed.). NY : McMillan Publishing Co. Inc.

Kamerman, S. B., & Kahn, A. J.(ed.)(1978). *Family Policy : Government and Families in Fourteen Countries*. New York : Colombia University Press.

Kerlinger, F.(1985). *Foundations of Behavioral Research*. 고홍화 · 김현주 · 백영승 역. 서울 : 성원사.

Kirst-Ashman, K. K., & Hull, G. H. Jr.(2001). *Generalist Practice with Organization & Communities*(2nd ed.). CA : Brooks/ Cole.

Lance Shotland, R. & Melvin M. Mark(1985). *Social Science and Social Policy*. Beverly Hills : Sage Publication.

Lane, R. P.(1939). "The Field of Community Organization". Proceeding, *National Conference of Social Work*. New York : Columbia University Press.

Laroque, P.(1966). *Social Security and Social Development*. Bulletin of I. S. S., vol. 19, Nos. 3-4.

Lewis, j.(1993). *Women and Social Policies in Europe*. Aldershot, Edgard Elgar.

Lindeman, E. C.(1921). *The Community*. New York : Association Press

Manning, S.(1998). "Empowerment in mental health programs". Empowerment in Social Work Practice(Gutiérrez, Parsons, R., & Cox, E ed). CA : Brooks/ Cole, 89-109.

Marshall, T. H.(1970). *Social Policy in Twentieth Century*. London : Hutchinson.

Martin, E. W.(1972). *Comparative Development in Social Welfare*. London : George Allen & Unwin.

Meyer, C. H.(1985). "The institutional context of child welfare". In J. Laird & A. Hartman(Eds.), *A Handbook of child welfare*. NY : The Tree Press.

Nadzam, D. M(1991). The agenda for change : Update on indicator development and possible implication for the nursing profession. *Journal of Nursing Quality Assurance,* 5(2), 18-22.

NASW(1995). *Encyclopedia of Social Work*(19th ed.).

Neil Gilbert, & Harry Specht(a)(1974). *Dimension of Social Welfare Policy*. Englewood Cliffs : Prentice-Hall.

Neil Gilbert, & Harry Specht(b)(1986). *Dimensions of Social Welfare Policy*. New Jersey : Prentice-Hall.

Neil Gilbert, & Paul Terrell(1988). *Dimensions of Social Welfare Policy*. Boston Allyn and Bacon.

Netting, F. E., Kettner, P. M., & McMurtry, S. L.(1998). *Social work macro practice*(2nd ed.). New York : Longman.

Neugeboren, B.(1985). *Organization, Policy and Practice in the Human Service*. New York : Lonman.

O'Keefe, D.(1960). "Psychiatric Social Work". *Social Work Year Book*(Kurtz R. ed.). NY : NASW Press.

Oliver, M.(ed.)(1996). *Understanding Disability : From theory to practice*. London : Macmillan Press.

Perlman, H.(1975). "Social Work in Psychiatric Setting". *American Handbook of Psychiatry*(2nd ed.). NY : Basic Books, Inc.

Peter Townsend et al.(1970). *The Fifth Social Service*. London : Fabian Society.

Picard, B. J.(1975). *An Introduction to Social Work : Primer*. Homewood : Dorsey Press.

Pieter, D.(1993). *Introduction into the Basic Principles of Social Security, Deventer*. The Netherlands.

Pincus, A., & Minahan, A.(1973). *Social Wok Practice*. Paecock.

Polkinhorne, D.(1983). *Methdology for the Human Sciences : Systems of Inquiry*. 김승현 · 이경숙 · 심미선 · 황치성 옮김. 서울 : 일신사.

Popple, P., & Leighninger, L.(1996). *Social Work, Social Welfare, and American Society*. Boston : Allyn & Bacon.

Rapp, A.(1998). *The Strength model : Case management with people suffering from severe and persistent mental health*. NY : Oxford University Press.

Rimlinger, G. V.(1971). *Welfare Policy and Industrialization in Europe*. America and Russia, New York : John Wiley.

Roewenberg, F. M., & Dolgoff, R.(1992). *Ethical Decisions for Social Work Practice*(4th ed.). Peacock.

Ross, J. W.(1995). Hospital social work. *In encyclopedia of social work*, 1365-1377.

Ross, M. G.(1955). *Community Organization : Theory and Principles*. New York : Harper & Brothers

Rubin, A., & E. Babbie.(2001). *Research Methods for Social Work*(4th ed.). homson Learning Inc.

Sands, R, G.(1991). *Clinical Social Work Practice in Community Mental Health*. NY : Macmillan Publishing Compamy.

Skidmore, R. A., & Thackeray, M. G.(2000). *Introduction of Social work*(8th ed.). Allen & Bacon.

Skidmore, R.(1990). *Social Work Administration : Dynamic Management and Human Relationships*(2nd ed.). Englewood Cliffs, NJ : Prentice-Hall.

Smalley, R. E.(1994). "Social Work Service in School : A Nation Study of Entry-level Tasks". *Social Work, vol. 39*(5), pp. 560-565.

Stuart, P.(1986). "School Social Work as a Professional Segment : Continuity in Transitional times". *Social Work in Education, Vo. 8*, pp. 141-153.

Sutherland, Edwin H., & Donald R. Cressey(1974). *Crimnology*(9th ed.). Piladelphia : Lippincott Company.

Talyor, M., & Bentley, K.(2000). Changing conceptualizations of mental health and mental illness : Implications for social work education in 21st century. Paper presented at the 46th Annual Program Meeting of the Council on Social Work Education. New York City.

Thomas M. Meenghan et al.(1982). *Macro Practice in the Human Services*. New York : The Free Press.

Titmuss, R. M.(1969). *Commitment to Welfare*. London : Hutchinson University Library.

__________(1974). *Social Policy : An Introduction*. London : George Allen & Unwin Ltd.

Vourlekis, B. S.(1990). The field's evaluation of proposed clinical indicators for social work service in the acute care hospital. *Health & Social Work, 15*(3).

Wallace, W.(1971). *Logic of Science in Sociology*. Aldine-Atherton.

Willam J. McAuley & Paula M. Usita(1998). "A Conceptual Model for the Mobility Patterns of Home Admissions". *The Gerontologist, Vol. 38, No.6*, 726-734.

Wing, J. K.(1962). "Institutionalism in mental hospitals". *British journal of Social Clinical Psychology*, vol. 1.

Wolfensberger, W.(1972). *A Principle of Normalization in Human Services*. Toronto : National Institute on Mental Retardation.

World Health Organization(1980). *International Classification of Impairments, Disabilities and Handicaps*. Geneva : Author.

Zastrow, C. H.(1999). *The Practice of Social Work*. Brooks/ Cole Publishing Company.

찾/아/보/기

인명

내용

저/자/약/력

■ 남일재(1, 2장)
동아대학교 대학원 정치학 박사(정치이론/ 사회복지정책)
동서대학교 사회복지학부 특임교수

■ 양정하(3, 5장)
부산대학교 대학원 행정학 박사(사회복지정책/ 복지국가)
경남정보대학교 사회복지과 교수

■ 조윤득(4, 11장)
부산대학교 대학원 사회복지학 박사(사회복지실천/ 노인복지)
경남정보대학교 사회복지과 교수

■ 윤성호(6, 7장)
부산대학교 대학원 사회복지학 박사(빈곤정책/ 연구방법)
동서대학교 사회복지학부 교수

■ 신현석(8, 13장)
대구대학교 대학원 사회복지학 박사(사회복지정책/ 장애인복지)
경남정보대학교 사회복지과 교수

■ 조은정(9, 15장)
일본사회사업대학 대학원 사회복지학 박사(가족복지/ 아동복지)
동서대학교 사회복지학부 교수

■ 오 주(10, 14장)
대구대학교 대학원 사회복지학 박사(사회복지방법)
전) 부산디지털대학교 사회복지학과 교수

■ 윤은경(12장)
부산대학교 대학원 사회복지학 박사(사회복지실천/ 노인복지)
동서대학교 사회복지학부 교수

■ 김태준(16장)
대구대학교 대학원 사회복지학 박사(철학박사; 정신보건사회복지)
부산디지털대학교 사회복지학과 부교수

■ 임 혁(17장)
부산대학교 대학원 사회복지학 박사(정신보건사회복지)
동서대학교 사회복지학부 교수

사회복지학개론

|공저자| 남일재 · 양정하 · 조윤득 · 윤성호 · 신현석
조은정 · 오 주 · 윤은경 · 김태준 · 임 혁

|1판 1쇄| 발행 2016년 3월 5일
|1판 2쇄| 발행 2018년 3월 15일
|1판 3쇄| 발행 2022년 2월 25일

|발행인| 김동훈
|발행처| 공동체

|주소| 경기도 고양시 일산동구 호수로 358-39, 동문타워 I 905호(백석동)
|전화| 031) 814-3000(대표)
|팩스| 031) 814-3100
|홈페이지| http://www.compub.co.kr
|전자우편| compub@naver.com
|출판등록| 2005년 10월 6일
|등록번호| 제396-2005-36호

|ISBN| 978-89-6352-887-8
정가 22,000원